附注：

1 巴勒斯坦地区的地区界系1947年11月联合国安理会决议所规定的"犹太国"（以色列）疆域。

2 玻利维亚法定首都苏克雷，拉巴斯为议会、政府所在地。

序号图说明注记：

1 黑山
2 克罗地亚
3 斯洛文尼亚
4 波斯尼亚和黑塞哥维那
5 马其顿
6 阿拉伯区
7 圣基茨和尼维斯
8 圣文森特和格林纳丁斯
9 荷属安的列斯
10 爱沙尼亚
11 拉脱维亚
12 俄罗斯
13 荷兰
14 比利时
15 卢森堡
16 梵蒂冈
17 圣马力诺
18 列支敦士登
19 亚美尼亚
20 阿塞拜疆
21 黎巴嫩
22 阿拉伯联合酋长国
23 卡塔尔
24 斯洛伐克
25 塞尔维亚

小乔(唱):

绣虎啸猿啼吐胸中块垒声若龙泉剑

雄踞雌伏睥睨尘嚣威仪终不减

大乔(唱):

绣鹄征雁归纳眼里丘壑来去如闪电

疏狂高旷义无反顾进击似着鞭

众侍女(唱):

绣一条石板路曲径通幽崖旁溪畔

绣一个独行人千里孤旅晓行夜宿儿女盼窗边

绣一株迎春花生机盎然色泽如染

绣一片莲蓬叶晓露欲结芬芳漱齿温馨在人间

小乔(唱):

绣红日正大光明华彩溢目喷薄出东天

去阴霾滋万物普照苍生乾坤得新暖

大乔(唱):

绣明月敛艳如霜沉影若璧隐逸在云间

节昼夜行方便参差人意倩影共流连

小乔(唱):

绣白云怀广蕴阔张烟海际逶迤更无前

依日月怀甘露挟风持雪慷慨而柔软

大乔(唱):

绣雾霭虚无缥渺寒暑不避似近又似远

擦峡谷临轩窗搅蝶入梦滚滚舞翩跹

众侍女(唱):

绣一座深山寺藏经卧佛香烟冉冉

绣一口长鸣钟与磬交响梵文佛语诉尽苦和酸

绣一头老黄牛踽踽独行背犁拉耙无悔无怨

小乔(唱):

绣白雪覆地寒梅吸冷关河披甲叹日短

大乔(唱):

绣繁霜垂枝白露餐霞野鸭缩足望故渊

小乔(唱):

绣夏日草肥鱼子跳波竹风摇阵蝉弱冠

大乔(唱):

绣春晨露重燕嘴衔泥黄韭拱土雀影闲

小乔(唱):

绣渔舟唱晚夕阳佳月燃竹光点点

大乔(唱):

绣山厨失斧草棚茅舍煮豆火翩翩

小乔(唱):

绣月满蟾蜍天河弄抒宫阙玉兔远

大乔(唱):

绣风惊蟋蟀蕉下酌酒板桥人语喧

众侍女(唱):

绣出乾坤斗转星移变与幻

绣遍人间世态炎凉悲与欢

绣尽四季万紫千红雷与电

绣成万物阴阳更替缺与圆

一侍女(白):

哎哟，夫人怎么了?!

小乔(白):

不小心手指被绣针刺破了。

众(白):

哎哟，鲜血都滴出来了呀。

不要紧，就着这滴鲜血绣上一朵桃

吧。

大乔(白):

小乔妹妹，你太累了，还是先回去

息一会儿吧。

小乔(白):

大乔姐姐，你不也是一样吗。咱们

经绣了三天三夜，彩屏也绣得差不多了

该请周郎和诸葛先生前来验看，看是行

是不行呀。

众侍女(白):

夫人，都督已经来过许多次了(其间

瑜多次来旁边探看，因怕打搅小乔．都

悄悄而来悄悄而下。)没有打搅你，这时

怕是睡觉去了呀。

周瑜(白):

(幕后) 我哪能去睡觉哩。夫人，

姐，我早已来了呀。

(周瑜、诸葛亮上。)

周瑜(白):

阿姐、夫人辛苦了!

诸葛亮(白):

二乔真是巧手神针，绣得出神入化

(唱):

有此屏秃头山不再荒败

借东风有定数神仙肯来。

周瑜(唱):

成大计多亏了贤助金钗

设奇局破曹军悉心安排

众(唱):

设奇局破曹军悉心安排

何署坤京剧剧本《江东小乔》摘录

第六场　绣屏

紧靠赤壁山有一座南屏山。相传南屏
原先叫秃头山，山上草木不长。为借东
小乔绣锦屏立于山顶，而后山清水秀，
南屏山至今。

(秃头山上，竖立一架大屏，屏中景色
小乔唱、绣而愈来愈美。)

小乔(白)：(带着四位侍女上。)
姐姐，快来呀。

大乔(白)：(亦带着四位侍女上。)
妹妹，我来了。

小乔(唱)：(一边整理针线一边唱。)
为祭风绣锦屏竖立秃头山巅
助周郎用奇兵借用厚地高天

大乔(唱)：
昔讨逆承父志开创江东基业
今大乔帮妹妹针线唤醒山川

众侍女(白)

小乔(白)：
咱们一起来吧，你们跟着姐姐和我
我们怎么绣，你们就怎么绣。
(唱)：
一绣山有险峰临危从容处惊不变
耸层岩挺断壁无欲则刚大气巍然

大乔(唱)：
二绣水声潺潺濯浊扬清波光潋滟
状空灵含皎洁轻冰流虹有委有婉

小乔(唱)：
三绣天临万荒缥渺来鸿意境高远
吞苍茫耀河渚湛梁浩荡飞度无边

大乔(唱)：
四绣地抒博大关山望断浮生可见
存经纬纳缺圆分明四季炎凉阅遍

众侍女(唱)：
绣一棵泰山松顶天立地峻拔无限
绣一根常青藤绕树攀枝情意绵绵

何署坤编剧并任艺术总监的京剧《江东小乔》剧照

小乔(唱)：
绣松风涧雨声闻珮环如雄兵出关
志枭逆虏枕戈待旦豪举定山川

大乔(唱)：

一生的
圣地之旅

全球最静谧
最震撼的
500处
朝圣地

一生的圣地之旅

全球最静谧最震撼的500处朝圣地

由《国家地理旅游者》杂志总编凯斯·贝劳斯精心撰写引言

韩鸽 黄少杰 译

旅游教育出版社

时尚 TRENDS

目录

前页：尽管史前巨石柱真正的作用还是个谜，但它长期以来一直是不列颠群岛最重要的圣地之一，它与冬、夏至的庆祝活动有着紧密的联系。对页：在韩国首都首尔，韩国人正捧着鲜艳的灯笼庆祝即将到来的佛祖生日。

引言：心灵之旅

我在印度南部，坐在一个形容枯槁、年逾80的老人面前。他花了一个小时的时间观察我的眼睛、我的四肢、我的呼吸以及他所谓的我的灵魂。“你需要努力以达到你身心的平衡，达到你身心和人生目标的平衡。”这是发生在6年前的往事。当时我不明白他在说什么。现在我清楚了。我们的世界忙忙碌碌， 我们的身上背负着太多的责任：承诺、一大堆要做的事、交通堵塞、失去的光阴以及家庭、工作和自我的不断循环调整。然而随着生活节奏的加快和复杂化，我们渴望获得一些深层的、令人改变、令人深思的东西，这些东西能让我们的生活节奏慢下来，并能促使我们整理自己的思想让我们的身心得以安宁。我们的灵魂推动着我们去探索几个世纪以来触动并引导着人类的那些神圣的力量、符号、图标和信仰。可以说我们的目的是获得内心的宁静，这是我们得以在复杂的现代社会生存的护身符。

《一生的圣地之旅:世界上最静谧、最震撼的500处朝圣地》一书把灵魂深处的思考和你脚下的这块土地融合到一起。这不是一部关于精神性或宗教的书，这是一部介绍宗教圣地的书籍，这些圣地能开启古老的智慧、挖掘深邃的文化、揭示独特的思想。这部书为你展示了全新的、神奇的、充满魅力的、并且能改变你、感动你的旅游目的地。它将改变你对世界的看法，改变你的生活，让你与大自然融为一体，息息相通。它也将触动你的灵魂。当我重新回忆起我的印度之行时，我意识到我的旅程才刚刚开始。你可以由此开始你的旅程。

凯斯·贝劳斯（Keith Bellows）
《国家地理旅游者》杂志总编

对页：一个什叶派（Shiite）女教徒正在叩击通往位于伊拉克圣城卡尔巴拉（Karbala）的伊玛目侯赛因（Imam Husayn）圣殿的内堂大门。

1 神眷之地

自有人类以来，人们一直希望自己所生活的环境能讲述有关人类自身及起源、崇拜的神灵、梦中的神话以及自身无法解释的那些神秘的故事。下面的旅行将引领旅游者——不管他们有着何种信仰，抑或没有任何信仰——去领略那些发人深省、令人震颤的圣地。它们不仅有绮丽壮观的原始风貌，还能真正激起你灵魂深处的悸动。你可以泛舟于玻利维亚与秘鲁之间的的的喀喀湖（Lake Titicaca），遨游在被艾马拉族人（Aymara）（古印加人的一支）认为是日月诞生之地的群岛之间。在北爱尔兰安特里姆郡（County Antrim, Northern Ireland）起伏不平的海滩上，当你走在巨人堤道（Giant's Causeway）那些奇形怪状的玄武岩圆柱上，你追踪的是凯尔特（Celtic）传说中的超级英雄——芬·麦库尔（FinnMcCool）的足迹。在美国亚利桑那的圣多娜（Sedona, Arizona），你将欣赏到有10亿年历史的巨石，这是纳瓦霍族人（Navajo）、阿帕切族人（Apache）、霍皮族人（Hopi）和其他西南地区民族心中的圣石，这种巨石能随着光线变化焕发出彩虹般的七彩光芒。

位于美国俄勒冈州（Oregon）的火山口湖（Crater Lake）四周由沉寂已久的死火山岩环绕，湖中矗立着锥形的巫师岛（Wizard Island），湖面宁静清幽。1万年来当地克拉马斯人（Klamath）一直奉其为圣地。

加拿大/明尼苏达

林湖

这片辽阔的水域自大约8000年前奥吉布瓦人定居于此就一直备受推崇。

根据奥吉布瓦人（Ojibwe）的传说，几代流传下来的传统歌曲最初是林湖给予的礼物，林湖在许多方面滋养了奥吉布瓦人民，从它的鱼、它岛上的蓝莓到它传统的药物，例如治疗咳嗽的白雪松，促进健康的蛇根草，这一切使得林湖成为奥吉布瓦人独特生活的一部分。林湖的湖岸线有着盛产美洲驼鹿的北方森林，也有着沙滩和色彩斑斓的秋林地区（有枫树、白桦和柳树）。在林湖的上空翱翔着鹰、潜鸟、鹈鹕；在这个跨越明尼苏达和加拿大、有着4473平方公里的大湖中，还孕育着鲟鱼、进化缓慢的鱼种以及大梭鱼。但这里最吸引人的是湖周围的花岗岩壁，因为这些花岗岩壁蕴涵着许多故事：它们是奥吉布瓦人的画布，奥吉布瓦人在岩壁上绘刻了有教育和指导意义的壁画。奥吉布瓦人把烟草撒在水中，作为对湖神和画神的献礼。如果你把船拖到湖岸边，林湖会紧紧地拥抱它。不要说“再见”，因为这对奥吉布瓦人来说意味着永别。请对奥吉布瓦人说“Gigaa-waabamin——我会再见到你的”。

著名景点

■探访林湖1.5万个岛屿中的几个。林湖明尼苏达部分几乎全是水，而加拿大部分则点缀着无数的小岛和几个大岛。

■任何季节（春秋两季最佳）找一个晴朗漆黑的夜晚，不要睡觉，等着观看北极光（奥吉布瓦人称之为“舞动的幽灵”）。

■试着解译奥吉布瓦壁画中的图像。十字或加号象征星星；向上举起的胳膊代表舞蹈或祈祷动作；触角表示精神和宗教生活；波浪线表示交流，通常指心灵之间的交流。

最佳旅行时间： 9月份水温开始变凉，蚊子不那么扰人了。9月还是奥吉布瓦的马努敏（manoomin）（一种长在水里的食物）丰收的季节。

行前计划： 林湖有许多适合钓鱼的胜地，因此野外宿营是享受该旅游区的幽静和魅力的最佳体验方式。准备至少四个晚上的宿营，因为划船到各岛需要时间。你需要准备详细的林湖地区地图、宿营装备、食物、净水器、独木舟（在旅游区的旅游用品商店可以租到）、划桨（包括一个备用划桨）以及个人漂浮装置。注意，不要用手指人或指岛屿，因为奥吉布瓦人视这种手势为挑战之意。在航行时，用头或嘴唇示意方向。

相关网址： www.fishingmn.com/lakewcamp.html（从明尼苏达进入），www.lakeofthewoods.com（从加拿大进入）。

暮光下的林湖，浩渺静谧的湖面给人带来无尽的安宁。

午后的阳光洒在魔鬼塔的岩壁上，使其深深的裂缝更加醒目。

美国/怀俄明

魔鬼塔

矗立在怀俄明州东北平原上的这座超凡脱俗的巨石现在仍然是印第安人的精神灯塔。

这座壮观的圆柱形火山岩巨石远在16公里开外就能看到，它很像电影《第三类接触》（*Close Encounters of the Third Kind*）中的一个场景，走近一看，果不其然，这真的是电影中的那座巨石。1906年，西奥多·罗斯福（Theodore Roosevelt）正式宣布魔鬼塔为美国第一处国家纪念地。但是，20多个印第安部落在此之前很长时间一直认为它是神灵的栖止地。印第安人至今仍在这里跳太阳舞、寻求异象、举行膜拜仪式。这座264米高的岩柱已经有将近5000万年历史了，它由沉积的岩石层推挤形成的火山岩构成，然后随着周围岩石的腐蚀显露出来。更为浪漫的是，在克劳人（Crow）的传说中，有两个女孩如何爬上一块岩石以逃脱熊的捕食的故事。为了拯救女孩，大神（the Great Spirit）令石塔拔地而起。熊想爬上去抓住女孩，但它失足了，它的爪子在巨石上刨出一道道爪痕。这些爪痕今天仍然能为人们所看到。每年魔鬼塔都以其惊人的气势、永恒的魅力吸引成千上万的旅客。在晨曦中，魔鬼塔呈灰绿色。在日落时，它又像蜡烛般地放光，从金黄色变成橘黄色，然后又变幻成粉色、赭色。在满天繁星的夜晚，伴着丛林里狼的号叫，魔鬼塔的轮廓显得怪异却又能给人慰藉。

著名景点

■ 沿着塔脚下2公里的**魔鬼塔小径**步行绕塔一圈，大约需要45分钟至1小时。你可以看到一个大卵石场，那里的大岩石已经磨得溜光圆滑。

■ 观赏**黑尾草原犬鼠**。在公园内有一个16公顷大的草原犬鼠镇，与魔鬼塔和贝尔弗彻河（Belle Fourche River）毗邻。松鼠家族的这些亲戚们就住在镇里的地洞里。你可以步行穿越它们的“小镇”，但是不要喂食给它们。

■ 在游客服务中心举办的**文化之夜**听当地印第安人讲神话传说。你可以事先打电话询问什么时候有这类活动。

最佳旅行时间： 5月至9月的任何时间。纪念地每周7天、每天24小时开放，游客服务中心在4月初至11月下旬开放。

行前计划： 准备一整天的时间。带着凉快的衣服和足够的水。夏季温度常常超过27℃，最热时可上升到38℃。带上双筒望远镜，以利于观看攀岩者的攀登活动（对印第安人来说是一种要遭受天谴的活动），也可以观赏秃头鹰、草原猎鹰和美洲鹫。纪念地有许多露营地和徒步旅行线路可供选择。如果要观赏全景，你得开车至公园外的魔鬼塔高尔夫球场，坐在那里的阳台上从远处欣赏魔鬼塔。

相关网址： www.nps.gov。

美国/亚利桑那

圣多娜

长期以来那些寻求精神世界的人们一直在探索圣多娜（又称红岩村，Red Rock Country）那些发光的山峰和岩塔，寻找能量汇聚地。

圣多娜的岩石随着一天中的时间变化或呈珊瑚色，或呈火鸟色，或呈黄褐色，或呈灰蓝色，或呈栗色。红岩村这种罕见的色彩变幻是由砂岩和石灰石中所含的铁元素引起的。早期的印第安游牧民认为他们与这些山峰有着某种精神上的联系，特别是波因顿峡谷（Boynton Canyon），它对纳瓦霍族人（Navajo）、亚瓦派族人（Yavapai）、阿帕切族人（Apache）、霍皮族人（Hopi）来说是神圣之地。圣多娜位于干燥的南亚利桑那和弗拉格斯塔夫（Flagstaff）山脉之间，一直以来都吸引着寻求精神世界的人们。在春季大风沙中，从美国89A公路中驶来，一眼看到经过18亿年侵蚀的壮观地貌，怎能不让人叹为观止呢？在橡树溪峡谷（Oak Creek Canyon）尽头，红色的小山丘、陡峭的悬崖以及石峰像西洋镜一样全景展现了地球赤裸的历史。这种景观让你意识到大自然的力量是多么的强大——有人认为有些地方［如贝尔岩（Bell Rock）、教堂岩（Cathedral Rock）、机场岩（Airport Mesa）］传导并增强了来自地球内部的能量。印第安人把它们看做进入精神世界的大门。现代人把这里称作“旋涡”。据说，“旋涡”有益于祈祷、冥思和疗伤。寻找这样的一个能量汇聚地，你会感受到情感的涌动、极度的兴奋及忧郁，随之而来的是安宁和清醒。这是真的吗？答案在于你是否会重返圣多娜。

最佳旅行时间： 10月是三角叶杨一片金黄的季节，最适合旅游。

行前计划： 准备三天时间。自179公路驶入，就可以看到贝尔岩，或经由景区公路穿过橡树溪峡谷可到达。景区有许多地方可以停车拍照。圣多娜有各种各样的住宿选择，有露营地、乡村旅馆和豪华酒店。景区可供选择的活动包括徒步旅行、骑马和高尔夫。景区有不少巫师、术士和心灵向导提供塔罗纸牌占卜和预知未来的服务，有些甚至声称能改变你的宿命或引导你回到原来的生活。在旅行前看几篇介绍疗养地的文章，确定你想花多少时间在精神活动上。霍利克罗斯教堂（Chapel of the Holy Cross）的晨祷会在下午5时举行。

相关网址： www.visitsedona.com，www.gatewaytosedona.com，www.sedonaprivateguides.com

著名景点

■波因顿峡谷的**魔法胜地**（Enchant-mentResort）和**迈阿摩温泉区**（Mii AmoSpa）据说处于精神世界的十字路口。亚瓦派（Yavapai）和阿帕切（Apache）印第安人认为这里是他们的诞生地。现代人在迈阿摩后门外设立了一个能量旋涡。这个胜地为游客提供地道的印第安文化节目。

■**霍利克罗斯教堂**（Chapel of the Holy Cross）是一座76米高的混凝土巨塔，它从高耸的红岩壁突伸而出，像一个能把你送到太空中的发射器。光是景色就摄人心魄，更何况教堂据说是矗立在一个旋涡上。

对页：即使是聚集在教堂岩上空的风暴云层也不能减弱投影在橡树溪水中的峭壁的光彩。左上：用于宗教仪式和冥思的新时代医学圈已经摆开。右上：建在圣多娜砂岩地形中的霍利克罗斯教堂。

美国/亚利桑那

圣弗朗西斯科群峰

印第安人认为上帝就住在这闪光的火山岩群峰中，对城市居民来说这是一处凉爽的 、慈善的“避难所”。

秋日的黄昏，阳光轻吻着北亚利桑那圣弗朗西斯科五峰的山顶，在白杨树颤动的金光中，空气似乎都变得凝重了。纳瓦霍人（Navajo）长久以来一直称之为闪闪发光的山顶，他们认为这片土地来自于前世，逐渐长成了山峰，这些山峰是他们赖以生存的力量。13个以上的印第安部落把这个神圣的庇佑所（科科尼诺国家森林区Coconino National Forest的一部分）视为神灵的栖息地。每天都可以看到去朝拜的印第安人在山上走来走去，在神圣的神龛前伫立冥思。巫医们匆匆走过山林搜集树枝、树叶和浆果用以做药膏和油膏。3854米高的汉弗莱斯峰（Humphreys Peak）耸立在辽阔的科罗拉多高原（Colorado Plateau）上，它是圣弗朗西斯科诸峰中的最高峰，也是亚利桑那的最高峰。为了尽可能地保护该地区，人们没有修筑上山的道路。这片原始山林是世界上地形变化最多样化的地区之一，生态系统各异，从山脚下的沙漠到较高海拔的冻土地带，具有多种多样的地形地貌。积雪融化后进入山区内部盆地的蓄水层，为附近的弗拉格斯塔夫（Flagstaff）市提供水源，成为神圣的山峰与山下居民的纽带。

最佳旅行时间： 你可以在不同季节从不同的角度欣赏圣弗朗西斯科峰群，尤以9月、10月和11月上旬为拍摄秋叶的最佳时机。徒步旅行季节从6月下旬至9月。冬季你可以在斯诺鲍尔度假胜地（Snowbowl Resort）滑雪，那里有4部升降机。

行前计划： 徒步或驾车绕山脚一圈1天时间就足够了，你也可以在此宿营。5月至9月任何时间都可。因为山脚海拔达到了2286米，所以要注意高原反应症状，比如头痛或恶心。如要远足，应考虑到山中气温的不同变化，分层着装。山顶上风较大。涂抹防晒霜、唇膏，穿上结实的远足靴，因为大多数山路很陡峭，且多岩石。带上足够的水，因为途中没有小溪或湖泊。火山岩群峰就如海绵一样吸干了所有的雨水。

相关网址： www.fs.fed.us/r3/coconino

著名景点

■**寻找罕见的圣弗朗西斯科千里光**，这种植物在世界其他地区找不到。这种植物形如微型向日葵，受美国森林服务局（U.S. Forest Service）保护。

■**本土野生动植物**包括罕见的墨西哥斑点猫头鹰、黑熊、苍鹰、鹿、麋鹿、草原犬鼠以及游隼。

■**观赏秋季美丽的白杨**。从远处看，白杨树像是给群峰戴上了一条金色的项链。

■**沿着14.5公里长的汉弗莱斯峰（Humphreys Peak）小径**上山下山是非常辛苦的。早点起程，因为登上山顶最少需要3个小时。从山顶上你可以欣赏到大峡谷（the Grand Canyon）的轮廓。

飘然洒落的雪花使圣弗朗西斯科群峰呈现出一片神奇的景象。

大苏尔有众多风景优美、与世隔绝的海滩。

美国/加利福尼亚

大苏尔

峭壁林立的圣弗朗西斯科（San Francisco）南部海岸很久以来一直是一个理想的冥思场所，也是一个朝拜圣地。

在高耸入云的海岸红杉林下，一边沐浴在热气腾腾的浴池中，一边思考海浪涌上附近海岸时宇宙的状态，是典型加州人的做法——没有比大苏尔更适合体验这种感觉的地方了。大苏尔海岸到处矗立着直插入太平洋的陡峭山峰，很难进入，加上该地区最原始的美景和变幻莫测的环境，一直吸引着无数隐士和艺术家前往。作家亨利·米勒（Henry Miller）称大苏尔为“多年来人们梦寐以求的加州……造物主想要呈现的地球面貌”。印第安人在该旅游区不计其数的温泉中寻求心灵的慰藉。坐落在其中的一个温泉旁的伊萨兰学院（Esalen Institute）是举世闻名的精神研究中心，吸引了卡洛斯·卡斯特纳达（Carlos Castenada）和披头士乐队（the Beatles）这样的现代朝圣者前来。此地有一个僻静的本笃会修道院和一个现代禅宗信徒（Zen）隐居地，使该地区的心灵疗养设施更加完善。但是对许多经常光顾大苏尔的游客来说，跑遍大苏尔幽僻的海滩本身就是一种净化灵魂的体验。

最佳旅行时间： 秋季是最佳旅游季节，那时印第安人的夏天迎来了蔚蓝的天空和凉爽的天气，是出游的最佳时机。春季有些潮湿，夏季雾天多，冬天又过于寒冷，并且多风。

行前计划： 两到三天时间足够领略大苏尔海岸的精华。位于最北端的卡梅尔（Carmel）在圣弗朗西斯科市往南210公里处。不管哪个季节去旅游，准备一件风衣、一件毛衣和一双结实的轻便鞋。海滩看上去很诱人，但是汹涌的海浪从阿拉斯加一路南下，如果不穿着潜水服下水，这里的海水就显得太过寒冷。

相关网址： www.bigsurcalifornia.org.parks.ca.gov，www.postranchinn.com，www.henrymiller.org

著名景点

■**发伊弗（Pfeiffer）州立公园**是绝佳的旅游胜地。发伊弗大苏尔保护着大苏尔河沿岸的参天红杉林和野生动植物栖息地。**朱莉娅·发伊弗·伯恩斯州立公园（Julia Pfeiffer Burns State Park）**内有一片崎岖不平的海岸，在这里可以一览飞瀑直泻到海中的壮观景象，也可以观赏灰鲸在海面上嬉戏的场面。

■《北回归线》（*Tropic of Cancer*）和其他名著的作者亨利·米勒（Henry Miller）曾于1944年至1962年间生活在这里。他的朋友埃米尔·怀特（Emil White）在他的故居创立了**亨利·米勒纪念图书馆**，如今这里已经成为活跃的文化中心，举办各种影片展、诗歌朗诵会、作家论坛和音乐会。

■有6.475万公顷大的**蒙天纳荒野（Ventana Wilderness）自然保护区**是加利福尼亚最荒凉的地区之一，横卧于海岸后面高低不一的山脉中。许多地方只能沿着645公里的小径步行抵达。

■**伊萨兰学院（Esalen Institute）**成立于1962年，是一家提供各种关怀的非营利机构。它每年提供500多种论坛、讲座、研讨会和疗养，涉及学科广泛，有瑜伽、冥想，也有科学和艺术方面的内容。

美国/阿拉斯加

德纳里峰国家公园

云雾缭绕的德纳里峰矗立在243万公顷的原始亚北极荒野，峭壁峻岭和巨大的冰川中，这里是阿拉斯加人的圣地。

有如此壮观夺目景色的地方在全世界也很少见。在晶莹清澈的奇观湖（Wonder Lake）岸边，德纳里峰国家公园的冻土带覆盖着一望无际的山谷，一直延伸到远方的阿拉斯加山脉。皑皑白雪覆盖下的北美最高山麦金利山（McKinley）昂然耸立在其他山峰中，其起伏不平的山脊在清新干爽的空气中清晰可见。长年居住在山里的阿萨巴斯卡人（Athabaskan）称其为德纳里（意谓巨峰），这里的山林和周边的土地对许多本土部落来说都是圣地，包括坦那人（Tena），他们认为这里是天地万物的发源地。灰熊、野大白羊在山中频繁出入，驯鹿、美洲驼鹿自由地在这片土地上徜徉。秋天，大角麋在这里吼叫、争斗，鹿角的撞击声轰隆隆地响彻这片色彩鲜艳的冻土地，此情此景与云莓、蓝莓、越橘构成了一幅绚烂无比的画面。坐上小飞机在田园般的山谷、高耸的山峰上空遨游，你可以看到山羊在狭窄的岩架上栖息，巨大的冰川缓缓漂移到冻土带。在其中一块冰川上降落，你就来到了一个由冰雪、薄雾、起伏的山脊和阿拉斯加广阔的天空构成的蓝白世界。在此驻足停留片刻，品味远古时期人类在无穷无尽的荒野中生活的感觉。

著名景点

- 飞越**冰川地貌**，观赏托克锡特纳河（Tokositna River）岸边的**美洲驼鹿和熊**，在麦金利山上空绕一圈，俯瞰著名的**北坡（North Face）和威克萨姆墙（Wickersham Wall）**，然后在一块大冰川上降落。
- 参加**荒野巴士游**进入德纳里峰国家公园中心地带，到景观湖观赏奇异的野生动植物，一览阿拉斯加山脉和麦金利山的壮丽景色。
- 参加由**守林员带领的徒步旅行活动**，了解德纳里的自然和文化史，探索冻土带、牛轭湖和山坡地。
- 穿上远足靴，带足一天的食物和水，带上雨具，参加**徒步探索游**，进入令人称奇的、人迹罕至的德纳里偏远乡村。
- 沿着罗克溪（Rock Creek）小径徒步或乘坐公园巴士去观赏**雪橇犬表演**，游览**阿拉斯加犬窝**。

最佳旅行时间：进入荒野的公园路从6月至9月中旬开放，这段时间气候最佳，并且公园提供由守林员引导的各项活动。德纳里峰国家公园对那些想要滑雪或驾狗拉雪橇旅行的游客全年开放。

行前计划：德纳里峰国家公园位于阿拉斯加中南部。你可以乘坐火车沿着壮观的阿拉斯加铁路（这也构成了游览的一部分内容）抵达，也可以驾车沿着阿拉斯加观光公路到达景区。至少要在那儿住上3天。带上双筒望远镜、照相机、防晒霜、远足装备、雨具、足够的分层保暖衣。公园内和周边住宿要提前预订。景区提供许多有向导的包价游览活动；你到那里以后先安排一次飞行观光游，并报名参加探索游。清晨有游览车去往荒野纵深地带，在那里你可以找到观赏麦金利山的最佳观察点。

相关网址：www.nps.gov/dena

对页：德纳里峰国家公园有着绮丽的山峰、清澈的湖泊，犹如仙境一般。美洲驼鹿是这里最常见的动物之一，有时可见其涉入水中寻找它们的食物——水生植物。上图：驾着因纽特人的狗拉雪橇游览这片原始荒野，实在是一种惊险刺激的体验。

十大圣树

许多宗教和文化崇拜树木和森林。这里选取的是一些世界上最古老的大树。

❶ 日本春日山原始林

自远古以来，神道教徒们一直把奈良（Nara）城外的春日山原始林视为诸神的家园。在过去的1200年中，原始林一直禁止狩猎和砍伐。公众不能进入原始林，但是可以沿着环绕森林的9公里春日奥山小径（Kasuga Okuyama Trail）徒步旅行。景区全年开放，漫步小径可以欣赏原始林的全景以及各种珍稀动植物。

行前计划：春日奥山小径（Kasuga Okuyama Trail）始于奈良公园内的春日大社（Kasuga Taisha）附近。也可以从奈良市中心出发，沿着春日奥山公路（Kasuga Okuyama Driveway）驱车15分钟到达。www.pref.nara.jp

❷ 斯里兰卡菩提圣树

佛教徒在阿努拉达普拉（Anuradhapura）的菩提圣树下守夜，经幡在微风中飘舞，树下摆满了祭品。在圣树伸展的枝条下，鸟鸣声、猴子的啁啾声陪伴着正在跪拜和冥思的朝圣者。圣树的历史可以追溯到公元前245年，恰好与佛教徒出现在斯里兰卡的时间相吻合，它作为印度菩提伽耶（Bodhgaya）释迦牟尼悟道树（Buddha's Tree of Enlightenment）的分支而受到崇拜。

行前计划：圣树位于阿努拉达普的米因杜·马瓦萨路（Mihindu Mawatha Road）和库鲁内盖拉路（Kurunegala Road）的交叉路口。安全防卫很严格，执勤士兵随处可见。www.responsible travel.com

❸ 黎巴嫩雪松——上帝之树

当你沿着石子路，在《圣经》诞生前就已经存在的森林里大步穿行于古老的雪松间，你会感觉到几个世纪就在你眼前缓缓逝去。上帝之树在《圣经》中提到了103次，是迄今为止少量保存下来的古树中的一小部分，这种树过去在黎巴嫩遍地都是。现存约300棵，有些年轮已超过1000年。

行前计划：神树位于马克梅尔山（Mount Makmel）西北侧的埃登自然保护区（Ehden Nature Reserve）。在的黎波里（Tripoli）市东南30公里处。你需要一个有资格证的向导带你穿过森林。www.wata.net

❹ 立陶宛施特尔缪斯橡树

欧洲最古老的橡树之一、具有1500~2000年历史的施特尔缪斯橡树，位于立陶宛西部，多瘤的树干干围有13米。只有旁枝还活着，由支持物支撑。此树是供奉雷神柏库那斯（Perkunas）（掌管丰产的神，法律和秩序的保护神）的，在过去因为雷神有电闪雷鸣的威力而受到波罗的海地区人们的崇拜。古老的橡树在新生代森林中傲然挺立，它见证了人们的祈祷、庆祝、疗养和祭祀活动。

行前计划：此树位于立陶宛札拉赛地区（Zarasai region）的施特尔缪斯村（village of Stelmuže）。www.visiteurope.com/ccm/experience/detail/?nav_ca

❺ 法国纳维森林

漫步于山毛榉树、橡树、栗树的华盖下，踩着圣罗南（St. Ronan）的足迹，穿越布列塔尼半岛（Brittany）的纳维森林。圣罗南这位6世纪爱尔兰主教在森林中建造了一座修道院，一直受到凯尔特人（Celts）和德鲁伊特人（Druids）的敬奉。

行前计划：位于布列塔尼西部坎佩尔（Quimper）附近的洛克罗南（Locronan）是探索森林的好基地。www.francethisway.com

❻ 法国橡树教堂

在阿鲁维尔·贝尔夫斯（Allouville-Bellefosse）耸立着一棵有着1000年历史的橡树，它是法国最大、最古老的橡树，在它巨大的、中空的树干中建了两个小教堂，一个在上，一个在下。下面的小教堂是供奉圣母玛利亚（Virgin Maria）的，建于1669年。上面的小教堂可以由围绕树干的螺旋木梯进入，它后来被改建成了修道院。

行前计划：阿鲁维尔·贝尔夫斯（Allouville-Bellefosse）在鲁昂（Rouen）附近的D33号公路上。每年的7月2日在教堂树旁会举行弥撒仪式。www.tourisme.fr

❼ 马达加斯加的猴面包树道

穆龙达瓦（Morondava）往东满是灰尘的道路两侧种有一排一排的猴面包树，这种树树干笔直、高大，树干往上一直都是那么粗，上面长满歪歪扭扭的短树枝，看上去宛如一把雨伞。猴面包树树干直径3.6~6米，马尔加什（Malagasy）许多部落把猴面包树视为圣树。

行前计划：猴面包树道在穆龙达瓦以东48公里处。www.cactus-madagascar.com

❽ 坦桑尼亚无花果树

根据马萨伊人（Masai）的神话，无敌之神尼盖（Ngai）通过野生无花果树把牛送到地球上，托付给马萨伊部落，他们认为无花果树是天与地的唯一连接点。牛是马萨伊人的圣物，无花果树至今仍然是礼拜、典礼和祭祀的中心。

行前计划：徒步考察马萨伊人心中神圣的奥·多因·兰盖（OL Doinyo Lengai）火山，寻访无花果圣树。www.serengetisafaris.com

❾ 津巴布韦圣林

位于多姆波沙瓦（Domboshawa）的兰巴库里姆瓦（Rambakurimwa）森林，是典型的禁止砍伐的地方。马绍那人（Shona）把古老的森林视为圣林，因为那里是人类、自然和精神世界相互缠绕之地。

行前计划：从哈拉雷（Harare）出发，一天就可以游览完这个森林。多姆波沙瓦洞穴和岩画也值得一看。www.jambosafari.co.za

❿ 尼日利亚奥森—奥索格波小神林

这片树林是尼日利亚南部现存的最后一个原始乔木林，它丛林密集，是敬奉约鲁巴人（Yoruba）的女神奥索-伊格波（Oso-Igbo）（掌管丰产、保护和赐福于人类的女神）的地方。这个小神林是世界遗产保护地，是约鲁巴人现存的少量神林中的一个。

行前计划：一年一度的奥森—奥索格波节（Osun-Osogbo Festival）在8月第一周在奥索格波（Osogbo）举行。www.westa fricasafari.com

"颠倒"的猴面包树由一个传说而得名，据说因为这棵树抱怨树上没有果实，也没有五颜六色的花，众神就连根拔起了这棵树，然后倒过来把它重新种上。

火山口湖

位于俄勒冈的这个火山湖宛如一个质朴的巨大水杯悬在半空中，它使所有看到它的人为之动容。

当游人沿着陡峭的山坡朝着火山口湖外围山顶攀登时，他们在心里想象着前面等待着他们的景色将会是什么样的。然而当他们爬上山顶时，他们的反应常常是惊讶得说不出话来——因为这里的风景实在是超出任何人的想象。数百米峭壁下面展现的是一个巨大的湖泊，湖水像蓝宝石般湛蓝，四周是一圈凹凸不平的山岩，周长达42公里。矗立在湖中的唯一一座山丘是几近完美的火山锥——巫师岛，这是在大约7000年前马扎马山（Mount Mazama）大爆发时形成的火山口湖中的火山口。难怪当地克拉马斯人（Klamath）（他们的祖先早在1.2万年前就已经生活在这里了）视此湖为圣湖，并且编织了许多相关的传说。其中一个传说讲的是火山口是如何形成的：地狱之神拉奥（Llao）和他的同伴魔鬼和小龙虾与地上的世界之神斯克尔（Skell）进行了一次宇宙大战，斯克尔最终获胜，他把拉奥肢解扔到水中喂不知情的甲壳动物，直到它们发现拉奥的头，此头即今天的巫师岛。对克拉马斯人来说，火山口湖一直以来是一个充满惊人力量的地方，这里巨大的龙虾会突然跳起来，袭击毫无防备的游客。游客到这里来是为了寻求异象以检验他们的精神力量，在这深不可测的湖水中体验人生真谛。

最佳旅行时间：火山口湖国家公园全年开放。7月至9月上旬是最佳旅游季节。冬天下雪，旅行会有风险。斯梯尔游客中心（Steel Visitor Center）4月至11月开放，山顶游客中心（Rim Visitor Center）6月至9月开放。

行前计划：火山口湖位于旧金山（San Francisco）和西雅图（Seattle）等距离间，与两地相距均约690公里。最近的机场在往南97公里的克拉马斯佛斯（Klamath Falls）。直通山顶的公路路况良好。

相关网址：www.go2kathmandu.com，www.travel-himalayas.com

著名景点

- 湖水那令人叫绝的**湛蓝色**是由它594米的湖深造成的。
- 从山顶眺望下面的**风景**。最高的观察点海拔在2438米。
- 沿着火山口内树木繁茂的山坡小路下山，到达湖岸边，在那里游客可以**坐船、游泳、钓鱼**，甚至**潜水**。
- 观察夏日的**雷暴天气**。这种天气会给火山口带来不同的景象，狂风拍打着湖面，火山随着电闪雷鸣发出噬噬的声响。

冬日的火山口湖银装素裹，安谧祥和。

西班牙人在波波卡特佩特山坡上建造了14个修道院。

墨西哥

波波卡特佩特火山

这座变化莫测的火山的壮美和威力不仅创造了神话，而且孕育了完整的世界观。

当这座火山在1345年爆发时，刚刚开始统治中亚美利加洲（Mesoamerica）的阿兹特克人（the Aztecs）把它命名为波波卡特佩特——“冒烟的山”。它一阵阵无规律的大爆发一直在影响周边地区所有人对宇宙的看法。阿兹特克人认为波波卡特佩特山与他们的土地神和水神——特拉尔泰库特利（Tlaltecuhtli）和特拉洛克（Tlaloc）——有密切的联系。波波卡特佩特山和其姊妹峰伊斯塔西瓦特山（Iztaccihuatl）一起孕育了流传至今的纳瓦人（Nahua）传说：这两座姊妹峰是由一对不幸的情侣经过双神点化而成。该地区自1519—1521年被西班牙占领后，人们把古老的阿兹特克神与天主教圣人结合在一起，时至今日两者结合的宗教仪式在这一地区的纳瓦人中还在延续。对他们而言，波波卡特佩特火山是有生命的，它可以呼吸，而且有自己的个性。他们还以当地村落守护神的名字称其为“唐·戈约”（Don Goyo）（唐· 格雷戈里奥的简称）。此外，巫师还向着波波卡特佩特火山“祷告”，献上祭品以获得好丰收，并且平息火山的愤怒。

最佳旅行时间： 只要天气允许，一年中任何时间都可以。伊斯塔-波波佐奎阿潘国家公园（Izta-Popo Zoquiapan National Park）的登山者比较喜欢11月下旬至次年3月上旬的干燥季节。游览公园至少需要1天。远足和登山探险需要几天时间。

行前计划： 波波卡特佩特火山在墨西哥城东南72公里处，离普埃布拉（Puebla）40公里。亚美加美加（Amecameca）小镇坐落在两座山的山脚下。远足和登山者通常去更高一点的特拉玛加斯（Tlamacas）（海拔3950米）落脚，以做好适应高山环境的准备。自最近的一轮火山活动后（始于1994年），没有人能爬火山了，但是你可以走近帕索·德科特（Paso de Cortes），这是波波卡特佩特和伊斯塔西瓦特山之间的马鞍地区。

相关网址： iztapopo.conanp.gob.mx

著名景点

- 如果空气质量好，波波卡特佩特火山的**清晰景象**是非常值得一看的，但是不幸的是墨西哥城的污染已使这样的日子越来越少。
- 波波卡特佩特火山坐落在**伊斯塔-波波佐奎阿潘国家公园**内，这个国家公园有着壮美的自然风景，可供徒步旅行和登山的选择很多。

■西班牙传教士在16世纪在波波卡特佩特山坡上建造了**14个修道院**。联合国教科文组织已把整个建筑群列入世界遗产名录。

十大井泉

井和泉一直以来是与康复治疗和祭祀联系在一起的。

❶ 墨西哥奇琴伊察

不要走近奇琴伊察圣井的出口。伊察人(the Itzas)(一个玛雅部落)认为这个直径60米的天然井是通往地狱的大门，他们把金器(和人)投进去作为祭品奉献给他们的雷雨神查克(Chaac)。

行前计划：早上8点到达圣井，以避开酷热和人群。你也可以在附近的伊克基尔天然井（Cenote Ik Kil）游泳。www.mesoweb.com/chichen

❷ 巴厘岛热水泉

巴厘岛的硫黄热水泉在洛文纳（Lovina）附近，它是从象征印度河神和泉神的石雕张开的豁口处流出来的。洗浴池（巴厘岛人在此净化他们的灵魂）很像精心设计的石台和热带植物环境中的天然瀑布。

行前计划：热水泉离巴厘岛唯一的佛教寺院无量佛寺（Brahma Vihara Arama）有3公里路程。租一辆摩托车就可以来往于两处胜地。www.baliguide.com

❸ 澳大利亚朱瓦林温泉公园

这个公园位于北部地区，是土著澳大利亚人瓦格曼（Wagiman）部落女人心中的圣地。这里的温泉池在道格拉斯河（Douglas River）地区干旱的植物和浮木中就如同繁茂的绿洲一般。

行前计划：水池的水温可能会很高，父母在让孩子下水前须测试一下水温。公园有时因宗教仪式而关闭。www.nt.gov.au/nreta.net

❹ 保加利亚瑞拉隐士洞

10世纪时，瑞拉的修道隐士伊凡（Ivan）住在一个山洞里，据说他就是在这里完成了康复奇迹。今天你可以游览包含伊凡隐居过的圣洞的岩洞，以及一条神溪、一个收藏他遗物的小教堂。

行前计划：瑞拉距离索菲亚（Sofia）2小时的车程。你可以住在瑞拉修道院或山间小屋，但是你必须提前预订。www.bulgariamonastery.com

❺ 意大利撒丁岛圣井

撒丁岛有40多个石砌的井，大多是在公元前1800年至前1200年由纽拉吉克（Nuragic）文化建造的。所有的井都有一个中庭或前庭，以及似乎要通到地球中心的陡峭的石梯。在石梯底部有一个蜂窝保护着圣水。

行前计划：圣克里斯蒂纳井（Santa Christina）是保存得最完好的井，它位于距离卡利亚里市（Cagliari）100公里的一个名叫保利拉提诺（Paulilatino）的小镇。www.sardegnaturismo.it

❻ 英国的涨落井

在约克郡溪谷国家公园（Yorkshire Dales）吉戈斯维克断崖（Giggleswick Scar）脚下的神秘的井水过去每天都涨落许多次，但是现在它再也没有那么神奇了，只有下了大雨之后才有这种景象，这是因为当地人挖掘了这口井想揭开它的奥秘。根据当地传说，跳动的泉水是一个仙女在用尽全身力量奔跑着逃离一个色鬼时的喘息声。

行前计划：涨落井位于一个叫塞特尔（Settle）的市镇。探访吉戈斯维克的圣阿尔克尔达教堂（the church of St. Alkelda），这个教堂引人入胜的地方是它的彩绘玻璃窗。过去洗礼用的圣水就是取自于此井。www.yorkshiredales.org

❼ 威尔士霍利威尔圣温弗拉德井

这口圣井以康复治疗效果闻名，据说它是公元7世纪圣温弗拉德被斩首后出现的。这个星状的哥特式水池建于1500年，是在亨利七世的母亲波弗特的玛格丽特（Margaret of Beaufort）赞助下建成的。

行前计划：在朝圣季节（圣灵降临节至9月的最后一个星期日）的周日下午2：30和其他日子的上午11：30在圣井边有礼拜活动。www.saintwinefrideswell.com

❽ 威尔士卡雷格圣南

13世纪的卡雷格圣南城堡废墟坐落在塞兰河（River Cerran）上空90米的一块孤立的岩崖上。一条有拱顶的通道通向一个洞穴和一口淡水井。这口井有许愿的传统，过去人们常常把弯曲的别针投到井里作为对井神的祭品。姑娘们也勇敢地走过通道去祈求得到英俊的丈夫。

行前计划：带一个手电筒，以便你走下通道去井边时照明用。城堡在景色优美的布雷肯比肯斯国家公园（Brecon Beacons National Park）。www.castlewales.com/carreg

❾ 爱尔兰基尔达尔圣布丽吉德井

圣布丽吉德既是异教女神，又是基督圣人，她的这口井有笔直的砌石小拱桥和一棵孤零零的碎布树(clootie tree)，暗示异教和基督教传统的和谐融合。

行前计划：准备2月1日出行，加入晚上去井边的游行队伍。www.kildare.ie

❿ 马达加斯加安波希曼加泉

19世纪统治马达加斯加的梅里纳（Merina）部落经常举行隆重的祖先祭拜仪式，包括一年一度的皇家洗浴仪式（Fandroana），这不仅是国王或皇后的洁身礼，也是社会的洁身礼。现代游客可以一睹由石灰石凿成的浴缸，还有安伯利（Amparihy）圣湖和举行皇家仪式的圣溪。

行前计划：在马尔加什（Malagasy）新年（3月）出游，观看皇家洗浴盛典。www.unesco.org/en/list/950

巴厘岛热水泉的绿水流过三个梯台，然后从石刻怪兽口中迸出，冲到洗浴者的头顶上。

中国/西藏

天湖

在一个似乎从未被外人涉足的世界，天湖和青藏高原的游牧民族是浑然一体的。

天湖岸边的圣圈一片寂静（稀薄的空气和一望无际的蓝天使其更显安静），只是被走在岩间小路上的朝圣者的脚步声和偶尔荡起的牦牛铃声打破。中国西藏圣湖区在拉萨东北大约一天的车程，是中国最僻静的角落之一，这里有40多个湖泊和20多条河流，一眼望去犹如一条绘有蓝色湖水、棕色山丘和雪白山峰的大被子。最受尊崇的湖泊是纳木错（天湖），天湖海拔4718米，是世界上海拔最高的咸水湖。天湖及周边地区的人尊崇苯教（也称苯波教，西藏地区原始宗教）的仪式和风俗，据说这一地区是他们的保护神和其他神明居住的地方。夏季，游牧民在岸边草地上放牧着他们的牛羊，朝圣者们成群结队地涌向湖边的圣坛（嘛呢堆）。有些朝圣者用3周时间艰难地绕行整个天湖一圈，根据古代苯教传统，他们按逆时针方向行进，沿途见到嘛呢堆就停下来朝拜。

最佳旅行时间： 5月至9月。其他时间大雪和结冰的气温会使旅行很困难，常常无法成行。

行前计划： 你可以参加有导游的旅游团从拉萨到景区。游览最少需要3天时间，其中包括在5182米高处的徒步行走。留出时间以适应高海拔环境是非常必要的。平时住在海平面地区的游客可能会感到头疼，喘不过气，甚至走上很短的路就会感到不适。保暖衣服是必需的，即使是在夏季。7月晚上的气温常常会降到零摄氏度以下。

相关网址： www.responsibletravel.com， www.mtsobek.com

著名景点

■古尔琼白玛寺（Namtso Chukmo temple）位于天湖南岸的一个岬角上，这个石灰石洞穴自公元8世纪传说中的坦陀罗（Tantric）佛教领袖林波切（Rinpoche）在这里住过后一直吸引着人们到此隐居。

■夏天，候鸟（如黑颈鹤）聚集在吉祥石（Tashidor Gompa） 西边的一个湖湾处的**候鸟保护区**繁殖和哺育后代。

■看一眼难得一见的西藏中部游牧民夏季在天湖边的**放牧生活**。你可以看到他们织布、制皮革、照料牛羊、烹制传统的饭菜（如糌粑，一种由酥油和青稞面做成的点心）。

五色经幡在天湖上空随风飘动。

朝圣者正在攀登通往南天门的天梯，这是登上泰山顶的必经之路。

中国

泰山

在玉皇殿祭拜道教玉皇大帝，追寻孔子的足迹。

在五大道教圣山（五岳）中，泰山是最受崇敬的。泰山位于华北平原，在山东省泰安市附近，峭壁林立，海拔1545米。道教徒们认为五岳汇聚了精神能量，是长生不老者的家园。泰山的主神是玉帝，他是上天的统治者，天地万物皆来源于此神。根据当地传说，任何爬上泰山顶（玉皇顶）的人都可以活到100岁。古代中国皇帝认为泰山本身就是神，皇帝的统治权就是泰山的神力所赋予的。史书记载，古代的皇帝到泰山朝拜，随行的扈从非常庞大。孔子也到过泰山祭拜。每年有大批的游客沿着皇帝、孔子、中国古代僧侣和文人墨客的足迹，登6000多级石阶到达山顶。这个传统使泰山上的岩崖和道路两边的林中空地上遗留下了一大批寺庙、亭阁和石刻。在天气晴朗的日子，可以看到泰山东面大约200公里外的黄海。

著名景点

- 泰山脚下，被高高的围墙和有2000年历史的柏树包围着的是**岱庙**。穿过尧舜门沿着古老的石径可达红墙环绕、建于11世纪的天贶殿。
- **碧霞元君祠**建于1009年，它是为玉帝的女儿、农妇们的保护神碧霞公主而建。
- 在山顶上住一夜。早起去看**日出**。根据中国古代传说，泰山是太阳的家园，太阳每天早晨从泰山升起，晚上又回到这里。

最佳旅行时间：4月中旬至6月中旬、9月至10月为最佳。全年雨天很常见，尤以夏季为最。冬季很冷，但通常晴朗干燥。周末和中国法定的节假日（特别是“五一”和国庆黄金周）会非常拥挤。

行前计划：泰山在济南市往南64公里处。离这儿最近的机场在北京。景区有不计其数的旅游团，通往山顶的石径和石阶都有清楚的标示。沿途有小吃摊、茶室和酒店。身体健康的人可以在一天之内走到山顶并返回。建议在山顶住一晚，观看日出。也可以坐小巴到中天门，然后走几分钟路坐缆车到达山顶。

相关网址： www.mount-tai.com.cn/en， www.sacredpeaks.net

亚当峰尖顶兀立于周围的山丘之上。

斯里兰卡

亚当峰

沿着朝圣者的足迹到达这座圣山的顶峰，你就离地球天堂更近了一步。

曙光照耀到斯里兰卡西南部亚当峰那丛林覆盖的丘陵上，饱经风霜的五彩经幡在微风中颤动。在不同教派的朝圣者观看日出时，传统的锣鼓声和长笛声伴着逐渐升高的“嗬嗬噻——好哦”的叫声，迎来了新的一天。巨大的山影在清晨的浓雾中若隐若现，遮掩着下面郁郁葱葱的山谷。佛教徒、印度教徒、基督教徒和穆斯林都把这座2243米高的山峰（又叫斯里帕达Sri Pada、萨迈纳拉坎达Samanalakanda）视为圣山。各教派对山顶附近岩石上古老的巨大脚印的起源有各自的说法。从达尔豪西（Dalhousie）通到山顶的蜿蜒小径有灯火装饰，从很远就能看到，有几处几乎是垂直向上的。攀登在5000级狭窄的台阶上的朝圣者们互相问候着“你好”。传统的圣歌在空中飘荡。跋涉途中不时可以看到歇脚处，在那里迎接疲乏的登山者的是飘浮在空中刚沏好的茶的热气，还有当地人小吃摊上的炸鹰嘴豆、烤肉和一大堆甜点的诱人的香味。

最佳旅行时间： 最佳旅游季节是季风来临前的12月至次年4月。避开满月日和周末，因为那时山上会很拥挤。走之前核实一下天气，确保出游日天气晴朗。

行前计划： 大多数游人凌晨2点就开始爬山，但你可以在前一天下午开始爬，在山顶的一个简易居所住一夜。最方便易行的路是从达尔豪西（Darlhousie）出发，只需大约4个小时，下山需3~4个小时。较难走的路是从拉特纳普拉（Ratnapura）出发，要花7个小时。下山需要大约5个小时。由于拉特纳普拉这条路沿途小吃摊极少，所以需要带食品和饮用水。你可以在达尔豪西雇一个受过培训的向导。

相关网址： www.srilankainstyle.com，www.srilankanexpeditions.com

著名景点

- 观赏季风来临前亚当峰一年一度的**黄蝴蝶会**。根据当地民间传说，蝴蝶飞到亚当峰朝拜，然后死在那里。

- 参加**印地卡图帕哈那（Indikatu Pahana）**的首次朝拜仪式，把一股线添到像蜘蛛网般缠结的线团中。这个休息站据说是当年佛祖停下来缝补他袍子上裂口的地方。

- 品尝亚当峰出产的**白茶**。这种茶每周只生产30公斤。

印度

坎亚库马瑞

印度最南端三大洋交汇处是印度教重要的朝圣地和祭拜场所。

诗人们曾见证[illegible]于印度人庆祝4月[illegible]节(Festival of Chitra Purnima)时圆月高高挂在坎亚库马瑞上空的美丽景色。异乡游人会对蔚蓝清澈的海水拍打着海岸、天空中日落月升、日月并存的奇特景象惊叹不已。游客众多的坎亚库马瑞小镇位于泰米尔纳德邦(Tamilnadu),那里是印度的最南端,是印度洋(India Ocean)、阿拉伯海(Arabian Sea)和孟加拉湾(the Bay of Bengal)交汇点,内陆是壮观的西高止山脉(the Western Ghats)的山丘。小镇上有供奉坎亚女神(Kanya Devi)的库马日安曼神庙(Kumari Amman Temple),该庙已有1000年的历史。根据传说,坎亚原来是要嫁给印度教三大神之一的毁灭之神湿婆(Shiva)的,但湿婆在婚礼上没有出现,所以坎亚就变成了处女神。据说她会赐福于所有拜访过她神庙的人。当地人出售一把把米粒大小的彩石给游客,让他们撒在坎亚库马瑞富含矿物质的海滩的多彩沙子上,以象征坎亚女神婚礼上没有做成的食物。海岸线上有一个具有100年历史的灯塔,还散布着众多的古庙。清晨,你可以看到信徒们在圣水中沐浴,向各个神庙中的诸神祈祷、献花。

著名景点

■斯里帕达帕赖石(SriPadaparai Rock)
位于库马日安曼神庙的东南,这里有处女神坎亚从天上来到这里居住时留下的足印。

■坐渡船去看一看**提鲁瓦鲁瓦雕像**(Statue of Thiruvalluvar)。提鲁瓦鲁瓦是生于约公元前30年的泰米尔(Tamil)诗人,这座雕像矗立在一个小岛之上,又被称作印度的自由女神像(Statue of Liberty)。

■拜访甘地纪念馆(Gandhi Memorial),那里是甘地的骨灰被撒到海里前向公众展出的地方。纪念馆的设计匠心独运,在甘地生日那天(10月2日),阳光恰巧会落在曾安放过他骨灰的地方。

最佳旅行时间: 观看日落月升的最佳时间是月圆之日(特别是4月)。

行前计划: 90公里开外的特里凡得琅(Trivandrum)是距坎亚库马瑞最近的机场。坎亚库马瑞有不少简陋但很干净的旅馆可供选择。游览此地最少需要2~3天时间。有些寺庙周日不对外开放。在库马日安曼神庙,有些时间(这样的时间是不确定的)非印度教徒不能进入最里面的神殿。男人进去前必须脱掉衬衣。带足够的零钱,因为大多数寺庙和其他景点收取一点门票费和拍照费。

相关网址: www.kanyakumari.nic.in, www.ruinsofkumari.com, www.saviontravel.com

提鲁瓦鲁瓦雕像周围,汹涌的白浪拍打着岩礁。

印度

神圣的恒河

虔诚的印度教徒从世界各地来到三江（恒河、亚穆纳河Yamuna和神秘的萨罗斯瓦蒂河Saraswati）交汇点洗浴。

当你从北方邦（Uttar Pradesh）的安拉阿巴德市（Allahabad）出发，沿着笔直的、满是尘土的道路往东，一路掠过高压线纵横的贫瘠的平原，你会疑惑这里哪有什么稀罕之处。当你看到你的目的地不过是一条缓缓流动的大河，偶尔有几座桥横跨其上，你会更加迷惑不解。一两只海鸥在头顶上盘旋，看上去怪怪的信徒们在河边祭祀河神。在大多数日子里，这里确实没有什么可以令人想起这是印度教最神圣的地方。但是在满月或新月出现的日子或在节日，你会看到河岸边挤满了成千上万的朝圣者，人群中散布着身穿鲜艳长袍的僧侣，僧侣们坐在小木台上，帮助信徒们洗浴，因为这里是印度教最神圣的三条河交汇的“三江汇流点”。印度人认为宽阔的恒河代表着赋予生命的母亲女神恒河神（Ganga），水流较急、河水微绿的亚穆纳河代表着阎王（Yama），他们还认为就是在这里神秘的地下河萨罗斯瓦蒂（“悟道河”）并入到这两条河中。三江交汇点也是传说中仙露从天上洒落人间的四个地方之一，是举行印度最大的宗教集会大壶节（Kumbha Mela）的四个轮换地中的一个。在这个盛会上，河岸会成为约7000万人的临时家园。

著名景点

- 乘坐**游船**航行于圣河上。你可以从位于阿克巴皇帝（Emperor Akbar）于1583年建造的宏伟的莫卧尔城堡（Mogul fort）东侧的码头乘船。
- 城堡的东侧是地下**帕塔普利寺**（Patalpuri Temple），据说罗摩（Rama）曾到过此寺。还有一棵神圣的长生不老榕树。
- 三江汇流处附近散布着几个**古老的神祠**。城堡附近的神祠是供奉猴神哈努曼（Hanuman）的。
- 寻找合适的观察点，观看不同颜色的恒河和亚穆纳河**河水汇聚融合**的景象。

最佳旅行时间： 1月和2月最佳——这两个月有节庆活动。避开夏季高温天气。即使是在节日期间，对非印度教徒来说一天时间也足够了。

行前计划： 瓦腊纳西（Varanasi）机场离安拉阿巴德146公里，勒克瑙（Lucknow）机场离安拉阿巴德210公里。这两个城市都有公路和铁路通到安拉阿巴德。桑伽姆（Sangam）在安拉阿巴德以东12公里处，巴士和出租车随时都有。你最好把旅行安排在节日期间。马嘎哈节（Magha Mela）每年举行一次，小壶节（Ardh Kumbha Mela）每12年在这里举行一次，最近的一次是在2007年。大壶节也是每12年举行一次，下一次大壶节是在2013年。

相关网址： www.tourindia.com

对页：小壶节时，朝圣者们在黎明前到恒河洗浴。对印度教徒来说，这种洗浴不仅洗净身体，也净化了灵魂。左上：朝圣者们购买万寿菊、莲花花环，把它们作为祭品扔到河里。右上：一个朝圣者在恒河水中祈祷。

澳大利亚

奥尔加斯巨石群

走进色彩斑斓的澳大利亚内地土著部落的"梦幻时代"世界。

群虎皮鹦鹉在婉转地吟唱，阳光照在它们的翅膀上，在奥尔加斯巨大的橙黄色岩石圆顶上投下了一抹橄榄黄。奥尔加斯地处北方地区的卡塔丘塔国家公园（Kata Tjuta），占地28平方公里。这个具有5亿年历史的地质奇迹是当地文化的一部分。对阿南古人（Anangu，澳大利亚土著人）来说，36座岩石的每一座都代表了一种梦幻时期（生命创造时期）就出现在地球上的图腾动物、人或食物。阿南古人的传说中提到了瓦纳姆皮（Wanampi，住在1069米高的奥尔加斯山上的长生不老蛇）、利卢（Liru，能分泌毒液的蛇男）、马鲁（Maru，袋鼠人）以及他的姐妹穆鲁穆拉（Mulumura，一个蜥蜴女）。徒步旅行者可以在卡鲁（Karu）和卡林格纳（Karingana）两个瞭望台上观赏风之谷（Valley of the Winds）蜿蜒的小径两旁的许多岩石。瓦帕峡谷小径（Walpa Gorge Trail）是另外一条对非本地人开放的小路，这条小径沿着一条小溪弯弯曲曲穿行于两座较高的圆石之间，直到长矛林（阿南古人用这里的树枝做传统长矛）。

著名景点

■在**瓦帕峡谷**观赏古代岩画、独特的沙漠动物和珍稀植物（有些在世界其他地方找不到）。

■在卡塔丘塔**看日落**，巨石的颜色从橙黄色到血红色到淡紫色，最后变成深紫色。

■乘坐**直升机**游览奥尔加斯和乌鲁鲁，欣赏巨石的宏伟阵势和沙漠美景。

最佳旅行时间： 任何时间都可以，但冬季（6—8月）时气温更适合徒步旅行。

行前计划： 如果你没有车，到卡塔丘塔的旅游团每天从乌鲁鲁（Uluru）附近的艾尔斯巨石度假地（Ayers Rock Resort）出发。注意一定要带上结实的鞋子、宽边草帽、防晒霜、足够的水、有防蝇网罩的帽子（这是为了防夏季肆虐于奥尔加斯和乌鲁鲁的苍蝇）。准备3—4天时间，步行穿越7.4公里的风之谷小径到达卡鲁和卡林格纳瞭望台，在瞭望台上可以欣赏到卡塔丘塔中心山谷的全景。再花一个小时往返穿越2.6公里的瓦帕峡谷。如果天气预报说气温超过36℃，上午11点后风之谷小径卡鲁段将会关闭。

相关网址： www.environment.gov.au/parks/uluru， www.australia.com， www.phs.com.au

火红的奥尔加斯圆顶巨石是澳大利亚土著梦幻时代文化的重要组成部分。

春天，乌鲁鲁脚下的橙黄色沙丘上野花盛开。

澳大利亚

乌鲁鲁

坐在巨石底部的史前洞穴壁画下，聆听阿南古文化的古老传说。

与纽约帝国大厦（348米）一样高的乌鲁鲁巨石矗立在澳大利亚中部的沙漠之中。这块露出地面的巨大砂岩原来叫艾尔斯岩（在乌鲁鲁-卡塔丘塔国家公园内，受到保护），据说已有3~4亿年历史。土著部落在乌鲁鲁脚下已经生活了1万多年，他们的后代（阿南古人）认为乌鲁鲁是他们的遗产的重要组成部分。据朱库尔帕（Tjukurpa，主宰阿南古生活方式的复杂的信仰体系）记载，乌鲁鲁是造物主创造的，正是造物主把平淡无奇的地球变成了今天我们所看到的山水奇观。有许多神明与乌鲁鲁有密切的联系，如蛇女昆尼亚（Kuniya），据传她曾住在乌鲁鲁的洞穴和峡谷中，与一个叫利卢（Liru）的能分泌毒液的蛇男进行了你死我活的大战。巨石侧面明显的条痕就是他们那场大战留下的。

著名景点

■ 由当地土著人经营的阿南古旅游公司组织有导游的**徒步游**、**骑骆驼游**，夜幕来临时，他们还在璀璨的星空下举办**天文学讲座**。

■ 在乌鲁鲁附近的**乌鲁鲁-卡塔丘塔文化中心**，你可以观看土著手艺人制作工艺品，并且可以了解朱库尔帕（阿南古文化的基石）、食物和该地区的历史和自然特征。

最佳旅行时间：乌鲁鲁的夏天（12月至次年2月）酷热无比，白天气温常常超过38℃。冬天（6-8月）气候宜人，但是沙漠的夜晚可能会很冷，有时气温降到零度以下。春天（9-11月）橙黄色的沙丘上开满了大片的野花。不管你什么时候出游，日出和日落时分是一睹乌鲁鲁多彩壮丽景色的最佳时间。

行前计划：你可以用一个上午或下午匆匆逛一遍公园。但是你最好花上至少2天时间好好游览一下乌鲁鲁和卡塔丘塔。公园外面的尤拉腊（Ulara）有住宿设施。防晒霜和帽子是必需的，还有饮水（即便参加了旅游团）。不要独自离开进入沙漠。忽略当地阿南古人的忠告决定去爬乌鲁鲁巨石的游客要记住攀爬巨石是很危险的。

相关网址：www.environment.gov.au/parks/uluru，www.ananguwaai.com.au，www.longitude131.com.au

新西兰

罗托鲁瓦

这是毛利人（Maori）崇拜的圣地，是新西兰最活跃的地热区，这里热气翻腾，喷泉汩汩，一派多彩多姿的热闹景象。

罗托鲁瓦小镇位于由火山口、山峰和湖泊构成的令人陶醉的火山风景区的中心。灼热的间歇喷泉急速地喷到高空中，泥浆沸腾着、冒着泡，热水池升腾着奇异的红、绿、蓝色蒸气，空气中弥漫着浓浓的硫黄味。毛利人在刚看到这种频繁的地热活动时，就创造了神话来解释这种现象。根据其中一个传说，古代有一个主教叫恩托里奥兰吉（Ngatorioirangi），他在山顶上冻僵了，祈求神话中毛利人的家乡哈瓦基（Hawaiki）的诸神给予温暖。于是诸神就给他送来了地下之火。到19世纪，经过几个世纪的硅石沉淀形成的红白色的罗托鲁瓦梯台变成了世界奇迹，成为欧洲人的旅游胜地，连当时的名流也慕名而至。但在1886年，罗托鲁瓦南面的塔拉维拉圣山（Mount Tarawera）火山爆发，摧毁了梯台，把附近的村庄淹没在炽热的河水中。即使这样，也没有阻挡住旅游者的脚步，游客们仍然络绎不绝地来到地热保护区，接受温泉疗养。今天你还可以游览更安静的圣水区（罗托鲁瓦以南27公里处），感受地球永不停歇的精神，欣赏霓虹灯般灿烂的景象。你甚至可以想象在你脚下炽热的地核深处真的有神赐的火焰。

著名景点

■ 景区蕴涵着丰富的**毛利文化**。导游会介绍它的地貌、千变万化的间歇喷泉和水池。你可以欣赏毛利艺术、手工艺品和文化表演，还可以吃到当地的传统饭菜。

■ 游览**瓦曼古山谷**（Walmangu Valley），在那里你可以看到塔拉维拉火山爆发带来的地貌。你可以参观塔拉维拉湖和岩画，还可以乘船到蒂怀罗阿（Te Wairoa）村，这个村庄在火山爆发时被埋没，现在已有一部分被挖掘。

■这里是**温泉疗养地**。尝试一下罗托鲁瓦湖岸边的波利尼西亚温泉（Polynesian Spa）。这里温泉的治疗特性在1878年开始推广，当时有一个名叫马洪尼（Mahoney）的神甫在这里挖了一个池子，他发现在池子中洗浴可以减轻他的关节炎症状。

■ 景区提供划艇、喷气式滑水、垂钓和其他**室外活动**。

最佳旅行时间： 罗托鲁瓦的地热活动一年四季都很活跃。大多数保护区一周7天中白天都开放。

行前计划： 罗托鲁瓦每天都有从奥克兰（Auckland）、惠灵顿（Wellington）、克赖斯特彻奇（Christchurch）、皇后镇（Queenstown）过来的国内航班到达。你也可以开车从奥克兰出发，3个小时车程可达，当然如果没有车也不要紧，当地为游客提供很多观光旅游活动。住宿选择很多，可以使你在几天时间或更多时间里尽可能多地观景、漫步、放松或参加各种活动。

相关网址： www.rotorua.nz.com

对页：怀奥塔普地热公园（Wai-O-tapu Thermal Reserve）内，一个叫艺术家调色板（the Artist's Palette）的地热池因其水中的矿物质而呈现绚丽的色彩。左上：诺克斯女士间歇泉（Lady Knox Geyser）是以新西兰一个州长的女儿名字命名的。为了使喷泉能够定期喷射，肥皂被扔进泉眼中。 右上：怀奥塔普地热公园内的香槟湖（Champagne Pool）上热气升腾。

阿莎古里有20多座石造塔楼。这座塔楼建于12世纪，里面有一个教堂。

格鲁吉亚

上斯瓦涅季

位于高加索（Caucasus）山脉南坡的一个偏远地区，自古以来一直是强大的神话发源地。

古希腊人认为格鲁吉亚就是科尔基斯（Colchis），据说正是在这里杰森（Jason）与阿尔戈勇士（the Argonauts）一起从埃厄忒斯（Aeetes）国王那里夺取了金羊毛。这个神话可能起源于上斯瓦涅季人在山间小溪铺羊毛以收集金粒的古老习俗。这里的居民（斯万人the Svans）表面上是基督徒，实际上他们还遵循异教传统和神话。阿莎巴山（Mount Ushba）在当地文化中占有特殊位置：它是达丽（Dali）（金发的自然和狩猎女神）常常出没的地方。猎人们要遵守她的戒律，否则她会变成捕食动物，置他们于死地。上斯瓦涅季因为被高加索最高的一些山峰包围着，所以这个地区至今仍让人觉得偏远，只能从路况很差的道路进入。纤尘未染的原始自然风光、稀稀落落点缀着的中世纪风格村落，都给上斯瓦涅季带来了无穷的魅力。乡村教堂里有着精美的8—14世纪的壁画和图标。村落的布局很独特，塔状石造房屋一簇一簇地分布着，这样做的目的是为了防御掠夺者的侵犯，以及在与邻近部落的血腥争斗中保护自己的家园。

最佳旅行时间： 夏天（5—9月）。冬季的大雪会切断上斯瓦涅季与格鲁吉亚其他地区的联系，封住梅斯提亚（Mestia）（该地区首府）至阿莎古里（Ushguli）塔楼的道路。

行前计划： 游客大多先飞到第比利斯市（Tbilisi）（格鲁吉亚首都），然后坐车到祖格迪迪（Zugdidi），再前往梅斯提亚，总距离为480公里，需要8-10小时。有巴士和小巴往返祖格迪迪和梅斯提亚。旅游团从第比利斯出发，总共需要一周时间，大约有3天时间游览上斯瓦涅季最好的景点。上斯瓦涅季没有完全因为局势的混乱失去声誉。游客切记不能单独出游，要注意那些可靠的当地旅行社、导游和酒店的告示。当地人一开始对游客持怀疑态度，但一旦接受了他们，游客就可以享受到传统的待客礼节和保护。

相关网址： www.caucasustravel.com

著名景点

■**阿莎巴山**（4690米）是高加索地区最有特色的山峰之一，它有牛角般的双峰，吸引了登山者和徒步旅行者。

■**查扎希**（Chazhashi）是最著名的塔状房屋村落。这是阿莎古里4个村落中的其中一个，阿莎古里总共有20多座塔楼。

■上斯瓦涅季由于山脉的阻隔，在中世纪时期没有被外族占领，使**教堂珍宝**（如金十字架、彩绘图标）得以安全保存。在**梅斯提亚历史和民族志博物馆**（**Mestia Museum of History and Ethnography**），你可以看到珍贵的收藏品。

以色列

加利利海

沿着耶稣和他的门徒的足迹，一览加利利海闪闪发光的湖水。

对基督教徒来说，没有什么地方能像加利利海一样引起共鸣。这个巨大的淡水湖面积有160平方公里，基督教徒认为它与耶稣的布道有密切的关系。在这里耶稣选出了他的福音使徒西蒙·彼得（Simon Peter）、安德鲁（Andrew）、约翰（John）和詹姆士（James），根据《新约全书》（*New Testament*），他在这里完成了他的几个奇迹，如喂饱了5000人。因此，2000年来此湖一直是基督教的重要朝圣地。它对犹太人也有着非凡的意义，犹太人称之为太巴列湖（Lake Tiberias）。太巴列镇是公元2世纪至中世纪时犹太法学博士讲学的中心，是第一部《塔木德》（*Talmud*）（编撰于3—4世纪）的诞生地。1909年，加利利海岸成了犹太复国主义者第一个基布兹集体村庄（kibbutz）的所在地。这种集体村庄遵循集体耕作、集体生活的信条。朝圣自然意味着旅游，今天加利利海以其海滩、温泉度假地、安静的环境以及宗教名胜成为深受欢迎的旅游胜地。与耶稣时代一样，这一地区的主要活动仍是垂钓。日落时分渔民们带着他们的捕获物归来，这幅画面给人一种安宁祥和的感觉，就好像千百年来一切都未曾改变过一样。在这里最让人浮想联翩的体验是坐在小木船里漂浮在湖上，让你的手指轻轻掠过这世界上最神圣的湖水。

最佳旅行时间： 夏天非常炎热（高达38℃）；春天和秋天是最佳旅游季节。避开犹太教安息日（Jewish Shabbat）（周五晚上至周六晚上），那时大多数商店（包括餐馆）都不营业。

行前计划： 你可以在一天内游完整个景区，如果你想待长一点，太巴列镇有很好的住宿选择。春、秋天虽然是最佳时间，却常有阵雨，所以务必要带雨伞和雨衣。大多数宗教景点要求着装得体，不能穿短裤、短裙和无袖上衣。

相关网址： www.mfa.gov.il

著名景点

■游览位于塔布加（Tabgha）的拜占庭式**五饼二鱼堂**（Church of the Multiplication of the Loaves and the Fishes），教堂有“五饼二鱼马赛克镶嵌图”。附近有纪念耶稣山上训诫的**八福神祠**（Shrine of the Beatitudes）。

■**迦百农**（Capernaum）是耶稣传道时居住的小镇，小镇上有几个教堂、一个犹太会堂和一个考古博物馆。

■20世纪80年代从湖中挖掘出的**一艘木制渔船**陈列在金农沙集体村庄（Kibbutz Ginosar）的伊戈阿伦中心（YigolAllon Center），据说其历史可追溯到耶稣时代。

■游览今米格代尔（Migdal）附近的**马格达拉**（Magdala）遗址，这是玛丽·玛格德琳（Mary Magdalene）的出生地。

■在当地品尝刚刚捕获的**罗非鱼**（俗称“圣彼得鱼”）。

加利利海除了对基督教徒和犹太教徒具有神圣意义外，还以其安静的环境吸引着游客。

土耳其

亚兹利卡亚

一块突出的巨大石灰石上有一个圣泉，它是赫梯（Hittite）国王心中神圣的庇护地。

在古代，土耳其中部地区气候酷热干燥，泉水被视为神灵的赐福。在亚兹利卡亚（Yazilikaya）只要有水流过的地方，就有高高的岩崖和长在湿土上的茂盛的树林遮挡着。亚兹利卡亚泉水周围的岩崖中有两个天然画廊，它们是最好的户外神殿，早在公元前1900年就被用来祭拜神明。在青铜器时代，附近建起了哈图萨（Hattusha）城，这使亚兹利卡亚具有更重要的意义。哈图萨建于公元前1500年，是赫梯帝国繁荣的都市。亚兹利卡亚从此成为王室的圣地。岩崖上雕刻着赫梯神灵和被神化的国王的浮雕（亚兹利卡亚意思是“雕刻的岩石”）。在小画廊（可能用来举行王室成员葬礼），一条精美的雕带上绘刻了一排紧挨在一起、带着圆锥帽、手持弯剑或镰刀的众神。还有沙拉玛（Sharruma）（掌管生、死和重生的神）怀抱中的图他利亚国王（Tudhaliya）（戴一顶无檐帽）。在大画廊，一队穿着皱褶长裙的女神向一队男神走去。他们在伟大的风暴之神特舒卜（Teshub）和他的配偶地球女神赫帕图（Hepat）（沙拉玛的父母）的雕像前会合。最大的雕像是公元前13世纪末统治赫梯的国王（已知的最后一位赫梯国王）图他利亚国王四世。

最佳旅行时间：春天（4—6月中旬）最佳，但春天比较潮湿。秋天（9月下旬至10月）是仅次于春天的旅游季节。夏天非常炎热，冬天则刺骨的寒冷。

行前计划：亚兹利卡亚和哈图萨在博阿兹卡莱镇（Bogazkale）附近，安卡拉（Ankara）以东200公里处。游客通常在安卡拉参加旅游团，大约需要11小时。亚兹利卡亚离哈图萨废墟约3公里。白天景区的光线时明时暗，许多旅游团选择中午时分游览亚兹利卡亚以使游客能在阳光最强的时刻欣赏雕带。

相关网址： www.hattuscha.de

著名景点

■ 在小画廊有一个所谓的**“剑神”**，它有着一个人头，身子由四个狮子构成，都站在一柄剑锋朝下的剑上。剑神代表的是赫梯的地狱之神内加尔（Nergal）。

■ 你可以通过**象征物**辨别男神、女神和王室成员，比如国王的卷曲的节杖（像猴子尾巴）。众神圆锥帽上的角的数量代表资历。许多神都有动物的特征。壁画上有国王的姓名。

■ **哈图萨**遗址就在附近。它过去是一个由6.5公里的城墙围起来的拥挤的城市。

亚兹利卡亚小画廊墙上装饰着12个赫梯神灵的浅浮雕。

一个牧羊人正赶着他的羊群经过云雾缭绕的亚拉腊山。

土耳其

亚拉腊山

终年覆盖着冰雪、无规则延伸的亚拉腊山顶讲述着一个古老的神话。

宏伟壮观、神秘莫测、冰雪覆盖——土耳其最高山的锥形山顶赫然耸立在安纳托利亚（Anatolia）东北部贫瘠、光秃的高原上。从位于土耳其与伊朗（Iran）和亚美尼亚（Armenia）边境的多古贝雅奇特（Dogubeyazit）村看，亚拉腊山主宰了整个地平线。主峰（大亚拉腊峰Great Ararat）海拔5137米，有冰川、贫瘠的黑岩（有的被劈成农舍大小）和冻裂的火山岩，一片令人生畏的景象。对古代亚美尼亚人来说，亚拉腊山是令人敬畏的冰火相遇之地，因为亚拉腊（土耳其语意为“苦难山”）曾经是一座活火山。难怪亚美尼亚人把它看做是他们神灵的家园。对今天的许多游客来说，此山与圣经的渊源才是它吸引游客的原因。据《创世记》（*the Book of Genesis*）记载，诺亚方舟（Noah's ark）在大洪水退落后就是在亚拉腊山坡上登陆的，也是从这里诺亚（Noah）和他的追随者们开始重建世界。虽然有登山者声称看到方舟遗迹嵌在裂缝里或埋在山顶附近的一个冰川下，实际上迄今为止还未发现确凿的证据。

最佳旅行时间： 7月至9月中旬。最好在夏末。

行前计划： 凡城（Van）是离亚拉腊山最近的机场。土耳其航空公司每周有几个航班从安卡拉（Ankara）飞往凡城。多古贝雅奇特和凡城有各种住宿选择，有最简单的招待所，也有三星级酒店。但是比起独自出游，最省钱、最安全方便的办法是找一家专门的旅游经销商。想攀登亚拉腊山的游客需要一张由土耳其旅游部颁发的通行证。这种通行证游客自己很难搞到，但是一些远足公司组织山顶攀登活动，他们可以为你搞到通行证。

相关网址： www.terra-anatolia.com

著名景点

- 多古贝雅奇特村的**伊沙克·帕萨宫（Ishak Pasha Palace）**（现已列入世界遗产名录）是一个阴森恐怖的宫殿遗址，它比看上去的年代要近一些。1789年由一个当地军阀所建，它的庭院、后宫和清真寺很独特，结合了安纳托利亚、亚美尼亚、奥斯曼（Ottoman）和欧洲的建筑风格。

- 在巨大的内陆湖凡湖的四个岛屿上有**古亚美尼亚人的寺院**。最老的一座据说其历史可以追溯到远在土耳其人占领这个地区之前的7世纪。你可以坐船去——但最好事先在凡城打听好。

十大圣山

自古以来山峰对许多宗教来说都是神圣的，因此攀登这些圣山是亵渎神灵的。

❶ 美国南达科他州黑山

这些神话般的山丘包含了5个国家公园。驾车行驶在卡斯特州立公园（Custer State Park），在令人难以置信的狭窄的隧道和“辫子”般的小桥中穿行本身就是一种历险。从海拔2207米高的哈尼峰（Harney Peak）的适当位置看，这座被松林覆盖的山丘（苏族人Sioux心中的圣山）看上去的确是黑黝黝的。

行前计划： 有人认为拉什莫尔山（Mount Rushmore）总统雕像和疯马巨石像（Crazy Horse）是吸引旅游者的圈套，但你不要忽视它们的情感力量。www.travelsd.com

❷ 美国加利福尼亚州沙斯塔山

沙斯塔山位于喀斯喀特山脉（Cascade Chain），它的魅力在于它的僻静。在许多印第安人传说里，它是万物创造的中心。有经验的登山者可以登上顶峰，你也可以从环绕沙斯塔山的自行车小道的起点或从莫多克火山观光小道（Modoc Volcanic Scenic Byway）观赏被冰川磨蚀的壮美山景。

行前计划： 5—8月宜徒步健行和登山。www.visitsiskiyou.org

❸ 日本富士山

冰雪覆盖的富士山是神道教和佛教圣山，它是日本艺术和文化的象征。在晴朗的日子里，从东京就可以看到这座海拔3760米的山峰的优美身姿。7—8月间，你可以加入到攀登峰顶的20万人的队伍中。或从箱根（Hakone）、从富士—箱根—伊豆国家公园（Fuji-Hakone-Izu National Park）的五大湖中的任何一个地方欣赏美景。

行前计划： 从东京新宿（Shinjuku Tokyo）坐快车前往。上山需要5—8小时，下山3—4小时。www.env.go.jp

❹ 印度尼西亚巴厘阿贡山

阿贡山是巴厘岛人心中的世界中心，它是一座活火山，人们对它又敬又怕。巴厘最神圣的印度教神庙百沙基庙（PuraBesakih）就坐落在这座海拔3140米的山的山腰上，这座庙在1963年火山爆发时幸免于难。4.8公里的攀爬比较费力，不需要特殊的装备，只需要一个当地向导。

行前计划： 宜4-10月出游，但4月宗教节日期间禁止爬山。www.indonesia-tourism.com

❺ 新西兰毛奥山

毛奥山是一座较小的死火山，位于丰盛湾（the Bay of Plenty）一个半岛的尽头，看上去像一个绿色尖顶饰。毛利人（Maori）认为它是一座圣山，并且由于它的天然防御作用而非常看重它。他们在山上开出了一块狭长的平地，建起了一个村庄和堡垒，直到19世纪初才有人居住。

行前计划： 你可以用45分钟时间走完山脚下的小径。上山下山需要2小时，在山顶可以欣赏到壮丽的全景。www.mountmaunganui.co.nz

❻ 中国/尼泊尔边境珠穆朗玛峰

中国藏民们称它为宇宙母亲女神，尼泊尔称它为天神。游客如果不想冒死攀登、又想有一段难忘经历的话，可以从西藏拉萨（Lasa）或尼泊尔卢克拉（Lukla）出发，徒步穿行于多彩的村落和寺院间游览美妙无比的景色。

行前计划： 位于中国西藏喜马拉雅山（Himalaya）北坡的绒布寺（Rongbuk Monastery）是观赏珠峰的好地方，那里离珠峰大本营只有1天的路程。www.nationalgeographic.com/everest

❼ 中国西藏冈仁波齐峰

有四种宗教视其为地球上最神圣的山。每年印度教、佛教、耆那教（Jain）和苯教（Bonpo）的成千上万的朝圣者涌到偏远的喜马拉雅小镇塔钦（Darchen），不是为了登上高耸入云的山峰（踏上神山被认为是亵渎神灵的），而是为了绕着山脚转山。转山虽然很艰苦，但想想它带来的回报就会觉得很值，因为信徒们相信转神山一圈（52公里）可以洗清一生的罪孽。

行前计划： 不管从哪里出发都需要花很多天才能到达这座偏远的山峰。有些朝圣者1天就能转山一圈（当然会很辛苦）；大多数人需要3天。www.summitpost.or

❽ 约旦尼波山

这个多风的山峰据说是先知摩西（Moses）遥望乐土然后升天的地方。山顶上的教堂有非常奇妙的早期马赛克镶嵌工艺收藏。在天气晴朗的日子，你可以看到死海（The Dead Sea）、约旦河（the River of Jordan）、耶利哥（Jericho）、橄榄山（the Mount of Olives），以及耶路撒冷（Jerusalem）和伯利恒（Bethlehem）的屋顶。

行前计划： 从马达巴（Madaba）坐出租车到尼波山（10公里路程），或参加一个旅游团（这种旅游团数不胜数）。www.na.visitjordan.com

❾ 希腊奥林匹斯山

站在海拔2919米、传说中为希腊众神之家的奥林匹斯峰前，你不禁会感到卑微。2—3天的攀爬会让你近距离地观赏山里的各种各样的植物（总共有大约1700种）。然后游览北部山麓丘陵中的一个圣地——地奥（Dion），那里有非常迷人的风景和丰富的文物收藏。

行前计划： 里德浩洛镇（Litochoro）位于卡泰里尼（Katerini）南部爱琴海（Aegean）岸，每个攀登此山的人都是从这里出发的。www.oreivatein.com

❿ 坦桑尼亚乞力马扎罗山

乞力马扎罗山海拔5894米，位于东非大裂谷（Great Rift Valley）上。这座有着扁平山顶的火山在200公里开外的地平线上就能看到，它是当地马萨伊人（Masai）的圣山。从阿鲁沙国家公园（Arusha National Park）观赏乞力马扎罗山，或预订有导游陪同的5~7天的登山游。登山虽然艰苦，但一般都能做到，途中经过农田、森林、沙漠，直到乌呼鲁峰（Uhuru Peak）的冰峰。

行前计划： 1—3月或9—10月气候最温和，宜登山。www.tanzaniaparks.com

在天气晴朗的日子，富士山的轮廓在蓝天下显得非常完美。富士山在神道教徒和佛教徒眼中是神的化身。

卡尼古峰的圣马丁修道院有一个特别之处：修道士和修女混居。

法国

卡尼古峰

加泰罗尼亚人（Catalan）心中的这座圣山是夏至节庆活动中心。

卡尼古峰海拔2785米，高耸在法国南部靠近西班牙边境的鲁西荣（Roussillon）地区的比利牛斯（Pyrenean）丘陵之上，是卡尼古山脉的最高峰。加泰罗尼亚人虽然表面信奉基督教，但实际上那里异教习俗很流行。如果你在仲夏时节来到卡尼古峰，你会看到其中一个最引人注目的古老习俗。每年6月举行的圣胡安节（The Festa de Sant Joan）表面上是纪念一个基督教圣人，实际上它却保留了更古老的夏至火节的所有特征。年轻的加泰罗尼亚人也喜欢在一年中不太忙的时候去登卡尼古峰，他们把这看做是热爱家乡的证明。山顶上的十字架周围永远飘舞着几十面加泰罗尼亚的红黄色旗帜。

最佳旅行时间： 复活节（节期大概在3月22日—4月25日）至9月。但要注意冬天和春天可能会非常寒冷、潮湿，在圣胡安节期间会非常拥挤。

行前计划： 卡尼古峰在普拉德斯（Prades）以南约10公里处。最容易的一条上山路径是从科达莱（Chalet des Cortalets）出发，这是一个由法国阿尔卑斯俱乐部（the Club Alpin Francais）经营的山庄。小径都有明确标示。结实的步行靴、水瓶、净水片剂、帽子、太阳镜、防晒霜、防水外套是必需的。上下山需要步行4—6个小时。普拉德斯和韦奈·雷·班（Vernet-les-Bains）有吉普出租车到山庄，山庄提供宿舍双层床、简单的双人房和一个酒吧餐厅。附近的湖边和韦奈外面的圣马丁露营地可以宿营。

相关网址： www.prades-tourisme.com， www.francethisway.com

著名景点

■**圣胡安节**虽说是仲夏的节日，却是在仲夏夜的两天之后6月23—24日进行的。边境两边成千上万的加泰罗尼亚人来到这里围着一个巨大的篝火堆尽情狂欢。整个地区的所有村庄都会燃起小篝火。

■**卡尼古峰的圣马丁修道院（Monastery of St. Martin du Canigou）**建于1001年，在20世纪进行了修复。在2—9月每周有几次由导游陪同的游览活动（用法语讲解）。

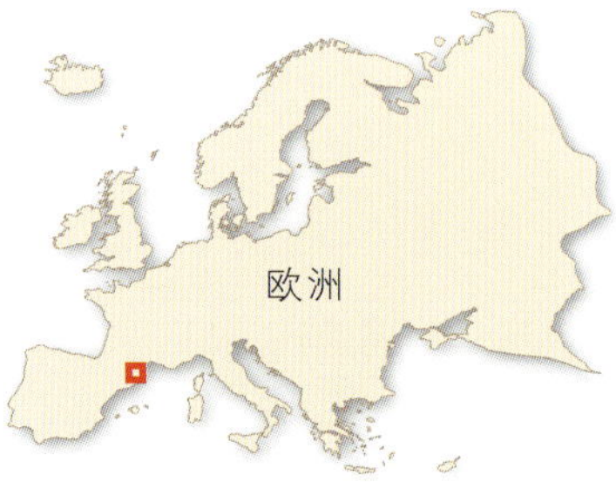

北爱尔兰

巨人堤道

沿着神话中英雄的足迹，一睹延伸到海中的那一片奇石风景。

安特利姆郡（County Antrim）北部海滨有一片壮丽的海岸线，那里峭壁林立、岬角奇险、海湾隐秘，巨人堤道就坐落在那里。它由矗立在海上、密密地挤在一起的4000根玄武岩石柱组成，在波涛滚滚的海浪中形成了一条起伏的大堤。走在一根根石柱上，三面被大西洋包围着，你会感受到海洋的巨大威力。石灰岩悬崖在两边延伸，不时有陡峭的岩壁和高耸的黑色玄武岩柱插入。巨人堤上面的悬崖由于被海浪侵蚀呈现出惊人的面貌，这从它们的名字就能看出来：烟囱管、巨人琴、风琴管、骆驼峰。根据爱尔兰传说，英雄芬·麦库尔（Finn McCool）为了搭起通往苏格兰的陆地桥梁，修建了这条巨人堤道，这样他就可以与苏格兰巨人贝南（Benandonner）交战（因为贝南曾挑战过芬的战斗力）。但是贝南来找芬时，芬却睡着了。当贝南看到芬，他害怕了，逃回了苏格兰，并摧毁了大部分堤道，只有海里的堤道还留在那里。实际上巨人堤道形成的真正原因并没有那么有诗意，却一样有戏剧性。大约6000万年前，熔岩从覆在上面的岩石的裂缝中上涌，岩浆冷却时收缩，产生了垂直的断裂，这就形成了玄武岩石柱。石柱在海浪的不断冲击下逐渐变成了今天这个样子。

最佳旅行时间： 巨人堤道一年四季都开放，夏季为旺季。如果你想独自清静一下，12月或1月一大早去最好。

行前计划： 巨人堤道游客服务中心在布什米尔斯（Bushmills）以北3公里处。巨人堤道离游客中心0.8公里；夏天旺季有巴士从游客服务中心到巨人堤道。你可以留出几个小时慢慢品味周围的氛围。必须穿有防滑鞋底的鞋，因为岩石很滑。如果你准备在那里待上几个小时，请带好食品和饮料，因为那里没有咖啡馆。

相关网址： www.giantcausewayofficialguide.com

著名景点

- 欣赏**落日**慢慢沉入海中的美景，想象古代神话中的场景。
- 选择景区**悬崖徒步路线**中的一条。沿途你可以看到**"巨人的眼睛"**——红色椭圆形的凹穴，那里的玄武岩大卵石掉下了悬崖。
- 寻找**海鸟**。暴风鹱和鸬鹚一年四季都能看到。夏天，海雀、海鸠和长鼻鸬鹚也很常见。
- 游览**老布什米尔斯酿酒厂（Old Bushmills Whiskey Distillery）**（1608年就获得了酿酒执照），举杯向爱尔兰传奇英雄敬酒。

嵌在巨人堤道奇形怪状的石柱中的小水池反射着映在海上的残阳。

巨石与奥秘

石圈、石排、神秘的巨型土石工程、进入来世的柱形通道、山崖上雕凿出的寺庙和宫殿、无名之神的巨大雕像、刻在原生岩石上的神圣的铭文——所有这些都是我们最久远的祖先留给我们永恒的纪念。踏足这些地方，不管它们是在世界的何方，就像在进行一次与永恒的心灵对话。下面介绍的目的地中，有些已经倾倒了几代的旅游者，如英格兰的史前巨石柱群（Stonehenge）、墨西哥特奥蒂瓦坎古城（Teotihuacan）的太阳庙和月亮庙以及雅典巴台农（Parthenon）神庙里精致的女神像。有些将会吸引旅游者去遥远的地方，如西高加索（Western Caucasus）的巨石墓、外赫布里底群岛（the Outer Hebrides）的卡拉内（Calanais）石阵。在一些目的地，信仰和仪式世代传承，从未间断，如怀俄明州（Wyoming）的毕葛红医药轮（the Bighorn Medicine Wheel）。另外一些景点，如秘鲁的纳斯卡线（the Nasca Lines in Peru），它的作用至今仍是个不解之谜。

老挝北部偏远高原上有一群用岩石凿出的巨大的缸状容器，现在已荒废。没有人知道它们是干什么用的，甚至不清楚它们的年代有多久远。

美国/怀俄明

毕葛红医药轮

医药山山顶上的石圈在夏至日正好与升起的太阳的位置相对应。

在怀俄明州毕葛红国家森林保护区的一个偏远山顶上有着北美最大、最重要的医药轮。印第安人在地上把石头排成车轮状，做成了这些医药轮。医药轮既是天文台，又是印第安人举行传统仪式的场所。步行2.4公里到达毕葛红医药轮，你会被医药轮的朴实、静谧所感动。微风吹动着石轮周围木围栏上鲜艳的布片和羽饰（祭拜时供奉的），在深深的静穆中，你会不由地想象千百年来这里举行过的盛典，眼前浮现出印第安人载歌载舞、吟唱圣歌的场面。石轮直径24米，内含28条从中心圆锥形石堆向周围辐射的石头线。最长的轮辐到一个石堆中止，它的指向恰好是夏至日太阳升起的方向。这个医药轮据传是几百年前大平原印第安人（Plains Indians）所建，大约70个部落的印第安人（包括夏延人Cheyenne、克劳人Crow、肖肖尼人Shoshoni、克里人Cree、黑脚人Blackfeet）现在仍然会聚集到这里（或在附近的医药山）举行传统的宗教仪式。

著名景点

■ 在春夏季，通往医药轮的道路（14A观光小路）两侧草地上**野花**盛开，令人眼花缭乱，沿途经过毕葛红盆地的矮灌丛和草地。当你在医药山山路上跋涉时，你可以欣赏到壮丽的山景。

■在医药轮，传统的做法是顺时针绕石轮走一圈（游客禁止进入围栏，但可以在围栏外绕一圈）。

■ 带一块垫布和野外吃的午餐，在你返回博格斯斯路口时中途停下来，边享受**蓝天下的野餐**边欣赏无尽的美景。

最佳旅行时间： 6月中旬至9月中旬的任何时间。6—7月是野花盛开的季节。

行前计划： 从博格斯斯路口（Burgess Junction）到医药山开车45分钟，途中有观景点，再加上观察医药轮和欣赏山景的时间，你需要准备至少半天的时间。因为景区没有公共建筑物，所以你要自备食品和饮料。事先与博格斯斯路口的毕葛红国家森林保护区游客服务中心联系，确定有没有印第安人的仪式，因为在夏天印第安部落有时会在医药轮举行一些私人的宗教仪式，那时游客是不能参观的。

相关网址： www.fs.fed.us/r2/bighorn/contact， www.wyomingtourism.org

毕葛红医药轮由从中心石堆辐射出来、排列均匀的石头构成，至今仍然被印第安人用作举行仪式的场所。

在高地沙漠，冬天的气温会降得很低，有时大雪会覆盖整个峡谷。

美国/新墨西哥

查科峡谷

哥伦布发现北美大陆前最大的遗址现在是其建造者后裔的圣地。

在新墨西哥（New Mexico）西北查科峡谷满是尘土的谷底，有一个村落群遗址。大多数村子以D字形分布，里面的建筑大概有4层楼高，由砂石块、泥浆和从115公里外的森林运过来的木材建成。从建筑木材可以看出确切的建筑年代：这些村落大概建于公元900年至1150年的250年间。它们是阿那萨吉人（Anasazi）（纳瓦霍语：外族古代人）的杰作，阿那萨吉人按照事先想好的设计，在短时间内由集体的力量建成。村庄的一个特色是圆形屋（叫kivas，是从上面进入的仪式厅）。村庄和圆形屋的数量和规模表明查科峡谷是整个阿那萨吉文化的仪式和贸易中心。阿那萨吉文化当时曾经扩张到新墨西哥、亚利桑那（Arizona）、犹他（Utah）和科罗拉多（Colorado）四州交界的四角地区（Four Corners）。查科峡谷在12世纪时遭遇长时间的干旱，于是依赖雨水灌溉的脆弱的农业很快被摧毁，另外可能还有人口过多的问题，所以阿那萨吉人只好放弃查科峡谷，迁移到邻近地区。现代印第安村民们（霍皮族人Hopi，某种程度上也包括纳瓦霍人Navajo）把阿那萨吉人看做祖先，认为查科峡谷是有着重大精神意义的神圣的祖先居住地。

著名景点

■建于919年至1085年间的**波尼托村**（PuebloBonito）占据了峡谷的中心位置，包括650间屋子和40个圆形屋，可能有800—1000人在此居住。

■**拉林科那达**（LaRinconada）是查科峡谷最大的圆形屋，直径19米，足够容纳400人，它离波尼托村800米。

■查科峡谷的**石雕**和**岩画**表明阿那萨吉人对天文现象做过仔细的研究。

■查科峡谷地处偏远，因此它的**夜空**很清朗。每年有1.4万人来到公园的天文台参加查科夜空观察活动。

最佳旅行时间： 查科文化国家历史公园（Chaco Culture National Historical Park）全年开放，从日出开到日落。游客服务中心早8点到晚5点开放（除了主要的公共假日）。露营地也是全年开放。冬季非常寒冷，夏季非常炎热。春秋天气候温和，但是很有可能下大雨。

行前计划： 往返查科峡谷、在14.5公里长的公园环路上参观主要景点最少需要1天时间。最近的机场在新墨西哥法明顿（Farmington），在峡谷以北120公里处。阿尔伯克基（Albuquerque）在峡谷以南250公里处。建议从北边进入，走美国550号公路可看到路标。走南边的话，从9号公路下来有两条路，这两条路有很长的几段路面都很脏，天气不好的时候可能不能通行。带足适合各种天气的衣服，因为气温可能会突然下降，甚至在夏季也会这样。

相关网址： www.nps.gov/chcu

魁扎尔科亚特尔神庙的羽蛇石雕。阿兹特克人认为羽蛇是天地合一的象征。

墨西哥

特奥蒂瓦坎

每天清晨当第一缕阳光照射到这些石金字塔上时，古老的中亚美利加州（Mesoamerican）创造的神话就在你眼前展开。

对于公元前100年特奥蒂瓦坎第一批金字塔的缔造者，我们知之甚少，但是考古学家推测在鼎盛时期，特奥蒂瓦坎是美洲最大（居民达到了20万）、最重要的城市之一，它是一个充满活力的政治、商业和宗教中心，其影响力达到了整个墨西哥和中美洲。到公元700年，这里原来的人口突然消失得无影无踪，这使特奥蒂瓦坎显得更加神秘。5个世纪以后，阿兹特克人（the Aztecs）把遗址变成了神圣的阿兹特克文化中心。他们为特奥蒂瓦坎的庄严雄伟所震慑，把古老的遗址和他们自己的信仰结合起来，认为特奥蒂瓦坎是创造太阳、月亮和人类的地方，是凡人变成神的地方，特奥蒂瓦坎这个名字意思就是人变神的地方。重要建筑物大多排列在逝者大道（the Avenue of the Dead）（一条纵贯南北、长3公里的卵石大道）两侧。具有2000年历史的太阳金字塔（the Pyramid of the Sun）赫然耸立于其他建筑物之上，它有20多层楼高，建于一个熔岩管洞穴之上，这个洞穴在最初建造这个城市的早已消失的人们心中可能象征着地球母亲的子宫。

最佳旅行时间： 墨西哥中部高地的冬天极其干冷，夏天往往很热，而且多灰尘。天空蔚蓝、气候温和的春秋天是游览特奥蒂瓦坎的最佳旅游时间。

行前计划： 特奥蒂瓦坎在墨西哥以北1小时车程。你可以在半天之内快速游览遗址，但喜欢这里的人会在附近的酒店住上至少1天，体验金字塔的日出。

相关网址： www.go2mexicocity.com， www.destination360.com

著名景点

■登上248级石阶到达太阳金字塔（the Pyramid of the Sun）的顶部能看到整个遗址及周边的全景。太阳金字塔是世界上第三大金字塔。

■月亮金字塔（the Pyramid of the Moon）（特奥蒂瓦坎古城中第二大金字塔）塔顶是俯瞰下面的逝者大道的好地方。金字塔地下和周边的挖掘工作正在进行，1998年发现了新的陵墓。

■魁扎尔科亚特尔（羽蛇）神庙（the Temple of Quetzalcoatl）以石雕和壁画遗迹著称。在四角区发现了古墓地，可能是祭祀神庙时献祭人的墓地。

墨西哥

图拉

托尔特克（Toltec）王国的首都，由巨大的战士石柱守卫。传说战士石柱是羽蛇神的化身。

根据传说，光明和黑暗在托尔特克王国（后被阿兹特克人征服）的首都图拉会合。阿兹特克的创造之神羽蛇神在这里无数次地出现，据说它曾与一个被邪恶之神特兹卡特里波卡（Tezcatlipoca）的崇拜者赶出图拉的托尔特克统治者结为强大的同盟。男像柱（4.5米高的战士石柱）每个由四块大石组成，它们是图拉的守护神。现存的男像柱是善与恶无数次交战后的残留部分，后来成为伊达尔戈州（Hidalgo）的标志。图拉城呈格子状，仪式中心周围有3个形状像截断的金字塔的神庙，最大的一座是晨星庙（the Temple of Morning Star），晨星是羽蛇神的一个化身。还有一座是烧毁的宫殿（Palacio Quemado/Burned Palace），它的正面雕刻着塑像，据传是神甫或统治者像。古城还有一个特色是球场，战士们聚在那里比赛，球打得好不好决定你是否可以活下去再打。

著名景点

■站在晨星庙（the Temple of Tlahuizcal-pantecuhtli）顶部的平台上可以很好地欣赏图拉的**绝佳风景**。在它的底座有石刻美洲豹、鹰和头骨。

■考特潘提里（Coatepantli）神庙北面的**蛇墙**上有蛇吃人的浮雕.

■**查克莫**（Chac Mool）是一尊半卧的神使雕像，在他的肚子上有一个托盘，那是古托尔特克人祭神时放置祭品的地方。

最佳旅行时间： 全年气候温和干燥。

行前计划： 图拉在墨西哥城西北50公里处，两地之间有很好的公路与航空线连接。游图拉可以在帕楚卡（Pachuca）（伊达尔戈州首府）住下，帕楚卡的景点包括圣弗朗西斯科前女修道院（Ex-Convento de San Francisco）。以前的女修道院现在变成了伊达尔戈文化中心（Centro Cultural Hidalgo），里面的摄影博物馆（Museo de la Fotografia）珍藏了100多万张照片。想参观图拉的游客如果行程中没有包括伊达尔戈，那就在墨西哥城参加一日游大巴旅游团。有一尊男像柱在墨西哥城国家人类学博物馆中的托尔特克大厅长年展出。

相关网址： www.visitmexico.com

在晨星金字塔顶端站立着四个巨大的托尔特克战士石柱。它们原来可能是神庙的支柱。

墨西哥

帕伦克

在墨西哥雨林边缘矗立着一处伟大的玛雅神庙和陵墓城遗址。

掩藏在薄雾和密林中的高耸的帕伦克遗址是墨西哥玛雅文明最伟大的遗迹。帕伦克建于公元前100年前后，直到公元600年一直是玛雅文化的重要中心。随着玛雅文明的衰落，帕伦克的石造建筑以及刻在墙上的玛雅人生活记录尘封了12世纪之久，直到最近几十年考古学家才开始解译那些讲述玛雅历史的石刻文字。最引人注目的是碑铭神庙（the Temple of the Inscriptions）里的神秘的文字，它之所以有这个名字，就是因为里面的620个象形文字。公元7世纪时统治帕伦克68年的国王巴加尔（Pakal）就埋在这里。1952年，考古学家发现了巴加尔国王的陵墓，里面有雕刻精美的石棺。帕伦克古城共有200多个建筑，所以游览整个帕伦克古城需要几天时间。有名的建筑都集中在仪式中心周围，包括太阳庙、十字架庙（Temple of the Cross）、还有带螺旋阶梯的宫殿。数不胜数的陵墓和陪葬品会使现代游客对玛雅人的死亡观念以及对神和统治者的关系有所了解。

著名景点

- 登上**碑铭神庙**的正面台阶一览全城。
- 探索宫殿里**迷宫**一样的房间和通道。
- **博物馆**有遗址历史介绍，很有意思。还陈列着从遗址中挖掘出的手工艺品。
- 遗址周边地区适合**远足**。1700公顷的帕伦克国家公园是**观鸟**的好去处，游客还可以在这里看到**美洲豹**和**吼猴**（即使看不到吼猴，也肯定能听到它们的吼叫）。

最佳旅行时间：冬季（12月—次年2月）是最舒适的季节。夏季很热，也很潮湿。古城每天上午8点至下午5点开放。

行前计划：古城遗址离恰帕斯州（Chiapas）的帕伦克镇约6.5公里，可从墨西哥各大城市乘坐火车或汽车到达。从帕伦克镇到遗址可乘坐当地公交车或出租车。如果你是独自旅行，至少要准备一天时间游览遗址。住宿可在帕伦克镇或在145公里外的比亚埃尔莫萨（Villahermosa）。另外，当地有许多游览遗址的旅游团。气候炎热潮湿，所以要穿轻便凉快的衣服。还需带结实的便鞋、防晒霜、驱虫剂和足够的水。国际游客如果想在墨西哥多停留些日子，不要选择恰帕斯作为第一站，因为政府规定外国游客从恰帕斯入境的话必须在15天内离境。

相关网址：www.mexperience.com，www.visitmexico.com

对页：宫殿是中心广场周围的几个主要建筑物之一。 左上：一个玛雅石雕头颅。右上：在碑铭庙的地下深处是7世纪玛雅国王巴加尔的墓室。墓室通过一条石管道与金字塔顶的神庙相连。

蒂卡尔最高的金字塔高高耸立在莽莽丛林之中。左边矗立的是最高的神庙——6号庙。

危地马拉

蒂卡尔玛雅神庙群

掩藏在危地马拉（Guatemalan）丛林茂密的树林和藤蔓中，巨大的金字塔仿佛让人回到了已消失的文明中。

在清晨的薄雾中，只有吼猴的尖叫和鹦鹉的哀鸣打破了这片森林的寂静。突然间，小路伸到了一片开阔地，一群巨大的黑色石塔赫然耸立在眼前。蒂卡尔大广场是真正的建筑殿堂。穿过一大片整齐的草地，美洲豹庙（the Temple of the Great Jaguar）（1号神庙）与面具庙（the Temple of the Masks）（2号神庙）相对而立。正面宽阔的阶梯一直伸到顶部，非常陡峻，游客下来的时候都战战兢兢的，不敢往前看。庙顶是铭石做成的鸡冠状顶盖。金字塔里面是王室陵墓。蒂卡尔共有6个这样的神庙，最高的一座（6号庙）高70米。这些神庙曾经色彩鲜艳，是拥有10万居民的城市的核心。蒂卡尔在几个世纪里一直统治着中美洲玛雅文明其他城邦，它不仅是政治和军事权力中心，还是宗教中心，被将之奉若神明的国王、贵族、勇士和祭司在这里通过放血和祭祀仪式保持与神的密切联系。后来，玛雅文明不明原因地衰落，蒂卡尔最晚修建的纪念碑刻于公元869年，在公元1000年被森林湮没。

著名景点

■站在2号神庙顶部能看到神庙、王宫、游行道路、球场、祭坛和石碑的**全景**。

■蒂卡尔的**失落世界区**包括一个原貌的阶梯式金字塔，约建于公元250年，高30米。

■游客中心**博物馆**有极具吸引力的蒂卡尔的老照片（当时还被丛林掩埋着），那是在19世纪中叶重新发现这个古城后进行的早期考古挖掘工作中拍摄的。

■废墟是**蒂卡尔国家公园**的核心，大约20公里长的小径从公园入口处延伸进去。古城只有很小一部分被挖掘，公园的其他部分是一个自然保护区。

最佳旅行时间： 最佳旅游季节是干燥季节（12月至次年2月）。3—4月较热，7—9月是雨季，蚊子肆虐。

行前计划： 可以在一天内游览蒂卡尔重要景点，公园内可停留4个小时，但是景区值得花至少两天时间。公园上午6点至下午6点开放。如果你在下午3点后进公园，你的门票可以在第二天继续使用。最近的人口聚集中心在西南30公里处的弗洛雷斯（Flores）。公园里有几家不同档次的酒店、一个露营地，在弗洛雷斯还有更多酒店。“蒂卡尔村”位于公园入口处，有餐厅和纪念品商店。

相关网址： www. Tikalpark.com， www.belizex.com/tikal.htm

玻利维亚

蒂瓦纳科

这个坐落在安第斯山（Maunt Andes）上的古城是前印加时代统治这个地区的文明的宗教和仪式中心。

蒂瓦纳科 个至今其确切作用仍在探索之中的都城遗址，它的古老的城墙长着骇人的眼睛。最初一个古安第斯部落在公元前400年前的某个时期居住在这里，而古城是到公元500年才开始建设的。当时，的的喀喀湖（Lake Titicaca）水还拍打着城基。但从那时起湖水逐渐退去，现在的的喀喀湖已在19公里开外。市中心的许多道路蜿蜒穿过残留的建筑物［一个叫亚卡帕纳（Akapana）的巨大的梯形金字塔、神庙和王宫］，建筑上面嵌着人脸石雕。古城在前印加时代被称作太阳城或众神之城，之所以有两个名字是因为那个部族相信太阳是神，也是他们最早的祖先。这里植物很少见，但不时可以看到长在石头中的小块绿地。未完成的太阳门坐落在卡拉萨萨亚神庙（the Kalasasaya Temple）入口处，刻在上面的象形文字引人注目。尽管这些文字至今仍无法破解，考古学家认为它们代表的可能是农耕年历。神庙里散布着3.6米高的石柱，每根都是石雕人像。

著名景点

- **太阳门**由整块巨型花岗岩雕凿而成，横楣上刻着精致的图案。
- 这里最现代的**宗教和民间节庆**在春分（9月22—23日）举行，届时人们会在黎明前聚集到古城观看黎明的第一缕曙光射入太阳门。
- **卡拉萨萨亚神庙（Kalasasaya）的阶梯**由一块巨大的砂岩雕凿而成。

最佳旅行时间： 5—9月之间的干燥季节是最佳旅游季节，可以避开阴雨连绵的雨季。

行前计划： 古城海拔3844米，在拉巴斯（La Paz）以北72公里处。旅程约需90分钟。有一日游旅行团。由于海拔高，夏季白天的最高气温只有20℃，晚上很冷，所以需带保暖服装。

相关网址： www.travel-amazing-southamerica.com， www.bolivia-explorer.com

蒂瓦纳科地下神庙（Subterranean Temple）的墙上嵌着一排排头像石雕。

十大岩石艺术遗址

人类最早的艺术是刻在岩石、悬崖和洞穴壁上的。这些艺术的意义现在已经失传，但它们的神秘依然存在。

❶ 美国蒙大拿州酋长谷

蒙大拿酋长谷地处偏僻，直到几年前才为公众所知。这些峭壁又叫气象谷，这里共有6个具有1000年历史的岩石艺术遗址。岩画上多彩的野牛、熊、圆锥形帐篷和持盾勇士对克劳人（Crow）和其他大平原印第安人（Plains Indian）来说是神圣的，因为他们认为这是他们精神力量的源泉。

行前计划：路况不好，进入只能靠四轮汽车。参观所有的岩画往返需要走上8公里路，比较艰苦。带上足够的水。www.visitmt.com

❷ 墨西哥圣弗朗西斯科山岩画

干旱贫瘠的圣弗朗西斯科山谷掩藏了200多个岩石艺术遗址。当地传说认为这些色彩鲜艳的猎人、野生动物（包括美洲狮、山羊、鲸、鹈鹕和鱼）是由消失已久的巨人族创造的。这些岩画的历史可以追溯到公元1100年至1300年。

行前计划：景区在下加利福尼亚半岛（Baja California peninsula）的维斯卡诺生物圈保护区（Vizcaino Biosphere Reserve）。只能由导游陪同游览，而且只能步行或坐骡子进去。www.whatmexico.com

❸ 阿根廷平图拉斯河手洞

这个岩洞是史前骆马捕猎者的家园，里面有一些南美最古老的岩画艺术，其历史可追溯到公元前7370年。手洞位于安第斯山山麓小丘的平图拉斯河谷，手洞这个名字来源于洞壁上的无数个手印。

行前计划：从下卡拉科勒斯（Baja Caracoles）沿40号公路很容易找到。www.unique-southamerica-travel-experience.com

❹ 澳大利亚北部地区乌比尔

澳大利亚土著居民有着世界上最古老的艺术传统。在乌比尔（卡卡杜国家公园里一个古老的陡崖），你可以看到骇人的梦幻时代精神祖先雕像（Wandjinas）以及展示人体和动物的骨骼和内部器官的独特的"X光"画。

行前计划：最佳游览时间是清晨。有些岩画坐轮椅者也能靠近。www.environment.gov.au/parks/kakadu

❺ 印度中央邦比莫贝卡特石窟

印度最大的岩画艺术群掩藏在森林山脊中。中石器时代的采猎人被这一地区充足的水源和丰富的野生动物所吸引，在公元前6000年到前1000年创造了有关印度野生动植物、狩猎、仪式和分娩等包含丰富多彩内容的壁画。

行前计划：可从45公里外的博帕尔（Bhopal）坐出租车或巴士前往。www.indialine.com

❻ 瑞典塔努姆岩画

塔努姆岩石表面由于冰川磨蚀平坦光滑，为斯堪的纳维亚（Scandinavian）青铜器时代（公元前1800—前600年）的艺术家创造这一大片岩画提供了理想的场地。塔努姆岩石上雕琢着多桨战船、持盾的勇士，现都被涂成红色，这些岩画反映了斯堪的纳维亚地区海盗历史的源远流长。

行前计划：从马路进入一条短短的小路可达主要景区。首先参观塔努姆岩画介绍中心（要买门票）。www.rockartscandinavia.se

❼ 意大利梵尔卡莫尼卡谷地岩画

梵尔卡莫尼卡谷地位于意大利阿尔卑斯（Alps）山区，那里有14万多幅岩画。这些岩画刻在被冰川磨平的岩石表面，描绘了野生动植物、宗教符号以及农耕和战争场面，记录了从冰川时代末期到罗马时代8000年的历史。

行前计划：大门在纳德罗（Nadro）。只能步行到岩画景点。有标示的各种小径适合不同的健身活动。www.arterupestre.it

❽ 法国诺克斯洞穴

一条崎岖光滑的小路往地下延伸1公里多到达幽静的山中心的一个巨大石室——这就是仍在向公众开放的旧石器时代岩洞艺术遗址，（阿尔塔米拉Altamira和拉斯科Lascaux洞窟可能更好，但是在那里你只能看到复制品）。这些岩画绘于1.4万年前的最后一期冰川期末，描绘的是野牛、马、野山羊、鹿在疾驰的情景。

行前计划：要参加用英语讲解的旅游团必须事先预订。幽闭恐怖症患者不宜参加这儿的旅行。www.ariege.com/niaux

❾ 阿尔及利亚塔西利-恩-阿耶

到偏远的塔西利山脉参观撒哈拉沙漠（Sahara Desert）还是绿地时创作的岩画。最早的岩画（公元前9000—前4500年）描绘了大象、长颈鹿、犀牛和水牛。后来的岩画描绘的是驯养的牛群和牧人（公元前4500—前2500年），在公元前2500年之后画的是马、双轮马拉战车、骆驼，表明从那时起沙漠已经开始扩张。

行前计划：从阿尔及尔（Algiers）坐飞机前往，或雇一个导游、租一辆四轮汽车穿过撒哈拉沙漠。在旅行前问清楚有关阿尔及利亚政治局势方面的情况。www.fjexpeditions.com/tassili/frameset/rockart.html

❿ 博茨瓦纳措迪洛山

丛林的采猎人敬奉博茨瓦纳卡拉哈里沙漠（Kalahari Desert）里的措迪洛山，认为那里是他们祖先的安息地。在过去的5000年中，他们在山上凸出的岩石上刻画了野生动植物、祖先神灵和萨满教仪式。许多游客声称在那里好像能感觉到恐怖的古代神灵的存在。

行前计划：岩画在偏远地区，从最近的马路开着四轮汽车需要2.5小时。你也可以乘坐小型飞机从马翁（Maun）飞到当地的简易机场。www.travelafricamag

瑞典塔努姆岩画上描绘的船只和武装兵士是青铜器时代的生活特点之一。红色油漆是后来刷上去的。

这组神庙和观测台坐落在山峰高处，也是印加王室和贵族的居所。

秘鲁

马丘比丘

踩着伟大的印加勇士的足迹，穿过坐落在安第斯山（Maunt Andes）最高峰的圣城遗址。

拂晓，阳光照在失落的印加古城马丘比丘遗址上。这座古城位于海拔2350米的一个山脊上，俯瞰着秘鲁东南乌鲁班巴河谷（the Urubamba Valley）。根据传说，印加人（又称“太阳的孩子”）于15世纪在帕查库蒂（Pachacuti）领导下建立了一个和罗马帝国一样大的王国，但是这个王国只辉煌了不到100年就很快被西班牙征服者和内战所消灭。于是马丘比丘城被遗弃。1911年，当马丘比丘遗址被海勒姆·宾厄姆（Hiram Bingham）发现时，它被掩埋在丛林深处，只有几个当地的农民知道。从迷宫般的神庙、通道、王宫、居室和广场中（几乎都紧贴在垂直的山坡上开出的梯台上），考古学家拼凑出了一个曾经主宰过这个奇异地区的文明故事。

最佳旅行时间： 干燥季节（5—9月）气温会很高，但是这个季节你可以看得很清楚。10月一次年4月会下大雨。

行前计划： 准备两天时间全方位探索遗址。有导游的游览包括沿印加小径或另外一条线路徒步旅行，你得视你自己的身体状况而定，看你是否能适应高海拔行走。带结实的鞋、太阳帽、防晒霜和雨衣。你也可以从库斯科（Cusco）坐火车到阿瓜卡连特（Aguas Calientes），那里有当地公共汽车到遗址8公里的路程，历时20分钟）。去遗址前在阿瓜卡连特买门票，否则到了大门你会被拒绝入内。注意从遗址返回的末班车时间，不然你就只好走回去了。

相关网址： www.machupicchu.org

著名景点

- 在神圣广场，**主神庙**（the Main Temple）有精美的墙、装饰性壁龛和祭司的房间。**三窗庙**（the Temple of the Three Windows）与安第斯山的宇宙论有关。
- 在**冬至日**，升起的太阳恰好直射在太阳庙的祭坛上。
- 遗址最东头是巨大的**葬礼石**，印加贵族死后就在那里变成木乃伊。
- 登上78级台阶到达**栓日石**（Intipunko），这是印加人用来预测冬至、夏至和春分、秋分以监控农耕周期的雕刻石柱。
- 站在**瓦纳比丘山顶**（Huaynapicchu）（需要爬1小时），马丘比丘遗址会尽收眼底。

秘鲁

印加圣谷

乌鲁班巴河（Urubamba River）流经的肥沃的山谷里有众多的印加城堡和神庙遗址。

附近有巍峨的白山、离马丘比丘不远，乌鲁班巴河流过印加古都库斯科（Cusco）北边山谷的一块块田地。印加城堡遗址就坐落在这片优雅的阶梯状斜坡上，秃鹰在头顶上盘旋着。乌鲁班巴河和山谷都对印加人有着非凡的意义，他们认为这是一块圣地。河谷比库斯科低600米，气候温暖、河流纵横、土壤肥沃，这使得它成为印加帝国的粮仓。这里盛产玉米、土豆、水果和蔬菜。在河谷南头的皮萨克（Pisac）镇，有印加人的居所、梯田和仪式建筑遗迹，从皮萨克广场有一条小路一直延伸到小镇上面的城堡遗址。在河谷北头的欧兰塔坦伯（Ollantaytambo）村上面有一个大城堡遗址，它的梯田和神庙紧贴着陡峻的悬崖。欧兰塔坦伯村本身就建在原有印加村落的上面，许多古建筑大多保存完好。

著名景点

- 探索欧兰塔坦伯的巨大堡垒，包括太阳神庙、月亮神庙和公主浴池。
- 欣赏雄伟的山谷景色，在皮萨克镇上面的山顶城堡观赏古代印加石匠的工艺。小镇星期日有手工艺品集市。
- 在琴切罗（Chinchero），建在印加城基上的17世纪的小教堂装饰着库斯科教派的油画和壁画。

最佳旅行时间： 4—5月或10—11月。在旅游旺季（6—9月），景区往往很拥挤。避开12月—次年3月的雨季。

行前计划： 山谷始于库斯科（Cusco）东北24公里处。公共汽车很多。许多旅游公司有从库斯科到圣谷的一日游，但你至少在山谷里住一晚。酒店和旅舍较简陋，但是大多数干净温暖。旅游门票有效期10天，可以到库斯科和山谷的许多景点游览，在库斯科可以买到。晚上会很冷，所以要带上保暖衣服。

相关网址： www.peru-explorer.com/valley.htm，www.andeantravelweb.com/peru/destinations/cusco

欧兰塔坦伯山坡上巨大的印加城堡包括神庙和其他仪式建筑。

秘鲁

纳斯卡线

在地球最干燥的地方之一，有一群巨大的古代几何图形刻画在干裂的土地上。

当你飞越利马（Lima）南部贫瘠的高原，俯视被晒干的沙漠，你可以清楚地看到奇怪的几何图形：180米长的蜥蜴，90米高、长着卷曲尾巴的猴子有着孩子般的手，虎鲸，蜘蛛，树。这些杂乱的图形就是纳斯卡线，它们是兴盛于公元前200年至公元700年间的前印加纳斯卡人创造的。从地面上看，它们就像杂乱无章的线路网，只有从空中看才能完全看清它们的图案。这些图形是古人通过刮开地表的岩层露出下面的浅色岩层后刻上去的。这里干燥无风的气候使这些图案历经千年仍保存完好。关于它们的用途有很多观点，德国数学家玛丽亚·雷施（Maria Reiche）认为它们是一种天文历法，还有人提出这是对水神或丰收之神的祭品，甚至有人提出它们是外星人的登陆地。神秘的外衣使纳斯卡线更加有吸引力。从一架小型赛斯纳飞机（Cesna）的窗口往下看纳斯卡线，仿佛让人看到了一个失落的文明。

著名景点

■纳斯卡的**安东尼尼博物馆**（Antonini Museum）珍藏着从附近的前印加古城卡华奇（Cahuachi）遗址中挖掘的出土文物。有人认为这些文物或许可以对纳斯卡线的意义作出解释。

■开车经过干旱的沙漠到达离纳斯卡30公里的**卡维拉墓地**（Cemetery of Cahuilla），花几个小时观看陈列在那里的古人骷髅和木乃伊。

最佳旅行时间： 一年中任何时间均可，但是12月一次年3月气温会很高。机票和住宿费在旺季（6—9月上旬）比较贵。

行前计划： 从利马（Lima）坐巴士大概需要6小时到达绿洲小镇纳斯卡，从小镇再坐短途公交车或出租车到当地机场。如果可能尽量乘坐早航班飞越纳斯卡线，因为下午有风，飞行会很颠簸。飞行会持续30~35分钟。最好预订一晚的住宿，给自己2—3天时间好好游览纳斯卡及周边地区。利马有发往纳斯卡的旅游团，包交通和住宿。

相关网址： www.nazcaperu.com

猴子图案是刻在干燥的沙漠中的100多个图形之一，从空中可以清晰地看到。

塔普塔普亚提雅海岸边石台上的一个雕像遗迹。

法属波利尼西亚

塔普塔普亚提雅神庙

在一个碧绿的池塘边，掩映在椰子树下，有一个波利尼西亚最重要、最神秘的圣地。

散布在南太平洋的所有神庙中，塔普塔普亚提雅神庙是最神圣的。它建于约公元1600年，坐落在瑞亚堤亚岛（Raiatea Island）东南海岸的奥波山谷（Opoa Valley）中，是统治者塔马托（Tamatoa）家族的居所，也是直到19世纪初一直统治大多数社会群岛（Society Islands）的祭司群体的聚居中心。神庙区包括一个巨大的石广场、一个长方形的祭坛（周围有石靠背，是主教和酋长主持宗教仪式用的）和一块直立的巨大火山石板（一些现代研究人员认为可能用于活人祭祀）。最初神庙是敬奉其他神灵的，但慢慢地它变成了主要祭拜战神奥罗（Oro）（据传奥罗就住在奥波山谷里）的神庙。当地的风俗是移民要从塔普塔普亚提雅拿一块石板，当他们最后到达遥远的岛屿定居时，这块石板就成为建造神庙的奠基石。因此，塔普塔普亚提雅神庙就成为了整个南太平洋地区信徒们的朝拜之地。

最佳旅行时间： 法属波利尼西亚一年四季都是热带气候。群岛在雨季（11月—次年4月）时稍稍转凉，有时会有龙卷风袭击南太平洋。5—10月是干燥季节，天气晴朗。

行前计划： 塔普塔普亚提雅神庙位于奥波附近。你可以从乌图罗阿（Uturoa）往南由陆路进入。准备1个小时游览神庙，3—7天游览整个岛屿。可以步行、骑马或坐当地旅游公司的四轮汽车去高地。许多短途旅游团的线路都包括塔普塔普亚提雅神庙。

相关网址： www.raiatea.com

著名景点

■法亚罗雅河（Faaroa River）是法属波利尼西亚唯一可泛舟的河流，移民们就是从这里出发前往南太平洋。如果你参加**皮划艇旅游团**他们就可以带你进入河流深处。

■岛北的**塔麦哈尼山**（Mount Ternehani）高原上云雾缭绕，是古代波利尼西亚人的圣地。他们认为这是他们进入来世的地方，这里有两条崎岖不平的火山脊，一条通向天堂，一条通向地狱。

■在瑞亚提亚岛西部海岸有一个古老的石造神殿——**泰努神殿**（Tainuu Marae），靠近1897年特瓦托战役（Battle of Tevaitoa）的战场，在这场战役中，法国军队击败了特劳波（Teraupo）酋长和他的波利尼西亚武装力量，这是长达10年的殖民战争中的一次决定性战役。

智利

复活节岛

几百尊巨石人像用看不见的眼睛默默地注视着内陆，守卫着这个地球上最偏远的角落。

据考古学家估计，第一批开拓者到达这片风蚀的火山平台的时间大约是在公元318年，这是延续了一个世纪的南太平洋东扩的最后阶段。随着移民的增长，他们在距离崎岖的岛岸边1公里的地方建造了敬奉他们祖先神灵的纪念碑。平坦的石台上竖立着一排排用岛上的黑色火山岩做成的巨石人像［当地称摩艾（Moai）］。遗址共有大约288尊石像，最大的高10米，重73吨，最小的高109厘米。巨石采自茂密的棕榈林深处的采石场，在没有任何机械工具的情况下被运到这里直立起来，这完全是集体力量和作用所造就的伟大奇迹。当荷兰探险家雅各布·罗格温（Jacob Roggeveen）在1722年复活节到达这里时，岛上只剩下了3000人。人口过多、森林采伐、饥荒和内乱逐渐吞噬了一个强大的文明。许多石像向前倾倒了，它们的贝壳、珊瑚眼睛也丢失了。19世纪末的病害和强制放逐更进一步使岛上的人口走向灭绝，切断了人类与逝去岁月的最后联系，留下了世界上最令人难以捉摸的考古遗迹。

著名景点

■拉努·拉拉库（Rano Raraku）的采石场有397尊未完工的石像。其中一尊高22米，重150吨，是这群石像中最大的。

■欣赏东加历奇石像台（Ahu Tonggariki）的荒凉美。这里是岛上最大的石像台，共有15尊石像一字排开。

■从海拔324米高的拉诺考（RanoKau）火山口欣赏海景。

■在奥朗哥（Orongo）有鸟人石像，这是一个武士教的遗留物。每年，这个武士教会选派武士参加取海鸥蛋比赛，武士们从这里攀岩下海，然后游到莫托岛（Moto Nui），拿回这一年的第一个海鸥蛋的武士获胜。

最佳旅行时间： 任何时间均可。夏季（12月—次年2月）气候温和宜人，冬季（6—10月）凉爽，但不冷。大雨、薄雾和细雨一年四季都有，冬季是最干燥的。塔帕蒂拉帕努伊节（Tapati Rapa Nui Festival）在每年夏季（1月和2月）举行，历时2周，有传统音乐、舞蹈、手工艺品和游行。

行前计划： 往返于智利圣地亚哥（Santiago）和南太平洋塔希提岛（Tahiti Island）之间的航班经过复活节岛。大多数旅游设施和住宿设施在复活节岛首府汉加洛（Hanga Roa）。游客可以从那里乘坐巴士、开车、骑摩托车、骑自行车，甚至骑马去石像地。走上石像台据说是亵渎神灵的。准备两天时间全方位探索复活节岛。除非你是坐游船去岛上，不然就必须在岛上住上至少一晚，这是由于飞机航班时间不得不这样。

相关网址： www.enjoy-chili.org，www.southpacific.org

对页：有棱角的面容、细长的耳朵是散布在复活节岛山坡上的众多石像的特点。上图：复活节岛东南海岸的东加历奇石像台上，站立着一排石像，共15尊，其中包括岛上最大的石像。

老挝

石缸平原

古代石缸群散布在老挝北部的高原上，它们的起源和作用至今仍然是一个不解之谜。

在老挝东北偏僻的高原上散落着上千个水缸形状的大石头，就像一个被遗弃的巨大食品储藏室的遗留物。它们有的直立着，有的歪倒在一边，有的完好无损，有的已成碎片。大多数石缸高2—3米，最重的达13吨。没有人知道是何人雕凿了这些石缸以及为什么雕凿。广为流传的一种说法是它们是存放尸体的石棺，但也有可能是储存大米或装酒的容器。有的石缸带有大圆盘，可能是盖子，也可能只是装饰用的，没有人知道。石缸主要集中在离丰沙湾（Phonsavan）几公里的三个地方，其历史可追溯到公元前500年至公元500年。石缸是当时住在这个地区的孟高棉人（Mon-Khmer）所创造，但是对于这个古文明的文化或社会我们却一无所知。一些历史学家认为石缸的位置可能处在越南与印度东北之间的一条古盐道上。由于到石缸平原的路很难走，所以这些石缸显得更加神秘。这个偏远的地区在越南战争中曾遭到美国空军的地毯式轰炸，所以那里坑坑洼洼，布满了弹坑，至今还到处都是未爆炸的炮弹。

著名景点

■ 1号地在丰沙湾西南15公里处，这里石缸**数量最多**，共有250多只，其中包括最大的一只石缸。

■ 2号地**风景最好**，在两个树林密布的山坡上散布着大约90只石缸。

■ 3号地共有150只石缸，坐落在一个山坡上，在这儿你可以很好地观赏整个地区的**景色**。

最佳旅行时间：11月一次年1月气候凉爽、干燥，大地在夏天的雨季后仍然碧绿。最好清晨或傍晚去，那时光线最好。

行前计划：可从丰沙湾到达三个景点，丰沙湾有一个小型机场，专供从老挝首都万象（Vientiane）飞来的航班登陆。如果三个景点都看的话，至少要在丰沙湾住两晚。1号地可以从小镇坐三轮车过去，2、3号地通常要坐四轮汽车过去。不要偏离大路，因为到处都是未爆炸的炮弹，每年当地都有几十人被炸伤或炸死。进入老挝需要签证。

相关网址：www.responsibletravel.com/TripSearch/Asia/Country 10014.htm

黎明的阳光给古老的大石缸蒙上了一层神秘的面纱。

巨石坟修筑精巧，有供放入尸体的小入口。

俄罗斯

扎聂河史前墓石牌坊

青铜器时代的巨石坟墓群就散布在西高加索这片美丽的土地上。

现代朝圣者成群结队地前往靠近俄罗斯黑海岸的扎聂河史前墓石牌坊，有的徒步穿越森林小路到达这些奇怪的坟墓，举行神秘的仪式，献上祭品，有的只是为了站在石墓前获得精神慰藉。在扎聂河谷有3个巨石墓群，一共18座墓石牌坊。有的已被挖掘重建。政府计划修建一个公园来保护这一地区。游客可以任意推测这些墓石牌坊的由来，因为关于它们当初的作用我们现在知之甚少。石墓建于公元前3000—前1800年，是用原始工具以令人惊讶的准确性对巨石进行加工而建成的。这些巨石有的呈长方形，有的呈圆形，最奇怪的是圆形入口，很多石头上刻简单的装饰图案，如Z字形。这是进入里面墓室的入口，有石栓把它关闭。每个石墓前有一个小庭院，在这里举行葬礼，然后把死者的尸骨存放到墓室。墓室看上去像女人的子宫，所以石墓可能还暗示生育力，表示人类生与死的轮回。

著名景点

- 最大的一组**史前墓石牌坊**在格伦德芝克附近的扎聂河边，由一个长方形的墓石牌坊和两旁的两个圆石坟组成。它们有圆形入口和带围墙的庭院，是同类型中的典型例子。
- 石墓周围是茂密的树林和起伏的山丘，**环境**优美。
- 沿着图阿普谢（Tuapse）附近美丽的阿什山谷（Ashe Valley）**坐船旅行**，可以看到洞穴、瀑布和当地的村落。

最佳旅行时间： 夏季气候温和，气温在24—35℃。冬季温暖潮湿。

行前计划： 可以花几个小时时间游览扎聂河史前墓石牌坊，它们在黑海海岸往内陆5公里处。许多游客从黑海度假地，如格伦德芝克（Gelendzhik）（最近）、阿纳帕（Anapa）和图阿普谢（Tuapse）参加一日游旅游团前往。最近的机场（与莫斯科相连）在格伦德芝克和克拉斯诺达尔（Krasnodar）。

相关网址： www.unexpo.org， www.kubkurort.ru

米拉的峭壁上密密麻麻耸立着房子式的陵墓。

土耳其

利西亚石墓

沿着崎岖的海岸线，在悬崖峭壁上矗立着成排成排的古利西亚人的宏伟陵墓。

在古代，整个地中海东部地区都敬畏利西亚人。利西亚人的家园坐落在安那托利亚（Anatolia）西南，周围是树林茂密的高山和镶嵌着无数小海湾和小岛的陡峭的海岸线。这里从公元前1500年开始相继产生过约40个繁荣的城邦，他们之间和平相处，共同抵御外敌。这里的海岸由于海盗经常出没而远近闻名。他们有着自己独特的文化，其中一个特色就是狂热地建造陵墓。这里共有1000多座石墓，大多建在城里，这样死者可以与活着的人离得很近。市民们会事先委托人建造自己的陵墓，通过墓的规模和精细程度可以看出墓主人的地位。最宏伟的陵墓设计得像一流的神庙，门面和墓室是用悬崖上的软质石灰石和凸出的岩石雕凿而成。有的陵墓像利西亚人的房子，是精心复制的，包括制作精细的天花梁。比较穷的人也有鸽笼式坟墓——就是悬崖壁上的密密麻麻的长方形小洞穴。利西亚人敬奉不少神灵，有的是入侵者带来的（包括古希腊神）。对于利西亚人来说，最重要的神是女神勒托（Leto）和她的孪生子女（与宙斯所生）阿波罗（Apollo）和阿尔忒弥斯（Artemis）。但是敬奉祖先是他们建造陵墓的主要原因。

最佳旅行时间： 春天（4月中旬—5月）是最宜人的季节，气候温和，山上可能还覆盖着雪。夏天很热，但是海风会使酷热的天气有所缓解。

行前计划： 每个主要景点只需1小时参观时间，但至少有5个这样的景点散布在景区的不同地方，所以你需要花几天时间看完全部景点。利西亚位于费特希耶海湾（the Gulf of Fethiye）和安塔利亚海湾（the Gulf of Antalya）之间的山区，这两个海湾相距160公里。机场在达拉曼（Dalaman）和安塔利亚（Antalya）。沿海岸线有一些著名的度假胜地，如达尔阳（Dalyan）、卡什（Kas）、卡尔坎（Kalkan）。从这些度假胜地出发的短途旅游团线路包括利西亚古城。

相关网址： www.lycianturkey.com

著名景点

■最壮观的**神庙式陵墓群**在卡乌诺斯（Caunos）的一个峭壁上。实际上，当时这里是属于邻邦卡里亚（Caria）的，但是很明显它受到了利西亚的影响。

■费特希耶（Fethiye）有公元前4世纪的**阿敏塔斯墓（Tomb of Amyntas）**，这是最好的神庙式陵墓之一。

■米拉（Myra）有最好的**房子式陵墓**（建于公元前4世纪）。米拉还是**圣尼古拉斯（St.Nicholas）**（死于公元343年，是最初的圣诞老人）的家园。他的陵墓和教堂建于公元6世纪，千百年来一直是基督教徒的朝圣中心。

■在古代利西亚人的首都克桑瑟斯（Xanthos），可以看到巨石做成的**柱形陵墓**，这种陵墓的墓室在顶部。

黎巴嫩

巴勒贝克

巴勒贝克古城的大片遗址是古代最伟大的工程奇迹之一。

在巴勒贝克5000年的历史中，大多数时间它一直是很繁荣的祭拜中心，先后敬奉过很多神灵。在腓尼基时期（Phoenician times）（从公元前约2000年起），信奉巴力（Baal）——主神、太阳神和丰饶之神。像黎巴嫩一样，巴勒贝克一直处于交战帝国争夺权力的战略中心。埃及人（Egyptians）、亚述人（Assyrians）、巴比伦人（Babylonians）相继来到这里，然后到公元前333年巴勒贝克被亚历山大大帝（Alexander the Great）占领。随着亚历山大的到来，巴勒贝克被希腊化，变成了黑利奥波勒斯（太阳城）。到公元前63年，罗马人来到这片土地，用他们的主神朱庇特（Jupiter）取代了巴力。太阳城以历代帝王祈求的神谕闻名。罗马帝国最大的神庙就建在这里，它是供奉朱庇特-巴力的。另外还有供奉酒神巴克斯（Bacchus）和爱神维纳斯（Venus）的神庙。到公元4世纪，罗马变成了信奉基督教的国家，黑利奥波勒斯作为异教被废弃。现在所有幸存的都是废墟，给人类留下了一个谜团。朱庇特神庙的平台周围至少有24块修琢过的巨大的石灰石、3块巨石（被称之为三巨石结构），每块重达907吨。侵蚀程度表明这些巨石是在希腊和罗马时代前就有的，但是它们是如何被运到这里并摆放好，直至今日仍然让考古学家和工程师们迷惑不解。

最佳旅行时间： 黎巴嫩的春天（3—5月）气候宜人，冬天非常寒冷，夏天酷热难耐。7—8月另有可观之景——那就是在遗址上举行的著名的巴勒贝克国际音乐、舞蹈和戏剧节。

行前计划： 巴勒贝克离贝鲁特（Beirut）85公里，位于海拔较高的富饶的贝卡谷（Bekaa Valley），开车从海岸穿过壮观的山区即可达。准备至少2—3小时参观整个古城。贝鲁特有前往巴勒贝克的旅游团。政局动荡期间，到贝卡谷的道路会限行或禁止通行。

相关网址： www. middleeast.com/baalbek.htm

著名景点

■通往朱庇特神庙的大庭院里矗立着6根20米高的柱子，这是罗马帝国修筑的最大的柱子。它们由采自埃及阿斯旺（Aswan）的玫瑰色花岗岩做成。

■注意观察巴克斯神庙(Templeof Bacchus)遗址上大量的建筑细节，这个神庙建于公元150年，是保存最完好的罗马神庙之一。

■在采石场有世界上最大的石雕，尺寸是21米×4.9米×4.2米，重达1089吨。

朱庇特神庙幸存的圆柱巍然耸立在一座历史更悠久的神庙的巨石建筑中。

约旦

佩特拉

在约旦（Jordan）沙漠边上的沙石丘中掩藏着一个古城的神庙和陵墓遗址。

在约旦南部狭长的西克（Siq）峡谷中缓缓前行，两边的高山隐约可见，突然在眩晕中仿佛看到了沙漠中的海市蜃楼，峡谷尽头出现了佩特拉古城——一个完全从陡峭的、玫瑰色的沙岩峡谷中雕凿出的城市。佩特拉建于2000年前，是由居住在这里的古代游牧商人纳巴泰人（Nabataeans）建立的，这个一度很辉煌的古城曾经是经销远东和地中海地区奇异香料和器皿的商路要道。但最后由于贸易路线的重大变动导致了佩特拉的衰落。千百年来，这个大都会曾先后住过罗马人、拜占庭帝国的基督教徒和十字军战士，直到13世纪被遗弃。从西克峡谷出来，首先看到的是雄伟的珍宝殿（哈兹纳赫殿堂）（Khazneh）。珍宝殿有几层楼高，正面呈粉红色，几根高高的石雕圆柱直至洞顶。从这里你可以沿着蜿蜒的小路穿过峡谷中的古城遗址，观赏精致的陵墓、宴会厅和两边矗立着精雕柱廊的街道。在每一个拐弯处，都有雄伟的建筑，包括宏伟的代尔神庙（Temple of Al-Deir）（有时也称代尔修道院），它是供奉纳巴泰人的主神杜莎拉（Dushara）的。一天的时间慢慢过去，只见佩特拉的纪念碑从粉红色变成深玫瑰色，最后到日落时分变成了红褐色。

最佳旅行时间： 春天和秋天最佳。清晨和傍晚可以看到山岩的绚丽色彩。

行前计划： 佩特拉在安曼（Amman）以南262公里处。公路路况良好，你可以在安曼租一辆车，或者乘坐巴士或出租车前往。旅程需要约2小时。准备2~3天时间参观主要景点，或一周时间深度探索古城。住宿可在附近的瓦迪穆萨（Wadi Musa）村找到。必须穿舒适、结实的步行鞋。佩特拉位于沙漠，所以务必带帽子、太阳镜和水。

相关网址： www.na.visitjordan.com

著名景点

- 不要错过拥有7000个座位的**圆形露天竞技场**。竞技场最初由纳巴泰人建造，后来由罗马人扩建。虽然要爬陡峻的石阶，但是很值得，因为能看到竞技场全貌，还可以欣赏周围地区的风景。
- 参观**王室陵墓**，它们有雕刻精美的门面，其中包括一座两层楼的宫殿式陵墓，从古城边缘的一个峡谷侧面凸立出来。
- 巨大的**喷水池（水神庙）**是供奉水神的。它体现了纳巴泰人在工程技术方面的卓越才能，他们居然在沙漠中创造出了自来水。

对页：从西克峡谷出来首先映入眼帘的是珍宝殿。虽名为珍宝殿，但这座建筑最初建造时是用作陵墓的，也可能是用作神庙的。左上：一个基督教堂里的拜占庭式地面马赛克拼图。右上：烛光下的珍宝殿奇妙非凡。

帕担依神庙

古希腊最伟大的神庙是智慧、技术创新和帝国实力的见证。

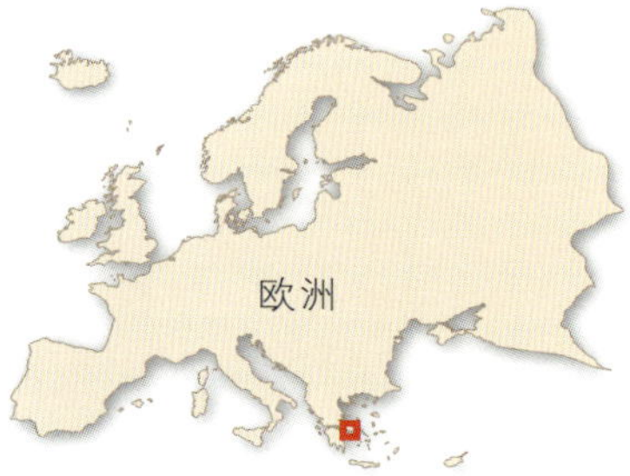

建于公元前5世纪的帕担依神庙坐落在雅典卫城（the Acropolis）的山顶之上，从现在的雅典城隐约可见。建造这座神庙是为了供奉一尊花巨资用黄金和象牙制作的雅典娜（Athena）（雅典城的庇护女神以及智慧、正义和艺术女神）神像。整座神庙从其宏大的规模到精美复杂的大理石雕带，无不堪称是建筑技术和创作史上空前的杰作。原来神庙中的很多雕塑和其他文物现在都陈列在雅典博物馆中，但是神庙的神圣以及它对古代雅典人的重要意义还是一目了然的——尽管现代游客用各种语言喋喋不休，游客随身带的相机快门咔嚓不停。抬头凝望傲然挺立的廊柱，特别是在夜晚的灯光下，你会明白雅典娜女神曾经是多么地被人敬仰和崇拜。雅典娜神庙是古希腊时代所有理想和成就的缩影，它的细枝末节及和谐的外形体现了雅典人较之于漫游在城墙之外的野蛮部落有更卓越的技艺。

最佳旅行时间： 春天或秋天，夏季通常非常炎热，冬天又很寒冷。

行前计划： 清晨或黄昏时分游览最佳，因为那时没有那么拥挤。如果你要步行爬上卫城到帕担依神庙，并且游览那里的博物馆，需要准备一整天时间。山路很陡，所以要穿上舒服结实的鞋子。帕担依神庙的门票含雅典城的其他几个古迹，所以要保存好。

相关网址： www.gnto.gr，www.greece-athens.com，www.athensguide.com

著名景点

■ 从巴帕担依庙的台阶**俯视雅典城**，可以更好地透视这个繁华、拥挤的现代城市。

■ 卫城脚下的**新雅典卫城博物馆**（New Acropolis Museum）收藏着帕担依神庙的许多珍宝，包括原来的大理石雕带，它陈列的位置正好以帕担依神庙为背景，透过巨大的玻璃窗可以看到神庙。

■ 帕担依神庙旁边的厄瑞克修姆神庙（Erechtheion Temple）门廊是用灰泥仿制的6个**女像柱**支撑的，原来的女像柱有5根放在新雅典卫城博物馆，体现了古代雅典石匠的高超技能。

帕担依神庙和其他建在雅典卫城山顶的神庙居高临下俯视着现代雅典城。

阿波罗神庙遗址雄踞于帕尔纳索斯山坡上。

希腊

阿波罗神庙

这是一条千百年来不断寻求太阳神的智慧的朝圣者所走过的路。

旅游者沿着过去2400年朝圣者们走过的路到达帕尔纳索斯（Parnassos）山脚下的德尔菲（Delphi）。一条石子铺就的道路沿着奇石嶙峋的山坡向上延伸，先到雅典娜圣殿（the Sanctuary of Athena）（圆形神庙Tholos Temple），然后到德尔菲遗址的中心——阿波罗圣殿（the Sanctuary of Apollo）。圣殿的建造者认为圣殿是建在世界的中心，因为根据传说，宙斯派去寻找世界肚脐的两位鹰使最后就在这里相遇。现在这个地方竖了一块标志性巨石。穿过圣殿，沿着圣路一直走，就到了阿波罗神庙。奇特的多边形墙护佑着太阳神的圣所，这里是阿波罗的神使女祭司皮提亚（Pythia）向信徒宣讲神谕的地方。两千多年来，不管是富人还是穷人都来到这里向坐在密室里的皮提亚（是从当地女村民中挑选出来的）求教。获得好消息的人们心存感激，于是就在神庙周围和圣路两边建造了许多大理石纪念碑和青铜纪念碑（大多装饰着珍贵的金属）。

最佳旅行时间： 遗址全年开放，夏秋之交是最佳旅游季节，因为那时温度适中，不会太热。遗址在周末和公共假日下午3点关闭。

行前计划： 德尔菲在雅典西北145公里处，公共交通很方便。也包括在许多旅游团行程中。游览遗址几个小时就足够了，但是喜欢这里的人可能会花一整天时间。你可以在售票处拿一张地图。考古博物馆里有许多保存完好的文物，也值得一看。

相关网址： Odysseus.culture.gr， www.greecetravel.com

著名景点

■圆形的**雅典娜圣殿**是德尔菲的非官方标志。旁边是**卡斯塔利亚山泉**（Castalian Spring），过去皮提亚和她的祭司们以及到阿波罗神殿朝圣的人们为了洗净自己曾在此沐浴。

■**雅典礼物库**（the Treasury of the Athenians）是德尔菲最完整的建筑。它建于公元前490年，用来存放接受皮提亚忠告后战胜波斯侵略者的雅典市民进献的供品。

■**圆形露天竞技场**（the amphitherter）可容纳5000人，是希腊保存得最好的圆形竞技场之一。在公元前6世纪，德尔菲在这里举办各种比赛，包括音乐、诗歌竞赛以及堪与奥林匹亚（Olympia）运动会相提并论的体育赛事和战车赛跑。

杰刚梯亚神庙的内殿可能是举行祭祀大地母亲女神仪式的场所。

马耳他

杰刚梯亚

在地中海小岛戈佐（Gozo）岛上穿过古代神庙和洞穴遗址，就好像进入了史前天地。

在戈佐岛东北靠近沙赫拉（Xaghra）村的一个怪石嶙峋的高原上，耸立着两座新石器时代的杰刚梯亚（意为“属于巨人的”）神庙。它们由巨大的珊瑚石灰岩建成，与暗褐色的高原浑然一体。每座庙的平面图呈三叶形，加上两边的半圆形配殿，常被比作生育旺盛的女人摆动的双乳和丰腴的臀部，这也证明了神庙是生育神祭拜中心的说法。这组神庙包括世界上最古老的独立式建筑，巨石的历史可追溯到公元前3600—前3200年，有的高达近6米，每块重45吨。难怪当地人传说是巨人修建了这些神庙。据说神秘的女巨人萨苏纳（Sansuna）在一天之内就从戈佐岛南海岸桑纳特（Sannat）附近的塔肯可（Ta' Cenc）搬来了这些巨石。她是一边在头顶上举着巨石，一边怀抱着她的婴儿搬运的。

最佳旅行时间： 4—6月和9—10月天气没有盛夏时那么酷热，最适宜旅游。秋天会受热旋风的袭击。

行前计划： 戈佐岛是马耳他群岛中的一个岛屿，隶属于马耳他。可从马耳他坐渡船进入戈佐岛，杰刚梯亚可由公路抵达，很方便。从维多利亚（Victoria）到沙赫拉有公共汽车，但有时要等很久，特别是到晚上。准备2—3小时游览神庙，如果你要逛沙赫拉，至少再准备2小时时间。购买杰刚梯亚和沙赫拉的塔科拉风车磨坊（Ta' Kola Windmill）博物馆联票，因为如果在同一天内去看两个景点，有折扣优惠。

相关网址： www.visitmalta.com， www.xaghra.com， www.heritagemalta.org

著名景点

■探访附近的**沙赫拉村**的中世纪街道和小巷，村里有古老的教堂和一个民俗博物馆（在有300年历史的塔科拉风车磨坊内）。

■在沙赫拉东北的悬崖峭壁上有**雪花石膏洞穴**，俯视着伊拉姆拉海湾（the Bay of Ir-Ramla），包括卡吕普索洞（L-Ghar ta' kalipso）。根据《荷马史诗》（*Homer's Epic Poem*）的叙述，美丽的海上仙女卡吕普索（Calypso）在此囚禁了奥德修斯（Odysseus）7年。

■参观位于戈佐岛首府维多利亚（Victoria）的**戈佐岛考古博物馆**，离沙赫拉5公里。馆内珍藏许多制作精细的文物，包括1827年最初挖掘杰刚梯亚时发现的两个女头像。

马耳他

哈扎伊姆和姆那拉神庙

虽然有一部分是重建的，这里的古神庙群仍然是马耳他石器时代工匠技艺和远见的证明。

新石器时代的哈扎伊姆（意为“站立的石头”）和姆那拉神庙遗址位于马耳他奇石嶙峋的南海岸。外墙和内殿的不规则石灰石板看上去吻合得天衣无缝，这是古代马耳他人建筑天赋的一个历久不衰的证明。哈扎伊姆神庙建于公元前3600—前3200年之间，是一个祭祀场所，它由排列在中心走廊两侧的6间圆形大屋组成。其中一块巨石重36吨，是世界上所有巨石庙中最大的一块。500米开外的是3座姆那拉神庙遗址。厚厚的石墙和石柱上雕刻着奇怪的螺旋形图案。这3座神庙的作用尚不清楚，但是从大石头精巧的排列（特别是较矮的那座神庙）可以看出它们是用于天文观察和举行冬至夏至和春分秋分仪式的。19世纪中期进行的挖掘工作更增添了人们的困惑，当时发掘出了祭坛和全身女塑像（包括哈扎伊姆神庙的马耳他维纳斯塑像），这些女塑像倒是与对生育女神的崇拜相符。

著名景点

■在错综复杂的庭院、走廊和内殿中欣赏新石器时代建设者严谨的**工程技术**和精致的**琢石艺术**。

■坐船到**蓝色岩洞**，这是一个被海水侵蚀形成的洞，洞里海水和岩石中多彩的矿物质在阳光的照耀下，闪耀着蓝光。

■瓦莱塔（Valletta）的自然考古博物馆珍藏着许多雕像，包括**马耳他维纳斯雕像**和一个刻有装饰物的柱形祭坛，都是从神庙中挖掘出来的。

最佳旅行时间： 4—6月。夏天很热，冬天多雨。秋季常有热旋风。

行前计划： 神庙遗址在克兰迪（Qrendi）村附近，除了圣诞和新年全年开放。春分秋分和冬至夏至是最佳旅游时间，因为那时神庙大门在日出时就向公众打开。早点到神庙区，观看太阳光照进较矮的姆那拉神庙，涌进内室，最后照亮祭坛。准备3~5小时参观两处神庙。穿上结实的步行鞋，因为需要走很长一段路，且路面凹凸不平。从克兰迪东南的维德伊苏里克（Wied iz-Zurrieq）坐船去蓝色岩洞（Blue Grotto）。

相关网址： www.visitmalta.com，　www.heritagemalta.org

哈扎伊姆神庙的曲线形外墙是用巨石建造的。

意大利

神庙谷

西西里（Sicily）南部阳光普照的海岸上高耸着圆柱和雕像遗址，站在那里你会感受到古希腊的伟大。

在罗马帝国兴起前的数百年里，从事航海业的希腊人强占了地中海东部的大片土地，在整个意大利南部和西西里岛建立了殖民地。在西西里岛西南海岸的阿格里真托（Agrigento）（当时称阿克拉加斯Akragas），还依稀可见山坡上雄伟的神庙遗址，远处是清澈蔚蓝的大海。这些神庙建在一个山脊顶上，一字排开，所有神庙都面向东方，其坐落的位置正好让升起的太阳照射到每个神庙里的神像。宙斯（Zeus）、赫拉克勒斯（Heracles）、德墨忒耳（Demeter）这些名字现在听来只是神话中的人物，但是走进以它们名字命名的静穆的神殿（春天周围山坡上开满了野花，神殿里飘满了令人陶醉的芳香），可以感到这些神灵对虔诚的信徒们的影响力。从中也可以明显看出希腊石匠的建筑技能和辛勤的奉献，他们在公元前5、6世纪就创造出了象征他们所有强大神灵的精美的陶立克（Doric）圆柱和巨大的雕像。一个结构复杂、迷宫一样的地下陵寝说明了神庙与早期基督教之间的联系。19世纪和20世纪初，考古学家对神庙的整修对这个默祷场所起到了保护作用，殿堂里仿佛还回荡着当年的祈祷声。

著名景点

■ 协和神庙（the Temple of Concorde）是地中海地区保存最完好的希腊神庙之一，部分原因是在公元597年它被改建成了基督教堂。附近有从山崖上凿出的基督徒墓穴。

■ 建于公元前5世纪的赫拉神庙（the Temple of Hera）大部分完好无损，从那里可以鸟瞰地中海。

■ 奥林匹亚宙斯神庙（the Temple of Olympian Zeus）是为纪念公元前480年的希梅拉战役（the Battle of Himera）的胜利而建造的，被认为是世界上最大的陶立克式神庙。

■ 神庙群北面的考古博物馆珍藏着许多神庙中的文物，包括公元2世纪左右的罗马时代文物。

■ 在一天的游览接近尾声时，暮色渐浓，回望泛光灯下的神庙，正被夜色慢慢包围。

最佳旅行时间： 春天和秋天为最佳，气候温暖，但又不是很热。

行前计划： 阿格里真托与西西里的其他主要城镇之间公路和铁路交通都很方便。你可以坐巴士或开车去那里。如果你是独自旅行，你可以在售票处加入一个旅游团。因为景区地处灌木林，所以需要穿舒服的鞋子，最好是那种能保护脚踝的鞋子。游览神庙群半天足够了，但如果你要好好参观博物馆，就得准备一整天时间。先参观博物馆（上午去），因为大多数下午博物馆是关闭的。

相关网址： www. valleyofthetemples.com， www.sicily-tour.com

对页：建于公元前5世纪的卡斯托和波卢斯神庙（the Temple of Castor and Pollux）遗址在夕阳下傲然耸立。上图：优美匀称的协和神庙（建于公元前约430年）是世界上保存最完好的陶立克神庙之一。

英国/苏格兰

卡拉内石阵

4000多年来一个奇特的巨石群一直雄踞在欧洲西北边缘的路易斯岛（Island of Lewis）上。

究竟是什么信仰激励了早已消逝的古人把这些巨石竖立在苏格兰西海岸边的路易斯岛，游客们只能自己猜测。尽管漫长的岁月和无情的大西洋海风已经消除了所有隐藏在这世界奇观背后的线索，卡拉内（或卡拉尼西Callanish）石阵仍然是一个保持着某种神圣感的地方。在石阵中心，有一个13块巨石组成的石圈，大约3.5米高，中间有一块高大的石板状巨石（4.75米）。一排排的巨石从这个石圈辐射出去，有人把这种排列比作凯尔特十字架（Celtic cross）。石圈的中心是一个由圆锥形石堆围起的小型墓室，里面有一些烧焦的骨灰，但据考证，这个石墓室的历史比石圈要稍晚一些。这里的巨石都是当地片岩，可能采自几公里外的一个山脊。据估计，每块巨石需要20人集体搬运。这些巨石不是竖立在荒地上，最近的考古挖掘已经发现这里曾经是开垦过的土地，开垦这片土地的群落所住的房子和农庄正在挖掘和研究之中。

著名景点

■附近较小的景点包括2号卡拉内石阵和3号卡拉内石阵。**3号卡拉内石**阵虽然不像主石阵那样游客频至，但它有一种独特的美感。

■从卡拉内石阵往北沿着A858号公路走上几公里，就是建在悬崖顶上的铁器时代堡垒——**卡洛韦圆形石塔（Carloway Broch）**。游客可以参观石塔，登上石塔鸟瞰壮丽的海景。游客中心有一个石塔内部复原模型。

最佳旅行时间： 路易斯岛的气候凉爽多变，5—9月日照时间长，通常天气干燥。

行前计划： 可从苏格兰的阿勒浦（Ullapool）坐渡船2.5小时到达路易斯岛，或乘飞机抵达。参观卡拉内石阵和其他古迹需要住上至少一个晚上（可能需要再次参观）。卡拉内的游客中心提供详尽的信息，但周日不开放。石阵什么时候去都可以。在外赫布里底群岛（Outer Hebrides Islands），现在地方名称都以盖尔语（Gaelic）出现，所以比起以前更常用的英语化的“卡拉尼西”，盖尔语版的“卡拉内”越来越受青睐。

相关网址： www.isle-of-lewis.com， www.scotland-invernness.co.uk

卡拉内的巨石排列有些呈天文对准线，可能曾用于观察太阳、月亮和与地球相关的行星的运行情况。

石圈内排列成马蹄形的巨石是观察太阳活动的天文台。

英国

史前巨石柱

欧洲最神圣的地方之一，至今仍是一个谜， 它的历史一直笼罩在迷雾之中。

史前巨石柱建于公元前3000—前1600年间，我们所能猜到的只是它是一个举行仪式的场所。它是一个太阳崇拜神庙，还是一个超大天文历的一部分？为什么它的建造者耗费了那么多心力、花了那么多时间来建造它？尽管疑问重重，但有一点是肯定的：石柱的排列正好与升起的太阳和四季的更迭相吻合，这说明它的建造者在算术和天文学两方面都有很深的造诣。这一点从各个阶段的建筑都可以得到验证：从外围的土沟、土冈（年代最久远的修筑）到作为横梁的沙岩巨石和青石，后者是最后建的，在石阵中心排列成马蹄形和圆形。巨石阵的建造目的和用途至今仍然困扰着我们，可能几千年来其作用在不断地变化，但它无疑是当时人们生活的中心。后世的德鲁伊特们（Druids）仍然聚集到这个圣所庆祝冬、夏至的到来，那时阳光会从砂岩巨石的间隙中照射进来。在东北段土沟外的脚跟石（Heel Stone）是夏至日太阳升起的地方，它向着石阵的中心方向投下长长的阴影。

著名景点

■ 在石圈中心是**马蹄形青石柱**，这是一个由较小的石头组成的U形圈，这些石头采自威尔士的普瑞斯利山（Preseli Mountain，Wales），在潮湿时会变成蓝色。

■ 考古挖掘在巨石阵外围的**奥布里洞**（Aubrey Holes）的白垩填充物中发现了人的骨灰。

■ 从艾姆斯伯里**往返步行**8.5英里（13.7公里），穿越田野和树林，观赏史前纪念碑、青铜器时代土坟、史前木栅和史前石柱。

最佳旅行时间： 史前巨石柱全年开放，但在夏至日太阳升起的时候尤为壮观，那时挤满了祭拜者和游客。

行前计划： 史前巨石柱位于南面的A303号公路和北面的A344号公路交叉点，开车或坐巴士都很方便。附近的索尔兹伯里（Salisbury）和艾姆斯伯里（Amesbury）镇是游览史前巨石柱和附近乡村的很好的落脚点。在正常开放时间，游客不能进入中心石圈，但你可以从英国遗产局搞一张开放时间外石圈通行证。

相关网址： www.stonehenge.co.uk， www.english-heritage.org.uk

十大巨型雕塑

自远古以来，巨大的雕塑一直发挥着激发想象力、唤醒灵魂的作用。

❶ 墨西哥拉温特公园奥尔麦克头像

沿着草木茂盛的古老小道穿越拉温特公园，你会看到一些墨西哥最古老的遗迹。这些巨大的头像是由奥尔麦克人（一个早于玛雅文明的远古文明）雕刻的，据说刻画的是他们的伟大统治者。头像现在的排列与129公里外它们在拉温特的原址排列一样。最大的头像高2.4米，重22吨。

行前计划：拉温特位于塔巴斯科州（the State of Tabasco）。在天黑后去公园可以欣赏到令人难忘的声光秀。www.tourbymexico.com

❷ 厄瓜多尔面包山圣母玛利亚雕像

高达45米的铝制带翼圣母玛利亚雕像位于面包山的山顶（山名是西班牙人取的，因为它像小面包），俯视着基多城（Quito）。面包山海拔3000米，自印加时代起就一直是一个圣地，登上山顶可以欣赏壮美的景色。庄严的圣母雕像坐落在一个球体上，脚下踩着一条蛇。勇敢者可以爬上雕像底座的阳台。

行前计划：要想看到最好的景色，早上早点动身，在云雾绕山前到达山顶。可坐出租车到达山顶，让司机等你到参观结束。参观只需半小时。www.in-quito.com

❸ 巴西耶稣基督像

耶稣基督像是里约热内卢的不朽标志，它张开双臂欢迎来自世界各地的游客。基督像坐落在海拔914米高的科尔科瓦杜（Corcovado）山顶，高38米，属于装饰艺术派风格，用钢筋混凝土建造，重635吨。塑像底座有一个小教堂，可容纳150人祈祷，现已被正式宣布为罗马天主教堂。

行前计划：要获得终极体验，乘坐20分钟的科尔科瓦杜齿轨铁路火车，穿越令人惊叹的提朱卡（Tijuca）国家森林公园。这列火车曾运送基督像组件到山顶。www.corcovado.com.br， www.rio.rj.gov.br/riotur/en

❹ 日本东大寺卢舍那大佛

这座巨大的镀金青铜佛像安放在世界上最大的木结构建筑——东大寺中。据说有将近260万人参与建造了这座大佛。大佛最终于公元752年完工。今天，东大寺和它宁静的周边地区已经成为佛教华严宗（Kegon）总部。

行前计划：奈良公园（Nara Park）位于奈良（Nara）市的东边。www.jnto.go.jp/eng

❺ 日本镰仓阿弥陀佛

镰仓大佛最初安放在一个木结构寺庙中，现在已经在露天700多年。大佛高13米多，背靠树木茂密、景色迷人的山坡，它是日本的标志之一。

行前计划：镰仓离东京（Tokyo）48公里，从火车站到大佛走一会儿就到。大佛是中空的，花一点钱就能进去参观。www.kamakuratoday.com/e

❻ 中国乐山大佛

乐山大佛高71米，是世界上最大的佛像。大佛雕凿在凌云山的崖壁上，面带微笑，朝向峨眉山（那是佛教最初进入中国的地方）。乐山大佛地处三江汇流处，当初是为了平息汹涌的江水而建的。游客可以站在大佛的脚背上，近距离观赏大佛。

行前计划：大佛在乐山市的东边。坐渡船到大佛可以对大佛的雄伟有一个最初的印象。www.travelchinaguide.com

❼ 印度斯拉瓦纳贝拉戈的筏驮摩那大雄石雕像

这座花岗岩雕像是为了纪念耆那教（Jain）圣人筏驮摩那大雄而建，据说筏驮摩那为了潜心修道而放弃了王位。每12年教士们会以一种特别的仪式，用牛奶、蜂蜜、凝乳、大米、糖、杏仁、藏红花、枣和香蕉为雕像洗浴。下一次洗浴仪式是在2018年。

行前计划：斯拉瓦纳贝拉戈离查纳拉瓦帕特纳（Channaravapatna）13公里，两地通公交车。www.hoysalatourism.com

❽ 斯里兰卡奥卡纳大佛

奥卡纳意为“吃太阳”，佛像高15米，建于公元5世纪，今天仍有许多僧侣在黎明第一缕阳光缓缓照射到大佛身上时，采集了鲜花供奉在佛像前。大多数日子这里游人稀少。

行前计划：佛像在阿努拉德普勒（Anuradhapura）东南50公里处。建议游客穿得体的服装。www.travelsrilanka.com

❾ 埃及狮身人面像

吉萨（Giza）金字塔旁的狮身人面石像有着人头狮身，长56.4米，高20米，是迄今为止最大的石像。

行前计划：吉萨在开罗（Cairo）城外几公里处，每天从上午7点至下午5：30向公众开放。www.touregypt.net

❿ 西班牙耶稣圣心教堂

这座雄伟的教堂坐落在海拔575米的提比达波（Tibidabo）山顶上，教堂顶上有一个巨大的青铜基督雕像。登上顶峰的教堂，整个巴塞罗那（Barcelona）城和附近的海岸线尽收眼底。

行前计划：蓝色电车运载游客到索道站。从那里乘坐提比达波缆车到达山顶的教堂。www.bcn.es

建于1252年的日本镰仓阿弥陀佛巨大铜像坐落在高德院（Kotokuin Temple），高大的佛像高耸于树冠之上。

法国

卡纳克石阵

在凯尔特·布列塔尼（Celtic Brittany）海岸上，有5000年历史的巨石阵就像排列整齐的士兵一样从薄雾中列队走出。

在欧洲所有的巨石阵中，卡纳克石阵是数量最多、排列最整齐的。在布列塔尼3公里的沼泽地上矗立着3000多根石柱，由于处在大西洋海岸线上，受到海水的冲刷，它们有着各自独特的生命，经过千年风雨的雕镌，形成了一系列奇异古怪的形状：戴冠的塑像、弓背的森林动物、刺向天空的石矛尖、行进中的士兵、棱柱体、脚凳。难怪古老的布列塔尼民间传说认为这些石柱是异教士兵变成的。传说在基督教时代刚开始时，当地有一个圣人在乡野被异教士兵追杀，这位圣人在走投无路的情况下，用魔法将追赶他的士兵变成了石阵。但是据19世纪的古文物研究者和20世纪的考古学家考证，这些巨石的年代要久远得多。巨石是从远处通过巨大的滚石拖运过来的，很可能是在公元前4000年分几个时期安置在这里的。石阵的用途至今不明，但可能是部落祭拜时的标记、给众神的祭品、死者的纪念碑，或是记录丰收、宗教节日和年月变化的历法工具。

著名景点

■景区散布着独立的**石头圈**和**墓石牌坊**，那是石室冢墓遗迹，有的形状像打开的可以进入来世的大门，也有的像巨大的乌龟或祭坛。

■沿着穿过**佩特·曼尼克（Petit Ménec）**森林的迷宫般的小路前行，这里有长满苔藓的小石阵，有的像是从森林地里长出来的石化生物。

最佳旅行时间：卡纳克地区因为有阳光海滩，所以是很受欢迎的旅游目的地。7—8月间，有些古迹出于对石柱的保护，可能会关闭。景区有用英语讲解的旅游团。10月—次年4月上旬风景最美。

行前计划：准备至少3天时间，但如果你热衷于史前考古，准备一周时间。一辆汽车和一张区域详图是必需的。最重要的古迹都有明确的标示，并且有停车场。带舒适的步行鞋或靴子，因为有些最吸引人、最安静的景点只能从森林或崎岖不平的路面步行过去。带一个手电筒，因为石墓里面光线很暗。你可以先从卡纳克的史前博物馆开始参观以获得大概的了解。

相关网址：www. ot-carnac.fr，www.stations-bretagne.com

卡纳克地区散布着通道墓穴。加里尼斯（Gavrinis）的这个墓穴布满了雕刻着华美图案的石头。

阿尔曼德斯环列巨石柱群的史前石柱已经在这里矗立了6000年。

葡萄牙

阿尔曼德斯环列巨石柱

虽然没有大张旗鼓的旅游宣传，这个令人敬畏的环列巨石柱群仍然保持着一种独特的强大精神。

坐落在葡萄牙中部的阿尔曼德斯环列巨石柱群共有大约95座巨石。这些排列紧密的圆形巨石组成了两个连锁环，在20世纪60年代中期英国的史前巨石柱的天文意义有了新的诠释后，这个环列巨石柱群才逐渐引起了公众的关注。在低地的较小的石环可能是最早安置的，其历史可追溯到公元前4000年，最初可能是马蹄形的（就像这一地区的其他环列石柱那样），开口的一边朝向东方地平线和升起的太阳。在高处的较大的石头构成了一个椭圆形环。石头的方位可能与天文观察有关，特别是椭圆两端的一对巨石构成了一条中心线，在春、秋分时指向日落和日出的方向。这里如此多的石头也可能表示了其他天文位置，这或许可以从一些石头的浅浮雕上雕刻的符号（如圆、线、权杖形状、套孔）找到一些线索。但是时至今日，环列巨石柱群的作用仍是一个不解之谜。

最佳旅行时间： 阿尔曼德斯环列巨石柱群全年开放。春天（4—5月初）格外美丽，气候温和，山坡上开满了野花。7月是最热的季节。

行前计划： 古迹位于瓜达卢佩（Guadalupe）村附近，离埃武拉（Evora）市5公里，里斯本（Lisbon）以东153公里。免费参观。石柱群在私人领地，但是沿着公路和满是尘土的小道都有路标指示古迹方向。有些大巴旅游团行程中包括阿尔曼德斯；游客也可以开车或骑自行车前往。

相关网址： www. crookscape.org/textjan2005/text_eng.html

著名景点

- 从主石柱群走过去1公里可达**阿尔曼德斯石柱**（Almendres menhir）——一座单独直立的石柱。沿路有乡村美景，夏天时，还能看到大量的野花。

- 阿尔曼德斯环列巨石柱群的**环境**很美：长满地衣的石柱矗立在一个向东的缓坡上的一块开阔地上，周围都是软木树林。

- 从**环列巨石柱群往四周看**，可以欣赏乡村景色，还可以看到历史古城埃武拉（Evora）。

- 在附近的埃武拉待上一段时间。罗马时期的**戴安娜庙遗址**历史可追溯到公元100—200年。16世纪的**人骨教堂**（Capela dos Ossos）墙壁和天花板上整齐地排列着约5000个头颅和人骨。

苏丹

麦罗埃古金字塔

黄沙小道在这个曾经繁荣的古城中迂回前行，周围矗立着截短的柱子和王室陵墓。

沙漠的暖风吹起一层细沙，拥抱着大地，几乎覆盖了通往苏丹北部库施（Kush）王国的古金字塔那条若隐若现的小道。这些陡峭的、风化的建筑（共有200多座，分为三组）建于公元前300—公元300年，全是历代国王和王后的陵墓遗址，这说明当时麦罗埃王城（这些金字塔在王城外围）是非常显赫的。在离富饶的尼罗河（Nile）岸5公里的地方，这个一度很辉煌的古城遗址和一溜排开的金字塔，现在已堆满了细沙。每座金字塔有一个雄伟的带柱廊的入口。刻在墓室巨石块上的湿壁画和象形字半掩半藏在一个金色的沙幔下，虽然不能完全明白湿壁画的含义，但它们描绘的是众神、其他长生不老的生命以及葬在每个墓里的君王的故事。在石墙围起的巨大古城中，有一个王宫、几座小神庙和一个休憩场所（罗马浴池）遗迹。

著名景点

- **骑骆驼**游览金字塔。
- 如果允许的话，用手摸一摸刻在石头上的**古象形文字**。
- 寻找**阿玛尼莎赫图（Amanishakheto）皇后墓**。1834年在她的金字塔顶的墓室发现了金首饰后，这个陵墓有的部分被毁。
- 在离金字塔3公里的麦罗埃帐篷营度过**“沙漠一夜”**。
- 游览位于铁路和尼罗河之间的**阿蒙（Amun）神庙遗址**。

最佳旅行时间： 11月—次年2月天气最凉快。避开5月和6月，那时平均气温达到49℃，还常有沙尘暴。

行前计划： 麦罗埃在喀土穆（Khartoum）往北3小时车程，在尚迪（Shendi）附近的喀布什亚（Kabushiya）火车站东北6.4公里处。在火车站可以乘坐出租车或巴士。准备至少1天时间游览金字塔和古城。遗址旁边的巴格拉维亚（Bagrawiyah）村有简陋的旅馆。自带食物和水，如果要过夜，带一个睡袋。预防脱水和强烈的沙漠阳光的措施是必需的。遗址看门人会收取费用，多少可以协商。如果想骑骆驼，需要讨价还价。可能需要照相许可证——在出发前向旅游公司或当地旅游顾问核实。

相关网址： www. numibia.net/nubia/meroe.htm， www.imagineafrica.co.uk

库施人（Kushite）最初来自埃及，他们保留了建金字塔埋葬死者的习俗。

瓦苏的石头与塞内加尔、冈比亚地区其他石圈群的石头一样，是用铁器精巧地削成的。

冈比亚/塞内加尔

石圈

冈比亚（Gambia）河谷上散布着世界上最集中的石圈群。

在塞内加尔萨卢姆河（Saloum River）和冈比亚河之间长100公里、宽350公里的河谷地带，矗立着表面坑坑洼洼的、已被风化的红土（沙岩的一种）石柱，它们是被一个遗忘的文明用手工雕凿的。石圈内是至少1200年前的不知姓名的国王和酋长的墓冢。1000多个石圈，加上古坟和墓冢，共分成四大区，分布在塞内加尔的辛恩叶尼（Sine Ngayene）、瓦纳尔（Wanar）和冈比亚的瓦苏（Wassu）、科巴奇（Ker Batch）。每个石圈由10~20个不同形状和大小的石头组成，这些石头有平顶的圆柱，也有方形或锥形的石头。对石头的排列有几种解释，其中一种说法是一块大石紧挨着一块小石代表父母和他们的孩子葬在一起，V形石头表示两个同时死亡的近亲合葬在一处。最近的考古挖掘发现尸骨在埋葬时不是完整的，不同的尸骨是经历不同时期的葬礼仪式后埋进去的。在墓冢发现了陶土罐和原始工具，这些东西和尸骨合葬原因可能是古人认为它们能帮助君王进入来世。

著名景点

■位于塞内加尔恩叶尼附近的**达罗姆贝雷（Djalloumbéré）**是52地区最大的石圈群，总共有1000块石头组成。

■**瓦苏博物馆（Wassu Museum）**展示了石圈建造年代的历史和文化。石圈群现已被列入《世界遗产名录》。

■**最大的石头**在科巴奇附近的纳昆达（N' jai Kunda）。这些石头是从一个陡坡运过来放置在这里的。

■位于冈比亚河詹江布尔（Janjanbureh）的鸟类保护区营地是**观赏鸟类的绝佳去处**。

最佳旅行时间： 干燥季节（10月中旬一次年4月）。

行前计划： 瓦苏在冈比亚河上的詹江布尔（Janjanbureh）（又名乔治敦，Georgetown）镇西北20公里处。你可以在河的北岸坐当地出租车（bush taxi）到达。科巴奇在河的北岸恩加班唐（Nyanga Bantang）附近。你需要租一辆吉普车到科巴奇和塞内加尔的石圈景点，塞内加尔石圈在恩叶尼（Ngayene）附近的考拉克（Kaolock）地区，在达喀尔（Dakar）东南177公里处。准备约7天时间游览所有景点，视道路情况而定。可能的话就坐船前往，因为道路在整修，路况很糟。冈比亚河流域有疟疾出现，所以要吃好预防药。

相关网址： www.ganbia.co.uk，www.adventurecenter.com，www.accessgambia.com/information/index.html

3 信仰的摇篮

每个地区都有它自己的圣地——伟大宗教创始人的诞生地或埋葬地，传说中获得神示的场所，个人或集体长途旅行中的重要里程碑，创造或保存神圣经文和塑像的神殿。这些地方不仅对其信徒来说是神圣的，许多这样的地方还给不同信仰或没有信仰的旅行者带来灵感和启发。例如，中国曲阜的寺庙群不仅是孔子阐述其影响中华文明两千年的哲学思想的地方，也是他现代子孙的家园。在伊斯坦布尔，圣索菲亚大教堂（Hagia Sophia）是一个具有1500年历史的宏伟庄严的建筑典范，也是拜占庭时期基督教及其艺术的伟大纪念碑。有些地方，如西奈山（Mount Sinai）， 对犹太教和基督教有着同样丰富的含义。另外一些地方有着独特的意义，如纽约州的克谟拉山冈（Hill Cumorah）是传说中摩门教创始人约瑟夫·史密斯（Joseph Smith）遇到天使的地方。

薄暮中的耶路撒冷老城，泛光灯照射在古老的西墙（Western Wall）（哭墙）和远处美丽的圣殿山圆顶清真寺上（Dome of the Rock）——这是犹太教、伊斯兰教和基督教信徒们的圣地。

巴尔米拉

沿着如梦如幻的传说中的神奇小道，追寻一个重要的新宗教的发源地。

克谟拉山是一个小山冈，位于纽约州西部巴尔米拉附近起伏的农田中，有着田园般的宁静。作为基督教的一个年轻分支的诞生地，它显得与自身的重要性不符。每年夏天，超过10万的游客来到这里亲眼目睹令人眩晕的克谟拉山冈盛会，这个盛会演绎的是耶稣基督后期圣徒教会（the Church of Jesus Christ of Latter Day Saints）（摩门教Mormonism是更常用的名称）创立前的那些令人称奇的事件。信徒们和好奇的人们聚集到一起，沿着一条小径来到克谟拉山顶，那里有天使莫罗尼（Moroni）（摩门教圣人，据说转世后变成了天使）的纪念碑。根据摩门教教义，年轻的约瑟夫·史密斯（Joseph Smith）就是在这里得到天使的指引和智慧，发掘出刻有真经的金叶片，并把这些经文翻译成《摩门经》（*The Book of Mormon*）。纪念碑旁边是林中空地（现在称圣林），据说1820年14岁的约瑟夫就是在这里第一次得到神示。无论信与不信，人们都不会感受不到弥漫在这个地方的深深的静穆。

著名景点

■尽情享受那一刻的激动和兴奋——一年一度的**克谟拉山岗盛会**盛大的开幕游行中，衣着华丽的表演者时而穿行在观众群中，时而走上舞台。

■游览**格兰丁印刷厂**（Grandin Print shop），参观1830年印刷第一批《摩门经》的房间。

■附近的瓦特卢（Waterloo）惠特默农场（Whitmer Farm）有约瑟夫·史密斯在翻译《摩门经》时曾经住过的简朴的**小木屋**（6×9米）的复原物。

最佳旅行时间： 任何时间游客都受到欢迎，但是最佳时间是7月中旬，因为那时有克谟拉山冈盛会。

行前计划： 克谟拉山冈盛会是免费的，但非常受欢迎。座位有限，只有先到者才能得到，所以在演出开始前早点到达。在盛会期间住宿必须事先预订，其他时间最好也要预订，因为当地乡村酒店和旅社很少。克谟拉山冈游客中心出售附近历史名胜的地图，并且通过电影和展览对该地区的历史进行了详述。准备至少一天时间游览巴尔米拉地区的景点。

相关网址： www. hillcumorah.org

每年，有600多名表演者参与讲述摩门经故事的克谟拉山岗盛会。

阿弥陀堂（the Amida-do hall）是散布在比睿山丛林中的延历寺的众多庙堂之一。

日本

延历寺

天台佛教之火1200年来一直在俯瞰着京都（Kyoto）的比睿山（Mount Hiei）上燃烧不息。

位于京都和琵琶湖（Lake Biwa）之间的比睿山海拔848米，是一个风景秀丽、静穆安宁的地方。公元804年，把佛教天台宗引进日本的传教大师最澄（Saicho）在这里修建了这个寺院。色彩鲜艳的亭阁、庙宇、庭院遍布在比睿山较高的山坡约2025公顷的山地上，石径、石阶和树木穿插其间。寺院每天都举行仪式，伴随着诵经、钟声、烛光和香火。建筑群分为三个区，东塔（Todo）（东区）总是挤满了朝圣者、僧侣和旅游者，这里建筑最多，包括最大、最神圣的建筑——建在最澄住处上的根本中堂（Kompon Chu-do）（中心主殿）。从东塔走过去20分钟就到西塔（Saito）（西区），西塔包括安放最澄遗体的纪念堂。较偏远的横川（Yokawa）有几座小殿和神龛。

最佳旅行时间： 延历寺全年开放，冬天山上会有白雪覆盖，一年中任何时候都有可能被雾笼罩。

行前计划： 参观延历寺、欣赏美丽的自然风光1天时间足够了。索道缆车可以把游客载到比睿山顶附近。索道有两条路线：从京都来的火车可达睿山（Eizan）索道站；乘坐坂本（Sakamoto）缆车可从比睿山靠琵琶湖的一边登上山顶。两条索道全天定时运营。也可以乘坐公共汽车抵达山顶，但要慢一些。

相关网址： www.hieizan.or.jp/enryakuji/econt/index.html， www.japan-guide.com

著名景点

■ **根本中堂**地基下陷，放眼望去，中间的祭坛好像漂浮在黑洞中。祭坛里有一盏灯，此灯已经亮了1200年。

■ 东塔的**国宝殿**（Kokuhoden）有许多雕像，包括建于9世纪的千手观音像。

■ **博物馆**有许多珍贵的佛教雕塑、书法、绘画作品和其他宗教文物。

■ 西塔的**转法轮殿**（Tenporin-do）（中心主殿）是延历寺最古老的庙堂。它最初建在山脚下，1596年迁移到目前的位置。

十大经文

插图精美、制作精致的经文是昔日的民族宗教力量和爱美之心的证明。

❶美国纽约《安娜·布列塔尼祈祷书》

这部祈祷书是法国“二度加冕的皇后”安娜委托别人制作的，用来教她唯一的儿子读书（在他3岁死之前）。1492—1495年由图尔的让·普瓦耶（Jean Poyet of Tours）装饰，书页边插入了字母ANE（安娜的名字拼写）和交织的绳索（暗指安娜的守护圣徒亚西西的法兰西斯Francis of Assisi）。

行前计划：纽约皮尔庞特·摩根图书馆（Pierpont Morgan Library）。www.morganlibrary.org

❷美国纽约《南尼古卷》

《亡灵书》（*The Book of the Dead*）是伴随古代埃及人葬入坟墓的有插图的古卷的通称。纽约的古卷大约制作于公元前1040—前945年，它是为一个叫南尼的圣歌演唱者而作，表现了在审判厅由地狱判官奥西里斯（Osiris）主持的审判场景，那是南尼的心脏在真理之神玛特女神（Maat）的天平上称重的地方。

行前计划：纽约大都会艺术博物馆（Metropolitan Museum of Art）。www.metmuseum.org

❸美国得克萨斯奥斯丁的《古登堡圣经》

《古登堡圣经》印于1454—1455年，是第一部用活字印刷的精装本。幸存至今的48本《古登堡圣经》每本都按买主的喜好进行了装饰和装订。得克萨斯的这本在许多页面里有14世纪的原文注释，还有40多个彩饰首字母、一串葡萄水印和一个公牛头。

行前计划：得克萨斯的《古登堡圣经》被位于奥斯丁的得克萨斯大学的哈利·兰塞姆中心（Harry ransom Center）收藏。www.hrc.utexas.edue

❹乌兹别克斯坦塔什干的《奥斯曼古兰经》

世界上最古老的《古兰经》于公元651年在麦地那（Medina）完成，它是由第三代伊斯兰哈里发奥斯曼·伊本·阿凡（Othman ibn Affan）编撰的。这部原稿是刻在鹿皮上的。哈里发奥斯曼在读他的《古兰经》时被谋杀，据说书页上的污点就是他的血迹。

行前计划：特里亚萨克清真寺（Telyashayakh Mosque）图书馆。www.news.bbc.co.uk/2/hi/asia-pacific/4581684.stm

❺俄罗斯圣彼得堡《奥斯特罗米尔福音书》

《奥斯特罗米尔福音书》的历史可追溯到1056—1057年，是东斯拉夫（East Slavic）现存最古老的圣书。里面有刻在仿羊皮纸上的宗教节日读物，并且装饰着金箔和华丽的圣徒像。这本福音书来自诺夫哥罗德（Novgorod）的修道院，曾失踪85年，后来于1805年在凯瑟琳二世私人财产中找到。

行前计划：保存于圣彼得堡俄罗斯国家图书馆。www.nlr.ru

❻波斯尼亚-黑塞哥维那《萨拉热窝哈伽达》

世界上最古老的西班牙和葡萄牙系犹太人的哈伽达［《塔木德》（*Talmud*）的一部分，是在逾越节家宴上吟诵的］是1350年在巴塞罗那（Barcelona）创作的，由于它在几个世纪中活跃在整个欧洲，虽历经数次战争仍得以幸存。书中的金叶片、铜叶片以及从半宝石矿物中提取的颜料赋予了这34页的袖珍本鲜艳的色彩，里面的酒渍证明了它在很久以前的逾越节家宴上出现过。

行前计划：萨拉热窝市中心波斯尼亚-黑塞哥维那国立博物馆。www.zemaljskimuzej.ba

❼以色列耶路撒冷《死海古卷》

1947年，一个贝都因（Bedouin）男孩发现了一个山洞，洞里有900多古卷残片。有的［如伟大的《以赛亚书》（*Isaiah Scroll*）］根据放射性碳素测定是公元前335-前122年间的。这些古卷是用希伯来（Hebrew）方言和阿拉姆语（Aramaic）写的，包括现存最早的《圣经》和其他经文版本。

行前计划：古卷可以在耶路撒冷以色列博物馆的《圣经》圣祠（Shrine of the Book）找到。www.imj.org.il

❽中国敦煌《金刚经》

佛教经文《金刚经》是1907年在中国丝绸之路上的敦煌的一个洞穴被发现的，上面印着的日期对应的是公元868年5月11日，这是世界上现存最早的、有明确日期的印刷书籍。《金刚经》是用木刻印版印刷的，名字来自于经文中的一段话，它将“像金刚一样破除”世间一切幻相。

行前计划：这部《金刚经》保存在伦敦的英国图书馆。www.bl.uk，www.silkroadfoundation.org/toc/index.html

❾英国伦敦《鲁特瑞尔诗篇》

这部写于14世纪的诗篇有200多页插图，用一种顽童式的幽默详细地描绘了中世纪的生活细节。耕田、收割、有修道士在场的桌边用餐、女人在梳头、厨子在砧板上剁肉——诗篇就是用这样的日常乐事来歌颂圣德。

行前计划：诗篇收藏在伦敦的英国图书馆。www.bl.uk

❿爱尔兰都柏林的《凯尔经》

8世纪末当爱尔兰教士绘制《凯尔经》时，书卷和基督教刚刚兴起。这部书卷包括福音、序言和摘要，从色彩的强度以及密集浓烈、交织在一起的各种文化的装饰图案，可以看出教士们对这种新兴宗教的兴奋之情以及他们对创作出像珠宝一般华丽书卷的渴望。

行前计划：《凯尔经》存放在都柏林（Dublin）的圣三一学院（Trinity College）图书馆。www.tcd.ie/library

使用艳丽的色彩、用插图营造细节，使得《凯尔经》成为一部有伟大个性和魅力的杰作。这个场景描绘的是魔鬼正在诱惑基督离开神庙。

中国

曲阜

中国的游人纷纷来到这个孔子居住过并葬于此的地方追思圣人的美德和学术成就。

中国现存的第二大古代建筑群在曲阜（最大的是北京的紫禁城）。从它的锯齿状主门——朝南的棂星门（过去只为皇帝开启）进去，沿着一条小路穿过扭曲的松树和柏树，穿过摆放着巨大石赑屃（背上立着石碑的龟状雕像）的庭院，就来到了雄伟的孔庙（Confucius Temple）。拱形大理石桥横跨于干涸的护城河上，在巨大的、深红色的大厅上方是连绵的黄色琉璃瓦屋顶。杏坛（Apricot Altar）是孔子讲学的地方，杏坛后面是大成殿（Hall of Great Achievements）。大成殿坐落在两层平台之上，构成了鲜明的核心。大成殿前面的石檐柱以整石刻成，上面有盘绕的龙、云和珍珠浮雕。虽然破损但依然雄伟的孔府（孔子家人居住的宅第）在孔庙的东边，其历史可追溯到公元1038年以前。游客可以透过窗子往里看，里面有深色的家具、华丽的屏风和落地大座钟——一切仍是孔子后世子孙1940年离开时的样子。向北走20分钟就是孔林。孔林是林荫遮蔽之地，既是一个家族墓地，也是一个雕塑公园。周围的各种祭祀大殿使孔子和他的儿孙们简朴的墓冢相形见绌。

著名景点

- 三层楼的奎文阁（Pavilion for Worshiping Literature）建于1018年，它的三层屋檐由纵横交错的装饰横梁和托架支撑。
- 大成殿的檐柱比任何皇帝宫殿的檐柱还要精细，所以在皇帝到访时它们都是用黄绸包裹的。
- 曲阜的餐馆根据孔子后人衍圣公的食谱推出了由几十道式样奇特的菜品组成的盛宴。

最佳旅行时间： 4—5月和9—10月天气干爽，温暖宜人，是最佳旅游季节。7—8月天气非常炎热潮湿，1月最冷。

行前计划： 曲阜离北京483公里，在京沪铁路线上设有一个车站。兖州离曲阜16公里，这里有更多的服务设施，可以从兖州坐公共汽车或出租车到曲阜。当地住宿最低价格不是事先预订获得，而是到达后才知道的。准备1天时间游览景区，避开5月的头几天和10月的第1周，那是全国性假日。

相关网址： www.sanyachinatravel.com， www.travelchinaguide.com

大成殿用于举行歌颂圣人的仪式，内有一尊孔子雕像。

在马图拉乘船徜徉在亚穆纳河上，可以一览河岸边鲜艳的神庙和圣殿风貌。

印度

克利须那詹马布米神庙

克利须那神是印度教最为传奇的神灵之一，古城马图拉（Mathura）市中心是克利须那神的诞生地。

5000多年前，克利须那神降生在印度北方亚穆纳河（Yamuna River）上的马图拉城。根据印度教传说，当时他的父母被他的叔叔、马图拉的统治者康萨（Kamsa）监禁，为了保护还在襁褓中的克利须那，他被偷偷带到附近的温达文（Vrindavan），在那里的一个牧羊女的田园长大。现在马图拉和温达文到处都是颂扬这段传奇的圣殿和神庙，这些寺庙是朝拜和祭祀克利须那神（被认为是毗湿奴神Vishnu的化身）的中心。最重要的一处是克利须那詹马布米神庙（克利须那诞生地），它是一个围绕所谓的囚室而修建的神庙、圣殿和花园的巨大的建筑群。17世纪60年代，伊斯兰莫卧儿王朝（Mogul）皇帝奥朗则布（Aurangzeb）摧毁了原来的印度教神庙，在原址建起了卡特拉清真寺（Katra Masjid）。新的克利须那詹马布米神庙就建在附近。现在的神庙是1984年向公众开放的。

最佳旅行时间： 10月一次年3月最佳，冬天寒冷且多雾，夏天炎热（可达45℃）。7月至9月间有季风雨。纪念克利须那神生日的建摩斯达密盛会（Janmashtami Festival）在8月或9月举行，胡里节（Holi Festival）在2月或3月。

行前计划： 马图拉在印度中北部的北方邦（Uttar Pradesh）。最近的机场在东南方向64公里的阿格拉（Agra）。德里（Delhi）在往北145公里处。到马图拉的道路路况很好。主要火车站——马图拉枢纽站位于市中心。温达文在马图拉以北16公里处。准备几个小时游览克利须那詹马布米神庙（每天上午5点至12点、下午4点至9点开放）。在克利须那詹马布米神庙门口有行李检查和其他安检，会耽搁较长时间，需耐心些。照相机和手机禁止带入寺内。

相关网址： www.india.journeymart.com/mathura

著名景点

■ **克萨瓦多神庙（Keshava Deo Temple）** 据说是克利须那降生的囚室所在地。这里的气氛肃穆，信徒们排队进去表达敬仰之情。

■ 神庙群的现代**大门**是一个拱门，上面是克利须那乘着马拉战车的彩色雕像。大门两侧有警卫站岗。

■ **歌伊塔·曼迪尔庙（GitaMandir）** 装饰着生动的壁画，描绘的是薄伽梵歌（Bhagavad-Gita）（天神之歌）里的场景。薄伽梵歌是《摩诃婆罗多》（*Mahabharata*）里的一章，讲述的是克利须那对阿诸那（Arjuna）的忠告。

大昭寺

藏传佛教最神圣的寺庙珍藏了一尊罕见的、珍贵的佛像。

大昭寺是藏传佛教的心脏和灵魂，每天吸引着几百个朝圣者。许多人艰苦跋涉好几百公里来到位于西藏首府拉萨老城区的大昭寺，有的甚至一步步匍匐前来。寺院最初部分是由西藏赞普松赞干布（Songtsen Gampo）在7世纪建造的，用来安放他妻子从唐朝带到西藏的嫁妆之一——释迦牟尼像。寺院后来扩建了几次，才变成现在这个四层楼高的雄伟建筑。在入口处，一群信徒正在三跪九叩。千百年来无数朝拜者行此大礼，以至于脚下的铺石都被磨平了。在信徒群中不时可以看到身穿红袍的西藏喇嘛。为了获得好的天命，信徒们按顺时针方向绕行圣庙，他们手上的小转经筒呼呼地转着。在大殿里，昏暗的酥油灯闪烁着，给绘有华丽画面的墙壁、雕刻精美的圆柱、深红色的帷幔、或慈眉善目或青面獠牙的神像罩上了一层柔和的黄色光晕。信徒们低吟着心中的祈祷，他们的祈祷声与喇嘛催眠般的诵经在铜钹的当当声和刺耳的圣鼓声中融为一体。

著名景点

■不要错过大昭寺底层的**觉沃佛像**（Jowo Buddha）。这座尊贵的镶有宝石的镀金佛像是文成公主带给松赞干布的释迦牟尼12岁等身像。

■到**寺顶**观赏法轮两侧的两只镀金鹿，欣赏布达拉宫独一无二的风光和远处西藏的山脉。

■游览大昭寺周围的**八廓街**（Barkhor）。这条**圣路**是朝圣者们环绕大昭寺的转经道，也是一条购物街，那里的小摊出售供品（如牦牛油）、龟和琥珀首饰等。

最佳旅行时间： 4—10月最佳。冬天（12月—次年2月）非常寒冷。

行前计划： 大昭寺早上8点对朝圣者开放；游客下午才能进入。你需要一张中国的签证和入藏的通行证。旅行社会帮助你安排这些。拉萨海拔3660米，为了避免高原反应，到达后先休息几天，喝足够的水。

相关网址： www. visittibet.com，www.cnto.org，www.travelchinaguide.com

对页：大昭寺的屋顶有4个装饰精美的钟楼。左上：觉沃佛像是藏传佛教最崇拜的佛像。右上：华丽的庙顶铺着镏金瓦，雕刻着佛像和龙头。

十大圣乐

从赞美诗到有节奏的击鼓声，无论是沉闷单调的诵经还是激越高昂的声乐，音乐都有着振奋精神、触动灵魂的力量。

❶ 纽约哈莱姆福音合唱团

每个星期日哈莱姆福音合唱团（美国最著名的福音合唱团）都会在时代广场（Times Square）高唱圣歌，听到他们的歌声，你会情不自禁地拍手顿脚。所以不要犹豫，去享受那里的音乐和免费自助餐。

行前计划：每周日在B. B. 金・布鲁斯俱乐部（BB King Blues Club）有福音早午餐。中午12:30开门。www.harlemgospelchoir.com，www.bbkingblues.com

❷ 日本太鼓

在过去的1000年中，日本太鼓雷鸣般的声音一直起着驱走恶魔、宣告战争的开始、庆祝节日的作用。据说神灵曾在太鼓居住，因此它很快成为重要的宗教圣物。太鼓声在神道圣殿和庙宇中都可以听到。

行前计划：在京都的八阪神社（Yasaka-jinja Shrine，Kyoto），太鼓表演是每年7月的祇园祭（Gion Matsuri）的组成部分。www.kyoto.travel，www.taiko.com

❸ 乌克兰基辅修道士合唱团

庄严而美妙的合唱飘荡在基辅-佩乔尔斯克-拉夫拉修道院（Kiev-Pechersk Lavra Monastery）金色圆顶的上空。这个集教堂、博物馆和洞窟于一身的建筑群其历史可以追溯近千年之久，它的著名的圣歌合唱一直以来吸引着朝圣者和游客。

行前计划：修道院向公众开放，从基辅市中心乘坐电车很快就到。www.miysvit.com，www.lavra.kiev.ua

❹ 德国哥萨克合唱团

哥萨克合唱团证明了美好的事物可以产生于战争的磨难。这个合唱团最初是在1921年由扣押在囚犯营中的一群俄罗斯难民成立的，他们无伴奏地合唱民歌、歌剧和圣歌。后来哥萨克合唱团继续演唱，直至今日。

行前计划：现在的德国万加希布卡哥萨克合唱团（German Don Cossak Choir Wanja Hlibka）是由最初的合唱团的一个成员组建的。www.don-kosaken-solisten.de

❺ 德国莱比锡巴赫音乐节

约翰・塞巴斯蒂安・巴赫（John Sebastian Bach）在莱比锡居住了27年，直到1750年去世。他曾担任圣托马斯教堂（St. Thomas Church）的乐长。每年6月，他寄居的城市会以音乐会和文化活动节颂扬他的音乐。

行前计划：在音乐节期间，来自全球的一流音乐家会在莱比锡市的各个音乐殿堂演奏。最好事先预订门票。www.bach-leipzig.de

❻ 奥地利维也纳男童合唱团

奥地利作曲家布鲁克纳（Bruckner）、海顿（Haydn）、莫扎特（Mozart）和舒伯特（Schubert）的名字今天分别成了4个维也纳男童合唱团的名字。男孩们身穿蓝色水手服，用天使般的声音在全世界进行巡回演出，每年演出达300场，观众人数达到50万。

行前计划：4个合唱团在欧洲、亚洲、澳大利亚和美洲作广泛地巡回演出，在维也纳举办定期音乐会。www.wsk.at

❼ 法国圣万德里耶修道士合唱团

圣万德里耶修道院的本笃会（Benedictine）修士的祭礼以他们的格里高利（Gregorian）圣咏著称。每天悦耳的钟声宣告早弥撒的开始，修士们都聚集到会堂吟唱圣歌，然后欢迎游客到教堂与他们一起做礼拜。

行前计划：修道院欢迎访客过夜，在一层备有客人住处。需要事先预订。www.st-wandrille.com

❽ 西班牙西洛斯圣多明哥修道士

西洛斯的圣多明哥修道院的本笃会修士在1994年发行了他们的格列高利圣咏唱片（取名圣咏），取得了意想不到的成功，周排行名列第一。这个朴素的唱片很快成为畅销唱片。修士们马上跟进，出了第二张唱片。现在他们仍在修道院（西班牙北部古罗马式建筑的杰作）举行格里高利弥撒。

行前计划：修士们每天做礼拜时吟唱格列高利圣歌6次，周日和假日吟唱7次。www.spaininfo，www.angelrecords.com

❾ 英国剑桥大学国王学院合唱团

国王学院合唱团在学期中每天都唱晚祷，一年的高潮是在《圣经》选读和圣诞颂歌节（Festival of Nine Lessons and Carols）上，那时他们的歌声将由英国广播公司BBC向全世界播放，标志着圣诞节的开始。合唱团称为家的小教堂像一颗华丽的宝石，它是花了一个多世纪建成的，于1547年完工。

行前计划：晚祷周一至周六下午5：30开始。圣诞夜的圣诞颂歌下午3点开始，但是要注意：你必须上午9点就开始排队。www.kings.cam.ac.uk

❿ 摩洛哥菲斯圣乐节

每年6月，被城墙围绕的菲斯古城都会举办为期一周的圣乐节庆祝他们的传统。来自世界各地的苏菲派（Sufi）音乐家、萨米（Sami）民歌手、凯尔特人（Celtic）、图阿雷格人（Tuareg）、柏柏尔人（Berber）聚集在摩洛哥的天空下——不管是在橡树底下还是在王宫的庭院里，拉近彼此的距离。

行前计划：菲斯新城区的许多酒店提供巴士服务，迎送客人往返圣乐节。www.spiritoffes.com

身穿传统服饰的鼓手在京都八阪神社的神道仪式上锤击太鼓。华丽的太鼓下面是雕琢精细的石台。

梯形平台花园环绕着金顶巴布灵殿。

以色列

巴布灵殿

坐落在卡梅尔山（Mount Carmel）山坡上的巴布灵殿像一颗闪闪发光的宝石，它是巴哈伊教（Bahai）最神圣的地方之一。

在本古里安大街（Ben Gurion Boulevard）边躲闪着来往的车辆，边观赏华丽的陵墓和金顶的巴布灵殿不是欣赏海法（Haifa）引以为傲的建筑物的最安全的办法，但是你却能看到最令人难忘的景色，特别是在晚上，当灵殿被灯火照耀得像一座灯塔时，尤其如此。巴布灵殿建于20世纪初，里面安放着巴布的遗体，巴哈伊教信徒认为巴布是上帝的使者，是巴哈伊教创始人巴哈阿拉（Bahaullah）的先驱。神庙用意大利琢石建造。纪念堂往上，层叠的柱廊支撑着用1.2万多片金色瓦片覆盖的圆顶。神庙高40米，坐落在梯形平台花园的中心（上面9个花园，下面9个花园），这些花园在卡梅尔山山坡向上绵延1公里一直到耶夫诺夫街（Yefe Nov Street）。从这里你可以一览梯形平台穿过海法的熙熙攘攘的街道一直到达地中海边。

著名景点

- 从卡梅尔山山顶上的观景路可以**鸟瞰**灵殿、梯形平台和远处的地中海。
- 在神庙墙上挂着**访问碑（Tablet of Visitation）**，这是巴哈伊教朝拜灵殿时祈祷用的。
- 巴布灵殿底座附近是**德国侨民区**，这是灵殿社（路德教的一个宗派）成员建在本古里安大街上的一群漂亮的房子，他们是在1868年为了创建农业公社开始移民到以色列的。

最佳旅行时间： 任何时间都可以。除了巴哈伊教节日，灵殿每天上午开放。梯形平台除了周三每天上下午都开放。

行前计划： 巴布灵殿入口在海法的锡奥纳街（Zionut Avenue），免费进入。梯形平台只能参加旅游团（不包括灵殿）才能参观，必须提前预订。着装要得体，不要穿短裤、短袖上衣或任何暴露的衣服。游览梯形平台需要爬1公里的山路，很辛苦。比较舒服的选择是从本古里安大街租一辆车或乘坐出租车去灵殿，然后开车上耶夫诺夫街（这条街在梯形平台上面穿过）或者卡梅尔山山顶的观景路，欣赏梯形平台风景。

相关网址： www. inisrael.com， www.terraces.bahai.org

约旦河西岸

圣诞洞

基督教最神圣的地方之一在伯利恒（Bethlehem）的圣诞教堂（the Church of the Nativity）下面。

圣母玛利亚、约瑟和三位智者可能会认不出这个山洞——据说它就是2000多年前耶稣降生的地方。这个洞窟当时是用作马厩的，位于马槽广场（Manger square）圣地最古老的教堂下面。经过一个低矮的叫谦恭门（Door of Humility）的石门，就来到了一个昏暗的山洞教堂。圣诞洞入口紧挨着主祭坛，从石阶下去到达一个窄窄的拱门，穿过这个门就是耶稣降生的地点。洞口右边是圣诞祭坛，用厚厚的布帘裹着，祭坛下面的地板上嵌着一颗银星，那就是耶稣的降生点。左边是另外一个祭坛，这是耶稣躺过的马槽的位置。千百年来忠实的信徒们彻底改变了这个原本很普通的山洞。原来堆满干草的泥地上现在铺上了大理石，油灯从天花板上悬垂下来，金圣像到处可见——这些装饰是许多世纪以来信徒们因为崇拜这个基督教最神圣的洞穴而敬献的。虽然山洞完全变了样，但信仰和情感未变。来到这里的人都安安静静、轻手轻脚，有的在祈祷，有的在亲吻玛利亚生耶稣的地方，还有的点燃蜡烛祭拜约瑟、玛利亚和耶稣。

著名景点

■教堂周边矗立着约50根圆柱，分成两排，在那里考古学家发现了建于公元4世纪的**最初的教堂**的砖瓦，那是第一位信奉基督教的东罗马皇帝君士坦丁（Constantine）的母亲圣海伦娜（St. Helena）建造的。

■在圣诞前夜大批人群聚集在马槽广场参加**蜡烛颂歌会**。

■教堂西侧的**露天市场**有不少商摊，出售宗教物品、当地手工艺品和纪念品。

最佳旅行时间： 圣诞洞全年开放。这里在圣诞节期间会很拥挤，圣诞节庆祝活动于12月24在圣诞教堂旁边的圣凯瑟琳教堂（Church of St. Catherine）举行，希腊和亚美尼亚东正教的信徒们在1月7日举行圣诞庆祝活动。查看以色列官方网站，看是否有安全警告。

行前计划： 伯利恒离耶路撒冷开车10分钟路程。准备一个下午参观圣诞洞和附近的其他教堂，免费进入。教堂每天有几次礼拜活动。进入以色列任何一个教堂或圣地着装要得体。马槽广场上有一个和平中心和游客信息中心，在那里可以获得广场和附近其他景点的信息。

相关网址： www. goisrael.com， www.mfa.gov.il

14角银星嵌在圣诞祭坛下的大理石板上，据说这是耶稣降生的地方。

圣殿山

这个古老的圣地是世界三大宗教的历史和信仰中心。

位于耶路撒冷老城中心的圣殿山俯视着这个古老的宗教和政治权力中心，它的安静和空旷与周围的拥挤喧嚣形成了鲜明的对比。圣殿山又称摩利亚山（Mount Moriah），穆斯林称为尊贵的圣殿（Noble Sanctuary），是犹太教、基督教和伊斯兰教三教的圣地。在圣殿山的中心有一块凹凸不平的突出的山岩，据说那是亚伯拉罕（Abraham）提出献祭儿子以撒（Isaac）的地方。圣殿山是所罗门（Soloman）建造的用来放置约柜的第一圣殿的所在地。第一圣殿在公元前600年前的某个时间被毁。第二圣殿于公元前515年建在原址，后被罗马皇帝提图斯（Titus）摧毁。尽管对第一圣殿和第二圣殿的确切位置有争议，但是有人认为圆顶清真寺旁的小圣殿——碑文殿（the Dome of the Tablets）是至圣所（Holy of Holies）的位置，至圣所是所罗门神庙的内殿，是放置顶上站着天使的金色约柜的地方。穆斯林认为圣殿山是穆罕默德升天的地方，公元638年穆斯林攻占耶路撒冷后，伊斯兰哈里发建造了圆顶清真寺，它的金光闪闪的圆顶构成了这个城市最迷人的路标。这个伊斯兰圣殿里面有一块岩石，据说那是亚伯拉罕献祭的地方。在圆顶寺南侧耸立着高高的尖塔，那是阿克萨清真寺（Al Aqsa Mosque）。现在的阿克萨清真寺是1035年建造的。

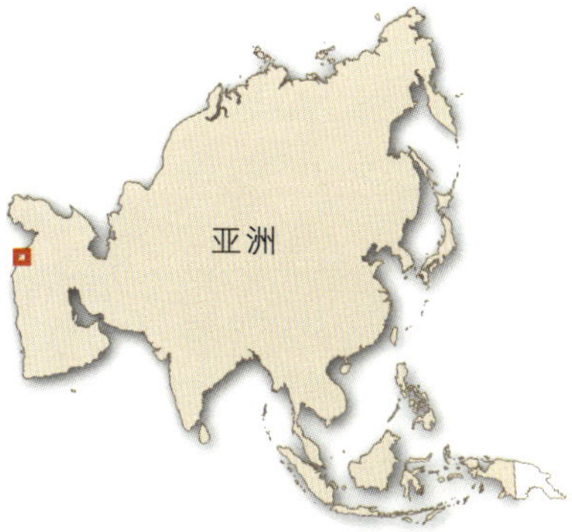

著名景点

■绕着圆顶寺中的圣石走一圈。鼓和圆顶内部装饰着漂亮的拜占庭马赛克拼图。

■据说在灵魂之井（Well of Souls）（圣石下的一个洞穴），死者在漂向来世时，他们的声音与天堂的河水声会混合在一起。

■伊斯兰博物馆位于售票处旁，这里收藏了一批珍贵的《古兰经》和伊斯兰教圣物。

■防御墙徒步之旅可以鸟瞰耶路撒冷老城和西墙（哭墙）（第二圣殿的遗迹）。

最佳旅行时间： 除了圣诞节、穆斯林和犹太人的节日，任何时间都可以。非穆斯林在中午的祈祷时间不能进入圆顶寺或阿克萨清真寺，但是景区仍然开放。

行前计划： 腾出几个小时游览圣殿山周围和山下地区。穿着要得体——短袖上衣、短裤和暴露的着装都是冒犯圣灵的。景区可以从10多个门进入。在旅行前查看www.mfa.gov.il网站，看看是否有官方的安全警告。

相关网址： www.goisrael.com

对页：世界上现存最古老的伊斯兰教纪念碑——金顶圆顶清真寺在阳光下熠熠发光。它的外部装饰着鲜艳、精致的马赛克瓷砖和阿拉伯铭文。上图：阿克萨清真寺内典雅、清凉，一排排精美的圆柱把它分隔成几个侧廊。

穆斯林朝圣者们簇拥在希拉山洞的入口。

沙特阿拉伯

希拉山洞

麦加（Mecca）附近的这个隐蔽的小山洞是传说中穆罕默德（Muhammad）第一次获得神示的地方。

希拉山洞不是朝圣者去麦加朝觐时必须去的地方，但是它对所有穆斯林的意义却非常重大。穆罕默德有几年斋月期间都隐居在这个偏僻的山顶洞穴。根据伊斯兰教教义，公元610年的一个晚上，正是在这里天使哲布勒伊来（Gabriel）来见穆罕默德，向他传达了真主安拉（Allah）赐给他的最初的5句话——这就是后来的《古兰经》。今天朝圣者们会沿着一条满是尘土的蜿蜒的小路爬上海拔610米的光明山（Jabalan-Nour）山顶。到达山顶后，你看不到山洞，因为它掩藏在山脊下面20米的地方，只能通过大圆石下的一个狭窄的通道进去。从这里，有一条陡峭的小路，向下一直通到一个天然的小露台。一抬头，在更多的圆石围裹中，装饰着彩色手绘铭文的就是希拉山洞。站在这个深3.7米、宽1.5米的山洞前，你会感觉到它的崇高和你的卑微。

最佳旅行时间： 穆斯林可以在朝觐时拜访希拉山洞，但那时很拥挤，或者作为其他时间朝圣时的一个点。

行前计划： 只有穆斯林才能登上麦加东北10公里的光明山。去通往山洞的小路起点最好坐出租车。山路又长又陡，你不能着急，准备几个小时时间，穿上舒适结实的鞋子。到了山顶，通往山洞的通道没有标示，所以必须跟着别人走或问路。麦加的夏天酷热难当，所以穿着要既舒适又得体，并且要包头。

相关网址： www. hajinformation.com

著名景点

■在光明山山顶停留片刻，俯瞰麦加圣城周围干透了的沙漠山，这样的景色在穆罕默德时代应该也一样。

■在山洞前的庭院中坐下来，感受这个只能看到清澈的天空的隐蔽处的私密感。

■等着其他参观者离开山洞，然后独自品味完全与世隔绝的感觉和超脱的精神境界。

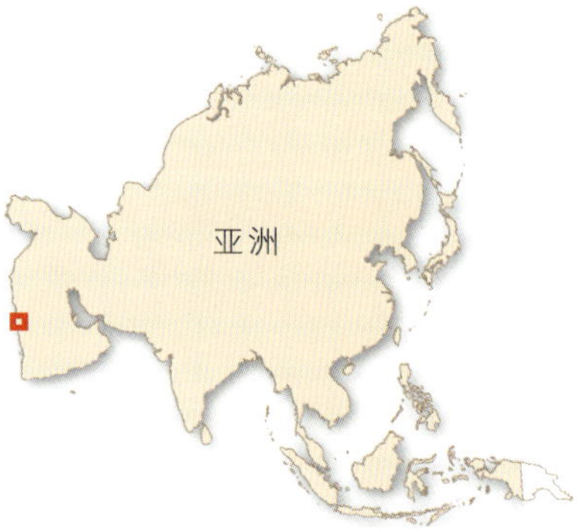

埃塞俄比亚

阿克苏姆

这个古城曾是一个强大帝国的首都，城内有埃塞俄比亚最神圣的基督教圣殿。

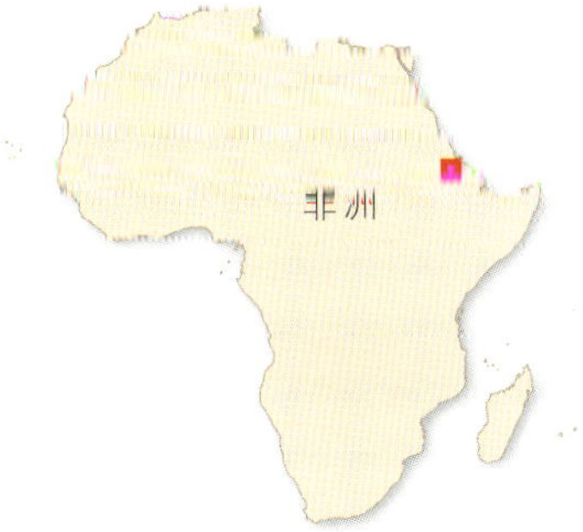

从公元前200年到公元700年，阿克苏姆一直是强大的阿克苏姆帝国的核心，这个帝国从整个红海地区一直延伸到阿拉伯的中心地带。这是一个酷热的下午，在古城满是尘土的狭窄街道上，一片寂静，能听到的只有一队衣着鲜艳的埃塞俄比亚科普特教会教士和穿着白袍的朝圣者的脚步声，他们举着红色、黄色的太阳伞，一路伴着有节奏的锣鼓声和钟声，循着缕缕焚香，走向16世纪的圣玛利亚教堂（St. Mariamtsion Church）。教堂旁边是原来的教堂地基，那是公元4世纪阿克苏姆王国改信基督教后建造的。埃塞俄比亚人声称与现在的教堂毗邻的碑文堂（Chapel of the Tablets）珍藏着原始约柜，但是他们从来没有让游客进去看过，这件神圣的珍宝由一个修道士站岗守卫着。16世纪的教堂旁边是新建的圣玛利亚教堂，这是海尔·塞拉西（Haile Selassie）皇帝建造的，于1964年完工。与老教堂不同的是，新教堂允许妇女入内。

最佳旅行时间： 参加1月19日（西方历）的主显节（Timket Festival），这是庆祝施洗者圣约翰（St. John the Baptist）为耶稣洗礼的节日，或参加11月底的圣玛利亚节。6—9月间往往有大雨，旅行很困难。

行前计划： 参观阿克苏姆古迹的门票可以从主邮局旁边的旅游中心买到。门票包括导游费，但是最好给小费，小费多少事先要协商好。准备2—4天时间参观所有景点。带一个手电筒，因为陵墓里没有照明。阿克苏姆是埃塞俄比亚基督教和伊斯兰教最神圣的圣地所在地，所以着装要得体。

相关网址： www.rainbowtours.co.uk， www.ethiopiatrave.com

著名景点

- 16世纪圣玛利亚教堂和新的圣玛利亚教堂都装饰着**鲜艳的壁画**。
- 教堂博物馆内有埃塞俄比亚皇帝们的**银王冠**收藏，令人眼花缭乱，显示了古代阿克苏姆工匠的高超技艺。
- 阿克苏姆中心广场北边的公园里有几座高耸的花岗岩**方尖塔**，守卫着古代阿克苏姆国王的陵墓。
- **阿巴庞塔莱昂**（AbaPantaleon）教堂坐落在阿克苏姆城外的德波莱卡丁山（Debre Katin Mountain），建于6世纪初，是埃塞俄比亚现存最古老的教堂之一。

建于16世纪的城堡般的圣玛利亚教堂是为了取代一个更古老的教堂而建。

埃及

西奈山

沿着《旧约全书》（*Old Testament*）中最具传奇色彩的先知摩西（Moses）的足迹前行。

今天埃及的西奈半岛据说在摩西和以色列人辗转40多年寻找乐土的时候是一片荒地。据《出埃及记》（*Book of Exodus*）载，当找不到乐土的以色列人陷入混乱时，摩西登上海拔2285米的西奈山寻求上帝的指示，然后带回了《十诫》（*Ten Commandments*）——这就是构成西方社会基础的系列法规。穆斯林认为先知穆罕默德的马就是从西奈山升天的。今天爬上山顶到达小教堂（不对公众开放）或清真寺是许多游客的目标，也有些人到这里是为了享受这里的静谧和安宁。有人趁着夜晚凉爽爬山，正好能赶上太阳从晒干了的地平线上升起。骑骆驼的游客和身体较弱的游客在巴沙特路（Siket El Bashait）上推推挤挤，绕着畜粪前行。强壮的游客可以走较陡的忏悔路（Siket Sayidna Musa）——这里的3750级台阶是直接从岩石上凿出来的。走这条线路耗时少，而且能欣赏最佳风景，游客下山时都喜欢走这条线路。

著名景点

- 山脚下的圣凯瑟琳修道院（St. Catherine's Monastery）有一个世界上最古老的教堂（建于公元551年）。
- 在以利亚山坳（Elijah's Hollow）（山顶靠下一点的一块阴凉地）的茶室放松休息一下，缓解疲劳。
- 山上建有带围墙的避难所，带一个睡袋，在那里睡一晚，以便早上看日出。

最佳旅行时间： 任何时间均可。冬季较凉爽，通常最拥挤。

行前计划： 西奈山离西奈海滨度假地约2小时车程。到达那里以后，用2~3小时从较长、不太陡的骆驼道上山顶，或用不到1小时从忏悔路上山。登山时带上水，因为山路上出售的饮料一般较贵。晚上山顶的气温会下降到零摄氏度以下，所以要带好足够合适的衣服以应对可能碰到的气温变化。

相关网址： www. egypt.travel. www.geographia.com/egypt/sinai/mtsinai.htm

西奈山顶上的20世纪圣三一教堂内有摩西等待接受十诫的山洞。

刻有阿拉伯铭文的圆盘是19世纪添加的。

土耳其

圣索菲亚大教堂

这个令人敬畏的宗教宣言是它的创造者天赋与勇敢的证明。

拜占庭帝国所有的财富、伟大和技术光辉都在伊斯坦布尔（Istanbul）的圣索菲亚大教堂中得以体现。这座教堂由查士丁尼一世（Justinian I）委托人建造，于公元538年建成。许多世纪以来，它一直是东正教的中心，如今是现存最伟大的拜占庭建筑典范。墙面和圆柱采用青紫罗兰大理石装饰，富丽堂皇，精致的马赛克饰以金箔，在半明半暗中发出柔和的光。复杂的拱顶和半圆顶结构上面是巨大的金色中央圆顶。中央圆顶基部环以40扇窗户，每当阳光透窗射入时，给人的感觉好像圆形穹顶在空中漂浮，或者就像拜占庭人认为的那样好像是从天上的金链上悬垂下来的。1453年奥斯曼土耳其人占领了君士坦丁堡（Constantinople）后，圣索菲亚大教堂变成了一个清真寺，许多马赛克拼图被抹上了灰泥。1934年大教堂变成了博物馆，揭下灰泥层的马赛克仍然以其精湛的工艺吸引着游客的注意。在半圆形拱顶上有马赛克拼出的圣母圣子图，玛利亚的脸部绘制精细，在白皙的肤色映衬下五官特征很明显，她俯视着在地面上转悠的大批游客，表情显露无遗。

最佳旅行时间： 任何时间均可。夏天最好早点去，避开拥挤的人群。

行前计划： 圣索菲亚大教堂位于伊斯坦布尔老城区的苏丹阿赫迈特广场（Sultanahmet Square）。周二至周日上午9点至下午5点开放（夏季会延长）。南画廊（South Gallery）关门比教堂的其他地方早。

相关网址： www.istanbultravelguide.net

著名景点

■南画廊14世纪的**《最后的审判》**的马赛克拼图以处决场面的微妙以及耶稣、施洗者约翰和圣母玛利亚脸上的仁慈表情著称。

■正殿西侧的中央门被称作**皇帝门**，只有皇帝和他的随从队伍才能使用。门上方是宇宙统治者的马赛克拼图。

■在教堂外东南侧有3座**苏丹的陵墓**，右边的是穆拉德三世（Murat III）的陵墓，穆拉德三世在生了103个孩子后于1599年被安葬。

十大室内马赛克装饰

不管材料是彩石、卵石，还是玻璃、金箔，室内马赛克镶嵌工艺总是给人留下深刻的印象。

❶ 密苏里州圣路易斯大教堂

这个罗马天主教堂内部非常宏大，从地面到天花板都装饰着马赛克镶嵌画。最后一部分是1988年安装的。《圣经》故事和几何图案争相吸引着游人的注目。这里是世界上最大的马赛克镶嵌画集中地。

行前计划：大教堂位于圣路易斯中心的林德大道（Lindell Boulevard）。www.cathedralstl.org

❷ 土耳其伊斯坦布尔卡里耶博物馆

这个柯拉（Chora）的前救世主教堂（Church of the Holy Savior）里的马赛克镶嵌画历史可追溯到1320年左右，加上旁边小教堂的湿壁画，可称得上是伊斯坦布尔最大的拜占庭艺术收藏。表情丰富的肖像是用成千上万的小玻璃片拼成的。

行前计划：博物馆位于伊斯坦布尔西区的埃迪尔内卡普（Edirnekapi）。www.turkeytravelplanner.com

❸ 约旦马达巴地图教堂

6世纪耶路撒冷和圣地马赛克地图（据说是世界上现存最古老的耶路撒冷地图）曾经是早已消失的拜占庭式教堂的地面，现在圣乔治教堂（Church of St. George）矗立在那里。200多万小石片拼成了详细的城镇和地形特征图。

行前计划：从安曼（Amman）开车沿着国王公路（King' s Highway）向南行驶20分钟即可达马达巴。www.atlastours.net/jordan/madaba.html

❹ 以色列赫夫齐巴的贝特阿勒法古犹太会堂

色彩鲜明的黄道十二宫图和亚伯拉罕准备献祭以撒的马赛克拼图是用22种不同的石头镶嵌而成的，保存完整，是以色列迄今为止所发现的最精美的马赛克拼图之一，也是仅存的5世纪犹太教堂的遗迹。

行前计划：赫夫齐巴集体农场位于以色列东北的669号公路上。www.goisrael.com

❺ 克罗地亚波雷奇的尤弗拉西苏斯大教堂

这个古教堂的半圆形拱顶建筑上有闪闪发光的6世纪马赛克镶嵌图，包括环绕以光轮的基督圣像，两侧站着天使的圣母和圣婴，以及天使传报的画面。这里的马赛克是用50多种颜色的玻璃片，加上金箔和大理石拼成的，所有材料表面粗糙，以使色彩更加多样化。

行前计划：最近的机场在普拉（Pula）。也可以从萨格勒布（Zagreb）乘坐巴士或从威尼斯（Venice）乘坐渡轮到达波雷奇。www.croatiatraveller.com/Istria/porec.htm

❻ 希腊斯坦利圣卢卡斯修道院

这个僻静的希腊东正教修道院坐落在赫利孔山（Mount Helicon）的山坡上，它的主教堂里有关耶稣生活场景的壮观的马赛克镶嵌画是11世纪的作品。作品最精彩的部分是中央圆顶的全能的主基督圣像，圣像的背景是用金箔拼成的，看上去耶稣基督仿佛"正从天际俯瞰人间"。

行前计划：斯坦利是最近的小镇。游览修道院可以参加从雅典出发的一日游，也可以参加到德尔菲（Delphi）的巴士游（修道院包括在内）。www.users.teledomenet.gr/pavloubetty/fullday_uk.htm

❼ 意大利罗马马杰奥尔圣母大教堂

在这个罗马最大的圣母教堂中，中殿的两侧上墙全是5世纪的马赛克镶嵌画，展现了《旧约全书》（*Old Testament*）里的场景，风格是古罗马镶嵌工艺，这是罗马已知最早的环形大型《圣经》场景。在拱顶上还能看到5世纪的耶稣生活场景画，后殿是13世纪末的圣母玛利亚加冕典礼。

行前计划：位于马杰奥尔圣母大教堂广场。教堂从上午7点至下午7点开放。www.tours-italy.com/rome/mosaics.htm

❽ 意大利拉文纳加拉·普拉奇迪亚之墓

加拉·普拉奇迪亚陵墓建于约公元430年，葬的是罗马最后一个皇帝的妹妹，里面装饰着拉文纳历史最悠久的马赛克镶嵌画。墙上青、绿、红、金黄色彩的马赛克画面描绘了《圣经》中的场景，天花板是以深蓝色天空为背景的金光闪闪的繁星。

行前计划：拉文纳可以由公路或铁路到达。www.tours-italy.com/ravenna-tourist-information.htm

❾ 西西里巴勒莫帕拉蒂纳小教堂

巴勒莫的12世纪阿拉伯-诺曼王宫融合了阿拉伯、诺曼、拜占庭和西西里的艺术风格，它的小教堂到处都是闪闪发光的马赛克镶嵌画，描绘了圣经故事和阿拉伯人、诺曼人的生活场景。小教堂里色彩鲜艳，风格写实，金黄色的背景、银色的马赛克拼片、大理石镶嵌在教堂柔和的灯光下熠熠发光。

行前计划：小教堂位于帕拉梅诺特广场（Piazza del Parlamento）的诺曼王宫（Palazzo dei Normanni）。www.travelplan.it/palermo_guide.htm

❿ 法国旺斯大教堂

在洗礼池墙上有20世纪画家马克·夏加尔（Marc Chagall）的精致彩色马赛克作品，取名为"纸莎草中的摩西"（又称"从尼罗河上救起的摩西"），刻画的是法老的女儿弯下身去打捞摩西时的情景，周围的树林、鲜花和阳光倒映在水中。这幅画是赞美洗礼后的欢欣的。

行前计划：大教堂每天上午10点至下午6点开放。www.beyond.fr/villages/vence.html

巴勒莫帕拉蒂纳小教堂的每一寸表面都装饰着金箔背景下的闪光的马赛克镶嵌画。全能的主基督（或宇宙的统治者）从穹顶俯瞰着人间。

希腊

阿陀斯山

在爱琴海（Aegean）的粼粼波光边，不管是信徒还是好奇者都可以领略修道院的隐居静修生活。

渡轮航行在爱琴海上向着希腊北部偏远的半岛前进，咸咸的海风扑面而来，远处的阿陀斯山隐约可见。积雪覆盖的山顶笼罩在一层薄雾中，陡峭的深谷劈开了青松覆盖的高低不平的山丘。半岛上矗立着20个古城堡般的东正教修道院，点缀着这片自治的修道院领土。自公元963年建立第一个修道院以来，这里的修道士一直过着劳作和祈祷兼顾的生活。修道院有非常好客的传统，他们用泉水、希腊咖啡、咀嚼糖果和白兰地招待男性朝圣者（女性不允许进入）。每天清晨3点，无情的木槌敲击声标志着新的一天的开始。只见一个个身影沿着光线昏暗的走廊来到公用洗澡间洗冷水澡，然后穿好衣服冲向教堂。那里烛光闪烁，焚香弥漫在空气中，唱诗班在圣像的注视下吟唱着圣歌。当太阳升起的时候，一缕阳光从彩绘玻璃窗射进来，使教堂沐浴在炫目的光彩之中。

著名景点

■这里的修道院，尤其是较大的修道院如大劳拉（Great Lavra）修道院、瓦妥佩迪（Vatopedi）修道院、艾弗伦（Lveron）修道院，收藏了大量的珍宝，包括圣像、壁画、珍贵的文献和彩色手稿本。

■在瓦妥佩迪修道院，欣赏精致的马赛克拼图，如11世纪的“天使报喜”和“基督升座”。

■仔细端详圣像，据说圣像能创造奇迹，如卡雷亚（Karyes）普罗塔顿（Protaton）修道院的圣母像、艾弗伦修道院的圣母像和大劳拉的圣母像。

■步行穿越原始森林、开满色彩斑斓的野花的山丘，漫步山间小径俯瞰爱琴海。

最佳旅行时间： 任何时候访客都会受到欢迎，但是春天气候适宜，鲜花遍野，是最理想的旅游季节。

行前计划： 每天上午9：45有渡船从欧拉诺波里斯（Ouranopolis）开往阿陀斯山的达夫尼（Dafni）码头。夏季还有一班渡船从莱里索斯（Lerissos）开出。只有男性才可以探访阿陀斯山。东正教徒应该与位于塞萨洛尼基（Thessaloniki）的朝圣局（Pilgrim Bureau）取得联系；非东正教访客需联系位于雅典的外交部或位于塞萨洛尼基的马其顿-色雷斯部（the Ministry of Macedonia and Thrace）。事先安排好你的旅行，因为游客数量是严格控制的。通行证允许你住三晚。行前打电话告知修道院。多数修道院提供一晚的免费住宿和两顿饭。欢迎捐款。

相关网址： www.macedonian-heritage.gr， www.athosfriends.org

埃斯菲梅诺斯修道院（Esphigmenous）是阿陀斯山上悬耸在海边的几个修道院中的一个。

威登堡教堂阴暗的塔楼高高耸立在同时建造的城堡之上。

德国

威登堡教堂

几百年来人们络绎不绝地涌向德国的一个小镇向发起新教改革的圣人表示敬意。

没有一个到众圣堂（All Saints' Church）（又称城堡教堂，中世纪威登堡的心脏）的人会怀疑这个教堂的重要性。高耸的、深暗色的青铜大门从上到下刻着马丁·路德（Martin Luther）的拉丁文“九十五条论纲”（95 Theses）。路德在“九十五条论纲”里抨击罗马天主教会卖赎罪券的做法，并于1517年10月把他的论述钉在教堂原来的木门上，由此改变了历史进程。原来的木门和教堂在18世纪中叶法国轰炸该城时被完全摧毁，今天游客看到的更宏伟壮观的大门是19世纪重建的。大门上方是手持《圣经》的路德雕像和他志趣相投的战友菲利普·梅兰希顿（Philip Melanchthon）的雕像，分列在十字架上的耶稣两边，俯视着过往的每一个人。简朴的路德石墓就在祭坛旁边。在这个哥特式的建筑（19世纪末重修过）里可以看到彩绘玻璃、飞拱、尖拱、精致的木雕、新教改革领袖彩色画像，还有萨克森选帝侯智者弗里德里希（Friedrich the Wise，Elector of Saxony）（教堂的建造者、路德的保护人和朋友）的稀奇古怪的文物收藏。

著名景点

- 教堂有许多优秀的画作，包括德国文艺复兴时期的画家小卢卡斯·柯纳奇（Lucas Cranach the Younger）创作的路德和其他新教改革者的画像。
- 登上教堂塔楼，远眺周围的乡村风景。
- 在路德之家（开始时是一个圣奥古斯丁Augustinian修道院，后来成为路德家人居住的地方），你可以看到路德工作过的书桌、布道坛和他的初版书籍。
- 从5月到10月，隔周的周六晚上，游客可以参加英语礼拜活动，吟唱路德翻译的圣歌。

最佳旅行时间： 全年均可，4—10月气候最佳。

行前计划： 威登堡位于柏林（Berlin）西南100公里处，公路和铁路畅通。准备至少半天时间游览教堂和与路德有关的其他景点；或者在老城区住一晚，感受中世纪的氛围。旅游信息中心提供导游服务。

相关网址： http://wbinfo.de

4 壮观的废墟

由于年深日久、地处偏远，或饱受战争和风雨的摧残，下面介绍的景点严格说来都是废墟。有许多只留下了残片，或是已消失的圣殿让人琢磨不透的最后的痕迹，或是被遗忘的宗教信仰，但是它们的魅力或影响并没有因此减弱。例如，柬埔寨吴哥寺（Angkor Wat，Cambodia）的精巧建筑工艺使这个12世纪的神庙成为世界上（不管是东方还是西方）最伟大的奇观之一。在印度中部的克久拉霍（Khajuraho），10世纪的印度雕塑家运用他们的技巧把神话题材和世俗题材融为一体，雕刻出《爱情圣经》（*Kama Sutra*）（古代梵语性爱宝典）里多情男女的各种姿势。在欧洲，从英国的里沃勒修道院（Rievaulx Abbey）和法国克吕尼（Cluny）修道院高耸的拱顶和没有屋顶的圣殿，可以看出中世纪教堂修建者想把基督教思想和希望浓缩在教堂建筑中所付出的心血。

高棉文明的寺庙遗址半掩在柬埔寨雨林的灌木丛中。吴哥寺附近塔普伦寺（Ta Prohm Temple）的这个石雕佛头，就掩藏在木棉树根里。

吴哥寺

这个安葬着一位古代高棉国王的寺庙是一个建筑奇迹，也是佛教徒和印度教徒的朝圣地。

当你走在通往吴哥寺的护城河的石堤上，首先映入眼帘的是3座雕刻精细的石塔。吴哥寺建于公元12世纪，是由苏耶跋摩二世（Suryavarman Ⅱ）建造、敬献给印度神毗湿奴（Vishnu）的神殿，后来被佛教僧侣接管，改建成寺院，香火旺盛。三层长方形回廊的中心是高台上的神殿，象征印度圣山须弥山（Mount Meru）。每一层回廊都有华丽的塔门，几组狭窄的台阶通到神殿入口。源源不断的游客爬上台阶或坐在那里欣赏建筑物精致的雕琢细节。内层回廊的画廊上有精美的浅浮雕，描绘了印度史诗和苏耶跋摩（葬在中心宝塔下）的生活场景。吴哥寺是占地近390平方公里的高棉首都的一个重要组成部分，埋没在雨林中几百年，直到1860年才被重新发现。20世纪很长一段时间，由于中南半岛地区的战争和政局动荡导致吴哥寺旅游的中断。

最佳旅行时间： 1—4月是一年中最热的季节，6—9月最潮湿，所以10—12月是最宜人的季节，白天气温总是保持在26℃~32℃之间。

行前计划： 游览吴哥寺半天就够了，但是你需要2~3个整天深入探访吴哥的其他主要景点。吴哥寺和附近其他景点有三种通行证：1天、3天和7天的通行证。20世纪90年代以来，暹粒市（Siem Reap）已经发展成为繁荣的旅游中心，各种价位的酒店都有很多。曼谷（Bangkok）、清迈（Chiang Mai）、新加坡（Singapore）、吉隆坡（Kuala Lumpur）和这一地区其他大城市都有航班直达暹粒.

相关网址： www.siemreap-town.gov.kh，www.autoriteapsara.org，www.angkornationalmuseum.com

著名景点

- 塔门装饰着300个**飞天女神浮雕**，每一个都与众不同。
- 第二层回廊的内壁有一系列**浅浮雕**，包括印度史诗《摩诃婆罗多》（*the Mahabharata*）中描述的库鲁歇特之战（Battle of Kurukshetra）的场景；印度传说中的37层天堂和32层地狱场景；取自毗湿奴传说的天神和魔鬼乳海翻腾故事（Churning of the Sea of Milk by Gods and Demons）。
- 附近的**塔普伦寺（Ta Prohm Temple）**大多掩藏在巨大的木棉树根里。它没有被修复，目的就是为了向世人展示雨林是怎样隐藏寺庙的。
- 位于暹粒的**吴哥国家博物馆**展示了灿烂的高棉文明成就。

巨大的长方形寺庙建在三层台基上。中心主殿由巨大的中央宝塔和周围的四个小宝塔组成。

一个和尚在西昌寺内的素可泰最大佛像前祈祷。

泰国

素可泰旧城

在这个曾经的王国首都，聚集了一大批古寺、石刻纪念碑和仪态优雅的佛像。

位于泰国中北部的素可泰旧城的魅力不仅在于它的环境——一望无际的绿野、茂盛的阔叶树、荷花掩映下的湖泊，还在于其典雅的王室遗址群。素可泰（意为幸福的黎明）是1238年建立的第一个真正统一的泰国王朝，素可泰旧城在200年中一直是这个王国最重要的宗教和文化中心。在鼎盛时期，这个古老的王城有层层围墙、护城河和堡垒护卫，周围有40个庙宇，现在这里已被命名为历史公园，公园以王宫遗址为核心，21个庙散布在这个草地、植物、沟渠交织的避风港。最大、最引人注目的是玛哈泰寺（Wat Mahathat），它由200多个塔、10处僧院、4个水池组成，外围是护城河。公园里的尖塔和圆顶纪念碑都雕刻着素可泰独特的装饰物。有些庙宇（特别是建在岛上的庙宇）明显带有高棉和斯里兰卡的建筑特征。公园外还散布着约70处小古迹和遗址。

著名景点

■站在位于银湖中央一个小岛上的银池寺（Wat Traphang Ngoen），可以远眺周围纪念碑的风光。

■公园北边的西昌寺（Wat Si Chum）里有一尊素可泰现存最高的坐佛（高15米）。

■公园西边山丘上的沙潘欣寺（Wat Saphan Hin）遗址上有一座帕拉阿塔罗站佛（Phra Attaros Buddha）。上山的路较陡峭，需要爬5分钟，但是看一看寺庙遗址上的12米高的站佛很值得。

■用1天时间游览西萨查那莱（Si Satchanalai）。行程穿过甘蔗和烟草田，还能一览坍塌的宏伟建筑物遗址，虽然要绕道，也值得一游。

最佳旅行时间： 清晨和晚上巴士和旅游团较少，景区比较凉爽安静。准备2天时间游览整个景区。

行前计划： 历史公园从早上6点至晚上6点开放。公园大门外有几个旅馆，素可泰新城或彭世洛（Phitsanulok）（这里有最近的火车站）有更好的住宿和服务，两地离景区距离很近。去公园有几种方法，包括乘坐当地公交车、三轮摩托出租车（可以带你到公园或周边景点）或私家车。公园大门外有许多自行车租赁点，他们也出售质量很好的地图。在入口处买好足够的水。

相关网址： www.tourismthailand.org

崖差蒙空寺（Wat Yai Chai Mongkhon）的甬道边整齐地排列着坐佛塑像。

泰国

大城府

这个泰国古都处处可见庙宇、神殿和佛像。

在15世纪全盛时期，大城府是一个恢弘的城市，有3座王宫、400个庙宇，四周有湄南河（Chao Phraya）、华富里河（Lop Buri）和巴塞河（Pa Sak）环绕。古都的核心是一个4公里宽的岛屿。今天这里的现代建筑、运河边的繁忙街道与优雅的遗址融为一体。游客们络绎不绝地涌向古城遗址，古城颇具特色的仙人掌形庙塔和雄伟的寺庙仿佛在述说着它昔日的辉煌。星罗棋布的卧佛和坐佛（很多披着金黄色的外衣）、精致的神鸟和神像雕像、钟形的纪念碑，从这些可以看出大城府融合了素可泰佛教建筑风格和印度教高棉（古柬埔寨）的建筑基调。在大城府最古老的玛哈泰寺（Wat Mahathat），成排无头佛像环绕着坍塌的巨大纪念碑。位于城岛西边的柴瓦塔那兰寺（Wat Chai Watthanaram）被认为是吴哥寺的翻版，这个寺院大多完好无损，现在已恢复成原样，人们从中可以看出约300年前的寺院是什么样子的。

最佳旅行时间： 11月—次年3月气候宜人，天空蔚蓝，降雨少。

行前计划： 大城府与64公里外的曼谷和其他大城市都通火车。从曼谷坐巴士前往比较慢。如果时间紧迫，可以在曼谷乘坐游轮从湄南河前往大城府。大城府城内及周围的阶地较平坦，所以租一辆自行车，骑着它游览一个个景点，又方便又好玩。最好雇一个导游，因为他能把古城遗址演绎成鲜活的历史。

相关网址： www.tourismthailand.org

著名景点

- 去玛哈泰寺看一看嵌在树干中的**佛头**。
- 游览**崖差蒙空寺**（Wat Yai Chai Mongkhon）里80米高的宝塔遗址——这是古城中最大的宝塔之一。
- 晚上漫步在古城街头，此时的**遗址**在灯光下颇为壮观。
- 每年10—11月**水灯节**（Loi Krathong）时，大城府灯火通明。活动包括传统的香蕉叶水灯漂流、色彩鲜艳的雕刻战车游行以及焰火表演。

中国

敦煌石窟

山崖上凿出的无数古洞窟包含了成千上万尊佛像和湿壁画。

公元366年，一个和尚沿着丝绸之路云游到中国西北地区的河西走廊西端鸣沙山附近时，看到了金光灿烂的千佛奇景。于是他就在那里的山坡上凿了一个洞。在后来的1000年中，许多和尚来到这里寻求隐修地，他们生活在自己装饰的布满石雕和壁画的洞窟里。祈求旅途平安的旅行者也来装饰洞窟，或花钱请和尚以他们的名义雕饰。最后有将近3000个雕饰过的山洞密密麻麻地布满了山崖。有的洞窟里有雕琢精细的佛像，有的洞窟有描绘丝绸之路上的商人和使者穿越沙漠场景的细致壁画。画面风格不一，早期壁画有身材苗条的中亚人像，后建的洞窟有丰满的中国人像，表明旅行者们在丝绸之路上跋涉时，不仅携带着物品，还酝酿着新的思想。许多洞窟原来是靠山岩上凿出的台阶连接的，这些台阶后来倒塌了，现在很多洞窟没有绳索根本爬不上去。年久日深，洞窟的内部饱受大自然的蹂躏，堆满了沙土。为了保护文物，现在一些大的石雕佛像已经被放置于新建筑中。在现存的492个石窟中，大约只有30个向公众开放。

著名景点

- 建于5世纪末的101号石窟有西式彩绘佛像。
- 323号石窟中的壁画描绘了中国的张骞在公元前138年出发前往塔克拉玛干沙漠的场景。
- 唐朝（7—10世纪）的96号石窟内有一座高34米、身穿皇家龙袍的巨大坐佛。
- 220号石窟的装饰风格是精细的唐代风格，表现出了一些宫廷画师的作风，描绘的是释迦牟尼生活中的道德故事。

最佳旅行时间：4—6月初，或9—10月初。冬天空气污染最严重，沙漠的气温可降到零摄氏度以下。夏天非常炎热。

行前计划：石窟位于敦煌东南24公里处。准备一整天时间参观洞窟。最精细、最重要的洞窟额外收费。敦煌有很多小巴，与其等待小巴浪费游览时间，不如事先预订小巴，约好出发时间。带一个手电筒，因为石窟里面光线较暗。

相关网址：www.imperialtours.net，www.greatwalltour.com，www.elong.com

在一个最古老的洞窟中间有一个赤陶做的佛像，周围墙上有成排的彩塑小佛像。

缅甸

蒲甘

在丛林中耸立着一群梦幻般的红砖寺庙。

在毗邻伊洛瓦底江（Irrawaddy River）上谷的多尘土的平原上，靠近缅甸古城蒲甘，散布着2000多个寺庙和宝塔。大多数寺庙和宝塔建于1057—1287年间，当时蒲甘是缅甸第一个帝国蒲甘王国的都城。蒲甘城盛行佛教，吸引了南亚许多僧侣和信徒前来。现在许多寺庙已成废墟，剩下的已经过细致的修复。庙内散发出朝拜者植在巨大的金色佛像脚下的线香的气味。雪吉根宝塔（Shwezigon Pagoda）有一个金色佛塔，是蒲甘众多圣地中最雅致的，它建于11世纪末，是为了安置斯里兰卡康提城（Kandy）佛牙舍利（据说是释迦牟尼的牙齿）的复制品而建的，现在成了这一地区最重要的佛教祭拜地，身穿黄色袍子的僧侣随处可见。阿南达寺（Ananda Temple）是最华丽的，里面有迷宫般的走廊，到处都是佛像。每天有大批的游客迂回在较大的纪念碑之间，只有少数人另辟蹊径。在安静的场所，人们会停下来静思默祷，周围是矗立在那里1000多年仍然给人神圣感的古老的围墙。

著名景点

■ 建于12世纪的**达比纽塔寺**（Thatbyinnyu Temple）是座多层结构建筑，塔高61米，是蒲甘最高的纪念塔，从那里可以鸟瞰整个古城，欣赏蒲甘平原上的日出或日落。

■ **阿南达寺**的宝塔金光闪闪，高耸入云，它建于公元1100年前后，是以释迦牟尼的一个表兄、他最忠实的门徒的名字命名的。里面有4尊9米高的巨大金色站佛。

■ 雪吉根宝塔有许多珍宝，其中包括讲述释迦牟尼人生经历的**本生经碑**（Jataka tablets）、**康基塔王**（King Kyanzittha）**的神马**以及37**尊金色神灵**。

■ 花1小时参观**考古博物馆**，这里现在展出了许多出自蒲甘寺庙中的文物。从屋顶花园可以远眺周围的景色。

最佳旅行时间： 10月—次年3月是较凉爽的季节。蒲甘每年举办一系列宗教庆典，包括1月或2月举行的阿南达寺节（Ananda Temple Festival），10月举行的为期三天的点灯节（Thadingyut Candle Light Festival），9月或10月的马努哈塔节（Manuha Pagoda Festival）。

行前计划： 蒲甘每天有从仰光（Rangoon）（1小时）和曼德勒（Mandalay）（20分钟）来的航班。从仰光开车过去路上风景迷人，但需要在双车道公路上行驶12小时。豪华游轮"通往曼德勒之路"（Road to Mandalay）（由东方快车公司经营）在曼德勒和蒲甘之间航行。准备至少2—3天时间游览主要庙宇，一周时间探访整个古城遗址。骑自行车探访遗址最佳，自行车可以从许多当地酒店和商店租到。

相关网址： www.ancientbagan.com， www.roadtomandalay.net

对页：散布在不远处的蒲甘寺庙掩映于绿树丛中。左上：供奉的植物装点着一尊巨大的石佛。右上：雪吉根宝塔的钟形佛塔（左侧）珍藏着佛陀圣物。

孟加拉

索马普拉寺

大寺院完美的对称格局、丰富精美的装饰吸引了一代又一代的佛教僧侣前来。

这个完全对称的建筑半埋在地下，被遗弃了数百年，直到1923—1934年才被发现和挖掘。但是在公元7世纪建成以后的400年中，位于孟加拉东北帕哈尔普尔（Paharpur）的索马普拉寺（又称大寺院）吸引了四面八方的佛教僧侣。今天，它的遗址仍然保留着某种魔力，也许是曾经在环绕中心佛塔的177间小屋里生活、研习和祈祷过的几百个僧侣使得这里成了神灵出没的地方。当晚霞退去、和煦的晚风吹过来，走在这里，你仿佛能听到百名僧侣抑扬顿挫的诵经声。像多数佛教圣地一样，索马普拉寺也装饰得富丽堂皇。寺院的外墙装饰着乐师、驯蛇人、动物和人像的赤陶镶板，从中你可以了解7世纪初人们的生活状态。大寺院的建筑风格不仅影响了印度其他佛教建筑，甚至影响了缅甸、印度尼西亚爪哇和柬埔寨的佛教建筑。

最佳旅行时间： 冬天（10月-次年3月中旬）气候宜人，博多河（Padma River）季风时节泛滥的洪水得到控制。

行前计划： 帕哈尔普尔是位于瑙冈地区（Naogaon District）、靠近拉杰沙希（Rajshahi）的一个村庄。最近的火车站位于库尔纳—帕巴提普尔线（Khulna-Parbatipur route）上的雅马甘（Jamalganj），与帕哈尔普尔有一段5公里的小马路连接。帕哈尔普尔还可以从赛义德布尔（Saidpur）机场沿着经由焦伊布尔哈德（Joypurhat）的一条公路到达。为了深入探访该景区，需准备2天时间。穿着要得体——不要穿短裤，在一些圣殿，必须脱掉鞋子进去。太阳甚至在冬天也很灼人，所以建议带防晒霜和帽子。

相关网址： www.travel.discoverybangladesh.com

著名景点

- ■仔细看一看经受住千百年岁月侵蚀的**砖墙**的纹理和强度。
- ■从完美的对称格局、**雕像**的服饰可以看出佛教、印度教和基督教三教在这里的影响。
- ■**小博物馆**收藏了有代表性的文物，包括佛陀和毗湿奴的雕像。
- ■参观位于拉杰沙希的**瓦伦德拉研究博物馆**（Varendra Research Museum）。这里展出的古代文物包括赤陶镶板、众神和女神雕像、陶器、硬币、碑铭和装饰性砖形物。

从位于中心的杂草丛生的佛塔顶部，你可以欣赏这个遗址完美的对称格局。

坎达利亚马哈德神庙（印度建筑艺术的杰作）的外墙装饰着性爱石雕。

印 度

克久拉霍的印度教神庙

成群结队的人涌向印度中部一个古朴的村庄，观赏“爱之庙”里的性爱石雕。

巍峨庄严的神庙在蓝天下散发出黄灿灿的光芒，奔波于各庙宇间的朝拜者的莎丽在风中飘扬，在这一大片建筑群中，祈祷声从早到晚回响不止。这些位于印度中部克久拉霍的印度教神庙建于昌德拉王朝（Chandella Dynasty）（信徒们认为他们是月亮神的后代），印度教徒认为湿婆神（Siva）和帕尔瓦蒂（Parvati）就是在这里结合的。从公元950年开始的100多年中，工匠们建造了80多座雕琢华丽的神庙，现仅存22座。神庙高耸的围墙几乎每一寸都雕刻着精致的宫廷生活画面，以及大胆的男人和性感的女人摆出《爱情圣经》（*Kama Sutra*）（古代梵文性爱宝典）中各种杂技般姿势的性爱场面。庙宇分为3个区，西区包括最著名的神庙，如敬奉湿婆神的坎达利亚马哈德神庙（Kandariya Mahadeo Temple），最大的克久拉霍神庙（Khajuraho Temple）以及供奉迦梨（Kali）女神的历史最悠久的乔萨特尤格尼神庙（Chaunsat Yogini Temple）。

最佳旅行时间：冬天气候最凉爽，最干燥。每年2月底或3月初有为期一周的庆祝湿婆神和帕尔瓦蒂结合的节日。

行前计划：从德里（Delhi）、阿格拉（Agra）或瓦腊纳西（Varanasi）乘坐印度航空公司航班到克久拉霍最方便。最近的火车站在占西（Jhansi）或萨特纳（Satna），从那里到克久拉霍需要3—4个小时汽车旅行。神庙群面积达21平方公里，所以要准备一整天时间仔细观赏雕塑。当地导游会向你介绍这里的建筑物。参观神庙需要走不少路，所以要穿舒适的鞋子，带上帽子，还要带防晒霜和足够的水。

相关网址：www.liveinindia.com， www.khajuraho.org.uk

著名景点

■马坦格斯瓦拉神庙（Matangesvara Temple）里立着一个高2.4米、擦得亮亮的林伽（男性生殖器），象征湿婆的生殖力。

■坎达利亚马哈德神庙的南北外墙都装饰着性爱雕塑镶板。

■东区的耆那教帕萨瓦纳塔神庙（Jain Parsavanatha Temple）里，有细致精美的日常生活场景石雕，刻画了人类生存的细节。

■在日落时分，石庙的颜色变成了深红色，那里的雕塑仿佛要从阴影中跃然而出。

阿旃陀和埃洛拉石窟群

在印度中部青翠的山林中有一批信徒过着祈祷静修的生活，他们的创造力令人惊叹。

一条小溪流过印度西北部安静的阿旃陀山谷。在山谷中蹒跚前行的人们绝不会想到这里隐藏着一些世界上最伟大的艺术瑰宝。在不起眼的悬崖背后矗立着一座完整的寺庙，它们有深邃的洞穴殿堂、华丽的圆柱、精致的石雕，这是从公元前2世纪到公元5世纪由佛教僧侣直接在山坡上雕凿出来的。走进寺庙阴暗的内殿，游人能欣赏到大量奢华、精细的建筑细节。泥墙上布满了佛祖生活画面，色彩明快、风格雅致。被遗弃几个世纪以后，阿旃陀的30座石窟寺庙于1819年在丛林中被重新发现。除了阿旃陀的石窟群，在查拉纳达利山（Charanadari Hill）的小溪边，还分布着34处类似的石窟，它们是在公元6世纪至9世纪之间由佛教、印度教和耆那教三教信徒在埃洛拉山坡上雕凿出来的。巨大的印度教凯拉萨神庙（Kailash Temple）深50米，高30米，是世界上最大的石窟寺庙。挖掘时，一共搬走了约20万吨石头，花了将近100年才完成这项工程。

最佳旅行时间： 10—11月季风雨过后。12月一次年3月也可以，但是3月下旬天气就开始转热，热得让人难以忍受。

行前计划： 奥兰加巴德（Aurangabad）在孟买（Mumbai）东北300公里处，两地有定期航班和列车，可以作为游览阿旃陀（2小时车程）和埃洛拉（约40分钟车程）的一个落脚点。三地之间有定期旅游车往来。为了更灵活方便些，可以考虑租一两天出租车。你也可以选择从奥兰加巴德参加旅游团。埃洛拉石窟群最好在下午参观，那时阳光正照到石窟的庭院。每个景点最好至少用一整天时间游览。带一个手电筒，因为有些洞窟比较暗。

相关网址： www.ajantacaves.com， www.travelmasti.com

著名景点

■位于阿旃陀的5世纪维哈拉石窟（Vihala Cave）（1号石窟）有精致、详细的**壁画**，描绘了佛祖在觉悟前所行的种种善事。

■阿旃陀的查伊塔亚格里亚石窟（Chaitya Griha Cave）（19号石窟）是一个雕刻精美的**佛堂**。

■下午3点左右参观埃洛拉的**维斯瓦卡马石窟**（Viswakarma Cave）（10号石窟），因为那时阳光正照到内殿。这个佛堂有一个大殿，里面有巨大的石雕，包括4.4米高的佛像。

■埃洛拉的**凯拉萨神庙**外墙雕琢着圆柱、壁龛、神像和其他塑像。里面有几个处于不同高度的殿堂。

对页：埃洛拉的凯拉萨神庙（16号石窟）外观是从悬崖壁上雕凿出的。左上：阿旃陀石窟中的菩萨壁画。右上：阿旃陀19号石窟中的半圆拱顶、圆柱和雕像都是从岩石上雕琢出来的。

十大圣洞

偏远僻静的洞穴是所有宗教历史上的一大特色——它可以是避难所、神殿、隐修地，也可以是寺庙和墓地。

❶ 伯利兹石墓洞

在神话中去阴间的路程是很不容易的，参观了石墓洞，你会感到你已经通过了这一重大的考验。要到达洞穴中的玛雅祭祀地，你需要长途步行、深水游泳，到地下1.6公里处，你才抵达“水晶少女”安息地。“水晶少女”是一具完整的女性骷髅，经过了漫长岁月发生钙化而发光。洞穴里还珍藏着玛雅陶瓷碎片，许多陶瓷片上有能使灵魂逃脱的“水孔”。

行前计划：去石墓洞你必须要有健康的身体，而且要有导游陪同（导游需持伯利兹考古学院出具的导游证）。www.mayabelize.ca

❷ 印度加拉普利岛埃勒凡塔石窟

埃勒凡塔石窟神庙的印度神雕像是5世纪时从山坡上雕凿出来的，从陶醉的表情和摇晃的身子看，它们似乎在倾听古代印度乐器弹奏的低音。舞王湿婆（全副武装的宇宙舞神）柔软的曲线以及代表湿婆创造、保护和毁灭各个不同侧面的湿婆三面像，仍然与几个世纪前一样生动。

行前计划：埃勒凡塔石窟神庙坐落在孟买港（Mumbai Harbour）经常有猴子出没的加拉普利岛上，乘坐从印度门（Gateway of India）出发的定期汽艇1小时就到（季风季节除外）。www.slstour.com/elephanta-caves.html

❸ 中国龙门石窟

龙门石窟建在伊河两岸的香山和龙门山山坡上，它是一座精致的佛教石刻艺术宝库，由2100多个石窟和壁龛、3600多块碑铭、43个宝塔组成，年代最久远的可追溯到北魏（公元493年）。

行前计划：龙门石窟位于河南，可以从洛阳火车站乘坐公交车抵达。虽然不能进入到石窟中，但石窟很浅，从外面就能看到。山腰上有阶梯和步桥，走在上面可以看到不同的景色。www.chinatour.com

❹ 斯里兰卡丹布拉佛窟

这5个佛教寺窟是公元前1世纪由维拉干王（King Valagambahu）委托建造的，22个世纪以来一直是佛教徒的朝圣地。精致的镀金壁画和雕塑斑斓璀璨，天花板上的壁画是直接绘制在粗糙的岩壁上的。

行前计划：丹布拉位于锡格里耶（Sigiriya）至康提（Kandy）的公路上，距离锡格里耶18公里。www.travelsrilanka.com

❺ 希腊科律寄昂洞

在古希腊，位于帕纳塞斯山（Mount Parnassus）的这个巨大的岩洞是祭拜潘神（Pan）和仙女的圣地。入口附近的一块岩石可能曾用作祭坛。

行前计划：科律寄昂洞位于阿拉霍瓦（Arachova）镇附近。去时带一个手电筒。www.travel-to-arachova.com

❻ 希腊克里特岛青铜器时代米诺斯洞

克里特岛上有3000多个岩洞，许多岩洞与希腊神话中的诸神、与米诺斯人（the Minoans）（公元前2600—前1100年间的青铜器文明）所崇拜的女神有关。狄克特翁山洞（Dikteon Cave）据说是瑞亚（Rhea）生下宙斯（Zeus）的地方；伊达安山洞（Idaian Cave）是瑞亚藏匿宙斯以免被他父亲克洛诺斯（Cronus）吃掉的地方。

行前计划：狄克特翁山洞就在萨克洛（Psychro）南侧；伊达安山洞在阿诺吉亚（Anogia）以南19公里处。www.crete.tournet.gr

❼ 马耳他圣保罗石窟

公元60年，当时还是罗马囚犯的圣保罗在马耳他遭遇海难后，据说就是寄身于这个小山洞。据《圣经·使徒行传》（*Acts*）第28章载，保罗受到马耳他人的厚待，在此期间，他奇迹般地治好了当地人的疾病，并且在被蝮蛇咬伤后仍然活了下来，所以当地人尊他为神。

行前计划：圣保罗石窟位于拉巴特（Rabat）村圣保罗教堂（St. Paul's Church）旁边的圣普布里乌斯教堂（Chapel of St. Publius）下面。www.visitmalta.com

❽ 意大利圣米迦勒神殿

根据基督教传说，这个位于圣安吉罗洞穴（Monte Sant'Angelo）的神殿是大天使米迦勒（Michael）选中的。公元490年，米迦勒来到西彭敦（Sipontum）主教前预言：“这个岩洞开口大，人的罪孽将会得到宽恕。”据说米迦勒在此地留下了一个祭坛、一块红布以及石头上的足印。

行前计划：大多数去圣米迦勒神殿的游客都住在附近的圣吉奥凡尼罗同多（San Giovanni Rotondo）镇。www.itwg.com/city4122

❾ 法国枫-德-哥姆洞穴

在位于多尔多涅（Dordogne）的枫-德-哥姆洞穴粗糙的石灰石墙上，绘制着野牛、马、猛犸等动物，这些壁画虽然创作于1.5万多年前，但至今仍然色彩鲜艳、生动形象，它们的用途可能与狩猎有关，或者代表着阴历纪年。

行前计划：枫-德-哥姆洞穴位于萨尔拉（Sarlat）附近的埃齐耶-塔亚克（Les Eyzies-de-Tayac）村。需要提前预订。www.showcaves.com

❿ 埃塞俄比亚索夫奥马尔岩洞

据说这个石灰石山洞的入口是12世纪时真主安拉透露给索夫奥尔马酋长的。酋长和他的追随者们把这些岩洞用作清真寺。岩洞非常适合做清真寺，因为它们已经被侵蚀成扶壁、圆柱、穹顶和支柱，这是大自然的建筑奇迹。至今当地穆斯林仍把岩洞作为聚会场所。

行前计划：索夫奥马尔岩洞位于贝尔山国家公园（Bale Mountains National Park）。去时带手电筒和地图。www.tour-to-ethiopia.com，www.linkethiopia.org

在印度加拉普利岛埃勒凡塔石窟内，一名游客正在凝视着一尊巨大的石雕神像。印度教徒自公元5世纪起就一直在石窟祭拜。

这个7米高的巨大站佛是加尔寺佛像群中的其中一个。

斯里兰卡

波隆纳鲁沃古城

维加耶巴呼（Vijayabahu）王朝古都遗址折射出它当年的辉煌。

公元11世纪，维加耶巴呼一世在击败朱罗（Chola）入侵者，统一了斯里兰卡半岛以后，就建立了一个新的都城——波隆纳鲁沃，宣告他的国家的崭新的开始。在这里，他建造了宫殿、花园，为来自全亚洲的佛教徒修建了朝拜圣地。最有名的是佛牙寺（the Relic of the Tooth），这是斯里兰卡君王们捍卫了几个世纪的圣所，他们视之为神圣的统治权的象征。寺庙和神殿装饰着反映君王权力和智慧的华丽的石刻、壁画和雕塑。但是，波隆纳鲁沃的繁荣只持续了200年，后来外族侵略和内战迫使许多居民逃离这个城市。被逐渐遗弃后，波隆纳鲁沃不是突然坍塌，而是慢慢衰落的，所以现在仍有一些工艺精湛的建筑矗立在那里，如悬崖壁上雕出的两个巨大佛像，以及古城最雄伟的兰卡提拉卡寺（Lankathilaka Temple）。

著名景点

■加尔寺（Gal Temple）的4尊佛像是从一长块花岗岩巨石中雕刻出来。这4尊佛像有的作冥思状，有的在洞穴里，有的站立，有的斜躺着。

■兰卡提拉卡寺与欧洲中世纪教堂相似，它长长的“中殿”两侧是高高的石墙，最里面是一个“祭坛”，祭坛上有一个18米高的无头佛像。内墙装饰着色彩丰富的湿壁画。

■从4扇大门中的其中一扇进入圆形的瓦塔达格寺（Vatadage Temple），走到中间的钟状神殿遗址前抬头注视着4尊石坐佛。

■高55米、赭色的兰考特（Rankot Vihara）神殿高耸在平原上，它曾经是一个叫阿拉哈纳皮瑞维那（Alahana Pirivena）的佛教大学的中心。

最佳旅行时间： 斯里兰卡属热带气候，天气炎热。10月一次年2月较干燥、凉快。

行前计划： 从科伦坡（Colombo）到卡杜鲁维拉（Kaduruwela）火车站距离为216公里，坐一夜火车即可抵达。从卡杜鲁维拉火车站到波隆纳鲁沃古城坐巴士或出租车很快就到。准备至少1天时间，仔细游览需要2~3天。当地有许多高档酒店，大多数酒店会安排一日游去波隆纳鲁沃。建议最好从游客信息中心和博物馆（内有古城详细的比例模型）开始游览。

相关网址： www.srilankatourism.org， www.tourism-srilanka.com

土耳其

圣十字教堂

这个位于凡湖（Lake Van）小岛上的亚美尼亚文化遗迹也是一件石造艺术品。

圣十字教堂不是以其规模宏大而著称的，它只有15米长，但它周围的环境实在令人赞叹不已。圣十字教堂坐落在土耳其东部凡湖南岸不远处的阿克达玛岛（Akdamar Island），它是人类征服环境的雄心的明证。来到这里的游客都被大自然的伟大所折服。在世界最大盐湖炫目的蔚蓝色湖水中乘船去岛上，20分钟的航程着实令人惊叹。从湖中心可以清楚地看到海拔3962米、积雪覆盖的环湖山脉。现在这个小岛是一片废墟，宁静而安详，但在1100年前，它是盖吉克一世（King Gagik Ⅰ）统治的一个偏僻的亚美尼亚王国的中心。从公元915年至921年短短的几年中，他在岛上构筑了防御工事，修建了王宫、修道院和教堂。最近耗资200万美元进行重修后，教堂雕琢精美的粉红沙岩墙在阳光下重新散发出光芒。外墙装饰着精致的蛇、狮、瞪羚浅浮雕，另外还有圣经故事中的人物雕像，如亚当（Adam）、夏娃（Eve）、大卫（David）和歌利亚（Goliath）。

著名景点

■解释一下教堂外墙的**石雕**的意义。在南墙你可以看到约拿（Jonah）将要被鲸吞掉的画面；西墙上刻画的是教堂的创建者盖吉克一世把他的圣十字教堂微缩模型献给基督的场景。

■到登陆码头旁的一个小浴场**游泳**。在海拔1670米的凡湖游泳，盐度很高的湖水使你游起来很轻松惬意。

■爬上小岛顶峰，**远眺**凡湖和积雪覆盖的高耸的反金牛座山脉（Anti-Taurus Mountains）的壮美景色。

最佳旅行时间： 春末树上开满了花，小岛色彩斑斓，但是由于这里海拔高气温低，所以夏天和早秋是最佳旅游季节。

行前计划： 教堂现在是一个博物馆，陈列的展览是讲述教堂历史的。凡湖东南角的盖瓦什（Gevas）小镇有去阿克达玛岛的渡船，坐满后就出发（通常最少10人）。距凡湖44公里的凡湖城是游览该地区的最佳落脚点。如果想找一个乡野环境，在渡船码头对面的阿克达玛露营和餐厅区有一个露营地，那里能欣赏到绝佳的凡湖景色。你只需1整天时间游览小岛，但你需要至少3天时间游览凡湖的主要景点。如果想真正感受这里的风光，那就需要一周时间。

相关网址： www.easternturkeytour.com

圣十字小教堂就像一颗粉红的宝石镶嵌在群山环绕、浩瀚无边的凡湖小岛上。

土耳其

安纳托利亚的岩石教堂

在迷宫般的山谷中掩藏着几百座直接在岩石上雕凿出来的古教堂遗址。

土耳其中部的卡帕多西亚（Cappadocia）是一个奇异的、令人难以忘怀的地方。连绵起伏的火山岩变化无穷，山谷中不时穿插点缀着橄榄树和杏树。在高高的岩塔下聚集了一群小房子，房子上密密麻麻地布满了门窗。在这些房子中散布着曾经住在这里的早期基督社区雕凿的教堂和修道院遗址。从阴暗的入口（有的要爬梯子进入）进去，有石砌的内室，里面有圆顶、半圆形拱顶、圆柱、筒形穹顶和祭坛。内墙有许多地方装饰着非常生动的壁画，有公元5世纪的简单几何图形，也有10世纪、11世纪描绘《新约全书》（*New Testament*）故事的环形多彩湿壁画。教堂主要集中在戈雷梅（Goreme）[4世纪恺撒利亚主教圣巴西略（St. Basil the Great）的家乡]和拜占庭时期一个重要的修道院聚集地。有些教堂的名字是当地人根据它们与众不同的特点取的，如苹果教堂是因为它的圆顶形状像苹果，蛇教堂是由于该教堂里有圣乔治（St. George）与龙搏斗的湿壁画，凉鞋教堂是因为其入口附近有两个印在石头上的脚印。

最佳旅行时间： 春天至秋天。冬天很寒冷，地上有积雪。戈雷梅和济尔维（Zelve）露天博物馆全年每天都开放。

行前计划： 戈雷梅靠近内夫谢希尔（Nevsehir）、阿瓦诺斯（Avanos）、厄古普（Urgup）小镇，距离恺撒利亚（Kayseri）往南有1小时车程。恺撒利亚每天有从伊斯坦布尔来的航班，提供众多的住宿选择，包括精品酒店（以当地风格装饰的小酒店，客房在岩石烟囱里）。公共交通很方便，小巴往返于各主要景点。这里有几百个教堂，所以要准备至少2~3天，如果你想仔细地探访这片区域，就要准备更多的时间。

相关网址： www.turkeytravelplanner.com， www.byzastoursturkey.com， www.deepnature.com

著名景点

■戈雷梅的扣子教堂（Buckle Church）有4间建于不同时期的石室。沿新教堂石室一侧墙壁有华丽的拱顶和拱廊，还有鲜艳的蓝色和金黄色背景下的圣经故事场景壁画。

■戈雷梅附近恰乌辛（Cavusin）的鸽子窝（Pigeon House）是建在岩石烟囱里的仅有的几个教堂之一。恰乌辛的5世纪施洗者圣约翰教堂（Church of St. John the Baptist）是卡帕多西亚最古老的基督圣殿。

■教堂其他集中地在戈雷梅以南几公里的济尔维、依哈拉（Ihara）、索甘利（Soganli）峡谷。

因为几乎没有自然光照到戈雷梅的11世纪黑暗教堂（Dark Church），所以里面的壁画仍然保留着鲜艳的色彩。

马萨达高原上的城堡遗址俯瞰着沙漠和死海。

以色列

马萨达

高耸在朱迪亚（Judaean Desert）沙漠上的这个古城堡遗址已经成为犹太反抗力的象征。

俯瞰着死海的马萨达高原是一个自然堡垒，在公元前1世纪代表罗马帝国统治朱迪亚的希律王（Herod）在这里建了一个豪华防御城堡。公元70年，在犹太人反抗罗马的斗争中一群犹太士兵占领了高原，把城堡变成了他们的支持者和家人的庇护地。公元72年，罗马军队包围了城堡。在最后攻击的前夜，犹太反叛者烧掉了粮仓，宁可集体自杀，也不愿接受被俘的命运。后来城堡一直无人居住，直到公元5世纪有一群拜占庭修道士暂时到这里隐修，他们住在山顶附近的洞穴里，并建造了一个小教堂。今天你可以漫步在罗马王宫、仓库、澡堂的遗址中，想象希律王和他的贵宾们奢靡的生活。犹太反叛者建在希律王马厩上的犹太会堂遗址、他们的一些居住地以及罗马的包围工事仿佛在述说着当年反抗者的英勇抗争。往下看，你可以看到罗马营地遗址（罗马人建在悬崖下的防御工事，用来防止有人从上面的城堡中逃跑）和罗马人攻打城墙时用来投掷巨大攻城槌的坡道。

最佳旅行时间： 马萨达高原在马萨达国家公园，除了赎罪日（Yom Kippur）（9月下旬或10月初举行的为期2天的宗教庆典）外全年开放。

行前计划： 马萨达在耶路撒冷往南97公里处，可以从东边的90号公路到达。在游客中心有到高原的缆车，2分钟即到。也可以从古蛇道步行上去，需要45—60分钟时间，取决于你的身体状况。还可以经由西边的3199号公路，再爬15—20分钟路到达。带水，多带些里外穿的衣服，因为高原上面风很大。

相关网址： www.jewishvirtuallibrary.org， www.bibleplaces.com/masada.htm

著名景点

- **远眺**死海山谷和约旦风光，光这一点就让你不虚此行。
- 在**罗马澡堂**，你可以看到地下供暖设施和炉子（用来烧水产生水蒸气）。
- 希律王的**三层豪华别墅**遗址建在悬崖边上，已得到修复，里面有原来的湿壁画残迹。
- 拜占庭小教堂里有保存完好的漂亮的**马赛克镶嵌地板**。
- **马萨达博物馆**有马萨达历史展览，以及在遗址中发现的罕见的硬币、陶瓷碎片和纺织品展览。

萨坦尼弗墓地有非常华丽的墓碑，有些可以追溯到16世纪。许多墓碑上雕刻着动物图案。

乌克兰

萨坦尼弗犹太教堂遗址

这个犹太教堂城堡遗址让人想起过去在这里发生的驱逐侵略者的战争。

在乌克兰西部一个叫萨坦尼弗的小镇边缘有一群简陋的房屋和一条泥泞的小路，雄伟坚固的犹太教堂遗址就矗立在其中。茂盛的藤蔓缠结在坑洼的石墙上，浓密的灌木从毁坏的屋顶下胸墙的透气孔长出来。这个犹太教堂建于16世纪末或17世纪初，是东欧这片地区无数犹太城堡教堂中现存最古老的一个。这些建筑是保卫犹太人和整个城镇的防御工事的组成部分。高大的拱形窗现在已经用板封住了。洞穴圣殿是空的，穹顶看上去好像要倒下来。但是在东墙，有一样东西能让人想起它以前的壮美，在那里你可以看到巴洛克风格的圣方舟遗迹。在空荡的穹顶壁龛两侧是典雅的圆柱，壁龛里装着犹太经文，中间在鲜艳的蓝色背景下，一对金黄色的鹰头狮身怪兽作牧师状，双手合一，祈神赐福。上面两只尾巴卷曲、扬起前腿直立的狮子似乎在微笑，它们得意地把花冠放在雕刻的《十诫》（*Ten Commandments*）上。

著名景点

■试着走进圣殿遗址，或至少站在门口，看一看已经毁坏的**圣方舟遗址**，这是曾经装饰在犹太教堂里面的丰富的彩色雕刻物中的一件珍品。

■已废弃的**犹太墓地历**史可追溯到16世纪50年代。找一找有 **“三只野兔”图案**的珍奇而又神秘的3块石头，图上的三只兔子围成一圈互相追逐，它们的耳朵连在一起。

最佳旅行时间： 犹太教堂和墓地是露天的，所以要选择天气好的时候去。夏天去最理想；春天或秋天也行。

行前计划： 准备一整天时间，因为从利沃夫（L' viv）或切尔诺夫策（Chernivtsi）到达萨坦尼弗需要几小时车程。雇一个会讲乌克兰语、看得懂斯拉夫路标的当地司机或导游。

相关网址： www.inlviv.info，travel-2-ukraine.com，krylos.com judaica.spb.ru/artcl/a6/archsyn_e.shtml

意大利

圣卡尔加诺修道院

在托斯卡纳的默西山谷（Tuscany's Merse Valley），一个荒废的中世纪修道院的哥特式拱顶直冲云霄。

圣卡尔加诺修道院遗迹孤零零地矗立在阳光充足、山谷开阔的地带，背靠森林和山脉，是风景明信片的绝佳画面。它位于锡耶纳（Siena）西南30公里的平原上，上面是建于12世纪末的蒙特西皮教堂（Cappella di Monte Siepi）[为纪念卡尔加诺·圭多提（Galgano Guidotti）而建，他在1185年被封为圣徒]。圣卡尔加诺修道院是为了安置修道士和到山顶小教堂的朝拜者而建，于1218年由法国西多会修士建造。修道院的平面图像一个拉丁十字架，有一个中殿，两个侧廊，里面有雕刻华丽的大写字母、玫瑰窗、回廊和钟楼。祭坛迄今仍矗立在原地。从高大的窗子、精致的尖拱顶看，很明显修道院是纯法国哥特式风格（没有真正在意大利流行起来）。这个修道院曾经是很有影响力的机构，但在1348年大批人口死于腺鼠疫之后，就再也没能完全恢复元气，最后失去了其神圣的作用。从16世纪修道院开始没落——1550年屋顶坍塌，两个世纪以后钟楼也倒下了。经过精心修复，修道院的门面和外墙重新焕发出活力。

最佳旅行时间： 春天和夏天天气晴朗时能欣赏到互为映衬的雄伟壮观的修道院遗迹、蔚蓝的天空以及碧绿的草地。7月和8月在修道院举行由齐吉亚纳音乐学院（Accademia Musicale Chigiana）主办的音乐会。

行前计划： 准备1小时的时间。修道院始终开放，小教堂只在上午开放。据说有一趟巴士从锡耶纳到这里，但你最好自己驾车去。圣卡尔加诺在锡耶纳西南1小时车程处，从蒙特西诺（Monticiano）出来即到。在小教堂专用车道尽头有一个小酒吧提供快餐。带一条浴巾，在佩特里奥罗温泉（Petriolo Hot Spring）停下来泡一泡温泉。温泉在连接锡耶纳和格罗塞托（Grosseto）的SS223号公路的中间， 开车需20分钟。

相关网址： www.sangalgani.info

著名景点

- 从修道院内可以看到山上小教堂空洞的窗子。
- 入口处左边的一小段回廊墙是修士们平时聊天的花园围墙中仅存的一段。
- 周围的草地是绝佳的野餐场所。
- 在蒙特西皮教堂，有一柄“插在石头中的剑”，保存在玻璃罩下。据说卡尔加诺把剑插入岩石以此表明他与世俗生活告别的决心，自此以后，剑就一直插在那里。毗邻的小教堂装饰着安布鲁吉奥·洛伦泽蒂（Ambrogio Lorenzetti）的湿壁画。

圣卡尔加诺修道院壮美的中殿是这个哥特式建筑杰作仅存的遗迹。

法国

克吕尼隐修院

一群散落的中世纪建筑见证了一个最伟大的哥特式建筑典范。

古老的黄沙岩小道穿过曾经是基督教世界最大、也许是最壮观的教堂的南耳堂遗迹，通向大钟楼。钟楼加上耳堂墙，这就是克吕尼教堂仅存的遗迹。克吕尼修会（由亚奎丹公爵、敬虔者威廉William the Pious， Duke of Aquitaine于910年创立）的修道士曾经在这里日夜祈祷。几个世纪里它是仅次于罗马的一个基督教祭拜中心，现在能显示它的崇高庄严地位的东西已经所剩无几了。但是走进隐修院遗址（这是建在这个位置上的第三个修道院，所以又称克吕尼Ⅲ）或走进隐修院建于12世纪的又大又深的面粉储存库，还是能一眼看出它曾经的雄伟和壮观。奶酪塔（Tour des Fromages）（几个防御性塔楼中的一个，这些塔楼是隐修院防御工事的组成部分）是修士们加工制作埃普瓦斯（epoisses）奶酪（一种当地特产）的地方。从高得令人眩晕的塔顶，可以看到下面绵延起伏的勃艮第（Burgundy）山。隐修院在几个世纪中不断扩建，新的修道院院长邸宅建于15世纪、16世纪，修道院建筑是18世纪重建的。克吕尼隐修院的壮美、财富和权力令人既敬畏又羡慕。1790年，法国革命者看到它聚藏的珍宝，就关闭了隐修院，之后又拆了它，只留下现在的空壳。

著名景点

■修道院面粉库的精美的**屋顶**是用栗木做的，里面有教堂唱诗班石刻大写字母遗迹。

■克吕尼的**奥克伊尔博物馆**（Ochier Museum）有关于隐修院和中世纪小镇历史的展览，还珍藏着隐修院图书馆的大量藏书。

■隐修院后面的**勃艮第国家种马场**（National Stud Farm of Burgundy）对游客开放。法国最好的比赛用马就是在这里饲养的。

■世界最著名的**葡萄酒慈善拍卖**每年11月在博纳养老院（Hospices de Beaune）举行，为世界各地的勃艮第葡萄酒定价。

最佳旅行时间： 任何时间均可，甚至在冬天气候也温和宜人。

行前计划： 博纳（Beaune）是最近的小镇，可以从巴黎乘坐高速列车抵达。博纳有地方列车定期开往克吕尼，但是游览周边乡村必须有一辆车。准备1天时间参观隐修院，再用2—3天时间探访整个地区以及著名的葡萄园。

相关网址： www.uk.cluny-tourisme.com

对页：奶酪塔（左侧）、八角形的钟楼和小钟楼是11世纪建造的最初的隐修院仅存的遗迹。左上：现存的回廊是18世纪重建的隐修院的一部分。右上：中世纪隐修院遗迹上性格鲜明的石雕。

5 日常礼拜处所

祭拜场所不管是宏伟的还是简朴的都不仅仅是建筑物而已，它们是用砖、木、玻璃或石头制定的有形的传统和信仰宣言。这样的宗教建筑形式多样，有伊斯坦布尔蓝色清真寺（Blue Mosque）的蔚蓝壮丽，有日本金阁寺（Golden Pavilion Temple）的镀金墙，有新英格兰手工雕琢的朴素的木结构教堂。本章所介绍的圣所可能会积极欢迎（也可能谨慎地容忍）游客的到来，但是对平常来祭拜的人来说，它们首先不是旅游景点或博物馆。它们有的是蕴涵着引人入胜的故事的古老圣地，如布拉格（Prague）小巧而又生动鲜活的旧新犹太会堂（Old-New Synagogue）（犹太人自中世纪以来一直在这里祈祷），有具有1500年历史、耸峙在陡峭的悬崖上的精巧的中国悬空寺。也有一些是大胆的现代建筑，如加利福尼亚的23层水晶大教堂（Crystal Cathedral）是世界上最大的玻璃建筑之一，这里的礼拜活动每周有一次电视直播，吸引了全世界约2000万观众。

在秘鲁库斯科大教堂（Cusco Cathedral）坚固的银祭坛上方悬挂着炭黑色的耶稣受难像（被称作地震神）。在复活节前一周，信徒们举着它穿过小镇的街道游行。

图罗犹太教堂把乔治亚时代殖民建筑风格和西班牙系犹太人的建筑要素巧妙地结合在一起。

美国/罗得岛州

图罗犹太教堂

这个建于18世纪的精巧的犹太教堂是犹太人和其他不同信仰的美国人宗教自由的象征。

位于罗得岛州纽波特（Newport）的图罗犹太教堂是美国现存历史最悠久的犹太教堂，它是殖民时期建筑艺术的典范。1790年，图罗犹太教堂成为美国宗教自由的象征，因为当时乔治·华盛顿给这里的教会写了一封信，郑重宣告新建立的国家将会确保所有信仰崇拜的权利。宁静的白色会场里有高高的圆柱、走廊和精美的木雕装饰，它是建筑师彼得·哈里森（Peter Harrison）的杰作，哈里森是自告奋勇承担这项工作的。1658年，逃脱了伊比利亚（Iberian）宗教审判的西班牙系犹太人（Sephardic Jews）在这里建立了圣会，寻求罗得岛殖民地创始人罗杰·威廉斯所承诺的宗教自由。他们后代的精神领袖艾萨克·图罗（Isaac Touro）在1762年为这个圣会建了第一个永久之家。1776年，英国人占领了纽波特，许多犹太人逃离了此地，于是教堂就变成了英国军队的医院，后来又改成市政厅，最后渐渐被遗弃。艾萨克·图罗的儿子们留了些遗产用于修理和维护教堂，直到1883年，随着东欧移民的到来，纽波特的犹太人口大大增加了，它才重新开门做礼拜。

最佳旅行时间： 教堂全年开放，但是周六做礼拜，不对公众开放。旅游日程安排随季节变化。每年8月举行华盛顿来信朗诵会。

行前计划： 有导游的游览持续30分钟。要买门票，持有美国国家公园通行证的人免费进入。最后一次导游解说是下午2：30开始。每周五晚上、周六和犹太教节日有礼拜活动。女人必须坐在楼上。着装要得体，不要穿短裤或无袖衬衣。图罗犹太教堂国家历史景区还有一个犹太墓地和纪念殖民地犹太领袖的公园。

相关网址： www.tourosynagogue.org

著名景点

■按照西班牙系犹太人东正教传统男人和女人要分开祭拜。楼上女人祈祷用的走廊是用12根**爱奥尼亚式圆柱**支撑的，每根用一整棵树做成。上面有12根**科林斯式圆柱**一直通到圆顶的天花板。

■**五盏巨大的黄铜大枝形吊灯**从天花板上悬垂下来。

■注意看教堂所处的位置，它的**角度**正好使在圣方舟前祈祷的信徒面向东朝着耶路撒冷方向。

■教堂里陈列着**华盛顿写给图罗圣会的信**，其中有这样几句话："美利坚合众国政府不会制裁偏执的信仰，不会支持宗教迫害，只要求生活在这个政府保护下的人民做个好市民，在任何时候都给予它有效的支持。"

圣康西普逊传教站

这个天主教和西班牙帝国的前哨基地将把游客带回到得克萨斯州基督教的初始时期。

圣母受孕传教站（the Mission de Nuestra Senora de la Purisima Concepcion de Acuna）在许多方面都很出众，尤其是灯光和色彩更是第一流的。里面装饰着18世纪中叶精美的灰泥湿壁画。干燥地区的强烈阳光照得入口处光亮夺目，这里有美国最古老的未曾重建过的石砌教堂，它的外墙上的壁画痕迹仍依稀可辨。你可以感觉到头顶上的穹顶和圆顶的砌石的厚重，阳光透过空隙斜射到圣殿中，你可以嗅到漂浮在光线中那逝去的岁月风尘。最初建在得克萨斯州圣安东尼奥（San Antonio）的5个西班牙殖民地传教站都幸存下来，其中建于1755年的圣康西普逊保存最完整，并且没有改建过。这些传教站沿圣安东尼奥河按照一定的距离分布，当时是为了让印第安人改信天主教、成为忠诚的西班牙公民，并且为了防止法国人侵犯边境而建的前哨阵地。圣安东尼奥最古老的灌溉水渠流经传教站。所有的传教站都是由当地人采来的石头建成的，但在5个传教站中，就完整性、宗教重要性和美感而言，圣康西普逊传教站达到了最高水准。

最佳旅行时间： 夏天又热又干燥，要避免去得克萨斯。4月份有持续10天的节日，全城都有华丽的演出、游行和聚会。天主教星期日和节日礼拜活动向所有人开放。

行前计划： 相距1小时路程的圣康西普逊和其他3个传教站构成了传教站国家历史公园，每天上午9点至下午5点开放，感恩节、圣诞节和元旦除外。第五个、也是最南边的圣艾斯帕达（Espada）传教站从邻近的圣胡安（San Juan）传教站出发需要走半小时。5个传教站之间有自行车道连接。

相关网址： www.nps.gov/saan， www.loscompadres.org

著名景点

■在圆顶的支撑墙内有4扇小窗，分别朝向东、南、西、北。南面的窗子具有**太阳钟**的功能，在冬至日（12月21日）阳光会照射到北边的凹室教堂的祭坛上。

■在**圣母升天节**（Feastofthe Assumption）（8月15日），夕阳会从圣康西普逊的小圆孔西窗射进来。下午6：30，阳光会直射在圆顶正下面的耳堂中心点。

■牧师住处有奇妙的**天花板湿壁画**。在筒形穹顶中心有一部分非常突出，据说代表上帝的眼睛。

自19世纪70年代开通铁路以来，旅游者络绎不绝地来圣康西普逊游览。保护措施从20世纪初就开始实施。

新英格兰十大教堂

在新英格兰各州散布着一些美国最著名的教堂。

❶ 康涅狄格州第一基督教堂

第一基督教堂建成于1772年，以有着漂亮尖顶的精致八边形钟楼闻名。这是建在这个基址上的第三个会馆。

行前计划：参观附近希尔史帝博物馆（Hill-Stead Museum）的艺术收藏。www.ctfreedomtrail.com，www.firstchurch1652.org，www.hillstead.org

❷ 康涅狄格州温莎第一教堂

第一教堂圣会于1635年定居温莎，在1794年建成现在的会馆，它是康涅狄格州最古老的公理会教堂。教堂旁边的帕里萨多墓地（Palisado Cemetery）上的墓碑会让你了解小镇的历史。

行前计划：参观建于1765年的赫齐卡亚·查菲博士（Dr. Hezekiah Chaffee's House）故居；故居4—10月开放。www.firstchurchinwindsor.org，www.windsorcc.org

❸ 罗得岛州普罗维登斯第一洗礼教堂

第一洗礼教堂是英国乔治王时代和新英格兰会馆风格的完美结合。它于1775年建成，大殿可供1200人祈祷，是当时新英格兰最大的建筑工程。波士顿倾茶事件后英国关闭了波士顿港口，造成了大量闲散的木匠和造船工人，教堂的建设得益于他们的技术。

行前计划：上山去布朗大学（Brown University），那里的绿地上有许多漂亮的建筑物。www.fbcia.org，www.pwcvb.com，www.ppsri.org

❹ 马萨诸塞州巴恩斯特布尔西教区公理会教堂

现在的会馆历史可追溯到1719年，它是世界上仍在使用的最古老的公理会教堂。新英格兰历史最悠久的钟塔之一是在4年后增建的，塔顶是一个镀金风标，所以该教堂有个通俗的名称——公鸡教堂。

行前计划：看一看13公里长的桑迪内克海滩（Sandy Neck Beach）丰富多样的海滨生活。www.westparish.org，www.town.barnstable.ma.us

❺ 马萨诸塞州波斯顿旧北教堂

旧北教堂建于1723年，是波士顿现存最古老的教堂，它的正式名为基督教堂。旧北教堂在美国独立战争中起着关键的作用，1775年4月18日晚，保罗·里维尔（Paul Revere）在罗伯特·纽曼（Robert Newman，教堂司事）用旧北教堂尖塔上的两盏灯笼向他发出信号后，开始了他有名的午夜疾驰。

行前计划：在波士顿博物馆或在波士顿自由之路（Freedom Trail）上探索美国独立战争历史。www.bostonhistory.org，www.cityofboston.gov，www.thefreedomtrail.org

❻ 马萨诸塞州新贝德福海员礼拜堂

海员礼拜堂建于1832年，它是为海员来港口时提供宗教慰藉而建的。海员礼拜堂是赫尔曼·麦尔维尔（Herman Melville）的小说《白鲸》（*Moby-Dick*）中的捕鲸者教堂原型。麦尔维尔曾在1840年到过教堂，他坐过的靠背长凳现在以一块饰板标示着。作家描写的船首状的布道坛是他自己想象出来的，现在这里的布道坛是1961年按照小说的描写仿制的。墙上有纪念葬身于大海的水手和捕鲸人的纪念匾，非常感人。

行前计划：你还可以参观马路对面的捕鲸博物馆。www.whalingmuseum.org，www.rixsan.com/nbvisit/guide.htm

❼ 新罕布什尔州格林菲尔德会馆

新英格兰的教堂都兼作早期移民的集会场所。格林菲尔德会馆建于1795年，一直沿用至今，它是新罕布什尔迄今仍在使用的最古老的会馆。现已被列为新罕布什尔州历史遗迹。

行前计划：冬季去可以到附近的滑雪场滑雪。www.greenfield-nh.gov，www.nhstateparks.com/greenfield.html

❽ 佛蒙特州斯托维社区教堂

掩藏在曼斯菲尔德山（Mount Mansfield）中的斯托维社区教堂是因电影《音乐之声》（*the Sound of Music*）而青史留名的奥地利冯· 特拉普（von Trapps）家族曾经住过的地方。它建成于1863年，耗资12 000美元，是1920年斯托维公理会、循道宗、普教派、浸信会大联合时期美国第一批跨教派教堂之一。

行前计划：冬天参观斯托维社区教堂，顺便可以到斯托维山度假地的山坡转转。www.stowechurch.org，www.gostowe.com

❾ 佛蒙特州威尔斯圣保罗主教堂

人们在1751年开始定居威尔斯（以新英格兰萨默塞特郡（Somerset）的威尔斯命名），这是建在镇上草地上的三个教堂之一。约翰·亨利·霍普金斯（John Henry Hopkins）（佛蒙特州首任主教）于1841年设计并建造了圣保罗主教堂，他还雕琢了祭坛。

行前计划：威尔斯整个夏天的周末都会举办各种各样的活动，包括8月的狂欢节。www.dioceseofvermont.org

❿ 佛蒙特州伍德斯托克第一公理会教堂

位于新英格兰经典小镇伍德斯托克的这座优雅的教堂建于1806—1808年。律师查尔斯·马什（Charles Marsh）不想生活在一个没有礼拜场所的小镇，于是他发起了一场轰轰烈烈的运动，这个教堂就是这场运动的产物。1934年，劳伦斯·洛克菲勒（Laurance Rockefeller）在这个教堂与玛丽·比林斯·弗伦奇（Mary Billings French）结婚。自那以后，教堂和小镇（都保存得很好）一直得到洛克菲勒的慷慨捐助。

行前计划：安排好时间使你能恰好赶上9月底举行的佛蒙特州木工节（Vermont Wood Festival）。www.fccw.net，www.woodstockvt.com，www.nps.gov/mabi，www.vermontwoodfestival.org

威尔斯的圣保罗主教堂简单的线条、层叠的塔楼在小镇草地生气勃勃的秋色中鲜明夺目。

水晶大教堂的星期日礼拜活动（《力量时间》）通过电视向全世界转播，并当场翻译成4种语言。它常常吸引名人演讲嘉宾前来。

美国/加利福尼亚州

水晶大教堂

这个超现代的玻璃大厦是建筑史上一个大胆的宣言，也是电视福音布道的基地。

外观呈楔形，有12层楼高的水晶大教堂像一艘西班牙玻璃大帆船一样高耸在加利福尼亚南部的钢筋水泥丛林中。从空中往下看，这个未来派基督图腾比5公里外的另一个地标迪斯尼的睡美人城堡更加灿烂。水晶大教堂不是水晶建的，而是用硅树脂（为了防地震）把1万多块银色玻璃贴在一个白色网状钢筋架上建成的。大教堂长126米，宽63米，是世界上最大的玻璃建筑物之一。因为没有主教，实际上它只是名义上的大教堂。有着电影般魅力风格的两座27米高的大门在布道坛后神奇地打开，更增添了其建筑艺术和精神影响力。罗伯特·舒乐博士（Dr. Robert H. Schuller）在一个旧的汽车影院场地上开始建造最初较朴素的建筑，1980年建筑师菲利普·约翰逊（Philip Johnson）建成了这座教堂，实现了罗伯特·舒乐博士一生的梦想。这个新教教堂有这样一个简单的信条：空虚的心灵我们来填补，受伤的心灵我们来愈合。但同时这个有2890个座位、耗资1700万美元的巨型教堂又以真正的好莱坞风格按等级安排一切。有2000万观众、一周一次的《力量时间》（*Hour of Power*）礼拜活动是由创始人的儿子牧师罗伯特·舒乐博士（Rev. Dr.Robert A. Schuller）主持的，它是世界上观众最多的基督教节目。

最佳旅行时间： 任何时间均可。圣诞节和复活节有音乐表演盛会。

行前计划： 60—90分钟时间足够游览大教堂和其他建筑物。如果要看牌匾需要2小时；一些较小的细节部分比较容易忽略。仔细参观大理石造的玛丽·胡德小教堂（Mary Hood Chapel），这是一个24小时供人祈祷的地方，在它的大理石上刻着这样一句话："此屋应称为供所有人祈祷之屋。"教堂四周的石径上刻有圣经语录和人名。在纪念花园找一个长凳冥思片刻。周一至周六上午9点至下午3：30、周日做完晨祷后有免费导游解说。根据要求可组织旅游团。

相关网址： www.crystalcathedral.org

著名景点

- 每年这里有两场壮观的**音乐舞台剧**吸引着成千上万的观众：《圣诞的光辉》（*The Glory of Christmas*）（有飞翔的天使和活生生的骆驼）和《复活节的光辉》（*the Glory of Easter*）（有惊人的特别效果）。
- **克林塔**（Crean Tower）是1990年增建的，它是由不锈钢棱镜组成的发光的钟塔，内有一个带52个钟的钟乐器。
- 圣殿的**管风琴**是世界上最大的5架管风琴之一，它有多层结构，安置在采自西班牙的大理石做成的高坛上。
- 在礼拜活动中，坐在后面的教徒可以通过**巨大的室内电视荧屏**看到牧师。
- 庭院有真人大小的《圣经》人物青铜雕像，如"手持十诫的摩西"、"好牧人基督"。

哥伦比亚

盐教堂

从锡帕基拉（Zipaquira）山的盐石中雕凿出来的这座宏伟的地下教堂可以容纳1万名祈祷者。

当你穿过山洞里缓缓盘旋的隧道进入这个巨大的地下教堂时，外面世界的喧嚣和绚丽都渐渐远去，你仿佛进入了另一个世界。在灰暗的盐墙上雕凿着14个十字台，每一个都是一个小教堂。在通道的尽头是一个走廊，俯视着一个巨大的会场。盐教堂内部很壮观，包括一个中殿、一个布道坛、一个祭坛，上面是雕刻在石墙上的巨大的耶稣受难十字架。这个目前还在运作的盐矿在圣菲波哥大（Bogota）西北48公里处，其历史可以追溯到约2000年前。最先开采盐矿的是西班牙统治前的穆伊斯卡（Muisca）人。现在的大教堂工程是在一个当地建筑师的监督下于1991年开工，花了当地矿工和雕刻家将近5年的时间完成的。每星期天有3000多名访客来到这里祭拜。

最佳旅行时间： 山洞全年开放。这一地区气候温和宜人，且能始终保持这个状态。12月—次年2月是最干燥的季节，4—5月、10—11月较湿润。

行前计划： 带一把伞，因为你必须在外面排队等候，那里没有遮盖。周末当地游客多，很拥挤，平日去比较安静。要拍到光线、环境最佳的照片，避免用闪光灯。把照相机拿稳，三脚架不允许用。在锡帕基拉（Zipaquira）有几个地方可以住，但大多数人选择住在波哥大（Bogota），白天游览锡帕基拉。圣菲波哥大和锡帕基拉之间公共汽车往来很频繁。村子有一辆公交车开往盐教堂。周末和公共假日有一趟慢速蒸汽列车载着流浪音乐家开往锡帕基拉。提前从波哥大萨巴纳（Sabana）火车站买好车票。

相关网址： www.latinguides.com， www.turismocolombia.com

著名景点

- 在你到达教堂主会场前，仔细看一下几个小穹顶，那里有一些雕刻在盐石上的奇妙的**雕塑**。
- 在曾经用来加工盐矿的石室里，有一个展示盐矿历史的极好的**现场博物馆**。
- 在**礼拜活动**时参观，你可以看到祭拜者挤满了大教堂的主会场，这里灯光柔和，充满了祈祷声。

一个矿工在盐教堂的14个小教堂之一的跪台上祈祷。

库斯科主广场上聚集了西班牙殖民时期精致的建筑物，包括大教堂。

秘鲁

库斯科大教堂

就其建筑艺术和传奇性而言，这个大教堂代表着西班牙殖民传统和当地印加传统的完美结合。

库斯科大教堂是美洲西班牙殖民时期建筑的杰作，它真正的美不在于其内敛的整体的壮美，而在于它的细节。这些细节明显地反映出伊比利亚（Iberian）和印加文化的融合。注意看一下当地特色细节，如雕在巨大的主门上有灵气的美洲狮头，马科斯·萨帕塔（Marcos Zapata）在中殿上面创作的“最后的晚餐”中餐盘上的天竺鼠。库斯科大教堂始建于1560年，西班牙建筑师和印加工匠和工人花了一个多世纪时间才完成了这个庞大的建筑物。它建在印加皇帝维拉科查（Viracocha）的宫殿遗址上，许多石头都是预切好的（是从印加建筑，如萨克塞华曼Sacsayhuaman城堡中偷来的）。这些石头一并带来了神话和传说，有一个故事说的是一位印加王子住在一个用砖围砌起来的巨大钟塔中，等待着钟塔倒塌，那时他就可以使他的文明重新焕发出光芒。

最佳旅行时间： 库斯科坐落在安第斯山（Mount Andes）上，是典型的山区干燥气候，大多数日子阳光明媚，晚上又出奇的寒冷。气温在-7℃—21℃不等。

行前计划： 即使粗略看一下大教堂至少也需要1小时。仔细参观中殿、附属教堂和围地需要半天时间。其中一个附属教堂每天都做弥撒。圣诞和复活节周是旅游的好日子，但是一年中的主要节庆是复活节后60天的基督圣体节（Corpus Christi Festival）。参加庆典的人举着库斯科全城教区教堂的15座圣徒和圣女雕像在广场游行，然后走进大教堂做通宵祈祷。

相关网址： www.perutourism.com/info/cusco.htm， www.cusco-peru.org

著名景点

■中殿由14根巨大的圆柱支撑，与精巧结实的**银祭坛**和10座**附属教堂**（大多数礼拜都在这里进行）毗连。

■**凯旋教堂**（Triunfo Chapel）有一幅画描绘了1650年毁灭库斯科的大地震。据说**地震神教堂**（Chapel of Nuestro Señor de Los Temblores）有一个镶有黄金和珠宝的耶稣受难十字架奇迹般让大教堂幸免于难。

■面向大教堂的**耶稣会教堂**（la Compañia de Jesus）是伊比利亚巴洛克建筑的最高境界。

■建在印加太阳圣女神庙遗址上的教堂和**圣卡塔丽娜修女院**（Convent of Santa Catalina）是库斯科本地和殖民建筑风格相结合的典范。

■**宗教艺术博物馆**位于大教堂广场以东一个街区，陈列着在原来的大主教邸宅里发现的殖民时期天主教文物。

■从库斯科出发前往秘鲁游客最多的景点——往西北71公里处的印加古城**马丘比丘**。从库斯科坐火车沿途能欣赏绝妙的景色。

日本

金阁寺

宁静安详的金阁寺是日本极乐净土的象征。

这个三层楼建筑有着精巧的弧线型屋顶，它的别名金阁寺来自二层、三层墙壁和屋檐上贴着的金箔。宝刹正式名称为鹿苑寺（Rokuon-ji），坐落在京都北边宁静的镜湖池边。这个金光闪闪的佛寺周围是雅致的规整式园林，其美丽的景色据说代表着极乐世界。它是室町时代（Muromachi-era）的建筑典范，一层、二层布满了宗教雕刻和绘画，三层是中国禅宗寺风格的佛堂。原来的亭阁在1950年被一个年轻的疯和尚焚毁，现在的建筑是1955年重建的，它是根据1397年为幕府将军足利义满（Ashikaga Yoshimitsu）（1358—1408年）建的退隐别墅复制的。显然，足利义满过着夸耀奢侈的生活，而数公里外，京都的居民们却忍受着饥荒、地震和瘟疫。1408年，足利义满去世后，他的儿子对这幢建筑物做了改动，把它变成了一个临济禅寺。今天它成为收藏释迦牟尼圣物的佛堂，吸引了佛教徒和非佛教徒前来参观。

著名景点

■正如金阁从灰烬中崛起一样，一个镀金凤凰（中国和日本神话中的吉祥鸟）尖顶矗立在金阁寺塔顶。

■花园里2.3米高的龙门瀑（Ryumon Taki）冲泻到点缀着鲤鱼石的池塘中。根据古代传说，当鲤鱼跳到瀑布上时，它就会变成龙，这里用斜纹石代表龙。

■从安民池（Anmintako）过去，一条蜿蜒、陡峭的小径旁有一个夕佳亭（Sekkatei）茶馆，从那里可以欣赏黄昏时分的景色。注意壁龛下面的南天木圆柱。因为南天树生长非常缓慢，这么粗的圆柱一定取材于一棵非常古老的树。

最佳旅行时间： 全年任何时间均可。每个季节都有值得一看的景色。在晴朗的春日或夏日，金碧辉煌的金阁寺和蔚蓝色的天空倒映在平静的镜湖池中；秋天，满园的枫树披着橙黄和红色的秋装，绚丽无比；冬天金阁寺银装素裹，一片宁静。金阁寺每天上午9点至下午5点开放。早点去可以避开人群。

行前计划： 准备2小时游览寺院和庭院，留出一点时间去茶馆品尝传统抹茶。金阁寺可以从京都车站坐公交车抵达，或走乌丸（Karasuma）地铁线到北大路（Kitaoji）车站，然后坐公交车或出租车很快就到。

相关网址： www.shokoku-ji.or.jp

在晴朗的日子，金阁寺和后面的园林倒映在镜湖池中，二者相映成趣。

中国/北京

天坛

蓝瓦屋顶、圆形大殿似乎要把天与地连在一起，天坛可能是明代建筑最杰出的成就。

对中国人来说，圆形物体代表天，方形物体代表地，所以天坛巨大的围墙是上圆下方，象征天坛是一个天地交会之处。天坛与紫禁城一样建于1420年，中轴线上有华丽的大殿（有些是圆的，有些是方的）和一个祭坛。完美的圆形祈年殿可以说是北京最美的古建筑物。大殿漆成蓝、绿和金黄色，四周有红色的格子门，深蓝的三重檐（代表天心），顶上是一个金色的大球。靠南的圆盘状三层汉白玉祭坛是天坛真正的中心，雄伟而又简洁，这就是1912年前皇帝举行复杂的三步骤祈福典礼的地方：斋戒、祷告和祭祀，最后以焚烧公牛告终，目的是获得五谷丰登。因为中国古代皇帝被认为是上天之子，所以他们来祭拜给予他们权力的上天是很重要的。

著名景点

- 像古代皇帝一样站在**祭坛**的中心，环视整个公园以及北京的空中轮廓线。
- 支撑**祈年殿**的是用28根树干做成的大圆柱。
- 试验一下皇穹宇圆形围墙奇怪的**声波效果**，在那里拍手声会放大，低语声有回音。
- 大殿周围的公园里有许多北京人在从事各种**传统活动**，包括唱京剧、拉二胡、放风筝、练习各种武术运动。

最佳旅行时间： 冬天，居民楼里的集中供暖主要靠烧煤的锅炉，这使空气污染成为一大问题。9月底至10月初，风吹走了很多污染物。4月也不错，但是要记住：春天的大风有时会夹带着沙尘。

行前计划： 从天坛东门外北京地铁5号线新站开始。从天坛的西门离开。从西门往西走10分钟可达游客稀少的先农坛，路上可以在天桥停留片刻吃顿午饭。早上6点过后马上进天坛，可以看到当地的娱乐活动正达到高潮，如打太极拳、放风筝、唱京剧。大殿开门后，率先进入，这样在旅游团到来之前可以试一试皇穹宇的声音效果，体验一下祭坛的庄严肃穆。准备2~3小时游览天坛，包括有展览的附属建筑物以及带护城河的建筑群（那是皇帝在祈福祭礼前过夜的地方）。

相关网址： www.tiantanpark.com， www.kinabaloo.com

祈年殿全部采用木结构，没有使用一颗钉子。

悬空寺高高耸峙在桩柱上，看上去像粘在悬崖峭壁上。

中国/山西

悬空寺

这个经受住了地心引力、从悬崖中伸出的罕见的寺院把危耸的亭阁、令人眩晕的景色和历史悠久的寺庙巧妙地结合起来。

在中国最适合拍照的宗教景点之一，有1500多年历史的小巧精致的寺庙在空中构筑了一个实实在在的城堡。悬空寺由几个精巧的寺庙组成，这些寺庙由狭窄的阶梯和步道连接，令人不可思议地粘在陡峭的悬崖峭壁上。从表面看，它们是由细长的桩柱支撑着，让游客觉得幸运的是这些桩柱更多地只是起装饰作用而不具结构功能，支撑亭阁的梁柱隐藏在悬崖深处。这是一个不同宗教混合的圣地，40个焚香缭绕的殿阁代表着道教、佛教和儒教文化。更不同寻常的是，一个小小的寺庙竟然包容了三种信仰。有一个建筑中有一尊佛像，据说摸一下它的脸会带来好运，但是这个传统对佛像本身来说却是不幸的，无数只手的触摸渐渐地把它磨蚀了。另外一个佛堂有精致的土木装饰图案，飞舞悬垂的塑像与寺院本身悬浮的外观相得益彰。一个道观里有一组非常精致的飞龙浮雕。寺院建在高处是为了免遭山下河流洪水的毁坏。如今山下的河流已经筑起了大坝，从寺院往下看，已经没有了引人入胜的景色。但是去看那些令人不可思议的悬浮的寺庙是很值得的，甚至在进入这些小小的佛堂前你就感觉已经不虚此行了。

著名景点

■走在悬臂支撑的嘎吱作响的阳台上，地板间的缝隙让你心惊胆战地**俯瞰**下面的深谷：在这里你不仅是在游历一个宗教圣地，你还在表演马戏团的走钢丝。

■无论你还游览中国的其他什么景点，在这个令人难以置信的悬崖寺院所拍摄的**照片**是最令你国内的朋友和家人惊叹的。

■40个小殿堂和壁龛有**彩色雕像群**，其中有一组老子（道教的创始人）、孔子和释迦牟尼和谐地站在一起的雕像，让人觉得很是稀罕。

最佳旅行时间： 一年四季均可。但是冬季（11月—次年3月）会非常寒冷。

行前计划： 如果从北京坐晚上的火车西去大同，再坐第二天晚上的火车回北京，那么一日游就可以了。但是你最好待上3天，因为那样的话你可以游览附近其他的景点：大同有几个古老的寺庙，其中中国最好的一个石窟庙宇在大同边缘的云冈，不远处还有一个中国最古老的木塔。悬空寺位于大同东南65公里处，公交车可达，但是你要换乘2趟车，票价可砍价。中国国际旅行社提供一日游服务，也包括云冈石窟。你可以在火车站国旅营业点购票。

相关网址： www.orientalarchitecture.com， www.cnto.org

帝殿

中国/台湾

文武庙

在神明、巨龙和凤凰的注视下，道教徒和儒教徒们在红卡片上写下祈祷，然后点燃盘香以净化他们的祈求，让祈愿随着缕缕熏香飘到天上去。

成千上万的祝福风铃发出和谐的乐声，在灼热的午后微风中飘荡着，飞越日月潭依然蔚蓝的湖水上空飘进周围春阳山脉的薄雾中。文武庙掩藏在森林覆盖的山腰处，黄瓦重檐，每个屋脊上都盘伏着巨龙。文武庙是道教和儒教的圣地，供奉圣贤孔子和在中国被奉若神明的将军关羽（160—219年）和岳飞（1103—1142年）。庙内盘香袅袅，漂浮在悬挂的祈祷卡片中，飘到高高的天花板上，那里布满了微型镀金神像。磨损的占卜竹签摇掉在地上，那些想知晓未来的祭拜者慢慢挪动着脚步。学生们聚在大成殿，在青铜孔子坐像前祈求学业有成。香炉入口处有一对凤凰守护，在凤目的注视下，人们烧红包（冥币）、焚香以敬神明。文武庙建于1938年，其建筑风格是中国北方宫殿式风格。当时日月潭建起了水电站，致使水位上升，洪水来临时威胁到两座古庙，所以人们将古庙迁移，两庙合一，创建文武庙。

最佳旅行时间：10月一次年1月气候最佳。6—9月是季风季节。除周末外平日不太忙。文武庙24小时开放，但是晚上8点后要走侧门。9月可以体验道教丰收节（新年），欣赏日月潭上空的焰火，参加一年一度始于朝雾码头的横渡日月潭游泳活动。

行前计划：游览文武庙1~2小时足够了，但是要留出时间坐船游览日月潭，可以从日月潭4个码头中的任何一个开始。租一辆自行车探访湖边的道路。在大城镇（特别是省会台北）要注意扒手和车辆，车子不会停下来让行人先走。

相关网址：www.sunmoonlake.gov.tw

著名景点

- 观赏青龙偃月刀。据说**青龙偃月刀**是关羽的兵器，上面凝结着龙血。
- 在去孔庙的路上，摸一摸**智慧金球**，四周是色彩华丽的巨龙戏水。道教认为龙象征着力量、智慧和好运，所以龙经常被描绘成戏珠（或霹雳弹）的样子，那是它们智慧的源头。
- 试一下武庙的**算命机**：一个机器少女在微型寺庙门口出现，手里拿着写有你命运的小纸卷。
- 如果你是坐船到达的，从码头攀登366级台阶到文武庙，一级代表一天（多出的一级代表闰年）——俗称“走一年”。在每个月的开始有一个带座椅的平台，你可以在那里稍事休息。台阶两边直立的铁杆上挂着色彩鲜艳的祝福风铃，每一根铁杆代表中国农历一年。

对页：净化祈祷卡片的盘香看上去像篮子。 左上：从瞭望台上可以欣赏到文武庙的黄瓦屋顶和日月潭。右上：色彩鲜艳的神龙保卫着供奉孔子的大成殿外面的智慧金球。

中国/香港

万佛寺

万佛寺无疑是一座古怪的圣殿，这里的佛像有着令人感到不可思议的形状、大小和姿态。

香港最著名的宗教圣殿耸峙在新界沙田郊区拥挤的高楼大厦之上，从山谷底攀登431级台阶可达，但不管是朝圣者还是一般的游人都会觉得爬这些台阶值得。爬到最后，只见不规则延伸的寺庙群供奉着约1.3万多座佛像，有大有小，没有两个是重样的。令人惊讶的是许多佛像表情都是轻松愉快的，甚至是滑稽可笑的。尽管这些建筑看上去很古老，但实际上它是现代作品。万佛寺由月溪法师创建，始于1949年，至1957年落成。月溪法师原是北京一位哲学教师，后毅然出家，云游四方，最后来到沙田郁郁葱葱的山坡上落脚。高耸于其他建筑物之上的9层万佛宝塔呈苹果红色，镶以黄边，它的环形台阶两边都排列着佛像。登上顶层，能一览山谷全景。宝塔旁矗立着无数佛像中最古怪的一座——巨大蓝狮上的文殊菩萨金像（佛教徒认为文殊菩萨是卓越智慧的化身）。在中央庭院有各种庙宇和亭阁，大多数佛像都供奉在这里。每一尊代表一个已得道的菩提（达到超凡脱俗境界的追随者）。

最佳旅行时间： 香港四季分明。夏季湿热，冬季比想象得要冷，而且常常刮风。春、秋天天气晴朗温和，最适合漫步。正月十五元宵节（中国新年节庆的最后一天）和4月清明节是最佳旅游时间。

行前计划： 往返香港市中心和沙田、游览寺院需要半天时间。从九龙站坐火车去沙田站，或乘坐巴士或出租车前往，然后步行去寺院。如果你是坐出租车前往，要求在大中心广场购物中心下车。街对面有几个路标，第一个路标就指明了去寺院台阶的路。

相关网址： www.10buddhas.org，www.discoverhongkong.com

著名景点

■主庙除了无数佛像外，还有**月溪墓**。月溪法师在1965年寿终后肉身被他的弟子加漆敷金保存起来。现在他的肉身裹着红绸外衣置于一个玻璃箱内，呈莲花坐姿势，宁静安详。

■中心庭院两侧的真人大小的佛像（十八罗汉）刻画的是释迦牟尼得道的弟子，他们暂时放弃修得的涅槃去帮助众生。在中国南方佛教徒心目中，罗汉享有接近超级英雄的地位。

■在**佛祖洗浴节**（佛祖的降生日），僧侣们会举行仪式，清洗众佛像，并且施舍面条。洗浴节在阴历4月8日（通常在阳历5月）。

通往香港最著名、最古怪的圣殿的431级台阶两侧分列着真人大小的金色佛像。

玉佛寺的镀金尖塔高高耸立在曼谷上空。

泰国

玉佛寺

泰国最神圣的寺庙金碧辉煌，璀璨夺目，是用来安放一座微型佛像的。

佛像是玉做的，只有76厘米高，但是加入到它脚下的祭拜人群中，你会感觉到这是泰国真正的灵魂。在9层金伞保护下，它俯视着华丽的皇室佛殿。每年泰王都要来这里三次，按季节为玉佛更换金衣。在你到达佛殿前，纯粹东方幻境般绚丽的庭院首先让你眼前豁然一亮。以金箔和马赛克装饰的宝塔、亭阁、钟楼、尖塔、翻卷的重檐闪耀着光芒。绿脸的魔鬼、优美的神话动物（半人半鸟的神物）俯视着你，空气中弥漫着上供的花香和熏香。玉佛殿位于曼谷大王宫的一角，是泰国最神圣的地方。小玉佛是15世纪被发现的，后来作为战利品几易其主，流落国外，最后在18世纪才重新回到泰国。查克里（Chakri）国王为玉佛建了寺堂，这是他的新都城的第一个永久性建筑。

著名景点

■在**皇室佛堂**，聆听持续不断的念经声，然后从上面的阳台欣赏整个建筑群的景色。佛堂的**壁画**描绘的是佛祖的生活。回廊的壁画展现的是《拉玛坚》（*Ramakien*）——印度史诗《罗摩衍那》（*Ramayana*）的泰国版——中的场景。

■门口有一个**隐士塑像**，这是一个不知姓名的印度教徒，据说是他发明了瑜伽。

■找出神圣的**白象雕像**和**吴哥寺模型**，这是在1851—1868年间统治泰国的国王蒙库（Mongkut）派人建造的。柬埔寨在很长时间里都是泰国的臣属国，蒙库国王想以此提醒他的臣民王国过去的辉煌。

最佳旅行时间： 冬季气候最佳。玉佛寺每天上午8点至下午4点开放，特殊活动日除外。在4月6日查克里日（Chakri Day）游览玉佛寺，因为那天是皇家万神殿（Royal Pantheon）向公众开放的唯一的一天，你可以进去看一眼真人大小的各朝泰王雕像。

行前计划： 玉佛寺和其他景点都在河边，所以选择一家附近的酒店，你就不用担心交通问题。坐船到N9码头（Tha Chang Pier），然后走一小段路就到玉佛寺。参观大王宫和玉佛寺着装要端庄。在佛堂，要保持安静，蹲坐在地上。里面禁止照相，执法很严。早点去以避开人群。

相关网址： www.bangkok.com， www.bangkoktourist.com

印度

马哈巴利普拉姆海岸神庙

这个达罗毗荼（Dravidian）建筑风格杰作最近才从几个世纪的泥沙掩埋中发掘出来。

2004年12月，印度南端泰米尔纳德邦（Tamil Nadu）附近的马哈巴利普拉姆发生了一桩奇事。当海啸猛烈冲击海滩掀开泥沙时，露出了高1.8米的精致的古老石雕——大象头、驰骋的奔马、准备猛扑的狮子。渔民们说，印度洋潮水退去后，他们还看到了一个失落的古城和传说中的海岸七宝塔遗迹。马哈巴利普拉姆是一个传奇小镇，古典达罗毗荼建筑风格的开创者帕拉瓦（Pallava）的国王们于7世纪修建了这座港口城市，据说那些精致的印度教神庙和石雕金字塔实在是太壮观了，竟然引起了众神的嫉妒，于是他们制造了一场洪水吞没了大半个城。今天残存的建筑物矗立在大麻黄和棕榈树丛中，成为每年吸引成千上万朝圣者和游人前来的旅游胜地。马哈巴利普拉姆有将近40个不同风格的纪念塔，包括一个平衡大圆石（克利须那的奶油球Krishna's Butter Ball）和阿周那的苦修（Arjuna's Penance）（世界上最大的露天浅浮雕，以印度史诗《摩诃婆罗多》中的英雄命名）。当游人穿过小镇时，只听拍岸的波涛声、工匠把花岗岩雕凿成微型神庙复制品的凿石声，这一切与马哈巴利普拉姆的音乐一起奏出了一曲美妙的小夜曲。

最佳旅行时间：冬季（11月—次年3月）是最佳旅游季节。游览大多数纪念塔需要半天时间。12月和次年2月间去有深受大众欢迎的舞蹈节，这个活动以阿周那的苦修浮雕为背景。

行前计划：从庞第皆瑞（Pondicherry）、甘吉布勒姆（Kanchipuram）、钦加尔帕图（Chengalpattu）和金奈（Chennai）每天都有巴士前往神庙；你也可以从金奈租一辆出租车，约90分钟到达。带游泳衣到大海中畅游一番，上一堂当地工匠的石雕课。

相关网址：www.mahabalipuram.co.in，www.orientalarchitecture.com

著名景点

■考古学家还没有找到证据证实传说中七宝塔的存在。如果七宝塔真的存在的话，**海岸神庙**是在众神的惩罚下幸存下来、露出水面的唯一遗迹。因为它离海洋很近（在涨潮时，海浪会拍击庙墙），故名海岸神庙，据说海岸神庙是印度南部最古老的石庙。

■**五马车寺庙（Pancha Rathas）**是7世纪巨石神庙，形状像古代战车，每座都由一整块粉红色花岗岩巨石雕凿而成。

■**阿周那的苦修浮雕**长29米，高13米，又称恒河降下（the Descent of the Ganga），这儿一共有大约150个雕像，包括天仙、大象、猴子和其他动物。注意观察浮雕中的阿周那，他是印度史诗《摩诃婆罗多》中的英雄，他摆的是瑜伽修行的姿势。

受印度教和佛教影响的达罗毗荼建筑大量使用精细的石雕。这是雕凿在岩石上的真象大小的大象，上面是飞翔的神。

米纳克希神庙有12座花岗岩塔楼，上面装饰着众神和神话动物的彩色灰泥塑像。

印度

米纳克希神庙

这个喜庆、热闹的印度教神庙不仅是一个祭拜地，还是一个喧闹繁华的商业区。

自公元550年来一直屹立在这里的马杜赖（Madurai）是一个寺庙众多、巧妙结合了神话故事、悠久的历史和现代商业的城市。尽管受到希腊、罗马、穆斯林和英国文化的影响，这里至今仍然盛行印度泰米尔文化，这个供奉湿婆的配偶女神的神庙在马杜赖居民的心目中占有重要位置，所以此庙一直是马杜赖城的心脏，也就不足为怪了。漫步走在占地6公顷的神庙建筑群中，端详它的城堡式围墙和雕琢精美的塔楼。在靠近入口处，金莲池（Golden Lily Tank）四周的柱廊上有引人注目的壁画，描绘的是古代泰米尔史诗中的场景。据说古时在泰米尔桑伽(Tamil Sangam)(泰米尔学术协会)的定期会议上，诗人们提交诗稿求取评价时，他们的诗作会被扔到金莲池中，只有优秀的作品才不会下沉，而没有价值的诗文会沉到池底。神庙四周有许多较小的神殿，里面有高大的柱子。米纳克希神庙是城中之城，这里熙熙攘攘，人们从事着各种活动：举办婚礼、贩卖手镯、看手相等。

最佳旅行时间： 冬季（12月—次年2月）是最佳旅游季节。

行前计划： 准备3小时游览神庙，1—2天游览马杜赖。马杜赖的航空、铁路和公路交通都很方便。黄金四边形铁路和四车道高速公路通到马杜赖。你可以从班加罗尔（Bangalore）、金奈（Chennai）或孟买（Mumbai）坐飞机前往。机场离马杜赖市区13公里，马上将会开通国际航线。这里盛行传统文化，所以着装不要暴露胳膊和腿，特别是在参观神庙时。在进庙前脱鞋。最好清晨或傍晚去神庙，以避开人群。神庙有些地方是禁止非印度教徒进入的。

相关网址： www.maduraimeenakshi.org，www.madurai.com

著名景点

■ 最值得注意的灰泥雕像是巨大的**千柱殿**（Hall of a Thousand Pillars）里的各种各样的雕像。每根柱子雕刻精细，各不相同，轻轻叩击就会发出不同的声响。

■ 参观马杜赖唯一有历史意义的清真寺：**卡齐马大清真寺**（Kazimar Periya Pallivasal）。它离神庙1公里路程，是一个开明的国王库·潘迪亚（King Ku Pandiyan）在12世纪末建造的。

■ 马杜赖以茉莉贸易闻名。参观市区附近科代卡那（Kodaikanal）山丘上的**茉莉农场**，穿过一片清雅的白色茉莉田，这里的花苞就要张开，第二天就可以采摘。本地茉莉在开花时就要采摘，花苞一般都是在清晨张开的。

■ 在马杜赖的**鲜花早市**上，狭窄的小巷挤满了2000多个农民，他们正在售卖成千上万吨鲜艳芳香的香草和鲜花。

■ 距马杜赖8公里的**提鲁帕兰昆德雷神庙**（Tirupparankundram Temple）建在山冈上，里面的神殿是在坚硬的岩石上雕凿出的。

巴基斯坦

巴德夏希清真寺

在喧嚣拥挤的城市里，这个清真寺显得宁静又宽敞。它是莫卧儿和伊斯兰建筑的代表作。

拉合尔（Lahore）太拥挤，有些地方需要点色彩，但在它的中心却有一个优美、宁静的绿洲，在这里你可以欣赏到伊斯兰最精致的建筑面貌。完全由红砂岩建成的巴德夏希清真寺高高耸立在旧城中，它是莫卧儿王朝最后一位伟大的皇帝奥朗则布（Aurangzeb）派人于1671年修建的，是奥朗则布时期最大的建筑工程，也是他登峰造极的成就。走上一段台阶，穿过一个装饰着花草湿壁画的大门，里面首先映入眼帘的是巨大开阔的四方形庭院。巴德夏希清真寺能容纳6万人，据说它的露天祭拜地（161.5×160.6米）是世界上所有清真寺中最大的。但这里很少忙碌，大多数日子来的更多的是度假的巴基斯坦家庭，而不是祭拜者。庭院四角有54米高的八边形尖塔，中间有一个方形大理石喷泉。在西头，穿过一个顶上装饰着3个精致的大理石洋葱圆顶的门，就是7个祈祷殿。与大多数伊斯兰教建筑一样，巴德夏希清真寺采用了丰富多彩的表面色以阻挡中午刺眼的阳光。花草图案包含了几乎每一种色调，但是整体效果就像温暖的红砂岩一样看上去既精致又和谐。也许最令人称奇的是这座清真寺竟然是在短短的两年半时间内建成的。

著名景点

■清真寺大门上面有一间屋子珍藏着先知穆罕默德、他女儿法蒂玛（Fatima）和女婿阿里（Ali）的圣物，但这间屋子不对公众开放。

■想要观赏巴德夏希清真寺壮丽的全景，可以登上其中一座尖塔顶，或登上面向清真寺的伊格巴尔公园（Igbal Park）内的巴基斯坦独立塔（Minar–e Pakistan）。这座高60米的尖塔建于1960—1968年，它是为了纪念为巴基斯坦独立铺平道路的1940年拉合尔决议而建造的。

■拉合尔古堡（Lahore Fort）与巴德夏希清真寺相望，建于同一时间，它是世界上最重要的莫卧儿纪念塔之一。

■位于古堡西北角的镜宫（Shish Mahal）至今仍保留着许多原来的镶嵌装饰，从那里可以欣赏壮丽的古堡。镜宫是国王沙贾汗（Shah Jahan）在1631年为他的爱妃建造的，保存最完整的娜拉哈亭（Naulakha，意为90万卢比）因为耗费90万卢比而得名。

■在夏利玛公园（Shalimar Gardon）漫步、野餐或者悠闲地消磨时光。公园位于拉合尔东北5公里处，最初是为沙贾汗王室使用的。还有一个哈朱莉花园（Hazuri Bagh）位于巴德夏希清真寺和拉合尔古堡之间，里面曾经有一个游行检阅台和清真寺客店。

最佳旅行时间： 去拉合尔10月一次年3月的冬季最佳。5—7月是夏季，非常炎热。7—9月的季风雨会使酷热的天气有所缓解。游客最好在早上凉快时去参观清真寺，晚上再回去欣赏灯光下红光闪闪的清真寺。

行前计划： 准备1~2小时游览清真寺，至少需要两天游览拉合尔。拉合尔是巴基斯坦最有乐趣的大城市，有许多风景名胜，与巴基斯坦其他地区都有铁路和航空线连接。夏天，巴德夏希清真寺的红砂石砖会灼伤你的双脚，所以需要穿袜子。进门前脱鞋，给门卫一点钱请他照看。穿着要保守。尽管拉合尔人比较随和、好客，那儿是一个安全的地方，但你在出发前还是咨询一下旅游顾问。

相关网址： www.lahore.gov.pk， www.tourism.gov.pk， http://tdcp.punjab.gov.pk

对页：穆斯林传统要举行大规模的开斋节会（标志斋月的结束），巴德夏希清真寺是最佳场地。 左上：巴德夏希清真寺的回廊是暂时摆脱拉合尔酷暑的纳凉地。右上：夜晚，灯光下的清真寺无疑是拉合尔旧城的标志性建筑。

日出时分，大金塔金碧辉煌，耀眼夺目。

缅 甸

大金塔

塔身铺覆着金子，塔顶装饰着珠宝，这个金黄色的圆顶塔楼高高耸立于城市上空。

大金塔是亚洲最著名的景观，可能也是最壮观的佛教纪念塔。它绮丽雄伟，金碧辉煌，巍然耸立在仰光雾蒙蒙的天空中。很难想象地球上还有比它更奇异罕见的建筑。大金塔的历史也很悠久（尽管不确定），传说它的历史可追溯到2500年前释迦牟尼生活的时代，但是考古学家认为它只有1000年的历史或者更短。神圣的建筑群在缅甸的佛教徒生活中占有很重要的地位，每天从清晨到深夜都充满了活动。尽管2007年政府对寺院的镇压致使僧侣人数缩减，仍有僧侣和朝圣者源源不断地聚集到平台上，绕行宝塔，在旁边的亭阁和大殿中祈祷，空气中弥漫着僧侣单调的诵经声和刺鼻的熏香烟雾。

著名景点

■110米高的宝塔上铺着成千上万的金块（据说比英格兰银行的金块还要多），塔顶镶嵌着5000颗钻石、2000颗红宝石和蓝宝石。

■大金塔节是在3月的满月日，这是游览大金塔的最佳时间。那时有一个向僧侣捐赠钱物的仪式，在仪式上信徒们将为大金塔的维修保养捐款。为了迎接节日的到来，僧侣们会把大金塔打扫得干净整洁，宝塔在夜晚节日的烛光中显得格外亮丽。

■佛塔的八边形基座周围是宽阔的平台，平台是用大理石铺成的，在4个大门处由于无数朝拜者的踏足而日渐磨损。

■在清晨凉爽的空气中游览大金塔，可以欣赏到宝塔最神奇的景色。

最佳旅行时间： 11月—次年2月气候干燥凉爽，是最佳旅游季节。3—5月闷热，6—10月令人难以忍受的潮湿，常有暴雨。

行前计划： 准备至少3小时游览大金塔。大金塔从早晨4点（外国人6点）至晚上10点开放。在仰光待上几天，在一天的不同时间去大金塔欣赏它不断变化的色彩。着装要得体，不要穿短裤或暴露的T恤。进门前要脱鞋。

相关网址： www.shwedagonpagoda.com，www.burmacampaign.org.uk， www.shwedagon.org

俄罗斯

基日乡村教堂

基日小岛上有一组俄罗斯最壮观的宗教建筑，它是卡累利阿（Karelian）民族建筑的辉煌典范。

基日乡村教堂的两座多圆顶的木结构教堂和一座八边形钟楼坐落在俄罗斯奥涅加湖（Onega）的基日小岛岸边，它们是对18世纪的建造者卡累利阿木匠的独创性和杰出的建筑工程技能的不朽赞歌。1714年建成的高37米的救世主基督变容教堂（Church of the Transfiguration of the Savior）是这组建筑的精品。为了创造金字塔般的外观，建造者用木料堆起了三个八面体，每一次添加的木料要比下面的小一些。松木不是用钉子而是用楔形榫和手工砍削的木栓接合在一起。筒形屋顶既是装饰性的，也是功能性的，它们支撑着22个不同大小的圆顶，每个圆顶都铺着薄薄的山杨木瓦，这些木瓦经过岁月的风吹雨打呈现出泛光的银色。另外一座教堂是长方形的代祷教堂（Church of the Intercession），它建于1764年，是一座冬季教堂，是为了配合更大更显眼的基督变容教堂而建造的，因为基督变容教堂太大，冬季供暖太昂贵。为了与基督变容教堂的建筑风格相协调，传统“四边形上的八面体”建筑风格所使用的帐篷屋顶被9个圆顶所取代。

最佳旅行时间： 基日博物馆保护区5月下旬至10月中旬每天上午9点至晚上8点开放。你需要3个小时时间游览，但是如果乘坐水翼艇往返基日岛就需要将近一整天时间。

行前计划： 乘坐水翼艇需要提前预订，水翼艇从彼得罗扎沃茨克（Petrozavodsk）出发需要75分钟到达基日岛。在新年那一周，可以坐直升机到达，岛上有特别游览活动和节目，包括环岛游、品尝卡累利阿美食，还可以参加民族竞技比赛和俄罗斯节日典礼。基日冬天刺骨的寒冷，永久居民只有50个，但是夏天游客很多。

相关网址： www.kizhi.karelia.ru

著名景点

■使代祷教堂朴素的内部显得有生气的是一个精心修复过的**圣壁**（用于分隔内殿和中殿的有画面的屏风），上面有基日岛和扎奥涅齐群岛（Zaonezhye Archipelago）其他岛屿上的17—19世纪精美圣像。

■在基日国家历史、建筑和人种史露天博物馆研究一下**基日乡村教堂**与众不同的民族建筑风格。展览包括卡累利阿民居、农业建筑和俄罗斯最古老的木结构教堂——整个俄罗斯卡累利阿的建筑全搬到了基日小岛。

基日木结构教堂是一曲赞美18世纪木匠建造者的独创性和高超技能的颂歌。

圣母升天大教堂

克里姆林宫（Kremlin）最古老、最重要的教堂几个世纪以来对俄罗斯东正教甚至俄罗斯本身都起着极其重要的作用。

位于莫斯科克里姆林宫教堂广场上的圣母升天大教堂朴素的石灰石外观与富丽堂皇的内部形成了鲜明对比。圣母升天大教堂是意大利建筑师阿里斯托捷尔·费奥拉凡京（Aristotile Fioravanti）于1475—1479年建造的。这个有5座圆顶的大教堂在几个世纪中都是俄罗斯的官方教堂。在教堂内，金色涂层上色彩绚丽的宗教湿壁画壮丽气派，给室内的每一表面增色不少，包括巨大的圆柱、中心圆顶内壁。16米高的多层圣壁（分隔内殿与中殿的彩绘屏风）上装饰的古老圣像每个背后都有一个故事，主题是《圣经》上描写的故事，还有关于圣徒和宗教节日的，其中最引人注目的是圣母玛利亚升天图。仔细品味12世纪初的作品以及狄奥尼修斯（Dionysius）（15世纪末一个著名的肖像画家）的莫斯科矫饰风格的无数作品。大教堂的宏伟与它的功能相称，它是举行加冕、官方婚礼、最高级别主教和都主教葬礼的场所。安放着装饰华丽灵柩的陵墓以及16世纪大主教的石座和覆有华盖的御座（为俄罗斯第一个沙皇伊凡雷帝（Ivan the Terrible）制作的精美的木雕祈祷宝座）都是艺术杰作。

最佳旅行时间： 克里姆林宫，包括圣母升天大教堂，除了周四，每天上午10点至下午5点开放，有官方活动时会关闭。

行前计划： 留出2—3小时或一整天参观军械库（Armory Chamber）和其他建筑。克里姆林宫、教堂和博物馆的门票是分开的。主售票处在克里姆林宫西边的亚力山大洛夫花园（Alexandrov Gardons）。如果你没有参加旅游团，就在这里租一个语音导游器。教堂里面禁止照相。

相关网址： www.kremlin.ru，　www.kreml.ru

著名景点

■在大教堂最受崇敬的**艺术珍品**中，有1479年为大教堂的献祭仪式而绘制的《圣母升天》湿壁画以及12世纪初的圣像作品《圣乔治》。

■抬头欣赏一下**12盏豪华镀金枝形吊灯**，包括46个丰收分吊灯，它们是银铸的，1812年被拿破仑·波拿巴（Napoleon Bonaparte）掠夺，后被追回。

■留出时间游览**克里姆林宫更多的景点**，包括15—17世纪的大教堂，16世纪的伊凡大帝钟塔（Ivan the Great Bell Tower）（为大教堂建造的钟塔）以及军械库（俄罗斯国家宝藏储藏室）。

圣母升天大教堂内充满了精致的宗教湿壁画。自问世以来，大教堂吸引了一批俄罗斯最优秀的建筑师和艺术家前来。

圣乔治教堂最初是私人教堂，其历史可追溯到14世纪末。

希腊

圣乔治教堂

米斯特拉斯（Mystras）鬼城现在正在整修重建，它是拜占庭建筑艺术和精神的纪念碑。

听米斯特拉斯的名字就让人感觉有神圣诡秘的味道。米斯特拉斯坐落在希腊伯罗奔尼撒（Peloponnese）拉哥尼亚（Laconia）肥沃的土地上，在密密的、迷宫般的小巷中矗立着众多的东正教堂和礼拜堂（有的已经毁掉大半，有的修复得很漂亮）。但是这个拜占庭鬼城开始不是宗教性的，它建于13世纪初，是保卫摩里亚公国（the Principality of the Morea）的3个巨大城堡之一。从14世纪中叶开始，米斯特拉斯成为了艺术家、学者、神学家和拜占庭武士贵族的避风港，他们反抗奥斯曼的统治，一直到1460年。米斯特拉斯一直都是繁华的城市，直到200年前才被遗弃。现在仅有的居民是几位旧历希腊东正教（Old Calendarist Greek Orthodox）修女。但是建于米斯特拉斯鼎盛时期的许多教堂都得以幸存，圣乔治教堂就是其中最典型的，它是1953年从废墟中修复的，最初是一个不知姓名的贵族家庭的私人教堂，拱形的屋顶、装饰性砖墙是典型的拜占庭晚期风格。如今教堂内几乎是空的，只有在现代圣乔治小雕像前燃着几支教堂蜡烛。圣乔治是希腊的伟大英雄圣徒之一，他常被描绘成骑在白色战马上把他的长矛刺进盘曲的黑色羽蛇中的样子。在这里你可以想象米斯特拉斯最后的辉煌时期。

最佳旅行时间： 初夏（4—5月）和秋季（9月中旬—10月）气候最温和。

行前计划： 探访米斯特拉斯一天就足够了。5公里外的斯巴达（Sparta）是最近的大镇，与雅典有频繁的巴士往来，车程3—4小时。从斯巴达坐出租车到米斯特拉斯只需10分钟左右。斯巴达和新米斯特拉斯村（步行几分钟就到古城）有很多酒店和旅馆。斯巴达有很多汽车租赁公司。带防晒霜和太阳镜。5月29日米斯特拉斯会举行纪念君士坦丁帕里奥洛加斯（Constantine Palaeologus）（拜占庭末代皇帝、东正教非正式圣徒）的安灵弥撒仪式，到时还会有各种文化活动。

相关网址： www.laconia.org/Mystra1_intro.htm， www.gnto.gr

著名景点

■建于1428年的**潘塔纳萨（Pantanassa）教堂**是古城中历史最短的教堂，内有一个小型的女修道院，里面的修女很友好。教堂中保存较好的湿壁画包括“基督降到阴间”（Descent of Christ into Hell）和“拉撒路的复活”（Raising of Lazarus）。

■13世纪的**弗朗托希俄（Vrontochion）**（曾经是一座富有的修道院）由于有许多圆顶成为当地最显著的地标。

■在恢弘的**皇宫**(Palaceofthe Despots)，薄壳建筑物目前正在重修，它是希腊仅存的非宗教拜占庭建筑物之一。

■登上古城上面的山顶**城堡**围墙遗址，鸟瞰米斯特拉斯古城、山下的溪谷以及泰格托斯（Taigetos）山脉崎岖的斜坡。

土耳其

蓝色清真寺

伊斯坦布尔的蓝色清真寺曾经敢与伊斯兰最神圣的圣地媲美，它是世界上伊斯兰建筑最伟大的精品之一。

雄伟壮观的蓝色清真寺［又称苏丹艾哈迈德清真寺（Sultan Ahmed Mosque）］巍然屹立在伊斯坦布尔的上空，阳光下6个银光闪闪的尖塔直冲云霄。蓝色清真寺建于1609—1617年，是苏丹艾哈迈德一世（Sultan Ahmed I）下令修建的。当时设计时是想挑战位于它北边不远处的圣索菲亚大教堂（Church of Hagia Sophia）的，后来不满足于挑战基督教最神圣的圣殿之一，它甚至想与伊斯兰最圣洁的麦加清真寺（当时是唯一一座有6个尖塔的清真寺）争夺至高无上的地位。为了平息流言飞语，苏丹出钱在麦加建造了第7座尖塔。可惜艾哈迈德一世在蓝色清真寺开张仪式不久、事实上在完全竣工前就死于伤寒，年仅27岁。漫步在蓝色清真寺巨大的庭院，到处可见拱顶、圆顶和半圆顶。跨入肃静的内殿，你会看到这层叠的建筑不是光用来增添美感的，它们是有实际功能的，那就是创造了一个由巨大圆柱、彩绘玻璃窗和成千上万蓝色瓷砖构成的巨大内庭，蓝色清真寺这个绰号正是出自这些蓝色瓷砖。寺内墙壁上部都装饰着鲜艳的蓝绿色百合、郁金香、树和抽象的图案贴瓷，就像旋转的海蓝宝石一样令人眩晕。

著名景点

■数一数瓷砖。寺内有2万多块瓷砖，这是由著名的伊兹尼克（Iznik）窑炉烧制的最好的瓷砖。

■晚上去清真寺。夏天有免费的声光表演，讲述清真寺的建造历史，在不同的夜晚用不同语言演出。

■为了更好地欣赏清真寺，从西边的赛马场缓缓走过去。穿过第一个大门，进入庭院，清真寺壮丽的屋顶就映入眼帘，你看到的层叠状的圆顶随着你的每一个脚步而不同。

■抬起头看一看天空，你会对六座细高精致的尖塔赞叹不已。

■米哈拉布（面向麦加的壁龛）内有一块来自伊斯兰最神圣的麦加城天房的黑色圣石。

最佳旅行时间： 春天和秋天气候最佳。4月中旬至6月初或9月至10月去可避开夏季的炎热和人群。

行前计划： 别着急，慢慢来。庭院是坐下来欣赏美景的绝佳地方。晚上去清真寺可以获得全然不同的感觉。清真寺每天有5次日祷，对非穆斯林要关闭半小时，周五午餐祷告、穆斯林的节日是清真寺最忙的时候，要关闭1小时或更长时间。着装要得体，可以在入口处借披巾。清真寺冬天很冷，穿暖和些，而且要多穿袜子，因为你必须脱鞋进去。

相关网址： www.istanbul.com，www.turkeytravelplanner.com

对页：蓝色清真寺因其富丽堂皇的内庭装饰的伊兹尼克瓷砖的主色调而得名，实际上瓷砖的色彩会随着从260扇彩绘玻璃窗射入的光线而变化。上图：世界上没有几个清真寺拥有比伊斯坦布尔蓝色清真寺更多的尖塔。

帕那基亚·福尔费奥提萨教堂圆顶上的湿壁画描绘的是被天使和福音传教士围绕的基督正要审判以色列12支派。

塞浦路斯

特罗多斯的彩绘教堂

特罗多斯山脉的彩绘教堂是修道士们装饰技能和奉献精神的最好证明。

中世纪初，希腊东正教的修士们为了远离世俗社会的诱惑，躲进了特罗多斯山。他们可能把其他尘世的东西都抛在了身后，但他们却没有忘记调色板和颜料。在后来的千年岁月中，这些修士们创造了地中海盆地最富有活力的艺术。他们那令人难以置信的精细的湿壁画和逼真的圣像现在已成为塞浦路斯的国宝。从繁忙的大修道院（如基科斯修道院（Kykkos））到较小的当地教堂（如帕那基亚·福尔费奥提萨教堂（Panagia Forviotissa）），这里的壁画全都采用非常程式化的拜占庭风格描绘了基督教圣徒和圣经故事场景，用画笔巧妙地刷上去的金箔随处可见。修士们在灰泥墙和拱顶上创作了湿壁画，在精巧的圣壁上集中绘制了木雕圣像。基科斯修道院是特罗多斯修道院中最大、最华丽的，它里面的壁画数不胜数。建于11世纪的山顶隐修所有一个大教堂（内有一个金黄色的圣壁）和大量的僧侣住所（有装饰精美的回廊），它的“最慈悲圣母”圣像出自于圣路加（St. Luke）之手，据说能创造奇迹。

著名景点

■基科斯修道院的博物馆用现代照明和温度控制设备陈列着最珍贵的**圣像**。在修道院后面松林茂密的山坡上有**瞭望台**，从那里可以一览无余地眺望特罗多斯山脉的景色。

■帕福斯（Pafos）港口附近的**卡托·帕福斯（Kato Pafos）**有非常精致的、动态的马赛克地板，其历史可追溯到罗马时代。

■尼克塔利（Nikitari）附近的帕那基亚·福尔费奥提萨教堂有许多**拜占庭湿壁画和圣像**，包括一幅非常逼真的《最后的审判》壁画。

最佳旅行时间： 特罗多斯山脉最高处海拔1950米，气候与阳光普照的塞浦路斯海滩有所不同。夏季比较温和，冬季有时会下雪，出人意料的寒冷。秋天是欣赏斑斓树叶的好时光，还有葡萄酒节。

行前计划： 特罗多斯修道院不仅吸引着艺术迷们，也吸引着葡萄酒爱好者。最近的考古挖掘发现塞浦路斯自公元前3500年起就一直产酒。塞浦路斯岛是世界上最古老的葡萄酒品牌康曼达利亚（Commandaria）的故乡，自十字军（Crusaders）到过这里以后就没有停止过生产。许多酿酒厂现在都向游客开放，允许他们品尝和购买。基科斯修道院有一个葡萄酒店，围墙外还有露天货摊，位于特罗多斯西山坡上的帕那基亚·克里索洛基亚提萨（Panagia Chrysorrogiatissa）也有葡萄酒店和货摊。普拉特斯（Platres）和卡库佩特利亚（Kakopetria）度假胜地有各种各样的饭店。

相关网址： www.visitcyprus.com，www.kykkos-museum.cy.net，www.cypruswinemuseum.com

埃及

圣凯瑟琳修道院

这是世界上最古老的修道院之一，据说上帝就是在这里从燃烧的草丛中对摩西讲话的。

骆驼的叫声随着干燥的沙漠风，飘到圣凯瑟琳修道院的红色花岗岩围墙上空。拜占庭皇帝查士丁尼一世（Justinian I）下令在西奈山脚下修建这座修道院，目的是为了保护燃烧的草丛教堂（Chapel of Burning Bush）——据说这个教堂就坐落在《出埃及记》（*Book of Exodus*）中所描述的上帝指示摩西领导以色列人走出埃及所处的燃烧的草丛原址上。修道院的建设从公元527年一直持续到565年，因为没有遭受过侵略者的破坏，这个希腊东正教修道院里的变容教堂仍然保留着一批华美的艺术品，有的至少与修道院历史一样悠久。它还收藏着世界上最精美的插图手抄本和一些最古老的圣像。但其最珍贵的宝物是在祭坛上方半圆壁龛的穹隆上：描绘基督变容场面的6世纪马赛克镶嵌画。祭坛右边的石棺里有一个头颅和一只左手，据说是圣凯瑟琳遗骨。但圣凯瑟琳不是修道士们的唯一保护者。修道院大门旁陈列的一封信（据说是穆罕默德口授的）是修道院至今仍屹立在这里的一个原因。据说先知来这里的时候得到了修道士们的厚待，所以他承诺要保护这个修道院——一个对所有穆斯林都必须履行的诺言。

最佳旅行时间： 11月—次年4月出行最理想。修道院从上午9点至中午开放（周日和周五除外）；你可以只参观燃烧的草丛教堂，那里的修道士周六做礼拜。

行前计划： 你可以把参观圣凯瑟琳修道院与徒步登上西奈山顶结合起来，再加上看西奈山的日出，需要一天一夜时间。徒步登山需要2—3小时。这个地区还有许多其他古迹，所以如果要好好游玩，就需要待上几天的时间。气温忽高忽低，要做好准备，还需要带一个手电。男士（女士不可以）可以住在修道院。在这一地区旅行要随身带着护照，因为警察经常要查看。

相关网址： www.touregypt.net，www.ecolodges.saharasafaris.org

著名景点

- **图书馆**内有除了梵蒂冈之外世界上最大的古籍手抄本收藏，包括4世纪的《西奈山抄本》（*Codex Sinaiticus*）（现存最古老的希腊文圣经）其中12页和一些碎片，以及《叙利亚抄本》（*Codex Syriacus*）（4–5世纪的叙利亚语《福音书》译本）。
- 因为有穆罕默德的承诺，修道士们得以在修道院内建造**法蒂玛清真寺**（Fatimid Mosque）。这个清真寺很少使用，因为它没有与麦加结盟。
- 在11月25日**圣凯瑟琳殉道日**，修道士们会捧着她的遗物绕行修道院。
- 倾听每天敲响的**木钟**声，金属钟只在周日和假日敲响。

位于西奈山脚下风景如画的峡谷中的这个僻静的处所自6世纪以来一直履行着修道院的职责。

通向悬空教堂的木雕门

埃及

悬空教堂

科普特（Coptic）基督教徒在埃及已经祭拜了1900多年，这座教堂一直为大多数科普特基督教徒而存在。

在开罗静悄悄忙碌着的马利吉勒吉斯街（Mari Girgis Street），打开一扇木雕双开门，就进入位于福斯塔特（Al–Fustat）（开罗老城区）的巴比伦堡垒的南塔楼。穿过装饰着《圣经》场景马赛克镶嵌画和棕榈木雕的门廊，你就来到了一个肃静狭窄的庭院。从这里有29级台阶，通向科普特悬空教堂（又称楼梯教堂）的中央木门。这是埃及最古老的教堂之一，可能建于7世纪，里面许多珍宝现在都收藏在附近的科普特博物馆，包括在教堂最古老部分发现的历史最悠久的文物——一根木雕过梁，上面雕刻着耶稣来到耶路撒冷的场面，其历史可追溯到公元5世纪。中殿悬于通向11世纪高架大理石布道坛的门楼走廊上。壁画和镶嵌屏风装饰着墙面，蜡烛在教堂东头闪烁摇曳，那里的祭坛供奉着圣乔治、圣母玛利亚和施洗者圣约翰。

最佳旅行时间：埃及的冬天气候温和，所以在11月—次年4月旅行为宜。除了礼拜时间，教堂每天上午9点至下午4点开放。免费参观。

行前计划：准备1—2小时，但要留出时间参观福斯塔斯其他科普特教堂和本·埃兹拉犹太教堂（Ben Ezra Synagogue）。埃及是穆斯林聚居区，所以记住穿着要得体，要遵守宗教礼节，参观教堂时不要穿短裤，不要露出胳膊。

相关网址：www.touregypt.net

著名景点

■仔细观察支撑布道坛的13根**圆柱**。1根是黑色的，代表犹大（Judas），1根是灰色的，代表多疑的托马斯（Thomas），另外11根白色柱子代表耶稣和他的忠实门徒。这是科普特教堂中常见的特征。

■注意南侧廊精致的松木小门，这扇门通向一个小礼拜堂和一个红色花岗岩洗礼池（**教堂最古老的部分**）。

■教堂入口附近有**圣母玛利亚画像**。不管你走到哪里，她的眼睛总是注视着你。

■参观毗连的**科普特博物馆**，这里现在收藏了许多悬空教堂的珍宝。

■品尝一下路边的**库萨利**（Kushari），这是一种把小扁豆、米、面、洋葱、大蒜、西红柿和辣椒混在一起的香辣食物。

波兰

维利奇卡盐矿

在这个波兰的地下盐石大教堂里，奇特的、迷宫般的地下通道和洞室布满了矿工们雕凿的礼拜堂。

结晶盐枝形吊灯柔和的光线照亮了克拉科夫（Krakow）附近维利奇卡盐矿的圣金加教堂（Chapel of St. Kinga），灯光下华美的祭坛、2.7米高的教皇十字架以及圣徒雕像尤其醒目——它们全是由矿工在盐岩上雕刻出来的。但是这个高12米、长54米的地下教堂最杰出的作品是圣经故事浅浮雕，包括引人注目的列奥纳多·达·芬奇（Leonardo da Vinci）《最后的晚餐》盐雕。盐矿共有9层，最下面的一层在地下327米处。7个世纪连续不停的挖掘（直到1996年一场灾难性的洪水才使维利奇卡停止了开采）创造出了约290公里的地下通道和无数的洞室。维利奇卡的矿工们把其中许多通道和洞室雕凿成了华丽的日常礼拜堂。圣安东尼礼拜堂（St. Anthony's）是现存最古老的教堂，其历史可追溯到17世纪末。往下走378级台阶，就到了盐矿的第一层（地下64米）。游客们跟着导游穿过迷宫般的地下通道，经过深深的盐湖和巨大的洞穴。游览最后在地下135米处的世上最大的采矿博物馆结束。

最佳旅行时间： 盐矿全年都开放。每天有几次英语解说，夏天次数最多，夏天也是游客最多的时候。

行前计划： 带一件毛衣，因为盐矿的气温保持在14℃。游览活动持续约3个小时，最后要留出时间参观地下餐馆、邮局和礼品商店，然后坐电梯返回地面。受过训练的矿工还另外组织了地质学游览活动，主要是在19世纪的开采场地。3小时的游览需要相当健壮的身体。至少提前两周预订。新年前夕盐矿会举办狂欢舞会。

相关网址： www.kopalnia.pl

著名景点

- 欣赏整个盐矿的**盐雕圣像、壁画和雕塑**，包括波兰名人、圣徒和土地神雕像。矿工们认为土地神能给他们带来好运。
- 参加**圣金加教堂**的音乐会，或在星期日早上、宗教节日（如6月24日的圣金加节或12月4日的圣芭芭拉节）去教堂参加大弥撒。圣金加（St. Kinga）和圣芭芭拉（St. Barbara）分别是盐和矿工的守护神。
- **博物馆**有14个历代采矿设备陈列室。
- 坐在地下125米处的维·布德雷克洞室**餐厅**（Witold Budryk Chamber Restaurant）内，带盐味的空气会令你食欲大增。

维利奇卡华丽的教堂是几个世纪艰苦劳动的结晶。

捷克

旧新犹太教会堂

这个小教堂是传说中有生命的假人（Golem）之家，自1270年以来一直是布拉格重要的犹太教礼拜场所，是现存最古老的中世纪双中殿犹太教会堂。

位于布拉格市中心的旧新犹太教会堂历经岁月沧桑，传说纷纭，是犹太教徒忠诚和忍耐力的活见证。这个有着陡峭的屋顶和别具一格的锯齿形山墙的哥特式教堂是欧洲最古老的仍在使用中的犹太教会堂。除了1941—1945年纳粹占领时期以外，犹太人一直在这个小小的双中殿式圣所祭拜了700多年。教堂的重心是中间的加高平台，这是用来做礼拜的，四周是晚期哥特式风格的格栅，格栅两边各有一根高大的立柱支撑着穹形天花板。在东墙上，有5级台阶通向哥特式石方舟，方舟内置犹太经文。这座教堂建于1270年（据最流行的说法），最初名叫新犹太教会堂，这个奇怪的名字是几个世纪以后取的，当时附近已经建起了更新的教堂。它在犹太人聚居的布拉格一直是主要的礼拜场所，经受住了岁月的磨蚀，并且孕育了大量的传说。其中一个传说说的是鸽子如何拍打着翅膀使教堂幸免于一场火灾。在另外一个传说中，犹太教最著名的拉比——16世纪的耶户达·本·比撒列（Jehuda Low ben Bezalel）创造了一种假人来保护犹太人。当恶魔横冲直撞、乱砍乱杀时，假人令他致残，然后把昏睡的恶魔藏到教堂的阁楼上。

著名景点

■在大门的哥特式拱顶上装饰着的13世纪雕刻的葡萄藤和方舟上面的三角形墙面据说象征着以色列12支派。

■平台上方的红色横幅历史悠久，可追溯到1716年。更早的时候它是一个垂饰，这是后来修复的，上面有布拉格犹太区的正式标志——大卫之星和布拉格犹太人过去必须戴的尖顶帽。

■约瑟夫区的几个过去的犹太教会堂共同组成了布拉格犹太博物馆。“珍贵的遗产”展览详细地叙述了布拉格犹太人的历史、传说和传统，是世界上最丰富的犹太文物收藏之一。

■一定要去参观几步之遥的旧犹人墓地，它是犹太博物馆的一部分。这里，大约1.2万块墓碑簇拥在一大堆杂乱的雕刻精致的古石中，几个世纪以来一直激发着艺术家和其他浪漫主义者的灵感。游人最多的一个墓是拉比罗墓（Rabbi Low’s）。

最佳旅行时间： 旧新犹太教会堂周六和犹太教节日期间不对游人开放。

行前计划： 约瑟夫区（Josefov）（犹太人区）是布拉格最受欢迎的旅游区。有几家旅游公司专门从事犹太区旅游，最有经验的两家是惠特曼旅游公司（Wittmann Tours）和珍贵遗产旅游公司（Precious Legacy Tours）。因为旧新犹太会堂不属于犹太博物馆，所以它的门票要另外买。准备至少一个上午或下午参观犹太教会堂和布拉格其他犹太景点。对有些人来说，一整天时间还不够。进入犹太教会堂男士必须包头。安息日和犹太教节日有宗教仪式。男士和女士是分开祈祷的，女士在附属建筑物祈祷，只能透过厚实的墙壁中狭长的小孔观察圣殿。去犹太教会堂的游客必须接受安检。

相关网址： www.synagogue.cz，www.jewishmuseum.cz，www.legacytours.net，www.wittmann-tours.com

对页：按照东正教习俗，旧新犹太教会堂主圣殿仅供男士祈祷；女士在侧室祈祷。左上：旧新犹太教会堂大门上方的大卫之星（the Star of David）。右上：读经台边的这块装饰匾上有这样一句话：“我永远追随主的脚步。”

布科维纳彩绘修道院

位于罗马尼亚偏远东北角的这些宁静的彩绘修道院可能是这个国家最伟大的艺术成就。

偏僻的布科维纳地区［又称北摩尔达维亚（Northern Moldavia）］的彩绘教堂外墙上圣经故事和历史事件场景壁画栩栩如生，就像神奇放大的彩绘手抄本页面一样。这些大多建于16世纪的基督教堂现在主要用作女修道院。在十几个教堂中，沃罗耐特（Voronet）［又称东方的西斯廷教堂（Sistine Chapel of the East）］是最壮观的，它与远处的山脉和谐地融为一体，是摩尔达维亚绘画和建筑艺术的最高成就。这个东正教堡垒最出名的是其内墙和外墙上的湿壁画中采用的鲜艳的蓝色调。这种强烈的色彩来自于天青石，由于它在湿壁画中的使用，所以被称之为沃罗耐特蓝。这座修道院是史蒂芬大帝（Stephen the Great）为了向沃罗耐特的圣丹尼尔（St.Daniil of Voronet）修道士还愿而创建的，圣丹尼尔曾预言在即将到来的与土耳其的战争中史蒂芬会获胜。果然史蒂芬战胜了入侵者，于是他就在丹尼尔隐居处修建了这所修道院，丹尼尔本人成为修道院的首任院长。1785年，哈布斯堡王朝（Habsburgs）关闭了修道院，1991年，它作为女修道院重新开放。

最佳旅行时间： 4月一次年10月气候宜人，但是游览任何一个修道院最有气氛的时间都是朝圣日、宗教节日或复活节前一周。圣乔治（沃罗耐特和休漠（Humor）修道院的守护神）节在4月23日。6月2日是普特纳（Putna）修道院的圣史蒂芬大帝节，有成千上万的人前来参加。

行前计划： 罗马尼亚的这一地区公共交通状况很差。如果你不参加旅游团的话，要想游览所有景点只有开车或徒步行走。在靠近沃罗耐特和休漠的古鲁·胡莫努卢伊（Gura Humorului）落脚，或者如果要更舒服些，可以住在苏恰瓦（Suceava）。如果开车需要半天时间，如果徒步行走需要一天时间。修道院名义上的开放时间是上午8点至晚上8点，但每天至少做4次弥撒，其他时间不会拒绝游客入内。所有修道院都要买门票进入。着装要得体，不要穿短裤。女士在进入修道院时要包头，在入口处通常备有头巾。

相关网址： www.romanianmonasteries.org，www.turismbucovina.3x.ro，www.beyondtheforest.com

著名景点

■沃罗耐特修道院西侧外墙上的壁画《最后的审判》（*The Last Judgement*）是布科维纳壁画中最好的作品，其鲜明的色彩和艺术技巧令人惊叹。北侧外墙上的《杰西的树》（*Jesse's Tree*）描绘了耶稣家谱图，是另外一件精品。

■苏丝维塔（Sucevita）修道院环境优雅，它的防御工事很引人注目。摩尔多维察（Moldovita）是一个较小的修道院，地处偏僻；休漠的内殿很壮观。绿荫丛中的普特纳修道院有圣史蒂芬大帝的陵墓。

■注意礼拜仪式开始前修女或修士会击打木钟板。

■穿越休漠和苏丝维塔修道院之间或苏丝维塔和摩尔多维察修道院之间壮丽的山毛榉林和山丘。

沃罗耐特修道院有一幅生动逼真的《最后的审判》湿壁画，其细节令人不寒而栗：一个天使吹响了牧羊人的号角，坟墓里的死人跳了出来，动物们在撕咬肢体。

胡雷兹修道院原是修道士居住的，自1872年起变成了女修道院 。目前，有大约60个修女住在摆满花篮的漂亮的回廊里。

罗马尼亚

胡雷兹修道院

这个宁静的女修道院位于罗马尼亚最原始的乡村地区，它是敬献给一位为信仰而死的民族英雄的。

有人说高耸在罗马尼亚南部奥尔特尼亚（Oltenia）地区霍雷祖山谷（Horezu Valley）的这座东正教修道院的名字与大雕谐音。据传说，修道院建于1690—1697年，当时的建造者们只能在晚上施工，因为他们害怕惊动土耳其人。修道院的创立者君士坦丁·勃兰科韦努（Constantin Brancoveanu）是瓦拉几亚王国（Wallachia）的伟大君主，由于他为反抗土耳其的入侵所作出的努力而成为罗马尼亚的民族英雄和东正教圣徒。他原来希望这个修道院能成为抵制土耳其人侵的堡垒，还准备用作将来葬身之所，但结果两者都没实现。他和他的四个儿子因为拒绝改信伊斯兰教而被砍头。但是胡雷兹修道院仍然是最具罗马尼亚建筑风格——勃兰科韦努（Brancoveano）风格的最完整、最完美的遗产。它有精致的石雕、丰富的湿壁画，并且把东方、文艺复兴和拜占庭建筑元素和谐地融合在一起。胡雷兹修道院占地3公顷，分为两个区域，上面的内区是从一扇巨大的木门进入的，里面宁静的庭院三面是建筑物和粉刷过的整洁的回廊。穿过厚实的梨木雕刻门就是主教堂，主教堂内有一批华丽的宗教湿壁画、圣像灯和一个椴木雕成的镀金圣壁。在这令人忘忧的田园风光中，即使是不信教的人也会感觉到一丝心灵的安宁。

最佳旅行时间： 霍雷祖夏季炎热，冬季寒冷。5月、6月和9月是最好的季节。不管你什么时候拜访女修道院，都不会被拒之门外。复活节时朝圣者最多。

行前计划： 准备至少几个小时游览修道院。从布加勒斯特（Bucharest）坐火车或公共汽车到达蓝尼库瓦契亚（Ramnicu Valcea），然后再乘坐小公共汽车或公共汽车去霍雷祖（Horezu）。修道院在霍雷祖以北3公里，靠近罗曼尼德苏斯（Romanii de Sus）村。除非你有车，不然你就不得不从霍雷祖走到修道院。如果你是开车前往，从蓝尼库瓦契亚走DN67号公路，就在霍雷祖前面向右转即到达罗曼尼德苏斯。霍雷祖有一家酒店、几个旅馆。在霍雷祖宁静的山谷中还有许多住宅旅馆提供床位和早餐，只要寻找房屋出租（cazare 或camere）标记即可。

相关网址： www.eco-oltenia.ro，www.romaniatravel.com，www.romanianmonasteries.org，www.autogari.ro

著名景点

- **像皇室成员那样在此下榻。** 修道院内的客房非常好，威尔士亲王在2005年的一次私访中曾在此住过3个晚上。
- **勃兰科韦努（Brâncoveanu）墓碑** 在主教堂内，但他的遗骨却安放在布加勒斯特圣乔治新教堂（St.George the New Church）内。
- **霍雷祖镇是罗马尼亚购买陶器的最佳地点之一。** 在每年6月的第一个周末，霍雷兹会举办罗马尼亚最大的陶瓷博览会——“霍雷祖的公鸡”（Cocosul de Horezu），因其陶器上常见的公鸡图案得名。
- **霍雷祖山谷** 有罗马尼亚最原始的乡野和新兴的生态旅游业，非常适合徒步旅行。

十大圣塔

自古以来在任何宗教中，众神总是居于高处，于是人们就建造高耸入云的尖塔以使自己更接近天神。

❶ 美国伊利诺伊芝加哥教堂

芝加哥第一卫理公会联合教会之家高568英尺（173米），共有23层，是美国最高的教会大楼。精致的哥特式石雕尖塔高高耸立在市中心商业办公大楼之上。教堂一层的圣殿可容纳1000会众，他们在木雕刻品和彩绘玻璃窗的环绕中祈祷。小小的空中礼拜堂（Sky Chapel）就在尖顶下面，高122米，通常用来举行洗礼和婚礼仪式。

行前计划：教堂位于美国芝加哥市中心西华盛顿街77号。每周三至周日欢迎公众参加日常礼拜活动。www.chicagotemple.org

❷ 印度瓦腊纳西黄金庙

这个金光闪闪的印度教神庙矗立在神圣的恒河西岸，每年有数百万信徒涌到这里寻求解脱。这座神庙供奉湿婆神，它以不同的面貌在这里屹立了几千年。1839年，旁遮普的统治者兰日信大王（Maharaja Ranji Singh）捐赠了1吨黄金用来给15.3米高的尖塔镀上一层金。

行前计划：黄金庙位于印度北方邦（Uttar Pradesh）瓦腊纳西城，每天开放。www.varanasicity.com

❸ 印度新德里曼地尔庙

曼地尔庙是印度首都新德里最受欢迎的印度教神庙之一。圣雄甘地（Mahatma Gandhi）于1939年为其举行了揭幕仪式，要求不同种姓的人（包括贱民）都可以来这里祭拜。神庙最突出的特点是红色弧形塔，最高的一座高达50米，这座塔有精致的棱纹图案，是印度奥里萨邦（Orissa）的建筑风格。

行前计划：安排好你的时间，以使你能赶上曼地尔庙每年8月或9月的建摩斯达密节（Janamashtami Festival）。www.delhi-india.net

❹ 阿富汗贾姆宣礼塔

65米高的贾姆宣礼塔自12世纪以来一直矗立在阿富汗中部一个偏远的地区。在群山环绕下的贾姆宣礼塔经受住了干旱、洪水、地震、战争和成吉思汗（Ghengis Khan）的清洗。这座精巧的建筑是用烧制的砖石建成的，上面装饰着灰泥、琉璃瓦、铭刻和《古兰经》中的诗句，是帝国辉煌历史的活生生的见证。

行前计划：贾姆宣礼塔坐落在古尔省穆纳里贾姆，基础设施较差。最好不要单独旅行，参加旅游团为好。www.greatgametravel.com，www.afghan-logistics.com

❺ 伊拉克萨迈拉大清真寺

建于9世纪的萨迈拉大清真寺最著名的特征是它的螺旋形砖石宣礼塔，据说清真寺的创建人哈里发·穆塔瓦基勒（Caliph Al-Mutawakkil）就是从宣礼塔外面的楼梯骑上了白驴。

行前计划：萨迈拉位于底格里斯河（Tigris）上，在巴格达以北130公里处。在旅行前要弄清楚伊拉克局势。www.muslimheritage.com

❻ 挪威拉达尔伯根蒂木构教堂

曾经在挪威盛行一时的木构教堂过去有几千座，如今仅剩大约30座。这种教堂几乎完全用木材建造，它们的主要结构集中在巨大的立柱上。伯根蒂的这座教堂有华丽的屋顶和饰有北欧海盗常用的雕刻龙头的尖塔。

行前计划：教堂从5月18日至9月14日开放。www.stavechurch.com

❼ 德国乌尔姆敏斯特教堂

登上乌尔姆敏斯特教堂尖顶——世界上最高的教堂尖顶——需要爬768级台阶，所以你要系紧鞋带。这座直冲云霄的尖顶高近161.5米，登上塔顶可以看到绝佳的景色。天气晴朗的话，疲惫的登塔者还可以欣赏到远处的阿尔卑斯山。

行前计划：每年12月，敏斯特教堂外的广场上挤满了来圣诞集市的购物者。www.tourismus.ulm.de

❽ 英国牛津大学圣玛利亚教堂

在所有牛津的“梦幻尖塔”中，这是最引人注目的一座。它的历史也相当悠久，塔的历史可追溯到1280年，精美的尖顶（饰有哥特式尖峰）是14世纪的杰作。登上124级台阶到达尖塔顶，其他尖塔都尽收眼底。

行前计划：在尖塔下的圣母门廊有一尊圣母圣婴雕像，上面布满了弹孔，那是克伦威尔（Cromwell）的士兵们在1642年打的。www.university-church.ox.ac.uk

❾ 英国索尔兹伯里大教堂

索尔兹伯里的这座宏伟的大教堂建成于1258年，它有一个英国最高的石造尖塔。这座高123米、稍微有点倾斜的尖塔是这座城市中最显眼的建筑，约翰·康斯特布尔（John Constable，1776—1837年）的几幅画中都有这座教堂的身影。

行前计划：大教堂内有英国最大的回廊。www.salisburycathedral.org.uk

❿ 摩洛哥达尔贝达哈桑二世清真寺

世界上最高的宣礼塔矗立在卡萨布兰卡，高达210米。塔顶饰有绿色釉面瓷砖精致图案，每天晚上有激光指向麦加方向。

行前计划：非穆斯林只能跟随旅游团进入清真寺。www.visitmorocco.com

萨玛拉大清真寺中的不对称、螺旋形的马尔维亚（Al-Malwiyya）宣礼塔高55米，可以从外面的楼梯登塔。它的风格类似美索不达米亚（Mesopotamian）的亚述古庙塔（ziggurat）。

没有宗教信仰的北欧海盗曾经在船上雕刻龙头以避开恶魔，这种传统在他们开始建造教堂时保留了下来。

挪威

罗姆木构教堂

850年前用坚实的挪威松木建成的罗姆教堂融合了基督教和北欧海盗的建筑特色。

1000年前，当挪威开始信奉基督教时，第一批建的教堂被称作木构教堂，它们由挪威坚硬的松木架构连接墙和底座而建成。现在大约有30个木构教堂幸存下来。这些教堂位于挪威中部雄伟的尤通黑门山脉（Jotunheimen Mountains）的古德布兰兹达伦山谷（GudbrandsdalenValley）中，罗姆木构教堂是其中最大也是最漂亮的一座，现在仍是一个礼拜场所。这个教区教堂建于1158年，在以后的几个世纪中扩建了几次，20世纪又进行了重修。夏季，教堂深色的屋顶、墙和龙头装饰在周围青翠的山林中显得格外醒目典雅。从借鉴海盗艺术的华丽动物木雕大门走进圣所，在光线暗淡的内殿凝神细看，只见闪烁的蜡烛、悬垂的枝形吊灯、屋顶下的三个小孔射出的微弱的光线下，有一排排浅蓝色的彩绘靠背长凳，上面弧形的拱顶隐约可见，有雕刻的唱诗席上放着一架金属管风琴。墙上是宗教画面，一排排支撑柱子高高耸立着。内殿最引人注目的是庄严的布道坛，上面雕刻着各种各样的花草。

最佳旅行时间：游客要在5—9月游览教堂，因为其他时间教堂不向公众开放。

行前计划：做礼拜时教堂不向旅游者开放。如果你事先与教堂联系好，有导游服务。准备至少1小时的时间参观教堂。教堂内禁止照相。

相关网址：www.stavechurch.org， www.visitlom.com

著名景点

- 沿着教堂的墙壁走，寻找18世纪当地艺术家埃格特·蒙克（Eggert Munch）的画作，埃格特是著名画家爱德华·蒙克（Edvard Munch）的一个远亲。
- 在罗姆县，你还可以找到两座木教堂（但不是木构教堂）：较晚建的加摩教堂（Garmo Church）建于19世纪末，波弗达尔教堂（Boverdal Church）建于1864年，1951年重修过。
- 罗姆是进入美丽的尤通黑门国家公园（Jotunheimen National Park）的通道，这个国家公园有挪威最高的山峰。徒步行走山间小路很有挑战性，但是有经验的远足者会对山里的美景惊叹不已。

匈牙利

埃斯泰尔戈姆大教堂

这个天主教大教堂拥有最好的收藏，它可能不算古老，但它毫无疑问是庄严典雅的。

这个恢弘的大教堂是欧洲第三大教堂，是匈牙利宗教和民族中心。埃斯泰尔戈姆是吉萨亲王（Prince of Geza）和他的儿子伐札克（Vajak）把匈牙利带进罗马天主教会的地方，在此之前公元1000年教皇西尔维斯特二世（Sylvester Ⅱ）授予伐扎克史蒂芬一世（Stephen Ⅰ）的称号。圣母升天圣阿达尔贝特大教堂（Basilica of the Blessed Virgin Mary of the Assumption and St.Adalbert）（一个有巨大铜绿色圆顶的新古典主义庞然大物）巍然耸立在匈牙利北部多瑙河平原的山丘上，几公里外就能看到。尽管它在马札尔（Magyar）宗教中占有很重要的位置，它的历史却比较短——它是19世纪在几个原来的教堂基础上建起来的。厚重的墙壁有些地方达到了17米厚，宽敞的内殿在圆顶处高达90米，大教堂不愧为不朽之作。里面有意大利风格的巴科兹礼拜堂（Bakocz Chapel），它是16世纪时由托斯卡纳（Tuscan）技工建造的，是原有教堂中仅存的遗迹。在大教堂高大的祭坛上面是世界上最大的一幅在单块画布上完成的画作——由米切洛盖罗·格利戈勒蒂（Michelangelo Grigoletti）复制的提香（Titian）的《圣母升天图》。

最佳旅行时间：最佳旅游季节是5—6月和9—10月，那时埃斯泰尔戈姆的游人没有盛夏季节多。仲冬时节如果地上有雪，景色很美，复活节是一个特殊的日子。埃斯泰尔戈姆国际吉他节是世界上最古老的吉他节，在8月初举行，到时大教堂内会有古典音乐会。

行前计划：埃斯泰尔戈姆位于多瑙河上，在布达佩斯西北50公里处，与斯洛伐克（Slovakia）接壤。大教堂每天早上6点至晚上6点向游客开放。珍宝室、地窖和圆顶都是上午9点至下午4点半开放，要买门票。准备一整天时间游览埃斯泰尔戈姆城。城里有几家不错的酒店，住在城里的话，清晨可以很好地欣赏旅游团到来前安静祥和的教堂。

相关网址：www.bazilika-esztergom.hu， www.esztergom.hu/wps/portal/english

著名景点

■ 参观**珍宝室**。里面有一大批中世纪的曲柄权杖、圣餐杯、无袖长袍，有许多是黄金制的，令人眼花缭乱。

■ 地窖里有红衣主教约瑟夫·明曾蒂（Cardinal Jozsef Mindszenty，1892—1975）**陵墓**，他曾领导匈牙利人反对共产主义，在美国使馆避难15年，后来在维也纳流放期间去世。他的遗骨在1991年后被运回匈牙利。

■ 登上300级台阶进入圆顶，从那里欣赏菲利斯（Pilis）和波兹索尼（Borzsony）山脉、脚下的彩色旧城和壮阔的多瑙河**全景**。

■ **巴科兹礼拜堂**有雕刻华丽的红色大理石墙，它建于1506—1511年，曾经被拆卸，后来又重建，于1832年并入大教堂南翼。

大教堂从山顶俯瞰着多瑙河。

匈牙利

布达佩斯犹太教大会堂

欧洲最大的犹太会堂位于布达佩斯老犹太区中心，这个新修复的教堂光彩夺目，蕴涵着希望。

走进任何一座中欧犹太会堂，你都会感觉到创伤深重的幽灵在徘徊。但是这里的豪华气派、深深的静穆与布达佩斯的嘈杂形成对比，柔和的灯光给人以慰藉和永恒的希望。19世纪中叶佩斯（布达佩斯的东半部）有3万犹太人，那是一个乐观的时代，当时的犹太人在匈牙利社会中正发挥着越来越重要的作用。一群有影响力的犹太改革者（Neologues）于1854—1859年建造了这座犹太大会堂，这件事就是这种乐观情绪的反映。它的建筑师路德维希·福斯特（Ludwig Forster）把摩尔人和拜占庭建筑元素融合成一种奇特的浪漫主义风格。清真寺宣礼塔式的尖顶、圆顶，以及大量使用的镀金表层是当时生机勃勃的犹太社会的自由思想和现代性的体现。但是到了20世纪20年代，镇压又开始了，先是米克洛什·霍希上将（Admiral Miklos Horthy）的保守政权，后来在纳粹占领时期逐步升级为隔离、驱逐出境、斩尽杀绝。当时犹太大会堂就处在犹太人集中区的中心。苏联在解放布达佩斯时的轰炸进一步毁坏了大会堂。直到1989年这个大会堂才开始真正修复。现在它的石砖外观再一次向世人展现出其壮丽的面貌。

最佳旅行时间：犹太大会堂全年周日至周四、周五上午向公众开放。去前请核实开放时间。周五晚上、周六上午的礼拜活动只向犹太教徒开放。

行前计划：犹太大会堂坐落在烟草街（Tobacco Street），靠近佩斯的中心区，离伊丽莎白桥（Elizabeth Bridge）和多瑙河450米。最近的地铁站在M2号线上的阿斯托利亚（Astoria）。犹太大会堂开放期间每隔1小时有英语和希伯来语（Hebrew）导游解说（其他语言可另外安排）。参观大会堂需要大约1小时，另外留出时间参观同一建筑群中的犹太历史博物馆。可以把游览大会堂和布达佩斯犹太区结合在一起，这样做一共需要3小时。

相关网址：www.budapest-tourist-guide.com/budapest-great-synagogue.html，www.greatsynagogue.hu

著名景点

■ 装饰华丽的**会堂内部**规模巨大，越发显得光彩夺目。大会堂的基本风格是长方形大教堂风格，长75米，宽27米。共有2964个座位，是欧洲最大的犹太会堂。

■ 参加一次定期**音乐会**，音响效果非常好。最不同寻常的是大会堂有一个管风琴，有时为小型音乐会所用。

■ 犹太大会堂外的**拉乌尔·沃伦伯格纪念公园**（Raoul Wallenberg Memorial Park）里有一棵感人的纪念树，是纪念在“二战”期间纳粹大屠杀中受害的犹太人的。这棵“生命之树”是金属做成的，形状像弯弯的柳树，每一片叶子上刻着一个人名。沃伦伯格作为布达佩斯战时瑞典公使馆的一等秘书，曾经从纳粹死亡营救出了1.5万名犹太人。

从彩绘玻璃窗渗透进来的多变的五彩光线给犹太大会堂的内殿增添了一层戏剧光芒。

这座处于大自然包围中的教堂优雅匀称，既是一座圣殿，也是一个休憩之所。

德国

圣科洛曼教堂

这个朝拜圣地像一颗宝石镶嵌在巴伐利亚（Bavaria）质朴的原野上，至今仍然以其魔力吸引着信徒们追求古时的崇拜。

远处是雄伟的阿尔卑斯山，周围是野花遍地的草地和翠绿的牧场，不难想象11世纪时当前往圣地朝圣的圣科洛曼从他的家乡爱尔兰来到施望高（Schwangau）时所感到的平静。尽管科洛曼由于成为战争的无辜的牺牲品而最终没有到达目的地，但在他死后，有一些奇迹归因到他身上，所以他被非正式地封为圣徒。施望高第一座敬献给圣徒科洛曼的礼拜堂是在14世纪黑死病肆虐欧洲以后建造的，它建在一个瘟疫坑旁边。朝拜者涌向教堂寻求圣徒的庇护，以抵抗所有的瘟疫。圣科洛曼的信徒越来越多，教堂在1673—1678年得以重建，成为巴洛克风格的教堂，自那以后几乎没有改动过。教堂内的木板饱含着几个世纪的历史沧桑，渗透着私密话语。科洛曼节（每年10月举行的庆祝圣徒节日的聚会）是教堂一年中的高潮，但你可以在举行弥撒的日子与几个志趣相投的朋友一起去教堂，尽情享受教堂淳朴的美。

最佳旅行时间： 教堂在5月下旬至10月中旬每天开放（但你最好向施望高旅游局核实）。教堂一年四季都很迷人，尤其是冬天银装素裹时。

行前计划： 施望高位于慕尼黑（Munich）西南160公里处，离富森（Fussen）5公里，可以坐火车或巴士到达。教堂在村子外1公里处。光是参观教堂只需要1小时左右。

相关网址： www.koenigswinkel.com/koenigswinkel/frame2.htm， www.schwangau.de

著名景点

■ 教堂**内部**有巴洛克风格灰泥装饰、玫瑰色大理石、绘画和雕塑，是一件高档精致的艺术作品。

■ 教堂里有珍贵的**圣科洛曼圣物箱**，内有圣徒的一件神圣遗物：梅尔克修道院（Abbey of Melk）（圣科洛曼死后遗体就存放在那里）提供的一块颚骨。

■ **科洛曼节**是在离圣科洛曼斋日（10月13日）最近的星期天。按照古时的传统，大约有250名穿着盛装的人骑着干净利落的马来到这里参加露天弥撒活动。他们骑马绕行教堂3圈，接受圣徒的赐福，然后一起享受肉和啤酒盛宴。这是一次极富魅力和尊严的庄重的宗教活动。

■ 远处的**阿尔卑斯山峰**完美地衬托了教堂的白墙、洋葱圆顶和树荫下的庭院。

东欧十大犹太教会堂

不管是华丽的还是毁坏的，不管是宏伟壮观的还是朴实无华的，东欧现存的犹太教会堂是支离破碎的世界的有力证明。

❶ 乌克兰佐夫科瓦

佐夫科瓦的17世纪堡垒犹太教会堂尽管有一部分被纳粹的炮弹炸毁，却仍然保留着过去的那份庄严。它厚实的粉墙、雕刻大门、拱形窗和锯齿形屋顶构成了佐夫科瓦文艺复兴中心的一部分，这个中心是按照16世纪末所构想的“理想的城市”模型建造的。

行前计划： 佐夫科瓦镇距离利维夫（L’viv）大约40公里，一日游方便易行。www.go2kiev.com

❷ 罗马尼亚波图森尼犹太教大会堂

建于1834年的这个犹太会堂朴素的外表与豪华亮丽的内部形成鲜明的对比。圣殿之上横跨着一个有雕刻的、色彩大胆的镀金方舟，墙上和天花板上装饰着有关《十诫》（*Ten Commandments*）、圣经中的野兽以及以色列12支派的画面，质朴动人。

行前计划： 拨打+40（0）231514659与波图森尼犹太社区中心联系，或通过任何一个罗马尼亚领事馆或国家旅游局联系参观犹太会堂事宜。www.romaniatourism.com/jewishher.html，www.jewishtourseurope.com

❸ 立陶宛帕克罗基斯

精致的木造犹太教会堂在东欧村庄里曾经很常见，如今却只剩下几个最朴素的犹太会堂。帕克罗基斯的犹太教会堂很可能是最古老的，它建于1801年，过去因为有花草和动物画面而光彩夺目。今天这个犹太教会堂墙壁凹陷、屋顶倾斜，成为一个已完全消失的世界的珍贵纪念物（尽管被遗弃）。

行前计划： 立陶宛有十几个木造犹太会堂，开车去都很方便。www.litjews.org，www.shtetlinks.jewishgen.org，http://cja.huji.ac.il/Architecture/Wooden-synagogues-Lithuania.htm

❹ 波兰蒂科辛

在依然保留着战前犹太村社面貌的狭窄的街道和低矮的房子中间高高耸立着蒂科辛雄伟壮观的巴洛克风格犹太教会堂。这座会堂建于1642年，里面曾经有一所学校、几个法庭，甚至一个监狱。今天经过精心修复，它已经成为一座犹太博物馆。

行前计划： 犹太教会堂博物馆每天上午10点至下午5点开放，周一和公共假期后的几天除外。
www.tykocinmolsouthernregion.org

❺ 波兰克拉科夫瑞姆犹太教会堂

在四周墙壁环绕、用鹅卵石铺成的庭院深处有一座16世纪的瑞姆犹太教会堂，它是克拉科夫老犹太区卡齐米尔茨（kazimierz）一个活生生的心脏。在安息日和犹太教假日，温暖舒适的拱形圣殿仍然充满了古老的祈祷声。

行前计划： 安排好时间就可以赶上夏季的犹太文化节。www.jewishkrakow.net

❻ 斯洛伐克特尔纳瓦

在把特尔纳瓦被毁坏的、双塔楼式的犹太教会堂改造成现代艺术中心时，建筑师们很慎重地保留了那些亵渎神圣的证据，这样，他们不仅创造了一个现代文化空间，也创造了一个令人肃然起敬的纪念馆。

行前计划： 简科尼亚瑞克展室（Jan Koniarek Gallery）有当地犹太人历史展览，长年展出。www.travel.spectators.sk/ss2006/03_trnava.html

❼ 保加利亚索菲亚中央犹太教会堂

索菲亚的中央犹太会堂有摩尔人风格的镶边和圆篷状的穹顶，它与其他市中心的地标性建筑（包括一个16世纪的清真寺）显得很协调。这个会堂是欧洲最大的西班牙系犹太人（Sephardic）会堂，2009年它将迎来它的百年华诞。教堂内八边形的圣殿装饰得富丽堂皇，被1.8吨重的青铜枝形吊灯照得透亮。

行前计划： 犹太会堂建筑群里面有犹太历史博物馆。www.sofiasynagogue.com

❽ 匈牙利塞格德新犹太教会堂

新犹太教会堂雄伟的圆顶高耸在林立的尖塔和较小的圆屋顶之上。但是它的美更多地体现在其内部装饰的精巧上——那是众多东西方风格的大融合。这座教堂于1903年落成，是建筑师利波特·鲍姆霍恩（Lipot Baumhorn）（曾经设计过20多座犹太会堂）的杰作。它的每一件装饰物、每一个建筑细节中都渗透着犹太象征符号，其效果令人赏心悦目，并且触动人的灵魂。

行前计划： 从布达佩斯乘坐火车前往，需要2.5小时。www.zsinagoga.szeged.hu

❾ 匈牙利麦德

这座简洁的巴洛克风格的犹太教会堂坐落在匈牙利东北一个盛产葡萄酒的村庄——麦德村，最近刚刚重修过。墙上有轻淡柔和的装饰，方舟上方有镀金的狮子和鹰头狮身怪兽。这个建筑群的不同寻常之处在于旁边的宗教学校和拉比的居所保存完好。紧挨圣殿的一间屋子里有个小型展览，记录了麦德犹太人的历史。

行前计划： 这个犹太教会堂经过2004年的重修后备受称赞，一直是麦德的主要旅游景点之一。参观当地的葡萄酒厂，许多酒厂曾供应犹太人市场。www.isjm.org/country/mad.htm

❿ 捷克尤斯特克

第二次世界大战使尤斯特克这座18世纪的砂岩造犹太教会堂变成了废墟。经过10年的努力，到2003年，它又恢复成过去辉煌的样子，现在它成了小镇的骄傲。这座教堂形状独特，呈西红柿色，像一座微型塔楼。这里定期举办文化活动。里面长年有当地犹太人历史展览，包括一间19世纪的教室模型。

行前计划： 尤斯特克犹太教会堂在布拉格以北71公里处，每年4—10月开放。www.mesto-ustek.cz，www.litomerice.cz

利波特·鲍姆霍恩（Lipot Baumhorn）是现代欧洲建造犹太教会堂最多的建筑师，有22座犹太会堂出自他之手。非凡的塞格德新犹太会堂是他最受人称道的作品。

SZERESD FELEBARÁTODAT MINT TENMAGADAT

德国

亚琛大教堂

北欧最古老的大教堂与皇室有着毋庸置疑的联系，里面安放着查理曼大帝的石棺。

大理石板制作的查理曼大帝（Charlemagne）宝座坐落在亚琛大教堂的一侧，32位在这里加冕的神圣罗马皇帝会走下御座前的台阶，向圆顶塔下匍匐在地的臣民们致意。这个圆屋顶高耸入云、优美雅致，难怪皇帝和他们的臣民都相信这是神赐予的权力。号称第一个神圣罗马皇帝的查理曼大帝在公元786年开始建造大教堂中心的巴拉丁礼拜堂（Palatine Chapel），礼拜堂的建筑师梅斯的奥多（Odo of Metz）模仿拉文纳的拜占庭风格的圣维塔莱教堂（Basilica of San Vitale）设计建造了这座教堂。亚琛大教堂是北欧最古老的教堂，它的礼拜堂是加洛林王朝（Carolingian）建筑艺术的典范。但是这些都比不上高32米、威严壮观的八角形圆拱顶（曾是欧洲最高的穹顶）。穹顶内精细的镀金表层和马赛克天花板被悬在查理曼大帝石棺上的弗雷德里克·巴巴罗萨（Frederick Barbarossa）所献青铜枝形吊灯挡住一部分。朝圣者们长期以来一直络绎不绝地来到大教堂朝拜，因为查理曼大帝不仅拓展版图，也收集圣物，其中一些最珍贵的圣物据说属于圣母或耶稣，如玛利亚的斗篷、圣婴的襁褓、耶稣绑在十字架上时穿的缠腰布。另外一件圣物据说是施洗者约翰的包头布。这些圣物收藏在圣母玛利亚圣物柜里，有很多年大教堂被称作亚琛的圣母玛利亚皇家教堂。

最佳旅行时间：任何时间均可，但亚琛圣诞集市可以为你的旅行增添节日气氛。

行前计划：各礼拜堂和博物馆在整修、定期礼拜活动和预订的朝圣活动期间不对游客开放。来前打电话确定你想参观的教堂或博物馆是否开放。如果想要仔细参观大教堂和它的博物馆，最好准备两天时间。

相关网址：www.aachen.de

著名景点

■ 从外面看，亚琛大教堂就像挤在城市建筑中的各种不同建筑风格的大杂烩。不要从它的外观加以判断，教堂**内部**既精致又奇特。

■ 受拜占庭风格影响的**马赛克镶嵌装饰**使得教堂内部与其他加洛林王朝建筑物不同。不要错过其中一幅华丽的马赛克画，它描绘的是神圣的耶路撒冷世界交汇的四条河流。

■ 由于大批朝圣者的涌入，大教堂在15世纪时进行了扩建。1414年，增建了由两部分组成的**玻璃教堂**（Cappella Vitrea），这是献给查理曼大帝去世600周年纪念日的。它原来的彩绘玻璃在“二战”中被毁，需要更换。

查理曼大帝石棺山墙上的雕塑描绘了他站在教皇里欧三世（Pope Leo Ⅲ）和兰斯大主教图平（Archbishop Turpin of Reims）中间登基的场面，教皇和主教象征性地稍矮一些。

圣维塔莱大教堂朴素的外观与它装饰着色彩缤纷、辉煌壮丽的马赛克镶嵌壁画的内部形成鲜明对比。

意大利

圣维塔莱教堂

这个建于6世纪的大教堂有伊斯坦布尔之外最好的拜占庭马赛克镶嵌画收藏。

拉文纳（Ravenna）的圣维塔莱教堂多层的八边形外观、整洁明快的线条和弧线与内部精致的工艺相比，就似乎显得平凡了。这里有大量世界上保存最好的早期基督教拜占庭马赛克镶嵌画，给部分修复的殿堂增色不少。所有马赛克镶嵌画与大教堂一样，是6世纪的作品，最出众的一幅在半圆形拱壁：在小小的金色瓷砖上短头发、身穿紫红色长袍的年轻基督正在向忠诚的圣维塔莱（St.Vitalis）授予殉道头冠，基督的右边是拿着大教堂模型的艾卡拉希欧（Ecclesius）主教（他是这个教堂的创建者）。左侧，另外一个半圆形拱壁上的马赛克镶嵌画是纪念拜占庭皇帝查士丁尼（Justinian）的（大教堂是在他统治时期建造的），他的皇后狄奥多拉（Theodora）与马克西米尼（Maximian）主教（公元547年是他敬献了这座教堂）分别站在他的两侧。当时其他的圣徒和政治人物也在这个半圆拱壁、内坛壁和翼梁上，非常引人注目。罗马皇帝原来认为拉文纳不重要，到公元前90年才占领了拉文纳。但到了5世纪拉文纳变成了罗马帝国的中心，这也许就是圣维塔莱教堂和其他宗教建筑物在这里繁盛的原因。据传说，教堂是建在罗马人判定米兰的圣维塔莱是基督徒的地方（在早先基督徒不是一个受欢迎的名称），他们折磨他，最后把他活埋了。圣维塔莱成为拉文纳第一个也是最受尊敬的殉道者。

最佳旅行时间：圣维塔莱教堂每天上午9点至晚上7点开放。欣赏马赛克镶嵌画光线最好的时间一般是中午到下午1点。

行前计划：拉文纳位于意大利北部艾米利亚-罗马涅（E-milia-Romagna）地区，公路路况好，铁路也很方便，所以可以租一辆车、乘坐巴士或跳上火车前往。大教堂从博洛尼亚（Bologna）机场坐火车或汽车1—2小时即达，离公共广场波波洛广场（Piazza del Popolo）500米。准备一天时间参观圣维塔莱，如果想要游览拉文纳的其他景点，需要更多时间。

相关网址：www.greatbuildings.com， www.italiantourism.com

著名景点

■拉文纳与文学创作渊源颇深。《神曲》（*Divine Comedy*）的作者但丁·亚利基利（Dante Alighieri）于1321年在拉文纳去世。他的**墓地**在圣弗朗西斯科教堂（Church Of San Francesco）附近。后来，爱尔兰浪漫派作家威廉·巴特勒·叶芝（Willian Butler Yeats）从大教堂的**马赛克镶嵌画**中为他的拜占庭诗歌找到了灵感。

■**波波洛广场**是拉文纳的公共广场。喷泉、纪念碑、大教堂、教堂和其他建筑物环绕着两个半圆状的空间。留出时间在广场坐一坐，欣赏风景和空中不同风格的建筑物。

■**大主教邸宇**值得一游。**圣奥索大教堂**（Cathedral of Sant'Orso）内有两座6世纪的大理石石棺，**国家博物馆**有关于拉文纳历史的展览。

意大利

卡萨莱蒙弗拉多犹太教会堂

尽管再也没有过去那么多的会众，这个修复得很漂亮的犹太教会堂仍然是犹太艺术的精品。

穿过一个看上去像普通建筑的无名大门进入卡萨莱蒙弗拉多犹太教会堂，里面隐藏着一个金碧辉煌的敬神世界。在天花板的巨大希伯来语铭文上有这样的宣言：这是天堂之门。下面柔和的墙壁上一块块镀金灰泥装饰框中有希伯来语的《圣经》语录。波状的格栅隔开了女士祈祷室，一个形状奇特的纯铁锻造的格栅把18世纪末的神圣方舟与圣殿分开。科林斯式的圆柱支撑着有生动雕刻的高高的山墙，螺旋形的枝状大烛台矗立在一旁，象征律法的金色王冠悬浮在上空。从头顶上气派的穹顶肋拱上的14个窗子透射进来的阳光把富丽堂皇的装置照得熠熠发光。这个犹太教会堂建于1595年，在后来的几个世纪中进行了扩建和进一步的装饰，现在已经成为皮埃蒙特（Piedmont）地区十几个华丽的犹太会堂中最豪华的会堂。如今生活在卡萨莱蒙弗拉多的犹太居民只有两户。现在这个犹太教会堂是展示犹太人历史和现代祭祀艺术的博物馆和文化建筑群中闪亮的核心。

最佳旅行时间：犹太教会堂建筑群全年周日上午10点至中午、下午3点至5点开放。平日要参观需预约，电话：+39 0142 71807。

行前计划：从米兰（Milan）或都灵（Turin）开车不到90分钟，从A26号公路下来即达卡萨莱蒙弗拉多。其他一些皮埃蒙特（Piedmont）犹太会堂，例如阿斯提（Asti）、亚历山德里亚（Alessandria）、卡尔马尼奥拉（Carmagnola）的犹太会堂也向公众开放，在途中可停下参观。卡萨莱蒙弗拉多犹太会堂和博物馆需要一上午或下午，然后游览周围的旧犹太人区和犹太人墓地。

相关网址：www.casalebraica.org， www.initaly.com/regions/piedmont/turin.htm

著名景点

- 建筑群入口处的纪念馆是为纪念在“二战”纳粹大屠杀中受害的当地犹太人而建。旁边，中央庭院拱廊下的**雕塑**上有神秘的希伯来字母象征符号。
- 注意方舟附近的两幅16世纪**浅浮雕**。一幅描绘的是耶路撒冷和所罗门王神庙（Temple of King Solomon），另外一幅描绘的是古代希布伦（Hebron）。旁边刻有希伯来和意大利文字的**大理石镶板**是纪念1848年解放皮埃蒙特犹太人的卡洛·阿尔贝托国王（King Carlo Alberto）的。
- 到**犹太艺术和历史博物馆**参观刺绣品、银质祭祀器具、律法书和其他犹太文物。
- **灯具博物馆**展示了现代艺术家创作的引人注目的光明节（Hanukkah）大烛台（枝状大烛台）。

卡萨莱蒙弗拉多犹太会堂内部是巴洛克式的辉煌风格，充满了犹太象征符号。

光线从圣彼得大教堂的圆顶倾泻进来。

梵蒂冈

圣彼得大教堂

在埋葬着众多教皇（据说包括圣彼得在内）的墓地上矗立着世界上最丰富的宗教艺术宝库之一。

位于世界上最小的城国梵蒂冈的圣彼得大教堂是最神圣的天主教堂之一，也是世界上最大的教堂之一。圣彼得大教堂始建于1506年，由米开朗琪罗（Michelangelo）和其他伟大的文艺复兴艺术家设计和装饰，是一座充满了卓越宗教艺术的殿堂。大教堂坐落在由贝尔尼尼（Bernini）设计的4公顷大的圣彼得广场上，广场上弯曲的柱廊像伸开的臂膀一样拥抱来访的游客。从广场进入5个青铜门中的一个，你就到了长长的正殿，那里有精致的大理石镶嵌装饰。每转一个弯就能看到巨大的雕像、高耸的圆柱和华丽的祭坛装饰。阿诺尔福·迪·坎比奥（Arnolfo di Cambio）所创作的圣彼得雕像有几个脚趾由于朝圣者的触摸而磨损。在圆顶周围有一圈窗子，阳光就从那里照射进来。圆顶内壁有描绘基督、圣母玛利亚、上帝、严肃的圣徒和翱翔的天使的马赛克镶嵌画。下面是整个内殿的中心——贝尔尼尼雕制的华盖，高大的祭坛就在华盖的罩护下。据梵蒂冈人说（是古老的传统）圣彼得（第一任教皇）的墓地就在教堂下面的罗马公墓。

最佳旅行时间：清晨，在大批人群到来之前游览圣彼得大教堂。

行前计划：准备3个小时或更多时间。如果你不参加旅游团，可能要排队，特别是星期日。每周日整天在正殿都有意大利语弥撒（有一次是用拉丁语）。在大教堂南翼的信息和邮政中心（除了周日每天开放）咨询有关免费游览事宜。这里有严格的着装要求：不能穿短裤、短裙或背心。如果想参观罗马公墓，事先向梵蒂冈考古挖掘办公室要票。

相关网址：www.vatican.va，www.saintpetersbasilica.org，www.vaticancitytours.com

著名景点

- 一进入口右边的第一礼拜堂有米开朗琪罗的**《圣母怜子》雕像**（Pieta），描绘的是悲痛的圣母玛利亚在耶稣钉死在十字架上后怀抱儿子的情景。这座自然主义风格的生动的雕塑作品与米开朗基罗的《大卫》一样是文艺复兴艺术和技巧的杰作。

- 贝尔尼尼设计的**圣事礼拜堂**（Blessed Sacrament Chapel）是一个肃静的冥思场所，专门用于祈祷。从上午7点开始世界各地的牧师们全天用不同的语言在圣彼得大教堂的各礼拜堂内做弥撒。

- 坐电梯到屋顶，进入圆顶内，可以一览大教堂辉煌壮丽的**全景**。再登上320级台阶到瞭望台，在那里可以远眺罗马全景。

- 每周日中午（教皇夏日假期或旅行时除外），天主教徒会聚集在**圣彼得广场**上，教皇会从他的阳台主持**三钟经仪式**（Angelus blessing）。

- **罗马公墓导游团**会带你穿过大教堂下面的挖掘场，到达天主教徒所谓的圣彼得墓地。但许多学者认为1953年在耶路撒冷橄榄山（Mount of Olives）发现的一个墓地才是圣彼得真正的埋葬地。

十大艺术家教堂

有许多人在宗教中找到了创造灵感。下面选取的是一些与艺术家密切相关的教堂精品。

❶ 美国宾夕法尼亚州艾金公园市贝斯·索隆犹太教堂

20世纪50年代弗兰克·劳埃德·赖特(Frank Lloyd Wright)设计的这个犹太教堂是第一个真正美国式的、点缀着犹太标记的犹太教会堂。它的整体形状像一座山,也像古代的帐篷神堂和印第安人的圆锥形帐篷。白天光线透过赖特在墙上使用的半透明材料倾泻进来;晚上,从外面看,正如赖特所说,这座教堂就像“闪光的西奈山”一样熠熠生辉。

行前计划：这里每天都有礼拜活动。如果要参观犹太教堂，最好提前预订。www.bethshalomcongregation.org

❷ 美国得克萨斯州休斯敦罗斯科教堂

20世纪60年代，约翰（John）和多米尼克·德梅尼（Dominique de Menil）雇请了抽象表现主义画家马克·罗斯科（Mark Rothko）来创建一个冥想空间。马克创造出了一个八边形的房子，里面有8幅巨大的画作，主色调是黑色，伴有微妙的深蓝、青紫色和红色。墙上微微发光的画像会引发来访者思考现实的本质。

行前计划：罗斯科教堂周六至周二上午10点至下午6点开放，周三至周五上午10点至下午7点开放。www.rothkochapel.org

❸ 俄罗斯莫斯科沙皇教堂

天使报喜大教堂（the Annuciation Cathedral）里的这座富丽堂皇的小礼拜堂墙上曾经布满了16世纪初的湿壁画。但最辉煌的是由俄罗斯最优秀的肖像画家装饰的多层圣壁（画有圣像的屏风），包括狄奥法内斯（Theophanes）的“施洗者圣约翰”（St.John the Baptist）、“天使长加百利”（Archangel Gabriel）和卢布耶夫（Rublev）的“天使长圣米迦勒”（St. Michael the Archangel），所有画像都像宝石一样熠熠生辉。

行前计划：克里姆林宫（Kremlin）周四关闭。www.kremlin.ru.eng

❹ 意大利威尼斯圣塞巴斯蒂安教堂

由16世纪威尼斯画家保罗·委罗内塞（Paolo Veronese）绘制的油画和湿壁画布满圣器收藏室、天花板和中殿的上部墙壁、风琴门和高坛。这些油画和壁画描绘了圣经中圣塞巴斯蒂安的生活场景，色彩鲜艳，栩栩如生。

行前计划：可洛斯联卡（Chorus Pass）包含圣塞巴斯蒂安和其他14个威尼斯教堂门票。在任何一座教堂购买都可。www.chorusvenezia.org

❺ 意大利帕多瓦阿雷那教堂

这个小教堂里有文艺复兴艺术奇观：一系列14世纪的乔托（Giotto）湿壁画。在两边的墙上装饰着描述基督和圣母生活的两组环形壁画。小教堂内色彩缤纷，有深蓝的天花板、墙上的幻境画斑岩和大理石，还有鲜艳悦目的湿壁画。画中人物所表露的情感真切感人。

行前计划：需要提前预订。www.cappelladegliscrovegni.it

❻ 梵蒂冈西斯廷教堂

教皇邸宅里的西斯廷教堂巨大的、高高的天花板上有大量米开朗琪罗（Michelangelo）气势恢弘的壁画人物（一共有343个），这是他在1508—1509年和1511-1512年中几乎独自一人创作的。这些壁画描绘了《旧约全书》（*Old Testament*）中的场景，特别是《创世记》（*Genesis*）里的故事，包括著名的上帝创造亚当（Adam）的画面。在祭坛上方是米开朗琪罗在1541年绘制的人物众多、令人生畏的“最后的审判”。

行前计划：教堂周一至周六开放，大多数月份的最后一个星期日也开放。www.vatican.va

❼ 法国凡斯玫瑰教堂

这个宁静的教堂各个方面——包括建筑、彩绘玻璃窗、装潢，甚至牧师的长袍——都是亨利·马蒂斯（Henri Matisse）的杰作。教堂内，彩绘玻璃窗在地面和墙上的瓷砖壁画上投下了黄、绿和蓝色（象征上帝和光、自然和天空的色彩）图案，把大自然融进了这个素雅洁白的内殿。

行前计划：从凡斯［尼斯（Nice）附近］城中心走到教堂只需5至10分钟。教堂周二至周四上午10点至11点半和下午2点半至5点半开放，夏季开放时间要长一些。11月关闭。www.http://pagesperso-orange.fr/maison.lacordaire

❽ 法国维夫朗什圣皮埃尔教堂

这个建于14世纪的小教堂位于维夫朗什小渔村，里面有大量描绘渔民的守护神圣彼得一生的艳丽的粉笔画。这些画是电影导演让·科克托（Jean Cocteau）的作品，科克托于1957年开始整修这个小教堂。他的壁画是以当地人和村子为原型的。

行前计划：圣皮埃尔教堂在维夫朗什（尼斯以东5公里处）港口入口旁。www.villegranche-sur-mer.com

❾ 西班牙马德里圣安东尼奥—德拉弗罗里达教堂

这个原王室小教堂一进入口处就是弗朗西斯科·德·戈雅（Francisco de Goya）的陵墓，上部墙上装饰着戈雅自己创作的一系列湿壁画，描绘的是圣安东尼（St.Antony）的神奇故事。1928年为了使这些壁画免受蜡烛和焚香的熏染损坏，在旁边增建了一座一模一样的小教堂，礼拜仪式就在那里举行。

行前计划：教堂位于佛罗里达大道（Paseo de la Florida）。最近的地铁站在普林西普勒·皮奥（Principle Pio）。周二至周五上午10点至下午2点、下午4点至晚上8点开放，周六至周日上午10点至下午2点开放。www.spain.info

❿ 英国波格克力尔桑达姆纪念教堂

英国画家斯丹利·斯宾塞(Stanley Spencer)为这座小教堂创作了19幅画,所有作品都是根据他自己在第一次世界大战期间担任卫生员时的经历而作。这些既安静又活动的画面描绘的是军队每天的日常生活场景,包括《擦洗地板》、《整理和搬运工具包》,高潮是祭坛后面的《抢救受伤的士兵》。

行前计划：教堂位于汉普郡（Hampshire），从3月初至12月底开放。开放时间不一。www.nationaltrust.org.uk

这是意大利帕多瓦的阿雷那教堂里的乔托的壁画《哀悼》（*Lamentation*）中的一个细节，描绘的是圣母玛利亚正在寻找耶稣的生命迹象，而众人对耶稣的死悲痛万分的场面，一切都表现得是那么的逼真。

意大利

佛罗伦萨大教堂

佛罗伦萨大教堂是文艺复兴时期的建筑精品，吸引了一批意大利最杰出的艺术家和建筑师前来。

在佛罗伦萨的空中轮廓线中，最显眼的就是巍峨雄伟的罗马天主教堂花之圣母大教堂（Santa Maria del Fiore）（常称佛罗伦萨大教堂）。它始建于13世纪末，到15世纪中叶才完工。意大利最有才华的一些画家、雕塑家和建筑师——包括乔托（Giotto）、布鲁内莱斯基（Brunelleschi）、多纳泰罗（Donatello）、多米尼戈（Domenico）、基兰达约（Ghirlandaio）、皮萨诺（Pisano）、卢卡·德拉·罗比亚（Lucas Della Robbia）——都为它的辉煌出过一份力。它的精华部分——巨大的圆顶是菲利波·布鲁内莱斯基（Filippo Brunelleschi）设计的，建于15世纪初，从佛罗伦萨的许多地方都可以看到圆顶优美的曲线。教堂的红、绿、白三色大理石立面上布满了几何图案，不时穿插装饰着高贵的圣徒圣像的绚丽壁龛。在宏伟的教堂内部，穿过大理石镶嵌的地面，站在巨大的金顶圆柱之间，只见柔和的光线从高高的彩绘玻璃窗透射进来。在雄伟的圆顶下驻足停留，抬头凝望巨大的拱壁上令人生畏的《最后的审判》场景湿壁画，你会惊叹不已。如果想仔细端详这些杰作，登上463级台阶到圆顶顶端，然后走到外面，佛罗伦萨壮美的景色就在你眼前全部呈现出来。

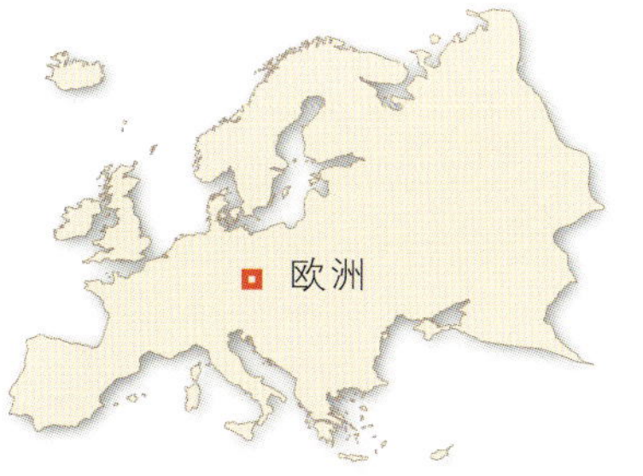

最佳旅行时间：春末气候温和，游客少，是游览大教堂的最好时间。避开人群拥挤的夏天。周日开放时间长一些，如果你想参观所有建筑物，其他日子最好下午早点去。大教堂的不同部分（教堂、圆顶、钟塔和洗礼堂）以及博物馆开放时间均不同。从下面第一个网址查清楚开放的确切时间。

行前计划：到佛罗伦萨可以乘坐飞机直达佛罗伦萨机场，或者坐飞机到罗马然后坐火车去。参观大教堂各个部分需要至少3小时，游览佛罗伦萨市需要至少3天。春天有阵雨，带一把伞，春、秋天穿几层衣服。佛罗伦萨是个小城市，步行可走遍全城。在这里不要租车，因为靠近市中心处你都不能停车。

相关网址：www.operaduomo.firenze.it， www.florence-accom， www.florence-tickets.com

著名景点

■就在大教堂对面有一个八角形的**洗礼堂**，洗礼堂的门很出名，是由洛伦佐·吉贝尔蒂（Lorenzo Ghiberti）设计的。门上的镀金青铜镶板上雕刻着华美的《圣经》故事场景。

■不要错过由乔托设计的华丽的**钟塔**，钟塔用白色、红色和绿色大理石贴面。从这里登上414级台阶，可以俯瞰佛罗伦萨壮观的、不太拥挤的一面， 还有大教堂本身。

■就在花之圣母大教堂后面的**大教堂博物馆**陈列着原来大教堂内的优秀作品，包括多纳泰罗的雕塑、卢卡·德拉·罗比亚的釉面陶土圣母圣像和唱歌的天使。

■文艺复兴艺术爱好者会羡慕曾经住在**圣马可修道院**（Convent of San Marco）的修士们，现在这里成了博物馆。这座修道院是多米尼克人（Dominicans）创建的，他们的convent指的是修士或修女的居住区。著名画家弗拉·安杰利科（Fra Angelico）从1436年至1445年曾经作为修士在这里居住，他的湿壁画布满修道院许多地方，包括修士的居室，其中有著名的《天使报喜》。

对页：从这里看佛罗伦萨大教堂，布鲁内莱斯基设计的圆顶、正殿和乔托设计的钟塔尽收眼底。 左上：圆顶内壁令人不寒而栗的《最后的审判》湿壁画目的是要让祈祷者敬畏上帝。右上：佛罗伦萨大教堂的美大多体现在其立面上的精致的细节。

最初是修道士们在唱诗席唱赞美诗，但现在市民歌手（男孩和成年男子）每天在这里唱圣歌。

英国

威斯敏斯特教堂

就威仪堂皇而言，没有多少建筑物能与这个英格兰乃至整个英国的古老卓著的教区教堂相比。

假如石头也能说话的话，威斯敏斯特教堂会有说不尽的故事。这里是17位英格兰、苏格兰和不列颠王国的君主以及无数重要人物的墓地。自威廉一世时期1066年的圣诞节以来王室婚礼和国王加冕都在此举行，这是一个最顶尖的教堂，它有英格兰最高的哥特式穹顶，有豪华绚丽的装饰。威斯敏斯特教堂位于伦敦市中心，是王室专有私产，不隶属于任何主教，只服从君王，它是公共仪式和英国圣公会教徒（Anglican）的礼拜中心。在被无数朝圣者的脚步磨得光光的台阶上，礼拜者仍然在向11世纪时最初创建这个教堂的忏悔王爱德华（Edward the Confessor）的圣坛表示敬意。今天我们所看到的教堂大部分是在13世纪由亨利三世建造的，效仿了法国大教堂的玫瑰窗、尖拱顶和有棱纹的穹顶。但是也有一些带英国风格的设计，如单耳堂、壁带、雕塑和大理石圆柱。当你看着墓地和纪念石板时，很难想象这些只是埋葬在大教堂和它的回廊中3300人中的一小部分。

最佳旅行时间： 教堂除了周日、宗教节日（那时只供祈祷用）或特殊活动外每天向游人开放。开放时间不一，查看教堂网站核实细节。

行前计划： 准备至少2小时参观教堂。做好心理准备可能要排队。必须购买门票。为了更好地游览，租一个语音导游器或加入教堂司事带领的游览团，虽然两者都要额外付费，但是很值得。

相关网址： www.westminster-abbey.org，www.visitlondon.com

著名景点

■自1308年爱德华二世时期以来每个君王都在**加冕椅**上登基，这把椅子现在亨利五世墓地旁的回廊中的基座上，它是在1300年制作而成的，椅子坐板下有一个搁架，放着命运之石（Stone of Scone），据说这块石头是圣经中雅各布（Jacob）的枕头。命运之石在1996年被转移到爱丁堡城堡，现在它与其他苏格兰主权象征物放在一起。

■不要错过16世纪早期的精致的**圣母堂（Lady Chapel）**，它有扇形拱顶天花板、都铎朝式（Tudor）的象征图案和近100个雕像。

■**诗人角（Poet’s Corner）**是纪念文学泰斗的，如乔叟（Chaucer）、莎士比亚（Shakespeare）、丁尼生（Tennyson）、狄更斯（Dickens）、艾米莉·勃朗特（Emily Bronte）等。

■**皇家空军礼拜堂（RAF Chapel）**是用来纪念在第二次世界大战不列颠之战（Battle of Britain）中牺牲的盟军飞行员的。窗子上装饰着63个空军中队的徽章。

■在**教堂博物馆**寻找历代国王雕像和13世纪的彩色橡木祭坛装饰。

法国

沙特尔大教堂

这个哥特式建筑精品以丰富多彩的宗教画面讲述了国王、艺术家和圣经人物故事。

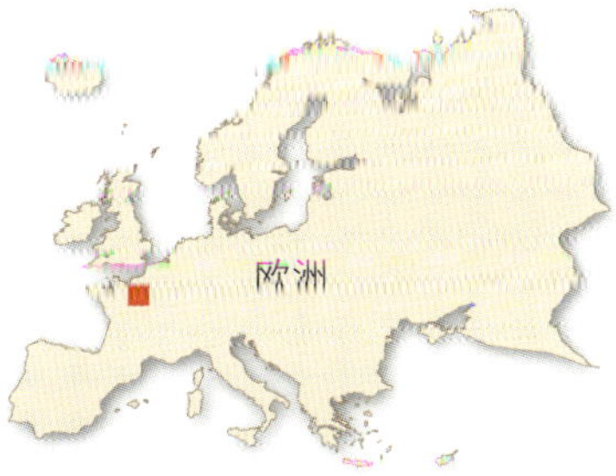

沙特尔大教堂的尖顶高高耸立在博斯（Beauce）地区广阔平坦的土地上，7个多世纪以来一直吸引着旅行者和朝圣者。这个圣母大教堂坐落在巴黎西南厄尔河（River Eure）上，是哥特式建筑的经典杰作。早先建在这里的教堂也是敬献给圣母的。据传说，公元876年，查理曼大帝（Charlemagne）给沙特尔带来了圣母在耶稣降生时穿的披肩的一部分，作为它的圣物。沙特尔大教堂经过30年精心的打造，于1260年敬献，是欧洲中世纪大教堂中保存最好的一座。它是王室和大量工匠合作的结晶，尽管建造它的雕塑家和艺术家的名字已经无从考证。王门的门楣上雕刻着坐在天国中的基督，从王门进入教堂，走进庄严的哥特式圣殿，你将要看到的是光彩夺目的课堂——不仅讲授耶稣和圣徒的生活，还有资助大教堂建设的各行各业的日常生活。事实上，如果沿着2600平方米的彩绘玻璃“阅读”这些华丽精美的窗子上描绘的故事，这些宝石般的框格和花饰会告诉你一个又一个令人鼓舞的故事，例如由制桶工人和木匠装饰的诺亚窗上的画面故事。

最佳旅行时间：计划在中午到达参观大教堂（免费）。仔细研究复杂的彩绘玻璃窗和雕塑。傍晚回来参观地窖。最好有几天时间，一次看一个窗子和一扇门。在晴朗无云的冬日来大教堂可以欣赏到最绚丽的色彩。

行前计划：从巴黎的蒙帕那斯（Montparnasse）火车站坐火车不到1小时就到达沙特尔——沿途风景很美，穿过朗布依埃（Rambouillet）森林，越过厄尔平原。着装要得体，不要露出胳膊和大腿。

相关网址：www.chartres-tourism.com

著名景点

- 原有的186块窗玻璃现在只剩下152块，是世界上最完整的中世纪彩绘玻璃收藏。每一块窗格都有一个主题。

- 寻找世界上最大、保存最好的嵌在地面上的中世纪曲径。朝圣者会走在或爬行在这条“通往耶路撒冷之路”上——这条路象征着通往天堂的人生之路。

- 登上14世纪圣毕亚特礼拜堂（St Piat's Chapel）精致的台阶，进入礼拜堂，这里保存着圣母玛利亚的圣物。

- 北门被称作开创门（the Door of the Initiates），上面雕刻着约柜装在马车上运来的情景。有人认为是圣殿骑士团（Knights Templar）把约柜带到沙特尔，并把它埋在地窖下。

沙特尔大教堂在夜晚显得格外亮丽和神秘。

十大彩绘玻璃窗

有着鲜艳明亮的色彩、精致的图案和故事情节的彩绘玻璃窗一直以来都是提升精神、启迪灵性的源泉。

❶ 美国马里兰州巴尔的摩布朗纪念教堂

以宝蓝色圆顶和闪光的彩绘玻璃著称的布朗纪念长老会教堂（Brown Memorial Presbyterian Church）是巴尔的摩的一颗明珠。教堂内有路易斯·康福特·蒂凡尼（Louis Comfort Tiffany）创作的11个彩绘窗，它们是仍保留在原地的蒂凡尼艺术作品中最好的一组。设计师标志性的鲜艳色彩、精致的窗框和窗帘工艺体现在每一个窗子中。

行前计划： 位于市政厅广场的锡安教堂（Zion Church）有丰富的彩绘玻璃。www.browndowntown

❷ 美国华盛顿特区国家大教堂

在天气晴朗的日子，大教堂内成了神妙的光影表演场所。阳光从彩绘玻璃窗倾泻进来，在教堂的灰色石面上抹上了深红色、黄色、绿色和紫色，呈现出一片万紫千红的景象。

行前计划： 去福尔杰·莎士比亚图书馆（Folger Shakespeare Library）欣赏《人类的7个时代》（*Seven Ages of Man*）。它是由绘制国家大教堂彩绘玻璃窗的同一个画家创作的，4月莎士比亚生日那天向公众开放。www.nationalcathedral.org

❸ 澳大利亚悉尼圣玛利亚大教堂

从英国的哈德曼公司(Hardman & Co)一路船运过来的精致的彩绘玻璃窗被金黄色的砂石花饰窗格一分为二。在圣殿和耳堂的窗子上描绘着15个《玫瑰经的奥秘》(*Mysteries of the Rosary*)，中殿有《新约全书》(*New Testament*)中的场景。最出色的是巨大的北窗上的彩绘图，那是19世纪的杰作。

行前计划： 地窖的地面上有马赛克水磨石砖画，描绘了《创世记》故事。www.stmaryscathedral.org.au

❹ 以色列耶路撒冷阿贝尔犹太教堂

1962年，当马克·夏加尔（Marc Chagall）把他美丽的彩绘玻璃窗献给阿贝尔犹太会堂时，他说他带来的是"献给总是梦想着圣经中描述的所有民族互相友爱、和平共处的犹太人民的朴素的礼物"。这12个色彩艳丽的窗子中描绘着生动活泼的犹太象征符号、动物、鲜花和鱼。

行前计划： 阿贝尔犹太会堂是哈达萨大学医学中心（Hadassah University Medical Center）的一部分。www.hadassah.org.il

❺ 捷克布拉格圣维特大教堂

圣维特大教堂位于占地45公顷的布拉格城堡领地，在红屋顶的城市中赫然耸立。在北墙面上有新艺术主义画家阿尔丰斯·穆卡（Alfons Mucha）创作的纪念圣西里尔和圣梅笃丢斯（Saints Cyrillic and Methodius）的彩绘玻璃窗——抬头欣赏一下它浓艳的红色、蓝宝石色和深黄色画面。

行前计划： 穿过查尔斯桥（Charles Bridge），参观装饰艺术博物馆（Museum of Decorative Arts），了解波希米亚（Bohemian）玻璃。www.hrad.cz

❻ 意大利阿雷佐圣多纳图大教堂

这座宏伟的大教堂始建于1278年，坐落在托斯卡纳（Tuscany）宁静的阿尔诺河谷（Arno Valley）上，在佛罗伦萨（Florence）东南80公里处。法国画家纪尧姆·德·马肖（Guillaume de Marcillat）获得授权设计了这里的彩绘玻璃窗，这是他在意大利仅存的几个完整的作品之一，包括"基督的洗礼"（Baptism of Christ）、"拉撒路的复活"（Raising of Lazarus）和"圣灵降临节"（Pentecost）玫瑰窗。

行前计划： 大教堂内有许多艺术作品，包括皮耶罗·德拉·弗朗切斯卡（Piero della Francesca）的湿壁画"圣抹大拉的玛利亚"（St.Mary Magdalene）。www.toscanaviva.com

❼ 西班牙昆卡大教堂

20世纪90年代4个西班牙当代画家设计的一系列作品取代了大教堂被毁的中世纪彩绘玻璃窗。大胆、抽象、鲜艳的红黄蓝色块使原来的石雕显得有些斑驳，其他一些更加复杂的图案是根据当地的风景设计的，当阳光倾泻进来时散发出绚丽夺目的光彩。

行前计划： 大教堂在昆卡的中世纪老城区，坐落在一个悬崖顶上，俯视着胡埃卡河谷（Huécar Gorge）。你可以坐公交车或步行从悬崖下的新城区到达教堂。在中世纪古城非本地居民没有停车位。www.euroresidents.com

❽ 西班牙托莱多大教堂

托莱多大教堂内特有的光影效果应归功于750个彩绘窗（有的历史可追溯到14世纪）。金黄色在红色和蓝色的映衬下更加醒目。南北门上面有两个色彩淡雅的玫瑰窗。

行前计划： 漫步穿过托莱多的石门和厚厚的防御城墙，走过老城狭窄的街道，进入一个早已消失的年代。www.architoledo.org/cathedral

❾ 英国利物浦圣公会大教堂

基督教的故事和这个宏伟的大教堂（英国最大的教堂）自身的历史都在其彩绘玻璃窗上得到了展现。在圣母堂入口处，利物浦的女人是画面的主题。当地英雄与伊丽莎白·巴瑞特·勃朗宁（Elizabeth Barrett Browning）和格雷丝·达林（Grace Darling）等名人画在一起。西面的现代窗顶上有华丽的万物颂画面。

行前计划： 参加大教堂的"伟大空间游"可以近距离地观看万物颂彩绘窗www.liverpoolcathedral.org.uk

❿ 英国宾顿圣马丁教堂

这里明亮的彩绘玻璃窗是由前拉斐尔派（Pre-Raphaelite）画家爱德华·伯恩-琼斯爵士（Sir Edward Burne-Jones）设计、威廉·莫里斯工作室（William Morris studio）绘制的，珠宝般亮丽的色彩描绘了崇拜、美德、童年、天堂等主题，还有好牧人和《圣经》中的英雄人物。

行前计划： 这个小市镇离英格兰北部坎布里亚郡（Cumbria）哈德良长城（Hadrian's Wall）19公里。www.stmartinsbrampton.org.uk

西班牙托莱多大教堂里这个辉煌壮丽的彩绘玻璃窗描绘的是圣母玛利亚和一群圣徒圣人。

PITAGORAS
SOLON

圣母院的怪兽状滴水嘴兼作排水管，把阴沟的雨水排出以免落到下面的石雕上。

法国

巴黎圣母院

欧洲第一批伟大的哥特式教堂之一巴黎圣母院优雅地耸立在巴黎市中心。

到底从巴黎圣母院（巴黎大主教的邸宅）的哪一面最能看出它的优美，很难回答。如果朝它宏伟的西侧面走过去，远远地看它像一个雄伟的城堡，走近一看，它是一个精致的哥特式石雕奇迹。如果从塞纳河（Seine）看过去，它是一个矗立在历史小岛西岱岛（Ile de la Cite）（巴黎开始建城的地方）边上的精巧的圣母堂，是个精致的飞拱建筑物，大教堂的正殿和唱诗席是用石拱顶支撑着的。献给圣母玛利亚的巴黎圣母院建在一个更早的大教堂的原址上，始建于1163年，直到1345年才完工。这是一个按照法国哥特式垂直原则建造的范例，这种建筑的墙壁越伸越高，引着人们的视线朝向天空，支柱越往上越细，拱顶是尖的，以便更好地支撑不断上升的墙壁的重量。这样的设计也使更多的阳光透过大片的彩绘玻璃照到教堂内，令教徒们精神振奋。今天，从圣母院西侧南门廊的最古老的13世纪初的圣安妮大门进去，可以看到哥特式建筑风格的每一层面。

最佳旅行时间：圣母院每天上午7点45分至下午6点45分开放。准备至少2小时游览圣母院，早点去以避免排队。游览计划要包括聆听格列高利圣咏（周日10点礼拜仪式的一部分）。唱诗班在周六上午10：30和下午6：30的礼拜仪式上唱圣歌。如果想要感受一下圣殿过去的宽敞宏大，周一早上去，那时教堂的工作人员会把椅子搬走以便清扫。

行前计划：圣母院是法国游人最多的景点，也是需要游客尊敬的圣地。女士不要露肩膀。登钟楼看景很受欢迎，但一次只能上去20人。有心脏病或呼吸困难的游客最好不要上去，因为要爬387级台阶才能登上塔顶。早点去以避免长时间的等待。

相关网址：www.cathedraldeparis.com，www.parisinfo.com

著名景点

■ 欣赏南面的**玫瑰窗**，其直径为13米，它是欧洲最大的彩绘玻璃窗之一。1939年，工人们为了玫瑰窗的安全把它挪走，“二战”后又放回原处。

■ 圣母大教堂的两座**管风琴**中有一个是法国最大的管风琴。在特别礼拜仪式中，13吨重的**以马利钟**（Emmanuel bell）会在南钟楼敲响。

■ 历史迷们会喜欢巴黎圣母院的**考古地窖**，那是大教堂对面广场下面的一个博物馆，周二至周日上午10点至下午6点开放。

■ 圣母院外面的青铜星**“零起点”**（point zéro）是1768年制作的巴黎里程标志，据说你如果站到那里将来就会回到巴黎。

圣心大教堂

闪闪发光的圣心大教堂高耸在法国一个最神圣、最古老的地方。

圣心大教堂白色的圆顶就像粘贴在巴黎北部天际一样，是这个光明之城的最高点。蒙马特（Montmartre）高地自古以来一直是圣地，先是高卢（Gauls）的德鲁伊特教（Druid）僧侣，后来是崇拜玛尔斯（Mars）和墨丘利神（Mercury）的罗马人，再后来梅罗文加王朝的（Merovingian）基督徒在这神圣的山丘上建起了礼拜堂。在18世纪末恐怖统治时期，革命者赶走了本笃会教徒（Benedictines），摧毁了他们的教堂，把最后一个女修道院院长送上了断头台。圣彼得教堂与圣日耳曼德佩教堂（St-Germain-des-pres）一样是巴黎最古老的教堂，它是蒙马特高地早期建筑中仅存的硕果。圣心大教堂本身相对较新，建筑风格是新拜占庭式的，于1919年敬献。进入圣心大教堂昏暗的门厅，看到的第一个宣言是：这是永远的祈祷之地。从早到晚来自各国的人们络绎不绝来到这里做祈祷。圆顶壁上装饰着金色的马赛克镶嵌画，旁边的礼拜堂被许愿蜡烛照亮，空气中有一股淡淡的焚香味——所有这些都给宏伟壮观的教堂增添了一丝神秘。

最佳旅行时间：大教堂一年四季从早上6点至晚上10点15分开放。准备至少1小时，最好在傍晚去大教堂，以便在大教堂的台阶或平台上欣赏巴黎的日落景象。

行前计划：大教堂里面禁止拍照和摄像。教堂下面的地窖（内有宝库和主教墓地）一般不开放，但是如果开门的话，是免费的。注意教堂周围缠人的小贩。埃弗利姆（Ephrem）是附近的一家旅馆，它是接待朝圣者和休养人员的中心，可以容纳100位客人，有9个残疾人客房。到埃弗利姆的客人可以待1小时、1天或1周，与牧师或修女会面，安排个人或团队的休养。

相关网址：www.sacre-coeur-montmartre.com，www.parisinfo.com

著名景点

- 从苏珊·瓦拉东广场（Place Suzanne Valadon）乘坐**索道缆车**到大教堂。坐缆车比走维约维尔街（Rue de la Vieuville）、爬德维莱街（Rue Devret）的台阶要快，而且沿途风景很美。步行上去虽然较慢，但从卡维尔广场（Place du Calvaire）却可以俯瞰巴黎全景。
- 走进圣心大教堂左侧较古老的教区教堂——**圣彼得教堂**，注意观察其罗马式建筑细节和罗马式圆柱。
- 去**圆顶**最好在晴朗的日子，开放时间是上午9点至下午6点。登上234级台阶（有的在外面）欣赏巴黎最令人陶醉的景色。

圣心大教堂是世界上最著名的建筑物之一，它是由石灰华石建成的，潮湿的时候会渗出方解石，久而久之就呈白色了。

精雕细琢的“耶稣诞生立面”是最具高迪风格的作品。

西班牙

神圣家族大教堂

高迪（Gaudi）的神圣家族赎罪教堂在规模和细节上像一个伟大的中世纪大教堂，这些决定它不会很快完工。

神圣家族大教堂有8座华丽的尖塔耸立在巴塞罗那（Barcelona）的天空，它是加泰罗尼亚（Catalonia）首府的标志，是安东尼·高迪（Antoni Gaudi）最著名的杰作。教堂始建于1882年，它倾注了高迪极大的热情。高迪坚持不懈地工作了40多年，一直到1926年辞世，仍然没有完成。今天，这个建筑物仍在继续按照他的设计图（复制的）施工。高迪迷和天主教朝圣者都来到这里欣赏（或者可以说啧啧赞叹）这个宏伟的建筑。宗教雕像充满了教堂的每一个角落，建筑物内外到处都是精巧的雕塑、巨大的彩绘玻璃窗，还有几何图形、花草动物等装饰物。所用材料也是各种各样的：灰泥、马赛克、铁和石头巧妙地结合在复杂的设计中。三个立面中有两个已经完成：东面的“耶稣诞生立面”和西面的“受难立面”。最后完工时，“天国立面”将会成为主墙面（朝南）。即使有现代工具，教堂的施工进展也没比高迪时期快多少，预计完工时间是在2026年。据报道，当有人问高迪什么时候能建成时，他开玩笑地说：“我的客户并不着急。”

最佳旅行时间：大教堂4—9月每天上午9点至晚上8点开放，10月—次年3月上午9点至下午6点开放。

行前计划：准备2—3小时游览大教堂。这里有一个45分钟的团队游，额外收费（5—10月从上午11点至下午5点每隔1小时有，11月—次年4月只有上午有）。着装要得体。

相关网址：www.sagradfamilia.org

著名景点

- “耶稣诞生立面”是高迪在1935年西班牙内战中断施工前完成的。
- 在立面底部是龟雕塑，象征宇宙的稳定。靠近海洋的是一只海龟，靠近山脉的是一只乌龟。
- 登上塔顶，爬上墙，欣赏整个建筑群和城市的壮美全景。
- 12座钟塔（有4座尚未建成）是象征耶稣12位使徒的。在每座钟塔的尖顶，有一个双护盾，上面有一个金色十字架，刻着钟塔受献使徒的姓名首字母缩写。

科尔多瓦清真寺

科尔多瓦（Cordoba）的大清真寺是伊斯兰世界的光辉典范，毫无疑问也是欧洲最壮美的穆斯林纪念碑之一。

从8世纪到13世纪，西班牙南部古城科尔多瓦一直处在伊斯兰教安达卢斯王国（Kingdom of Al-Andalus）的中心，经历了一个艺术创造、知识更新、信仰高度自由的黄金时代。为了表现他们的精神追求和世俗愿望，科尔多瓦城的埃米尔（Emirs）下令修建了科尔多瓦清真寺——大清真寺。这个位于瓜达尔基维尔河（Guadalquivir River）边高原上的雄伟建筑物从其简朴的外墙看，根本想象不到里面竟有如此的建筑奇观和精神鼓舞力量。沿着一个两边栽有橘子树的晒干的庭院进入一道门，你首先会觉得里面很暗，什么也看不见。但是当你的眼睛适应这里的光线后，在你眼前展开的是令人惊叹的奇景。成百上千的石柱矗立在角度鲜明的侧廊，上面的双层红白条圆拱顶是用红砖和白石交替砌成的，营造出空旷深邃的空间感。从屋顶穹隆射进来的光线规则均匀地洒在这个石化林中，如诗一般的流畅。再往深处进入这片奇异、神圣的石林，你会发现更多的奇观：雕刻得像贝壳的大理石壁龛，拜占庭马赛克镶嵌画，摩尔瓷砖，有500年历史、位于整座建筑物中心位置的不协调的基督教大教堂（不协调既有文艺复兴强权政治方面的原因，也有祭拜方面的原因）。甚至在当时据说也有许多人认为这个大教堂不相称。

最佳旅行时间：科尔多瓦清真寺全年每天开放：开放时间根据季节变化。科尔多瓦几乎一年四季气候宜人，只是夏天很炎热。冬天，开放时间会延长到傍晚。

行前计划：科尔多瓦清真寺一天中大多数时间都很拥挤，特别是周末和假期。如果可能的话，在关门前的最后一小时再来一次清真寺，那时旅游团已经离开，里面的气氛很适合静静地冥思。准备2小时看完所有景点。

相关网址：www.turiscordoba.es， www.cordoba24.info， www.guiasemanasanta.com

著名景点

■ 在科尔多瓦清真寺的中心是雕刻精致的八边形**米哈拉布**（壁龛），它有拜占庭马赛克镶嵌画和精巧的拱顶。

■ 在米哈拉布旁边的侧室**宝库**有一些天主教的杰作，包括阿朗索·卡洛（Alonso Canon，人称西班牙的米开朗琪罗）的雕塑和一个16世纪的圣体匣。

■ 在科尔多瓦清真寺的围墙外是**犹太人区**（Barrio de la Judería），这是一个古巷迷宫，曾经是科尔多瓦犹太人的居住区。犹太人街（Calle de los Judios）有一个**14世纪的犹太会堂**，它是一个天主教堂被审判后改建的。

■ 在**复活节周**去清真寺，可看到天主教徒列队蜿蜒穿过清真寺庭院的情景。

科尔多瓦清真寺的许多圆柱是从西哥特（Visigothic）和罗马的废墟上回收来的，比清真寺本身历史悠久得多。据说原来一共有1000根圆柱。

凯鲁万大清真寺

凯鲁万的大清真寺是北非最古老的穆斯林礼拜场所，它只比伊斯兰本身的历史稍短一些。

在突尼斯干燥的内陆平原上，凯鲁万圣城就像海市蜃楼般呈现在你眼前，甚至连大清真寺的颜色也与沙土的颜色一样，它环绕着世界上现存最古老的宣礼塔——自公元730年伊斯兰占领马格里布（Maghreb）之后不久就一直矗立在那里。大清真寺始建于公元670年，是由带领阿拉伯人攻占马格里布的伍麦叶（Umayyad）将军西迪·乌克巴（Sidi Uqba）下令修建的。在8世纪进行了重建和扩建，现在的清真寺大部分建于9世纪，那是阿格拉比德（Aghlabid）王朝统治凯鲁万的最繁荣的100年。清真寺有加固的围墙，三层的宣礼塔顶有城垛和射箭口，它既是一个城堡，又是一个礼拜中心。在这里伊玛姆（Imam）讲道，男人们聆听，在被围困的时候，全体居民都在这里避难。这个巨大的围地可以容纳成千上万人，地下蓄水池供应用水。穿过刻有精致的《古兰经》经文的大门，走进一个令人眩晕的庭院，这里的一切都是白色闪光的大理石砌成的，三面有回廊和圆柱环绕。通往祈祷室的门上有精致的镶嵌装饰，里面有用巴格达木材雕刻的伊玛姆布道坛，用162块马赛克瓷砖装饰的米哈拉布（指向麦加的壁龛），还有巨大的枝形吊灯。只有穆斯林才能进入祈祷殿，其他人可以通过门缝看到中殿、侧厅和另外414根圆柱。有一种流行的说法是如果你不能去麦加朝觐，那么去凯鲁万7次也可能会拯救你的灵魂。

著名景点

- 在庭院里有**大理石排水管**，上面的装饰物既是过滤器，过去还是显示祈祷时间的**日晷**。
- 从大清真寺对面的地毯商店的平台上**鸟瞰**清真寺景色。这里是欣赏清真寺的宏伟景色、拍照留念的最佳位置。最好捐点钱。
- 参观附近的**阿格拉比德水池**（Aghlabid Pools），以及就在城墙外的**圣族后裔墓地**（the Cemetery of the Shurfa）。墓地有粉刷过的圣人墓。圣族后裔是先知穆罕默德孙子侯赛因（Husayn ）的后代。
- **圣纪节**（Mawlid al-Nabi Festival）是纪念穆罕默德生日的节日，具体日期是按农历变化的。尽管一些保守教派不庆祝这个节日，但许多穆斯林在这个日子里会参加宗教礼拜仪式、与家人一起分享盛宴。

最佳旅行时间：春天或秋天是最佳旅游季节。清真寺每天上午8点至下午2点开放，周五除外（上午8点至中午）。非穆斯林从位于奥克巴·伊本·纳法街（Rue Okba ibn Nafaa）的主门进入清真寺。

行前计划：准备30~45分钟游览清真寺，但需要1天时间探访凯鲁万城。许多突尼斯人仍然讲法语，好好练练你的口才，你会买到价廉物美的东西。如果自己没车，到凯鲁万的最好办法是与人合乘一辆出租车。寻找共乘出租车站（louage station）（在所有主要城市都有），告诉那里的工作人员你要去哪里。几分钟后你要的车就停在你面前，还有你的同行旅伴。另外海滨城市还有公共汽车到凯鲁万。着装要保守。

相关网址：www.tunisiaguide.com， www.tunisia.com

对页：这个宣礼塔建于公元730年，是伊斯兰教建筑的早期杰作，它远比后来建造的宣礼塔坚固。左上：祈祷殿的许多圆柱是从迦太基（Carthaginian）建筑中回收来的。右上：内庭三面有柱廊环绕。千万不要去数这里的立柱：根据民间传说，如果你去数立柱，眼睛就会瞎。

6

圣地灵祠

些地方之所以成为圣地，是与当地发生的某个特定宗教事件有关，或是因为圣者的行迹、圣物的遗存，或是因为神灵的栖止。人类有多少种宗教形式，世界便有多少种圣地，从荒原上简陋的洞窟，到繁华都市中宏丽的庙宇，圣地的形态不一而足。这些地方有很多是重要的古迹，历史悠久。世界主要宗教的始祖、圣徒在这里诞生或辞世；传说中的奇观、圣迹在这里显现；神圣的事件在这里发生；圣者的遗体、遗物保存在这里，受人的膜拜。也有后起的圣地，由某个信仰团体或信徒捐赠兴建，表达这些人群虔诚的信念。还有一些圣地不同凡响，不同信仰之间的隔膜被超越，各种宗教传统在这里奉祀同一位圣者，象征基督教的符号也在这里与其他宗教融合。

日本神道教祭司，身着传统礼服，头戴冠冕，脚穿木屐，在伊势神宫殿内跪拜。伊势神宫为日本最重要的宗教场所。

海达文化体现于丰富多彩的口头历史和雪松树干雕刻的图腾柱。

加拿大

海达瓜夷

荒僻的海岛，废弃的村庄，残破枯朽的图腾柱，默默地守望着大海。

在地图上，这一片靠近不列颠哥伦比亚省（British Columbia）的荒岛名叫夏洛特皇后群岛（the Queen Charlotte Islands）。当地的原著民，却把这里叫做海达瓜夷，意思是“人民之岛”。海达族人世代居住在西北部海岸，已经有数个世纪。在斯甘瓜伊村（SGang Gwaay Llnagaay），雾霭沉沉之中，只有鸟鸣偶尔打破沉寂，现在，满地的枯木正在被新生的雨林取代。这些枯木桩原本是岛上海达人聚族而居的长屋，现在，耸立的图腾柱纪念着曾经的文明。海达族文化把他们敬畏的鸟兽头像刻在图腾柱上。图腾柱的作用很多，可以用来说明世系，记录家族历史，欢迎宾客，注明财产所有权，或标志墓地。在库纳村（K’uuna Llnagaay），更可以看到雪松树桩顶端雕刻着的各种动物造型：青蛙、鹰、水獭、虎鲸。每一个动物造型都代表着19世纪中叶曾经在这里居住的家族。现在，这些图腾柱已经渐渐朽坏，它们默默地伫立，纪念着那个150多年前雕刻了它们的民族。

最佳旅行时间： 瓜夷哈纳斯国家公园保护区（Gwaii Haanas National Park Reserve）全年开放。当地气候常年寒冷潮湿，相对干燥和舒适的季节在6月中旬到8月中旬之间。

行前计划： 7天足以游览当地最好的岛屿文化遗址，而且，如果遭遇暴风雨，也有时间灵活处置。到瓜夷哈纳斯国家公园保护区只能乘坐独木舟、小船或水上飞机，这些工具恶劣天气条件下均无法使用。从温哥华（Vancouver）到夏洛特皇后群岛可乘飞机，从鲁珀特王子港（Prince Rupert）出发则可选乘飞机或渡轮。

相关网址： www.pc.gc.ca/pn-np/bc/gwaiihaana， www.haidaheitagecentre.com

著名景点

■ 在风湾（Hlk’yah GaawGa）**古老的雪松林**漫步，海达人为了检查木材是否适宜雕刻独木舟或图腾柱，在树干上留下了测试的孔洞，值得观赏。

■ 在温泉岛（Gandll K’in Gwaayaay）**泡温泉**。天然的温泉池被海达人奉为神泉。

■ 在**海达文化遗产中心**体验古代和现代海达人的文化。**木刻馆**门前立着现代人雕刻的图腾柱，柱子顶端刻有三个头戴高帽的海达守望者头像。图腾柱的雕刻者来自斯基盖特族（Skidegate community）。

■ **独自一人**，徜徉在图腾柱和长屋之间，体验当地文化的神奇魅力、深沉的宁静气氛和萦绕在周遭的古老精灵。

美国/华盛顿

国家圣母大教堂

信徒朝圣、祈祷的殿堂，美国朝拜圣母玛利亚的主堂和全国最大的天主教教堂。

华盛顿国家圣母大教堂，其建筑材料完全采用砖、石、瓦片和砂浆。这座宏伟的天主教建筑，是世界十大教堂之一，建筑结构中完全不使用钢筋框架或梁柱。教堂有拜占庭风格的马赛克穹顶和高100米的骑士尖塔，巍然耸立，非常壮观。童贞的圣母玛利亚是来自世界各国信众顶礼膜拜的圣母，教堂的风格也体现了各国不同的文化。正殿周围的小礼拜堂分别再现了世界各地圣母堂的文饰、雕塑特色，这其中包括波兰的琴斯托霍瓦圣母堂（Our Lady of Czestochowa）、葡萄牙的法蒂玛圣母堂（Our Lady of Fatima）、墨西哥的瓜达路佩圣母院（Our Lady of Guadalupe），还有法国的路德圣母堂（Our Lady of Lourdes）。教堂正殿的一些石刻，包括“万民归真”雕塑，是由国家天主教堂杰出的石匠安东尼塞格雷蒂（Anthony Segreti）完成的。每年有超过75万的信徒来到这里朝圣。虽然人数众多，但是宏大轩敞的建筑结构让这座外罗马而内拜占庭的大教堂显得宁静、肃穆。

著名景点

■ 7座主穹顶饰有**拜占庭风格的马赛克**。背面半圆形后殿有审判日基督御座造像。基督的右眉上扬，表示审判公正无私；左眉舒展，表达基督的仁爱。

■ **地下礼拜堂**饰有马赛克壁画，壁画呈现了历代著名的女性圣者，包括圣安妮（St. Anne）、亚历山大的圣凯瑟琳（St. Catherine of Alexandria），和圣露西（St. Lucy）。

■ 广场上有**玛利亚花园**，园内栽种白花，象征纯洁，花丛通向一座喷泉，周围刻有《圣母玛利亚颂》的歌词。

最佳旅行时间：教堂全年开放，从教堂网站可以查询特殊的仪式与活动安排。

行前计划：随时可以联系导游。15人或以上的旅游团可以安排特别参观。

相关网址：www.nationalshrine.com

国家圣母大教堂的设计建造历时将近一个世纪。

墨西哥

瓜达路佩圣母院

拉丁美洲最受崇敬的圣母像悬挂在圣坛上方，从教堂里的任意位置都可以看到这位拉美主保的慈容。

圣母像双手合十，如在祈祷，日光俯视，立于一弯新月之上，背后有阳光普照。瓜达路佩圣母像供奉于同名教堂内，这里是梵蒂冈之后信徒最众的罗马天主教教堂，每年有大约1500万人来到这里朝圣，很多人从最后的几米甚至几公里外，便用膝盖跪行，来到圣像前，以表达他们的虔敬。据传说，在1531年，西班牙人征服当地的阿兹特克人（the Aztecs）之后十年，圣母玛利亚向当地一位农民显身，她的形象奇迹般地印在了这个人的斗篷里面。今天墨西哥城教堂里黄金画框镶嵌的圣母像十分精美，有着橄榄色的皮肤，身披披风，据说就是圣母显灵留下的那幅肖像。1976年，肖像从附近一座教堂移置于此，那座教堂今天还在。新教堂由佩德洛·拉米雷斯·瓦斯盖斯（Pedro Ramirez Vasquez）设计，是一座宏大的圆形礼堂式建筑。内部宽敞的大殿直径超过100米，可以容纳5万人。游客可以沿移动步道从圣母像下通过。教堂里每天举行30场弥撒，游人可以参加。

最佳旅行时间： 墨西哥城全年气候温暖宜人，也没有沿海地区的极端天气。11月到次年2月是全年最冷的月份，10月到次年3月、4月较温和，5月到9月气温较高，湿度较大。全天有弥撒活动，每天不断。

行前计划： 12月12日是瓜达路佩圣母节，众多游客与信徒来到教堂。在这一天参观，感受非凡但绝不轻松。教堂是庄严圣地，着装需要敬穆。可以拍照。教堂位于瓜达路佩希达尔戈区（La Villa de Guadalupe Hidalgo），墨西哥城市中心西北10英里（16公里）。最近的地铁站是教堂站（La Villa Basilica），亦可选乘快速公交或出租汽车。如果有计划参观阿兹特克文明遗址迪奥蒂瓦坎（Teotihuacan），可以考虑把两处安排在同一天。教堂就在去迪奥蒂瓦坎的路上。

相关网址： www.sancta.org，www.enjoymexico.net

旅游重点

■ **老教堂**今天尚存，建成于1707年，是本地若干老教堂中仅存的一座，每座教堂都极尽精美。幽暗的多利安式圆柱内殿里，有一尊**圣胡安迭戈（St. Juan Diego Cuauhtlatoatzin）塑像**。胡安迭戈就是传说看到圣母显灵的那个阿兹特克人。2002年，他被教皇约翰-保罗二世（Pope John Paul II）封为圣者。

■ 老教堂后面的**教堂博物馆**藏有丰富的宗教绘画和纺织品，还有精美的彩绘木盒（retablos），上面画有圣母玛利亚神迹的图案。

■ 朝圣的信徒成群涌入教堂。妇女把祈祷文写在绸带上面，留在圣像下，也有人敬献水果和鲜花。孩子们身穿传统的服饰。男孩子经常扮作圣胡安迭戈的样子，脸上还画着胡须。

对页：绘有瓜达路佩圣母像的壁挂供奉在圣坛的上方，从圆形教堂内任意位置都可以看到。左上：教堂外观。右上：阿兹特克人打扮的乐师。

马克西蒙

这位“大邪神”的神堂在圣地亚哥·阿提特兰村（Santiago Atitlan），罗马天主教的传统和古代玛雅文明的遗风在这里水乳交融。

圣地亚哥·阿提特兰村位于阿提特兰火山湖畔，危地马拉西部高地。当地人信奉一种类基督教的宗教信仰，崇拜神秘的马克西蒙神。马克西蒙神融合了天主教的圣者和玛雅文化里的魔鬼——欧洲的宗教信仰往往与美洲土著宗教相互交织，这就是一个例子。马克西蒙神是一位可怕的黑暗邪神，据说他能沟通基督教的天堂和地狱，也能打通玛雅文化的阴间和来世。供奉马克西蒙的神堂年复一年在当地宗教领袖的家之间轮转。每家都把自己的前厅留出来，供养马克西蒙的圣像，供信徒前来朝拜。神堂里，古巴香的香烟在空气中弥散，许愿蜡烛烛影摇曳，虔诚的信众向这位嗜噬雪茄的大神敬献香烟和朗姆酒。信奉马克西蒙的人相信，这位神祇会帮助他们向敌人复仇，同时也保佑他们的农业丰收、经济兴隆、爱情顺利、两性和谐、身体健康。马克西蒙神的原型可能一部分来自犹大，一部分是经过神化了的佩德罗·德阿尔瓦拉多（Pedro de Alvarado），后者是一个残酷的西班牙殖民者，在16世纪20年代征服了该地区。

最佳旅行时间：马克西蒙神堂全年可以参观，但最佳时间是天主教的“圣周”（Holy Week）期间。当地有耶稣受难日大游行，届时，信徒将圣像扛在肩上参加游行，最后把圣像安放在下一年将作为神堂的那一家。圣地亚哥·阿提特兰村艺术音乐节每年3月举行。星期五和星期日为市场开放日。

行前计划：圣地亚哥·阿提特兰村两个小时足供游览，但阿提特兰湖区，却值得逗留两三天。从危地马拉城或安提瓜（Antigua）有陆路可通圣地亚哥·阿提特兰村，但更普遍的旅行方式是从湖对岸的巴纳哈契（Panajachel）乘坐渡轮。从日出到日落都有渡船出发，航行时间约90分钟。

相关网址：www.santiagoatitlan.com

著名景点

- **参观洁白的天主教堂。**教堂有400年历史，装饰着木刻圣徒雕像，雕像身穿手工制作的袍服。
- **阿提特兰湖**本是一片古火山坑，是中美洲最美的湖泊。除了宗教方面的意义，湖区也有各种户外活动。
- 可观赏当地苏杜旭族的玛雅人的**民族服装**，男人穿白紫条纹短裤，妇女着长裙，有精美的花鸟绣工。

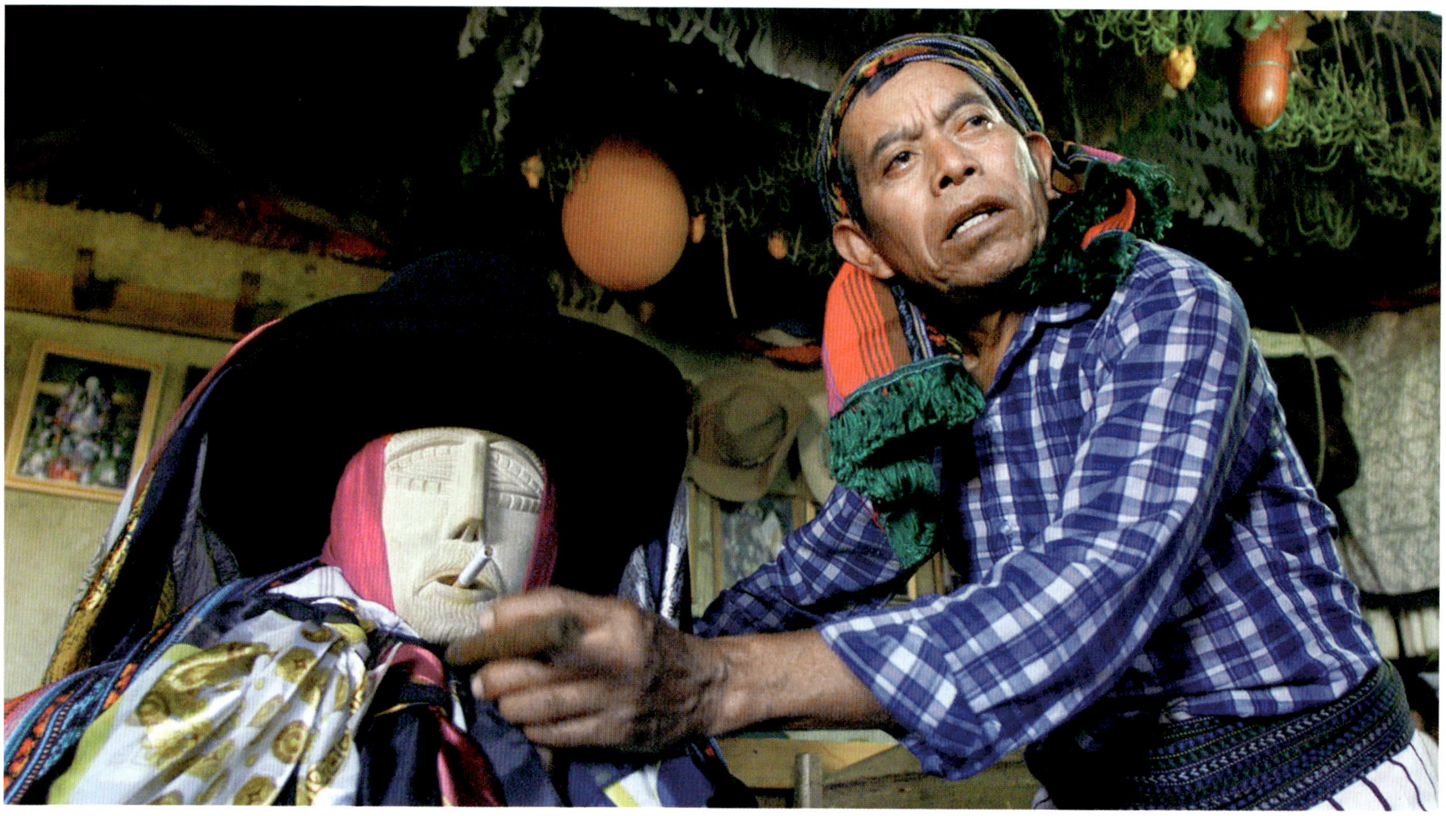

马克西蒙圣像，头戴黑帽，身披彩色围巾。当地人在向神像敬献雪茄。

朝圣者登上帕德尔·西塞罗高27米的雪花石雕像。

巴西

帕德尔·西塞罗

每年有近200万朝圣者来到北茹阿泽鲁（Juazeiro do Norte）这个贫穷又平淡无奇的小城，朝拜这位几乎被奉为圣徒的神父。

当地人称呼帕德尔·西塞罗为帕丁·席索。大批的朝圣者汇集到这位神父的圣地。虔诚的信徒希望天主教会有一天能正式追封他为圣徒。帕德尔·西塞罗生于1844年，很年轻的时候便成为一名神父。从19世纪70年代开始，他作为北茹阿泽鲁的地方神父，深入当地民众的生活，亲自访问教区的信徒，为关系民生的事件奔走呼告。1889年，当地一位妇女玛丽亚·德·阿拉若（Maria de Araujo）参加帕德尔·西塞罗主持的领圣餐仪式。她说，圣餐上的面包入口即化为血。天主教廷以滥用神迹的“异端”行为，把这位年轻的神父革除教籍。虽然如此，帕德尔·西塞罗的名字还是在巴西乡村的贫苦民众中传播开来，人们纷纷前来聆听他讲经布道，很多人甚至相信他有创造奇迹的力量。现在，每到圣周和3月24日（西塞罗的生日），小城里还是挤满了虔诚的信徒，他们从内地的乡村地区赶到这里，表达对这位深孚众望的神父的感激之情，祈求他的保佑。人群的虔诚祈祷和哀切缅怀，不仅感染着每一个参与其中的人，也令观者为之动容。

最佳旅行时间：一年中随时有朝圣者前来，但最盛大的庆典是在圣周期间，届时会有数千信众涌入小城。

行前计划：北茹阿泽鲁位于巴西东北部的塞阿拉州（Ceará），属于干旱的半荒漠地区。从福塔莱萨（Fortaleza）到距离最近的城市，乘坐飞机或长途汽车可以到达（乘汽车需要8个小时）。当地人的收入大部分来自宗教旅游，游客会遇到乞丐或通过卖唱、跳舞挣几枚硬币的人。农民的生活十分艰难，想在有钱的游客身上试一试运气，也是不足为怪的。

相关网址：www.braziltourism.org

著名景点

■ **奇迹馆**陈列了信徒敬献的物品，包括塑料或木质的手臂和腿、表达感激的信、照片和对这位神父的祈祷文。当地人很贫穷，有着深刻的宗教意识，从这些物品可以看出生活中他们面对的困难。

■ **登洛格拉多尔山（Logradourodo Horto）**远眺。山顶有帕德尔·西塞罗的巨型立像，一手拄杖，一手拿帽子。

■ 参观与帕德尔·西塞罗有关的圣地，包括他曾经布道的教堂，他生活和去世的故居，还有作为埋葬地的小礼拜堂。

■ 宏伟壮观的**夏帕达高原（Chapada do Araripe）**最宜漫步，这里有岩洞、泉水、瀑布和云雾林。

日本

伊势神宫

每年有超过600万的朝圣者参拜这座日本最大的神道教神社。

伊势神宫矗立在高大茂盛的日本杉树林深处。神宫供奉的是天照大神（Amaterasu Omikami），日本神道教的太阳神，和掌管农事与百工的丰受大神（Toyouke-no-Omikami）。根据神道教的神话传说，天照大神是最高的神，也是日本皇室，包括今天这位天皇的祖神。数百年前，天照大神赐予了日本人民稻米，这是日本人赖以生存的粮食资源和最重要的作物。伊势神宫分为两个部分，彼此相距6公里。两个部分分别是内宫（Naiku）和外宫（Geku）。内宫始建于2000年前，供奉着一面神镜。据说，天照大神派遣自己的孙子琼琼杵（Ninigi-no-Mikoto）下界治理日本的时候，把这面神镜赐给了他。外宫为公元5世纪时增建，为了供奉向天照大神敬献祭品的丰受大神。两宫内的木结构建筑简洁美观，是日本神道教建筑风格的范例。根据一个沿袭了1300年的传统，内宫和外宫每隔20年推倒重建，重建的木材即来自神宫所在的杉树林。新建的宫殿严格按照原有格局，象征神宫既古老又永远与时俱新的地位。神宫的下一次，也是第62次重建仪式，将在2013年举行。

最佳旅行时间：神宫全年举行祭祀活动，世代相沿已有数个世纪之久。行前可在网站查询，看旅行的时间是否适逢祭祀大典。

行前计划：从长与町（Nagayo）、京都（Kyoto）和大阪（Osaka）有火车按时开往伊势的两个车站。旅行需要1.5—2小时。从两个车站，步行可到外宫，到内宫还需乘汽车。伊势住宿的地方不多，最好当天往返。

相关网址：www.isejingu.or.jp

著名景点

- 每年10月中旬的“神尝祭”（the Kan'name-sai Festival）是神宫一年中祭祀活动的盛典。届时，天皇的特使向天照大神敬献最先收获的稻米、五彩丝绢等贡品。
- 祓禊之水（font for ablution）设在神社入口处第一道门。参拜者须先净手漱口，方可进入。这是一种简单的净化身心的仪式。
- 福恩小街（Oharai-machi）在内宫附近，这是一条步行商业街，仿明治时期（1868—1912年）街市的格局。在福恩小街可以品尝蒸米糕和红豆沙。

“神尝祭”期间，穿和服戴草帽的日本女子在神宫前跳舞。

海湾涨潮，波平如镜的海面上倒映着橘红色的大牌楼。

日本

严岛神社

海畔潮平，岛屿星罗，神社的大樟木牌楼宛若在海上漂浮。

广岛湾（Hiroshima Bay）的严岛曾经被日本人敬若神明，今天，这里依然是庄严的圣地。严岛神社以支柱凌空架于岛上，这里海潮起伏变化极大，普通的香客来悬空的神社参拜，可以不至于践踏到岛上神圣的土地。林木茂盛的弥山（Mount Misen）巍然耸峙，俯视着海湾。环着海湾的岸边有神社建筑，包括神社正殿（Honden）、祭坛（Haiden）和一座5层宝塔。各建筑之间均有回廊相连。海面上的大鸟居（torii）象征着现实世界和永恒精神世界的分野。严岛神社始建于公元592年的大和时代（Yamato period，约300—710年），1168年落成，从那以后神社的格局保持至今，仍然体现着平安时代（Heian period，794—1192年）简洁精致的建筑风格。大鸟居漆以鲜亮的橘红色，为六柱牌楼，涨潮的时候，碧波丹影，仿佛跨海而出。落潮后的大鸟居仍然美丽，游人可以踏着潮湿的沙滩，走到牌楼的下面，摄影留念，捡拾贝壳。这座牌楼于1875年仿照旧牌楼重建，是日本第七座大牌楼。

最佳旅行时间：全年均可参观，但3月、4月、10月、11月份气候最为宜人。

行前计划：留出2个小时参观神社。乘渡船10分钟即可登上严岛。岛上的小吃较贵，可以自带便当或三明治，但一定要包得严严实实，不要被岛上的野鹿发现！神社每日早6点半开放，晚6点关闭。和日本其他神社不同，这里要购买门票才可进入。

相关网址：www.jnto.go.jp

著名景点

- 彩绘长廊悬挂着灯笼，沿着长廊漫步，可以欣赏**兵器珍品展**，包括历代名将的战刀和铠甲，还有一柄有1000年历史的折扇，更能代表武事弛废、垂垂老矣的平安时代。
- 为了看海水涨潮和灯笼映照下的神社，你可以在岛上过夜。夜色中**灯光辉映的大牌楼**显得缥缈而又肃穆。
- 岛上弥漫着宁静的气氛，只有**野鹿**在沿岸石像间往来。

中国/甘肃

拉卜楞寺

和僧侣、香客来到那经幡飘扬、牦牛油蜡香烟弥漫的荒村古寺。

拉卜楞寺位于甘肃夏河县境内，这里有苍翠的峡谷，还有未经破坏的草原。这是一座藏传佛教格鲁派黄教的寺院，白皑皑的宫殿相衬着金碧辉煌的屋顶。寺院里面，佛事繁盛：殿宇森严，回荡着僧侣诵经的声音，金刚怒目的神像，环列四壁，牦牛油大蜡烛烛光摇曳，映照着佛堂。僧侣们身披华丽的袈裟，头戴黄色月牙形的僧帽。寺院一度容纳过4000名僧众，现在仍有数百人。他们多数还是本教的学员，需要经过15年严格的修行，始能正式皈依。寺院的外围是3公里长彩绘的回廊，朝圣的香客口念经文，沿着画廊顺时针行进，不停地转动转经筒，祈求往生的福祉。转经筒的形制为空心鼓装，藻绘繁复，印有经咒，即梵语所谓“曼陀罗”（mantras）。经筒置于中轴柱之上，每转动一周，即相当于高声念颂里面的经咒一遍。香客也自带着手摇转经筒，但一列列大转经筒里面刻印的经文更多。游人不妨加入转经的行列，一起念诵“唵嘛呢叭咪吽”的六字真言，聆听转经筒吱吱呀呀让人肃然起敬的低吟。

著名景点

■ 6层高的大经堂（the Grand Sutra Hall）是寺院18座经堂之一，可容3000名僧众就座。经堂内绘饰精美，富丽堂皇，四壁有佛祖生平画像，殿顶有龙纹丝绢刺绣，140根立柱上均有唐卡（nangka）。

■ 可以尽早到达寺院和僧侣一起站在正殿前的阶梯上等待开门。这时，僧人诵经的声音在宁静的空中久久回荡。

■ 游览附近的桑科草原，传统的藏族牧民在这里放牧牦牛。可以安排在当地人家中留宿。夏季，黄色的桑科花铺满了大地。

最佳旅行时间：夏河县海拔接近3千米，冬季极寒，夏季凉爽。如果不惧寒冷，可以在藏历新年（洛萨，Losar）去游览。再多逗留3天，还可以赶上传召大法会（Monlam Chenmo）。这些节日依照藏历，一般在公历2月底或3月初。

行前计划：从兰州乘汽车6—7小时可到夏河县。从中国主要城市均有航线和铁路通兰州。可以在当地住宿，至少安排3天的时间游览寺院及其周边。如果对佛教或藏文感兴趣，不妨作更长的停留。

相关网址：www.tibetinfor.com

对页：当地市场可以买到转经筒等法器。左上：香客沿着寺院周围的回廊边走边转动转经筒。右上：藏历新年期间，一名舞者扮作死神模样在人群的前面跳舞。

朝圣者中有人赤脚行走，人们大都披着传统的粉红围巾，踏着布满积雪的山路走向神圣的洞窟。

印度

维埃史诺蒂维女神

冰峰皑皑，森林茫茫，一条艰辛的朝圣之路，通向山顶的石窟——印度教圣母的殿堂。

朝圣者或步行，或骑马，或乘软轿，甚至坐直升机来到这里，朝拜圣母Vaishno Devi。朝圣的队列高声念诵着“赞美圣母”的经文，声音有一种近乎催眠的效果，虔诚的信徒说，念着这句经文可以让他们力量倍增，才能走完7.5英里（12公里）陡峭的朝圣路。圣地的管理部门对沿途一直到山顶的各个地方都加以管理维护，设立复杂的门票制度。进入狭窄的洞窟，可以看到自然形成的三块岩石，岩石被称作圣石（the Holy Pindis），被认为是圣母Vaishno Devi的三重法相：罪恶女神（Maha Kali）、财富女神（Maha Lakshmi）和智慧女神（Maha Saraswati）。洞中其他岩体被认为是周天3.3亿众神，来到洞窟里面，朝拜圣母。朝圣者相信，凡来到这石窟圣殿，用一颗纯洁的心向圣母祈祷，就一定不会空手而归。

最佳旅行时间：圣殿全年开放，但参观游览的旺季是在4月和10月的圣母节（Navratri），或5月、6月、7月、9月、10月。冬季大雪，登山十分困难。

行前计划：从最近的查谟（Jammu）机场乘坐汽车或出租车30英里（48公里）可到喀特拉（Katra），然后走12公里的山路到石窟。进洞需等待，应该为行前计划1—2天的时间。可事先从网上了解旅行期间已在等候的游客人数。洞中不可拍照。行前须了解当地政局。

相关网址：www.maavaishnodevi.org，www.mapofindia.com

著名景点

■ 在朝圣路出发地附近有**班甘嘉瀑布**（Ban Ganga）可供沐浴。传说圣母为了寻找水源把一支箭射入大地，于是涌出了瀑布。

■ 可在一座小寺庙作短暂停留，领受圣母的赐福。庙里供奉着圣母的足迹。嫩黄色的花环装饰着圣母足迹。

■ 半山腰的阿德库瓦力（Adhkuwari），有圣女洞（the cave of the Eternal Virgin）。洞口狭窄，每次只有一人可以通过。据信造访**圣女洞**一次可以涤除灵魂的种种罪恶。

■ **冰河水**从洞里流出，赤足涉过冰河时念颂“赞美圣母”，据说可以缓解刺骨的寒冷。

■ 和朝圣者一起在洞外过夜，山顶上的夜空，繁星点点。清晨，在明亮的晨光里醒来，耳边响着**洞中僧侣念早课**的声音。

印度

阿姆利则

锡克教最崇高的圣地，坐落在 片巨大的方形人工湖中央的石头岛屿上。

繁华的阿姆利则市位于印度西北部，这里是锡克教的精神圣地和文化中心，古旁遮普王国（Punjab kingdom）的心脏。每一位锡克教徒都有一个一生的宏愿，就是来到圣城，朝拜市中心的金庙（Harimandir Sahib）。寺庙的周遭，是大理石建造的宏伟殿堂，每天可以容纳1万名朝圣者在内用餐。白天，朝圣者通过一道纵贯湖面的长堤进入湖中心的金庙。阿姆利则的意思是花蜜池塘，城市就是因这片湖水得名。入寺之后，信徒们从锡克教的圣书《本初经》（*Adi Granth*）前面鱼贯而过，向陈列圣书的圈禁区域抛撒硬币和鲜花。有人打坐，有人高声诵经。傍晚时分，圣书被请回夜晚安放地点，岸上的阿卡尔塔科特寺庙（Akal Takht Temple）。护送圣书的队列通过长堤，踏着鼓点，和着号角，沿湖行进，数千锡克教徒夹道欢送，一边高唱着赞美诗，一边抛撒着鲜花。

最佳旅行时间：印度西北部平原尘土飞扬，阿姆利则市夏天十分炎热，冬天往往奇冷，凛冽的寒风从喜马拉雅山脉席卷而来。最佳旅行时间可能是秋季（9月、10月份），这时白天气温一般在10℃—17℃之间。

行前计划：至少在阿姆利则逗留一夜，以便观赏傍晚金庙壮观的圣书仪仗。锡克教认为万物皆由神给予，所以游客可以免费进入金庙周围的斋舍（niwas）留宿和用餐。阿姆利则有一座国际机场，乘火车从拉合尔（Lahore）出发需要3小时，从德里（Delhi）出发需要8小时。

相关网址：www.darbarsaheb.com， www.sgpc.net

著名景点

- **圣书《本初经》**显示了锡克教兼收并蓄的特点。书中不仅收入了公元1000年到1606年之间锡克教最早的5位大师的6000首诗篇，也收入了印度教和穆斯林圣者的著作。书中的诗篇可以分为31个音乐样式，皆可歌唱，只在早晨祈祷的时候用来念诵。

- **锡克教中央博物馆**收藏了16世纪寺庙建成时期的宗教艺术品和历史文物。

- 可以在**大食堂（the Guru Ka Langar）**享用斋饭，寺庙平等接待所有来到圣地的人，无论其信仰与民族。平等是锡克教的核心思想。

寺庙正殿前的湖边，一位锡克老人在廊柱下休息。

بسم الله الرحمن الرحيم

苏非圣者之墓

每年苏非教派圣者哈兹拉·莎巴兹·卡兰达（Hazrat Lal Shahbaz Qalandar）的祭日堪称全世界最盛大的节日，这是弘扬宗教民族间和平共处的大典。

尘土飞扬的塞危谢里夫（Sehwan Sharif）在过去2500年来一直是一座重要的绿洲城市。城市建在印度河畔一座圆锥形的小山顶上。苏非教派神秘主义诗人哈兹拉·莎巴兹·卡兰达（1177—1274年）的陵墓就在这里，城市也因此而知名。卡兰达门第显赫，却摒弃了物欲享受，周游世界，宣扬穆斯林和印度教徒之间要和平对话。诗人最终定居在了塞危谢里夫。陵园在老城的中心，始建于1356年，经过多次重建。这是穆斯林和印度教徒的朝圣地，在诗人祭日的三天庆典期间，更是有络绎不绝的信徒前来朝拜。圣殿的外面镶嵌着蓝琉璃瓦，诗人的墓在圣殿内，上覆银色天棚。油灯的火光被镜子反射，熠熠生辉。白天很安静，到了夜晚，这里的气氛热闹起来。信徒们跳舞，祈祷，和着庄严的音乐、悠扬的锣鼓与号角高唱颂歌。卡兰达苏非教徒格外尊崇卡兰达，他们相信，通过改变意识的状态可以接近神。除了有催眠效果的舞蹈和歌唱外，很多人还通过吸食印度大麻，来完成他们超凡入圣的精神之旅。塞危谢里夫的空气中弥漫着印度大麻的味道。很多保守的穆斯林认为这些人开放到了危险的程度，可是在很多非穆斯林看来，他们代表了伊斯兰文化里最容易接近的一群。

著名景点

■ 清晨可以加入信众的行列，在香烟缭绕和精油芳气氤氲里，向圣者敬献花环和绿色衣衾等祭礼，然后绕陵园而行，潜心冥想。

■ 参观塞危谢里夫城外的喀菲尔基拉（Kafir-Qila）古堡遗址，据说城堡系亚历山大大帝（前356—前323年）所建。亚历山大劳师远征，大军疲不堪命，在今天的阿姆利则发动了兵变，回师马其顿的途中曾在这里扎营。

■ 游览曼查尔湖畔的渔村。这是亚洲最大的淡水湖之一，默哈那（Mohana）渔民的家乡。多数人类学家对默哈那人的起源尚无定论，但他们自称是亚历山大大帝远征军的后裔。

■ 古城摩亨佐达罗（Mohenjo Daro）保存十分完好，从塞危谢里夫开车2小时可到。大约5000年前，印度河谷文明诞生于此。

最佳旅行时间：陵园每日凌晨4点半到午夜开放。诗人的祭日在伊斯兰教历的8月，即舒尔邦月，这个月的18日至21日，是最好的参观时间。另一个重要节庆活动在伊斯兰教历穆哈兰月的9日、10日。在这两天，穆斯林什叶派教徒用自我鞭笞的形式悼念先知穆罕默德的孙子伊玛目侯赛因（Imam Husayn）之死。从11月到次年4月气候最温暖，夏季从5月到8月非常炎热。

行前计划：从卡拉奇（Karachi）开车4小时可到塞危谢里夫。如果安全局势允许，也可以乘火车或公共汽车。可先咨询本国领事馆，再决定旅行计划。如果祭日期间来旅游，需预订酒店，酒店几个月前就会订满。

相关网址：www.jhoolelal.com， www.tourism.gov.pk

对页：朝圣者带着欣悦的心情，举着彩旗，穿过塞危谢里夫的大街小巷，来到陵园，苏非圣者哈兹拉·莎巴兹·卡兰达就葬在这里。上图：圣者的墓前香烟缭绕，一名男子对着圣墓稽首祝念。

教堂地下室内的神坛。

叙利亚

亚美尼亚教堂

裸露的石墙，简易的神坛，高高的窗洞里射进点点天光，早期基督教的俭朴风格呈现在眼前。

通向大马士革旧城东门（Bab Sharqi）的街巷逐渐变得狭窄，接近老城的基督教区的时候，城市的嘈杂归于宁静。穿过一片小院落，就是教堂了。教堂为纪念圣亚拿尼亚而建，精美的白石雕在阴影里矗立，再现了亚美尼亚为圣保罗施洗的场景。比较陡的台阶通向阴凉的地下教堂。教堂里，木头长椅排列在两侧，石头墙壁上设有壁龛，挂着圣经里面有关亚美尼亚故事的画。在大马士革，正是亚美尼亚恢复了保罗的视觉，使之皈依基督（《使徒行传》9:11）的地方。教堂的所在地，据说就是亚美尼亚的故居。几个世纪以来，非基督教的统治者（罗马人和阿拉伯人）多次毁坏教堂。公元2、3世纪，教堂被异教的寺院取代，其后，又有伊斯兰教礼拜寺在此兴建。直到1814年，圣方济各会信徒买下了这里，教堂才得以重建。考古学家在这里发现了公元5、6世纪的半圆形后殿、柱子的遗存和一些基督教的艺术品。

最佳旅行时间：叙利亚4—6月、9—11月气候比较温和。

行前计划：亚美尼亚教堂位于沙里亚哈拿尼亚街（Sharia Hanania）34号，距离东城门附近巴布夏奇路（Bab Sharqi）与沙里亚哈美尼亚街的十字路口200米。去叙利亚需要签证（但如果护照显示去过以色列，则不会获签）如在伊斯兰斋月（Ramadan）期间前往需要预订酒店。

相关网址：www.ancientworldtours.com，www.blacktomato.co.uk，www.syriagate.com

旅游重点

- 教堂保留着**罗马时代俭朴的遗风**，宛似圣经时代大马士革的样子。
- **参加弥撒**：亚美尼亚教堂由圣方济各会管理，是仍然举行弥撒的最古老基督教堂。
- 参观大马士革老城“直街”（Via Recta）上的其他圣地，包括罗马朱庇特神庙（the Roman Temple of Jupiter）、圣保罗教堂（St. Paul's Chapel），和希沙姆礼拜寺（the Mosque of Hisham）。
- 游览之后，可以品尝中东地区的传统食品，比如法拉费（Falafel）、茄子酱（Baba Ghanoush）、薄荷沙拉（Tabbouleh）和豆泥（Hummus）。附近的旧城东北门（Bab Touma）食品摊上的烤羊肉串风味绝佳。

大清真寺

世界现存最大、最古老的清真寺，伊斯兰建筑的杰出代表。

在精美的大吊灯照耀下，信徒们或面向麦加跪地祷告，或静静坐着，沐浴着清真寺古老围墙里面沉静的气息。清真寺始建于公元705年，所在地是大马士革历史悠久的宗教圣地，可以一直追溯到哈大德的阿拉米恩寺（Aramaean Temple of Hadad）（公元900年）。大清真寺主要属于逊尼派的礼拜寺，创新的建筑风格模仿了先知麦地那的穆罕默德（Muhammad in Medina）故居。清真寺的地下室上面，建有深绿色玻璃穹顶。地下室里据说埋藏着施洗者约翰（St. John the Baptist）的头颅，穆斯林把圣约翰称作先知叶哈雅（Yahya）。清真寺的这一部分，对于基督徒和穆斯林来说都是圣地。阳光透过高高的窗户洒进来，在祈祷堂（haram）的地毯上倾泻下红色、绿色和蓝色的光影。唱诗班吟唱的宣礼（adhaan）在宽敞的殿堂里回荡，透过入口处高大的门，传到了外面的中央广场。广场铺满了白色大理石，与里面的马赛克墙面，以及清真寺东端的马赛克宝顶（Beit al Mal）形成反差。

最佳旅行时间：清真寺在肉孜节（斋月结束）和古尔邦节（朝觐开始）时非常繁忙，但如果不介意拥挤的话，现场的气氛会十分热烈感人。

行前计划：女性进入清真寺必须从头到脚包裹起来，男性不得穿短裤。在寺的旁边可以租赁长袍。须尊重参加礼拜的信徒，特别是在祈祷中。如欲拍照须先征得对方同意。寺内有些区域只有女性可以进入。提防扒手，特别是在寺外。

相关网址：www.syriatourism.org，www.silkroadandbeyond.co.uk

著名景点

- 参观**萨拉丁墓**（mausoleumof Saladin）。萨拉丁是12世纪的一位伟大领袖，是穆斯林历史上的重要人物。
- 寻找据说埋着**喀尔巴拉殉道者**（Martyr of Karbala'）侯赛因头颅的陵墓。内室的墙壁上镶有深浮雕银质铭牌，标志着陵墓所在。
- 坐在**广场**上，用一点时间，感受寺内宁静的气氛。
- 寻找祈祷堂东端的小室，**宣礼**的广播即是从小室里面发出的。

最右边的尖塔是13世纪的耶稣礼塔（Minaret of Jesus），基督教信徒相信，耶稣将在审判日在这里降临人间。

伊朗

伊玛目礼萨陵园

陵园坐落于公元818年伊玛目礼萨殉道的城市，是伊朗什叶派穆斯林心目中最神圣的地方。

马什哈德市内的伊玛目礼萨陵园，广场上全是身着黑色斗篷的妇女和跪地祈祷的男人们；孩子在波斯拜毯上玩耍，他们的妈妈就在一旁，脸上流露出庄重和虔诚。每年有超过2000万的什叶派穆斯林朝拜陵园。礼萨是什叶派的第八位伊玛目。来到这里朝圣，是什叶派穆斯林的最高追求。伊玛目礼萨的陵墓位于陵园建筑群的中央，金色枕梁大穹顶的下面，上面的天花板有镶嵌镜子的五彩琉璃，灿烂生辉。21座礼拜亭（porches）以陵墓为中心呈辐射状分布，延伸至清真寺、大殿和祈祷广场，是供男人、女人或一家人使用的。男人们争着去触摸、亲吻陵墓外面的镏金隔栅。女人所在礼拜亭（porches）里面传出捶胸顿足的哭号声，每个节日的前一天晚上，由地位尊贵的神职人员举行庄重的仪式，在《古兰经》的念颂声里，扫除伊玛目墓上的尘土。然后坟墓要用玫瑰香水清洗。收集在袋子里的土被认为是圣物，会分发给信众。在过去的几个世纪里，陵园多次被毁，也经过多次的重建和扩建，每一位伊玛目都会留下他们的遗迹，比如增建殿宇、寺庙、广场、图书馆、会议室和尖塔。

著名景点

■ 需要医治疾患的朝圣者聚集在达尔阿拉希亚达哈廊（Dar al Siyadah porch）的东侧，透过一扇银窗户祈祷，这里据说是神迹显现的地方。

■ 聆听每天早晨在达尔阿拉胡法兹大堂朗诵的《古兰经》。

■ 陵园建筑群各处有公共喷泉（Saqqa Khaneh），是为了纪念伊玛目侯赛因和他的72位追随者的殉道行为。伊玛目侯赛因于7世纪在喀尔巴拉（Karbala）附近战死。

■ 每天日出日落时，鼓楼上号角和鼓齐鸣。陵园中有人被神奇地治愈了疾患的时候，也击鼓庆祝。

最佳旅行时间：4—6月，9—11月。诺鲁孜节（伊朗新年）极端繁忙，应避开。诺鲁孜节在每年3月21日前后。

行前计划：去伊朗旅游前，先了解本国政府的旅行安全建议。签证较困难，如果预订了旅游计划，会容易获签一些。信用卡和自动取款机只接受伊朗的账户，旅行支票也不可用，需要携带现金，在银行兑换好。银行的汇率比在街头兑换要好。无论男女，都需按照伊斯兰的传统穿着得体的服装。非穆斯林不能进入陵园的主要广场和博物馆。

相关网址：www.magic-carpet.com，www.iranparadise.com，www.imamreza.net，www.irpedia.com

对页：伊玛目礼萨陵园是世界上最大的伊斯兰建筑群之一，以优质的陶瓷装饰闻名。上图：建筑群包括7个广场，一些仍在建造中，这个广场是1979年后兴建的，以伊朗伊斯兰共和国缔造者伊玛目霍梅尼（Imam Khomeini）的名字命名。

立陶宛

十字架山

矗立在小山上刻着忧郁的圣像的5万个十字架有着宗教和政治双重的意义。

小山从四周的农田里高高隆起，山坡上密密麻麻地竖满了十字架和耶稣受难神像。这些十字架有大有小，各式各样，有用两根木棒简单绑成的，也有精雕细刻的，层层叠叠，堆积如山。立陶宛爱国者的肖像画紧挨着一些汽车号牌、创可贴做的简易十字架；一串串的念珠上挂着基督和圣母玛利亚的像；比较简单、矮小的十字架上写满了人们的留言，有回忆也有希望。这漫山遍野的十字架还在增多，每一个游客都会留下新的十字架或者念珠。有人说，这个传统始于中世纪，但是山上的第一批十字架是1831年才有的，当年发生了一次反抗俄国统治的起义，起义失败了，这些十字架就是为了纪念那些在起义中牺牲的人们。从那时起，这一片十字架的山丘，就和立陶宛不屈、独立的民族精神联系在了一起。

最佳旅行时间：全年开放参观。复活节期间，虔诚的信徒登山凭吊的人数最多。

行前计划：参观需要1个小时左右。十字架山在希奥利艾（Siauliai）以北12公里。有开往邻国拉脱维亚首都里加（Riga）的公交车沿途可到，也可以走维尔纽斯（Vilnius）到里加的A12公路。出租汽车司机在客人游览期间可以等待。在希奥利艾有很多地方可以住宿，也有古代的教堂和博物馆（包括自行车博物馆和摄影博物馆）。

相关网址：www.lithuaniatourism.co.uk

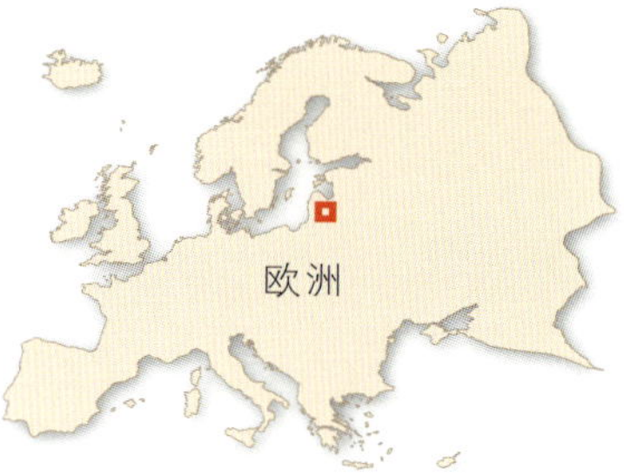

著名景点

■ 教皇约翰-保罗二世有立陶宛血统，曾于1993年访问这里，并赠送了一支十字架。山上有**石碑**，纪念教皇的访问，并感谢立陶宛人笃诚的信仰。

■ **非基督教的象征物**和基督教的物品层见错出，显示了欧洲最后一个皈依基督教国家的特色。

■ **十字架和念珠**随风摇曳，碰撞出风铃般悦耳动人的声音。

一条山路穿过十字架和雕像的丛林，通向山顶，另外还有一条蜿蜒曲折的小路。

圣母像面部和手上的黑色可能是有意为之，也可能是年深日久，蜡烛烟熏的结果。

波兰

黑圣母像

琴斯托霍瓦（Czestochowa）黑圣母像带伤的黑色面孔已经成了波兰的象征，也是全国的宗教中心。

每年大约500万朝圣者来到这里，一睹光明山修道院（the Jasna Gora Monastery）里面黑圣母画像的风采。这幅画像据说是出自圣路加的手笔，是他在耶稣还是婴儿的时候，在其家中一张柏木桌面上绘制的。这张桌面14世纪的时候被运到了这里，人们建造了教堂和修道院加以供奉。圣母像在波兰人的心里占据着特殊的位置，据说在17世纪有一次瑞典人入侵，是圣母像显灵，保护了修道院。从那以后，这里就成了波兰民族感情凝聚的焦点。修道院里，虔诚的信徒挤满了走廊，在人群中，就连走路都很困难，所有人都想要看到圣母像。画像装在1650年制成的非洲乌木镶银的画框里。圣母的面容显出若有所思的表情。画像经常由珍珠帘或者锻金的帷幕遮挡。小小的教堂里面，四壁摆满了贡品，有拐杖、珠宝、鲜花、照片，等等。拜谒圣母像信徒的虔诚，从这些具体的物品中得到了体现。

最佳旅行时间：夏天，光明山修道院挤满了朝圣者，特别是在每年8月的朝圣日，黑圣母有两个斋日：8月15日和26日。如果不介意寒冷，可以选择冬天，山上下雪的时候，修道院显得分外美丽。

行前计划：从克拉科夫（Krakow，96公里远）出发，一路可以顺道欣赏鹰巢径（the Eagles'Nest Trail）风光。琴斯托霍瓦距华沙（Warsaw，225公里），走通向卡托维兹（Katowice）的公路需要两个半小时的车程，一天时间足以游览。可在网站查询英语旅游的时间。

相关网址：www.jasnagora.pl，www.czestochowa.pl

著名景点

- 骑士殿（Kinght's Hall）曾是波兰国会所在地，里面挂有油画，其中一幅再现了黑圣母像运抵光明山的场面。

- 修道院众多建筑中包括一座**图书馆**，藏书超过8000册，堪称宝库，也是一座博物馆。

- 驱车行驶在琴斯托霍瓦到克拉科夫之间160公里长的**鹰巢径**，可以感受这个摄于大国之间，外患频仍的国家处境。一路上有15座中世纪时期的堡垒，建筑在高高的石灰岩峭壁顶上，见证着波兰频繁遭受外敌入侵，虽然有圣母眷顾，非深沟高垒亦不足以自保的历史。

德国

三王圣龛

至高无上的圣殿，欧洲北部最大的哥特式教堂，供奉着西方世界体积最大、最著名的圣匣。

柔和的光线透过科隆大教堂（Cologne Cathedral）巨大的彩绘玻璃窗，幻化出斑斓的异彩，沐浴着三王圣龛（Dreikonigsschrein）。人们相信，圣龛里面收藏着东方三贤，梅尔奇雅（Melchior）、贝尔塔扎（Belthazar）和卡斯帕尔（Caspar）的遗骨。他们就是赶到伯利恒（Bethlehem）朝拜圣婴耶稣的那三位智者。圣龛通体镏金，镶嵌宝石，与这座哥特式大教堂一样，是基督教艺术的珍品。今天前来朝拜的信徒可以在大教堂东端祭台的后面一座13世纪的高坛上看到三王圣龛，里面还藏有三位殉道圣者的骸骨。圣龛是1190年由佛兰德斯金匠弗尔顿的尼古拉（Nicholas of Verdun）设计的，形如教堂建筑，高152厘米，宽109厘米，长221厘米，历时40多年，才制作完成。圣龛前端有三颗大宝石，标志着东方三贤黄金镶顶的头颅骨所在的位置。圣龛的四面，有浅浮雕人物画，描绘了基督的一生行迹、十二门徒和《旧约》先知。中世纪的工匠们，还在金银掐丝的表面装饰了1000多颗宝石和半宝石，此外还有五彩的景泰蓝、镂丝填漆工艺的图案和浮雕，其中就有1164年运送三圣骸骨来到科隆的大主教莱纳德·冯达塞尔（Archbishop Rainald von Dassel）的肖像。

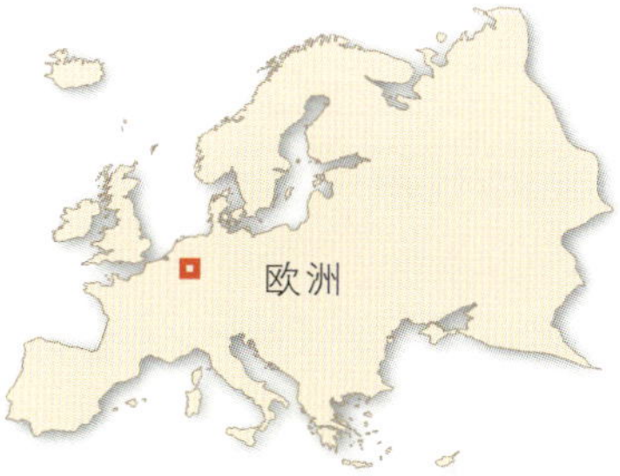

最佳旅行时间：大教堂每天开放，但在举行宗教活动的时候，进入教堂会受到限制。做告解的时候，停放圣龛的高坛会关闭。

行前计划：教堂提供1小时的英语导游。距离最近的机场是法兰克福机场，机场到科隆有高速列车运行，行驶时间1小时。

相关网址：www.koelner-dom.de，www.koeln.de

著名景点

- 圣龛的工艺十分细腻，宝石和金属雕工精美。
- 本来盛放三圣遗骨的木函在教堂的藏宝室，仍然可以看到，此外还有法衣、酒杯、十字架等宗教器物。
- 15世纪德国画家史蒂芬·洛赫纳（Stefan Lochner）创作的祭坛画《东方三圣朝拜耶稣》值得观赏。
- 大教堂有两座高耸的尖塔，整座建筑于1880年竣工，上距始建时间已经过去了632年。教堂宏伟巍峨，建筑细节精美绝伦，令人叹为观止。除了圣龛，教堂还珍藏了其他宝藏，包括罗马十字架（Gero Cross）和米兰圣母像（Madonna of Milan）。
- 参加教堂的弥撒，或者只是静静地坐在教堂中殿，感受教堂的庄严盛大和所有精美的彩绘玻璃。

对页：圣龛的正面，刻画了基督受洗的场景，1月6日的三圣节就是纪念基督受洗的。左上：彩绘玻璃上描绘的是圣保罗在去往大马士革的路上皈依基督，玻璃在"二战"期间被毁，1992—1994年重建。右上：主祭台后面的圣龛。

十大著名圣函

圣物函的形制，大到整栋建筑，小到精美的宝石匣子，无所不有。圣函所盛放的，都是所有圣物中最神圣的。

❶ 哥特圣函，美国纽约州纽约市

圣函精美富丽，原存放于布达圣方济派修女会的一个修道院（是今天布达佩斯的一部分），现为修道院艺术博物馆（The Cloisters）的藏品。修道院艺术博物馆是纽约的一座中世纪艺术的宝库。圣函的造型仿照哥特式教堂的内部，有尖耸的穹顶和镏金的银质雕塑，门向两侧打开，可以看到里面栩栩如生的圣母、圣子和天使。

行前计划：修道院艺术博物馆位于翠亨堡公园，乘坐地铁A线到190街，沿玛格丽特特科尔宾道向北步行10分钟即是；或乘M4路公共汽车从麦迪逊街和第83街路口，在最后一站下车。www.metmuseum.org

❷ 金岩佛塔，缅甸孟邦

缅甸大金岩（Golden Rock）摇摇欲坠地兀立在峭壁之巅已经有数千年了，传说是佛祖的一根头发系着，才没有掉落。据说这块大石头是两个喜欢恶作剧的精灵（Nats）放在这儿的，刚好坐在峡谷悬崖的边上。朝圣的人群络绎不绝，带来金箔涂在岩石的表面。

行前计划：要到金岩佛塔所在的地方去，是一段艰难的旅程。公共汽车可以带游客到山下的营地，之后要坐卡车沿着陡峭的山路上到峭壁的脚下，最后，要徒步2.5公里攀登到山顶。只有男人可以触摸大金岩。www.goldenlandpages.com/hotspots/kyaik.htm

❸ 杜勃罗文克大教堂，克罗地亚杜勃罗文克

据传说，3世纪时威尼斯人进攻杜勃罗文克，一位名叫布莱兹的亚美尼亚主教托梦给一位神父，这才挽救了这座城市的危亡。布莱兹因此成了这座城市的主保圣人。大教堂的宝藏库据说收藏了这位圣人的头颅骨、手臂和腿。头颅骨放在一顶12世纪的金银绎丝王冠里面，每到2月3日纪念这位圣人的节日，他的遗骨便被请出，在兴高采烈的人群前面，绕城游行。

行前计划：老城的派尔门（Pile Gate）上，耸立着圣布莱兹的塑像，非常壮观。从派尔门出发，可以沿着古城墙漫步，俯瞰亚得里亚海的风光。www.dubrovnik-online.com

❹ 托卡比王宫，土耳其伊斯坦布尔

伊斯坦布尔的托卡比王宫收藏着先知穆罕默德的重要遗物。这些遗物保存在金碧辉煌的圆顶宫殿里面，用精美的小盒保存。据说其中包括先知的圣衣、胡须、坟墓上的泥土、宝剑、竹弓和印在石头上的脚印。自从圣物安放于此，念诵《古兰经》的仪式始终没有停止过。

行前计划：托卡比王宫博物馆每天早9点到晚7点开放，周二除外。www.topkapisarayi.gov.tr

❺ 圣十字大殿，意大利罗马

公元320年，罗马的第一位基督教皇帝君士坦丁大帝之母圣海伦从圣地带回了耶稣的圣物，并建造圣十字大教堂加以供奉。她在圣地找到了耶稣受难的十字架，将十字架的三块碎片和一枚钉子带回罗马，她相信这些都是真正的十字架的遗物。圣物还包括据说是耶稣荆冠上的棘刺。

行前计划：附近修道院有一座美丽的菜园，不可错过。www.basilicasantacroce.com

❻ 圣辛多内小礼拜堂，意大利都灵大教堂

都灵尸衾，有人相信就是掩埋耶稣基督时用过的裹尸布，上面还能隐约看出一个男人的面孔轮廓。教堂里存放的是一件复制品，真品保存在由一家航天公司建造的恒温箱里。教堂博物馆还陈列着更早期的圣物函，包括一只15世纪天鹅绒衬里、钉银钉的小匣。

行前计划：真正的裹尸布直到2025年才会再次展出。www.sindone.org

❼ 伦巴底铁王冠，意大利蒙萨

8世纪查理曼大帝和拿破仑皇帝加冕时所戴的珠宝王冠里面都嵌有一枚小铁片。铁片是用一枚钉子锻打成的，钉子据说来自那座真正的十字架。铁片仅厚1厘米，但已足供两位皇帝向世人宣示他们上承基督圣统的地位。

行前计划：收藏铁王冠的教堂在蒙萨，米兰以北。www.hellomilano.it/Index/Monza/HistSites.htm

❽ 圣乌尔苏拉宝函，比利时布鲁日

圣乌尔苏拉是一位虔诚的基督教公主，为了回避结婚，率领1.1万名童贞女远游科隆。她们一行人最终都被匈奴人杀害。汉斯梅林在木质宝函上面画了六幅精美的图画，来纪念这位公主不幸的故事。

行前计划：圣乌尔苏拉宝函藏于梅林博物馆（The Memling Museum），是圣约翰医院的一部分。www.trabel.com/brugge-m-memling.htm

❾ 圣弗依修道院，法国康奎斯

圣弗依的遗骨原来保存在阿让（Agen）的一座修道院，为了竞争，公元866年康奎斯的一位修士把遗骨盗走，运到了康奎斯。修士们打造了一座黄金宝函，造型是一尊高90厘米、浑身珠光宝气的坐像，里面盛放着他们偷来的遗骨。

行前计划：教堂和珍宝博物馆（Treasury Museum）每日开放。www.conques.com

❿ 埃斯科里亚尔的圣罗伦索，西班牙马德里

国王菲利普二世沉湎于收集圣物，一生搜罗的圣物超过7500件，包括10具完整的尸体。他甚至传旨，自己临终之际要把这些圣物环绕周围。今天，埃斯科里亚尔建筑群中到处可见这位国王的藏品。

行前计划：从马德里乘汽车或火车可以很容易地抵达埃斯科里亚尔。www.patrimonionacional.es

缅甸大金岩恰到好处地保持着悬崖边缘的平衡。大石头可以左右摇晃，可容一根绳子从其下穿过。岩石顶上的金岩佛塔建于公元前574年。

启示洞外修建了雪白的圣殿，入口处的上方有马赛克画，画着圣约翰向门徒口授启示。

希腊

启示洞

据说，圣约翰就是在多德卡尼斯群岛（the Dodecanese Islands）山顶的一个洞窟里面写成《新约》最后一章——《启示录》的。

爱琴海上小小的佩特莫斯岛（Patmos），深蓝色的海湾，荒芜的山丘，一片白白的房屋上空，静静地矗立着圣约翰（Agios Ioannis Theologos）要塞修道院。该修道院已有1000年的历史，是东正教世界的一处圣地。但是修道院高大的黑色石墙下面，还有一处更小却更加神圣的地方——启示洞。人们相信，圣约翰在公元95年被罗马皇帝多米提安（Domitian）放逐后，就在这里定居。洞的入口上方，有圣约翰的彩色马赛克画，画着圣约翰向他的门徒普罗克罗斯（Prochoros）口授来自基督的启示。洞里陈列着壁画和雕塑，琳琅满目，有些是早在13世纪完成的作品。墙壁和天花板早已被蜡烛熏黑，挂满了前来祈求圣约翰显灵的希腊村民敬献的银质匾额。导游指给大家看的很可能是普罗克罗斯用做书桌的一块石头，还有一块磨平了的石头，据说是圣约翰用做枕头的，上面还有一道裂缝，他从裂缝里听到了上帝的声音。洞窟经常挤满了朝圣者和游客，但是，这么多个世纪过去了，这里仍然是柯拉（Chora）村村民们固定做祈祷的地方。

最佳旅行时间：从复活节到10月份。希腊复活节（一般在4月）和8月中旬纪念圣母怀胎的节日期间，佩特莫斯岛上到处是朝圣者。

行前计划：佩特莫斯岛上住宿的地方集中在港口小村斯喀拉（Skala）或周围地区，还有临近的格里克斯（Grikos）洞窟在斯喀拉和柯拉之间。柯拉是一座山顶上的小村子，修道院的所在地。每天行走两个小时。或者可以选择从斯喀拉出发乘坐出租汽车或往返公交。佩特莫斯没有机场，但从附近的小岛出发有频繁的渡轮可以上岛，这些附近的岛屿包括雷洛斯（Leros）、萨莫斯（Samos）和科斯（Kos）。

相关网址：www.gnto.gr，www.dolphins.gr

著名景点

■ 圣约翰修道院坐落于柯拉村，这里是希腊诸岛上传统村落中最美丽的一座。在小村迷宫一样的鹅卵石巷子里和雪白的房屋之间，掩映着40多处教堂和小礼拜堂。

■ 圣约翰修道院收藏了许多精美的圣物函和雕塑作品。

■ 从柯拉北望，附近伊卡里亚海（Ikarian Sea）上点点小岛、伊卡里亚山和萨莫斯尽收眼底。晴朗的天气，可以看见东面土耳其的本土。

■ 游览格里克斯村，享受湛蓝的海水、平缓的沙滩、卵石海岸和希腊餐馆里刚刚打捞上来的海鲜。

意大利

圣方济各教堂

意大利艺术的杰作和精美的教堂建筑，一位抛弃富贵，甘于贫贱的圣徒长眠与此。

阿西西（Assisi）圣方济各教堂下堂的室内烛影昏黄，点着微弱的落地灯。昏暗的光线中，依稀可以看出罗马风格的半圆形拱顶。身披棕色袈裟的修道士喃喃地念颂着祈祷文，声音在古老的教堂偏殿里回荡。13世纪意大利艺术巨匠的壁画挂满了墙，其中最著名的画家有契马布耶（Cimabue）和乔托（Giotto）。壁画是1230年教堂的下堂竣工后绘制的。中殿低矮的天花板漆为夜空般的深蓝色，点缀着亮晶晶的星光，沟通了相对墙壁上的油画，画是不知名的艺术家梅斯特罗·迪·圣弗朗西斯科创作的。画面表现了圣方济各与耶稣相似的一生。耳堂的墙壁上，契马布耶创作了《圣方济各侍圣母坐》画像（1280年），里面的圣方济各画像据说是最像本人的。从中殿有石阶通向地下室，圣方济各的遗体直到1818年才被发现。从昏暗的地下室和下堂出来，来到教堂的上堂。上堂于1253年竣工，建筑属哥特风格，光辉明亮，里面装饰着更多乔托、契马布耶以及与他们同一流派艺术家的画作。上堂里面乔托的28幅圣方济各一生事迹壁画吸引着众多的游客。

最佳旅行时间：全年开放。春秋两季气候温和，但游人较多。夏天相对安静，但十分炎热。冬天寒冷潮湿，是最清静的时候。

行前计划：教堂星期日上午关闭。进入教堂有严格的着装要求，需要穿着长裤、长裙和长袖上衣。不得拍照。从火车站有公共汽车可以到达教堂。阿西西最热闹的两个节日是五月节（the Calendimaggio），5月1日后的第一个星期四，和8月2日天主教徒前往圣玛利亚天使大教堂（the Basilica of Santa Maria degli Angeli）去接受阿西西大赦（the Pardon of Assisi）。

相关网址：www.itlayheaven.co.uk，www.bellaumbria.net

著名景点

- 参观城外的**嘉尔塞里隐修地**(Hermitage of the Carceri)，圣方济各和他的同伴曾在那里的洞中隐居。
- 寻找**《服从、纯洁、清贫》壁画**，这是圣方济各一生实践的誓言。
- 上堂祭坛上方和正门入口处的**天花板有修补的痕迹**。1997年的一次地震毁坏了教堂建筑，有四人丧生。修缮工作历时两年。契马布耶和乔托的一些壁画损坏严重。
- 圣方济各年轻时对着耶稣受难像祈祷，听见十字架上的耶稣对他说："圣方济各，我的教堂倾颓了，你要修缮。"他于是出资修缮教堂，被其父逐出家门。这尊**耶稣受难像**现供奉于阿西西的圣基亚拉教堂（the Church of Santa Chiara）。

圣方济各手上的圣痕清晰可见，他与传播福音的圣约翰一起，注视着圣母和圣子。壁画为14世纪皮亚特罗·劳伦则蒂（Pietro Lorenzetti）作品。

十大圣母堂

圣母玛利亚受到全世界朝圣者的尊崇，纪念她的圣殿、艺术作品和教堂是万人云集的圣地。

❶ 阿帕雷西达圣母堂，巴西阿帕雷西达

阿帕雷西达圣母堂的黑色圣母像仅40厘米高，是1717年当地三个渔民在帕拉伊巴河（Paraiba River）发现的。圣母像头戴大金冠，身披印有巴西国旗的长袍，供奉在阿帕雷西达圣母全国朝圣所圣殿（Basilica de Nossa Senhora Aparecida），是全世界最大的圣母堂。

行前计划：每年10月12日为阿帕雷西达圣母节。www.aboutsaopaulo.com/city/aparecida/our-lady.html

❷ 洛金汉的哭泣圣母，澳大利亚

从2002年开始，澳大利亚一处私人住宅里的一座普普通通的圣母像成了全世界朝圣者云集的地方。圣母像在洛金汉，据说它会流眼泪，而且散发出玫瑰花香，香气弥漫在空中。许多人朝拜过圣母像以后，都经历了"神奇的事情"。塑像经过了科学检查，但是塑像的眼泪和香气从何而来，仍是一个谜。

行前计划：要参观圣母像必须预约。洛金汉在珀斯（Perth）以南不到1小时车程。www.weepingmadonna.org

❸ 弗拉基米尔圣母像，俄罗斯莫斯科

弗拉基米尔圣母像是俄罗斯全国崇拜的偶像。圣母像是12世纪的作品，拜占庭艺术的代表。塑像的蛋彩历经岁月的风霜已经不再鲜艳，但是圣母玛利亚依然受到万众的瞩目，怀中耶稣的小脸还是亲昵地贴着妈妈的脸。

行前计划：塑像陈列于托马奇（Tolmachy）的圣尼古拉斯教堂博物馆（the Church Museum of St. Nicholas），博物馆属于国家特雷蒂雅科夫美术馆（the State Tretyakov Gallery）的一部分。www.tretyakov.ru

❹ 圣母玛利亚礼拜堂，土耳其以弗所

俭朴的石头教堂坐落在克雷索斯山（Mount Koressos）上，周围是葱翠的森林。据说，这里就是圣母玛利亚最后居住的地方。据《圣经》记载，耶稣被钉上十字架以后，她和传播福音的约翰来到这里，直到最后辞世。

行前计划：圣母堂靠近以弗所，以弗所土耳其保存最完好的古城。www.tourismturkey.org

❺ 洛雷托的圣加萨，意大利洛雷托

一座简单的小石屋，据说就是圣母玛利亚出生的地方，天使向玛利亚报喜说她将生下耶稣，也是在这里。几个世纪来，无数朝圣者来到这个地方。据传说，小石屋是1295年天使从拿撒勒（Nazareth）搬来，放在这个意大利的小山村的。每年有数千人来这里朝圣。

行前计划：小石屋在洛雷托教堂里面。教堂穹顶天花板上有精美的壁画，旅客不应错过。www.santuraioloreto.it

❻ 圣母堂，马耳他

圣母的形象在马耳他随处可见，有众多教堂和雕塑来纪念她。戈佐岛（Gozo）上的塔平努教堂（Ta' Pinu），据说在1883年曾有异象发生，当地一位妇女听到了圣母玛利亚的声音。教堂外的山坡上曲曲折折地排列着俭朴而美丽的雕塑再现了耶稣受难的14个场景。

行前计划：去马耳他最好的时间是在耶稣受难日，届时大小街道上会挤满了五颜六色游行的人群。www.visitmalta.com，www.tapinu.org

❼ 撒勒特圣母院，法国格勒诺布尔

1846年，在法国阿尔卑斯山麓，两个孩子说他们在一片高山牧场看见了哭泣的圣母。从那以后，这个地方成了朝圣者的圣地。很多人说撒勒特的圣母治好了他们的疾病。游人从山腰上高耸的教堂出发，沿着山间步道攀上高山，就可以到达"神迹山谷"。

行前计划：撒勒特村在格勒诺布尔以南80公里处。驾车、乘坐公共汽车或出租车均可轻松到达教堂。www.lasalette.cef.fr，www.grenoble-isere-tourisme.com

❽ 黑圣母像，法国霍卡曼都

中世纪的时候，这座雕刻精美的核桃木圣母像让小城霍卡曼都成了基督教的主要朝圣地。小城有7座礼拜堂，依石灰岩的山崖而建，仿佛凌空飞架。朝圣者和游人们来到这座小城，攀登200级风化剥落的台阶——一些虔诚的信徒会跪爬上去——去瞻仰圣母像所在的教堂。

行前计划：从图卢兹开车两小时可到。www.villes-sanctuaires.com，www.rocamadour.com

❾ 意大利礼拜堂，英国奥克尼群岛

"二战"期间，一群意大利战俘被关押在拉姆小岛（Lamb Holm）。在多米尼克·奇奥切蒂（Domenico Chiocchetti）的带领下，战俘用手头找得到的原材料，把两间简易活动房屋改造成了一座圣母礼拜堂。圣母被奉为和平女神。奇奥切蒂完全投入到了教堂的建设，1945年这些战俘获释的时候，他留了下来完成教堂洗礼盆的修建。今天，这座不寻常的建筑每年吸引着超过10万的游客。

行前计划：从本土到克瓦尔（Kirkwall）机场有固定航班。也可从约翰奥格罗茨（John O' Groats）或阿伯丁（Aberdeen）乘渡船到达奥克尼群岛。www.undiscoveredscotland.co.uk/eastmainland/italianchapel

❿ 法蒂玛圣母堂，葡萄牙

1917年，三个牧羊的孩子说多次看到圣母玛利亚显灵。从那时起，小城法蒂玛和圣母教堂成了最著名的现代圣母显灵地。

行前计划：据估计每年有400万人来到法蒂玛，其中最繁忙的时间是5月和10月。www.santuario-fatima.pt

法蒂玛的孩子看到圣母显灵84周年庆典。圣母像矗立在数千朝圣者面前，黑暗中可以看见朝圣者手中的烛光点点。

信徒相信，触摸圣母像右手的圆球可以得到圣母的保佑。

西班牙

黑圣母

这座黑脸的圣母和圣子像在加太罗尼亚（Catalonia）备受尊敬。

巴塞罗那（Barcelona）西北峭立的群山之巅，坐落着一座小城蒙塞拉特（Montserrat）。据传说，在公元880年的时候，牧羊人在这里看到明亮的光辉，听到异样的声音，随后，人们在一座山洞里看到了圣母玛利亚显圣。很快，这里就成了一处基督教的圣地，为了远道而来的信众，修建了教堂、礼拜堂、本笃会修道院和大教堂。这些建筑大多在1811年毁于法国人之手。今天的教堂建于19世纪50年代。黑圣母像的前面已经安装了玻璃，只把圣母手托的圆球露在外面，供信众触摸。新婚夫妇在这里祈求圣母的保佑，然后与其他朝圣者一起，在附近的礼拜堂祷告、沉思。通向出口的通道两边，烛光摇曳，照亮了祈求圣母治疗疾病的人们留下的祭礼。

著名景点

■ 从修道院沿山路步行40分钟可以到达**圣山洞**（Santa Cova），当年发现圣母显身的地方。山路两侧立着宗教雕塑。山洞所在的位置现在修建了一座礼拜堂。

■ 修道院周围**山路**盘旋，游客可以在山间漫步，少则15分钟，多则3个小时。可以带上望远镜，以便欣赏山中美景，观察山猫、雀鹰、游隼等山地野生动物。

■ 圣琼（Sant Joan）索道从修道院继续上行到达**圣琼礼拜堂**（Sant Joan chapel），从那里可以居高临下饱览周围的景色。步行下山需要45分钟。

■ 这里的唱诗学堂是全欧洲最古老的。50人的伊斯卡罗尼亚**男声唱诗班**（Escalonia boys choir）除周六外每天在大教堂表演。

最佳旅行时间：4月27日特别繁忙，因为这一天是黑圣母的节日。教堂全年开放，冬天比较清静。

行前计划：蒙塞拉特在巴塞罗那西北56公里处。从巴塞罗那出发，当天可以往返；但如果想要细致地游览当地教堂和周围的自然风光，不妨留宿一夜。从巴塞罗那西班牙广场车站（Plaça Espanya Station）到盟赛拉特的火车每小时一班。到达山脚下后，可以徒步攀登600米到达修道院，也可以乘坐登山火车或者索道。小城海拔1220米，一年中任何时候登山都要最好穿暖和的衣服。

相关网址：www.montserratvisita.com，www.barcelona-tourist-guide.com，www.abadiamontserrat.net

西班牙

圣特蕾莎女修道院

这位西班牙的主保圣人以其不懈的改革热情和种种神异的体验闻名后世，在她的出生地备受尊敬。

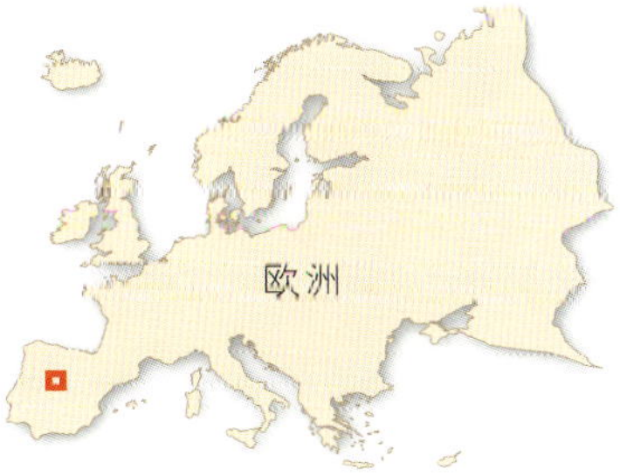

82座半圆形高塔和9座城门环抱着古城阿维拉（Avila）。古城墙和11世纪建成的时候，几乎没有什么变化。走在城墙顶上，可以看出，阿维拉原来是一座要塞城池，是为了抵御摩尔人的进攻而修建的。城里较晚一些的建筑包括圣特雷莎女修道院，是1636年在特蕾莎的出生地修建的。人们称呼她阿维拉的圣特蕾莎，而在阿维拉城，人们只呼她为圣女。特蕾莎出生在一个富裕的家庭，一生笃信上帝，体验宗教的喜悦，留下了一些重要的著述，她还在加尔莫罗教派修女会改革中发挥了重要的作用。教堂的中殿里面陈列着圣特蕾莎和她的朋友十字架的圣约翰（St. John of the Cross）的雕像。巴洛克式教堂内的一座小礼拜堂标志着圣特蕾莎出生的地方。一间圣物陈列室供奉着圣特蕾莎的一根无名指。在特蕾莎死后，她的很多追随者相信，她的断手能创造出奇迹。每年，阿维拉城举行为期一周的宗教、世俗和文化活动，庆祝10月15日圣特蕾莎的节日。这一天，修道院会举行弥撒，并且在市政厅的阳台上发表纪念宣言。

最佳旅行时间： 冬季非常寒冷，此外的时间均可游览。10月15日是圣特蕾莎节，届时有众多宗教活动，也有音乐会、斗牛和弗拉门戈周庆典活动。宗教活动也在复活节的一周里和5月2日举行。5月2日是本市主保圣人圣塞冈多（San Segundo）的节日。

行前计划： 阿维拉在马德里西北113公里处，从首都出发可以很轻松地当日往返。火车从马德里的查马丁车站（Chamartin station）出发，汽车从马德里汽车站（Estacion Sur de Autobuses）出发。

相关网址： www.spain.info， www.avilaturismo.com

著名景点

- 圣特蕾莎在**转世修女院**（Monasterio de la Encarnacion）生活了27年。游人可以参观她住过的小屋和展示其生平与著作的小博物馆。
- 中途可以参观12世纪的**阿维拉大教堂**（Avila Cathedral）。教堂是收复失地运动（Reconquista）之后不久兴建的，杂糅了罗马和哥特式的建筑风格。
- 参观西班牙宗教法庭大裁判长**托马斯·汤戈马达**（Toma de Torquemada）之墓。
- 圣特蕾莎的墓地在附近城市阿尔巴德托梅斯（Alba de Tormes）的**加尔莫罗修女院**里。修女院也收藏了她的心脏。据信徒说她的心脏至今不腐。

圣特蕾莎修女院内祈祷中的特蕾莎彩绘玻璃。

7 朝圣之路

每一次对圣地的拜访都是一次朝圣之旅，而在很多宗教传统里，这种朝圣本身就是信仰的表现。在伊斯兰世界，朝圣是一种宗教的义务。每一个虔诚的穆斯林人，凡有能力旅行的，都要在一生中至少参加一次全世界数百万伊斯兰同胞的年度朝觐，克服旅途艰辛，去到沙特阿拉伯的圣城麦加（Mecca），体验精神的升华。基督徒为了精神的新生、治愈疾病或者忏悔罪愆，也会踏上朝圣之路。悔罪的人们通常赤足，甚至跪行攀登爱尔兰积石嶙峋的克罗帕特里克山（Croagh Patrick）。希望疾病得到神奇治愈的人们拜访法国卢尔德的圣伯那得（St. Bernadette at Lourdes）。全世界的犹太人朝拜耶路撒冷的西墙（Western Wall）——所罗门王圣殿最后的遗存。佛教徒则云集印度尼西亚的爪哇岛，在8世纪的寺庙婆罗浮屠（Borobudur）庆祝佛陀的诞辰。

世界各地数以万计的穆斯林来到麦加的大清真寺（Grand Mosque），参加年度朝觐的晚祈祷。人群挤满了广场的每一个空隙，所有人都争着尽量靠近天房（Kaaba）这个伊斯兰世界里最神圣的地方。

朝圣者集中在大教堂的前面，教堂里面是加拿大朝圣者最多的基督教圣地。

加拿大

圣安妮大教堂

圣安妮的教堂华美庄严，是北美最古老的朝圣地之一。

1658年，法国的船只在加拿大海面遭遇风暴，水手们向他们的主保圣人圣安妮求救。最终他们躲过了沉船的命运，于是在魁北克（Quebec City）以东圣劳伦斯河（St.Lawrence River）边他们登陆地点的附近修建了一座礼拜堂，纪念保佑他们的圣人。今天这座高大的教堂建成于1926年，是当地为圣安妮而建造的第五座教堂。根据天主教的传统，圣安妮就是圣母玛利亚的母亲。教堂正面的尖顶上，矗立着一座高3.7米的橡木镏金塑像。主要来自北美的游客和信徒超过150万，不辞劳苦来到这里瞻仰这座圣安妮怀抱女儿的塑像。朝圣者们对着圣安妮祈祷，希望目睹奇迹的人们敬献鲜花、勋章和祈祷文。圣安妮是魁北克的主保圣人，天主教徒心目中救死扶伤的圣母。据笃信圣安妮的人说，很多残疾、瘫痪或失明的人朝圣归去之后都恢复了健康。教堂里面堆积着拐杖，都是据说被圣安妮治好的人弃在这里的。

最佳旅行时间：教堂全年开放，每天举行多种语言的弥撒。朝圣的季节从6月到9月初。7月26日的圣安妮节是最盛大的节日。博物馆自6月到10月，每天早上9点到下午5点开放。

行前计划：游览教堂、博物馆和其他景点需要一天的时间。

相关网址：www.ssadb.qc.ca

著名景点

- 教堂所在的建筑群还包括若干精美建筑，其中有一座**纪念堂**，纪念这里1676年到1876年间接受信徒朝拜的一座教堂。

- 教堂旁边的山上有**十字之路**，蜿蜒而上，道边有精美塑像。夏季，游人可以在路边祈祷。附近有罗马**圣阶**的复制品，据说这就是耶稣基督在彼拉多的宫殿走过，后被圣海伦从耶路撒冷带到罗马的梯子。

- **圣安妮博物馆**陈列着众多献给圣安妮的宗教艺术品，包括第三座教堂里的圣坛。

- 教堂一层有**无玷始胎礼拜堂**，里面有圣母玛利亚的塑像，立在星光闪烁的穹顶下面。还有梵蒂冈圣彼得大教堂里面米开朗琪罗哀悼耶稣雕像的复制品。

墨西哥

马背上的朝圣路

中墨西哥的现代马背朝圣路吸引着美洲各地的牛仔。

每年1月，数以千计的马蹄踏着中墨西哥的山路迤逦而行。那是成群结队的牛仔，骑着马，去朝拜距瓜纳华托（Guanajuato）城17公里库比利特山（Cubilete Mountain）上的库比利特耶稣塑像。骑手们穿着鲜艳的衬衣，宽边大草帽低低地盖着脸，冬天的太阳照着他们的马刺和鳄鱼皮马靴熠熠生光。他们要去朝拜的基督像高60米，双臂张开，坐落在高高的山顶。20世纪的时候，反教会的政府势力毁坏了原来的雕塑，但是瓜纳华托虔诚的农民捐资重建了雕像。雕像下有一座小礼拜堂，每天举行弥撒。墨西哥有着深厚的宗教传统，自1952年开始，首先有了一只25人的朝圣马队，其后，朝圣的队伍逐年壮大，如今已有数千人。朝圣者以社团或家庭为单位组成浩浩荡荡的朝圣队伍，穿越村庄和开遍龙舌兰的原野，行程3—4天，效仿东方三圣人朝觐圣子耶稣的旅行。多数人骑马上山，但也有人是跪着走上去的。

著名景点

- 主显节前夜，朝圣者在沙漠上露天宿营。人们点起篝火，烤肉为炊，分享龙舌兰酒，气氛热烈喜庆。
- 塑像所在的位置是墨西哥的地理中心。塑像的手势富于表情，象征性地伸向全国。
- 瓜纳华托有西班牙殖民时代的典型建筑。曲曲折折的街道，精美的房屋、巴洛克式的教堂，它们见证了一座16世纪中叶以来，因西班牙人在附近马德雷山区（Sierra Madre Mountains）开采银矿而繁荣起来的城市。

最佳旅行时间： 朝圣1月初开始，在主显节（Epiphany）（1月6日）达到高潮。

行前计划： 当地气候条件恶劣，需做好准备。白天太阳十分强烈，但夜间气温大幅降低。下午常有大风。所以要带好足够的衣服和防晒霜。瓜纳华托在墨西哥城西北370公里。有公共汽车频繁从首都发车，行程大约5小时。从瓜纳华托出发距离大致相同。

相关网址： www.aboutguanajuato.com，www.whatguanajuato.com，www.guanajuatocapital.com

五彩缤纷的马队向着山顶上的基督塑像行进，庆祝主显节。

巴 西

博姆杰拉帕

巴西巴西亚州（Bahia）的地下朝圣地是当地信众顶礼膜拜的地方。

湿热的空气，深沉的宁静，用自然材料建造的简单的殿堂，营造出一种大异于多数人为建筑的氛围。石灰岩的洞穴里有奇形怪状的岩石、淋漓的石钟乳和石笋，石笋上面托着数百尊宗教雕塑。这是一处不寻常的天主教圣地，位于巴西东部博姆杰拉帕小城一道90米的峭壁下。根据传说，一个葡萄牙的风流公子弗朗西斯科门多萨马尔从萨尔瓦多（Salvador）出发，徒步旅行数月，最终发现了巴西亚的这座山洞，并在这里皈依了天主。他在洞里祈祷，忏悔，过着隐士的生活。他潜心修行的消息传开了，远近的村民和银矿工人都来看他，以为他能创造奇迹。但是，直到弗朗西斯科在1722年去世，他的山洞才成为真正的圣地。每年有超过80万的信徒步行或坐卡车从本州各地的农村来到这里，祈求神灵赐福祛祟、祈祷、还愿。

最佳旅行时间：从5月到10月始终有朝圣者前来。最盛大的节日是从8月1日到8日，庆祝活动包括连续9天的祈祷（novena）和大游行。8月5日是朝圣者日，洞里举行大规模弥撒。

行前计划：在8月的第一周，酒店的价格是平时的三倍，行前先查看价格。为了确保订到想要的房间，最好提前较长时间预订。从萨尔瓦多有公共汽车可以达到，行程800公里，需要大约9小时。城外也有一个小机场。要体验小城风味，可以停留一天到两天的时间，同时可以观赏各种宗教庆典活动。期间可以顺道游览巴西亚内陆，可以欣赏美丽的风景、小村庄，或者悠然漫步。

相关网址：www.braziltour.com

著名景点

■ 游览迷宫一样的洞穴，石灰岩的教堂。其中两个主要的山洞是诺萨森若拉索尔达达山洞（Nossa Senhora da Soledada）和较小的森诺尔邦耶稣山洞（Senhor Bom Jesus）。两个洞之间有曲折的隧道连通。

■ 奇迹山洞的墙壁上挂满了木头或蜡制的人的肢体，是祈祷健康或者感谢愿望实现的人们摆在这里的。在山洞的外面，花4美元左右，可以买到小的模型，挂在洞里的墙上。

■ 周围的风景非常美丽。可以在山中漫步，也可以在圣弗朗西斯科河（Sao Francisco）上泛舟。

奇迹山洞里挂满了朝圣者贡献的祭礼。

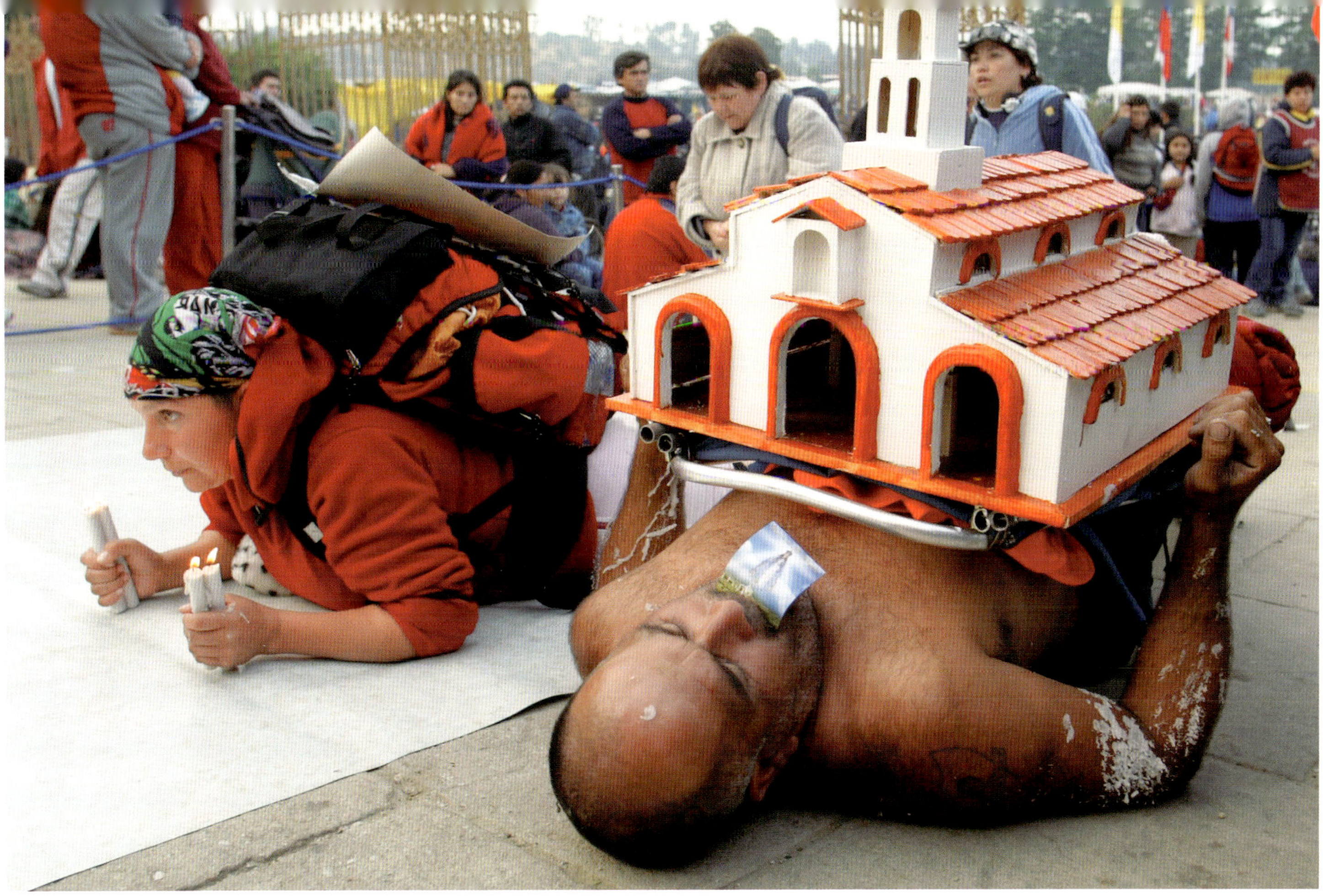

朝圣者想出一些艰难的方式走向教堂。图中右侧的朝圣者把教堂的模型平放在胸前。

智 利

瓦兹克斯圣母教堂

众多基督教朝圣者参加这个一年一度的节日活动，人们不断想出特别的方式来表达虔诚的信仰。

智利的圣母无玷始胎节是一个一年一度的圣典，可以说是一种“极端的朝圣活动”。每到12月，数十万信众来到圣地亚哥西北93公里的港口小城瓦尔帕莱索（Valparaiso）。从瓦尔帕莱索出发，他们沿着68号公路行进32公里，前往瓦兹克斯圣母教堂。那里供奉着一尊圣母玛利亚像，着白衣，披蓝色斗篷。朝圣的路本身并不艰苦，艰难的是信徒们行走的方式。有的人赤脚走完最后的几公里，有的则躺下用后背一寸一寸向前挪，胸前捧着教堂的模型。游客也会参加到朝圣的队伍中，沿街惊叹于朝圣者承受的痛苦。祈祷完毕，遍体鳞伤、鲜血淋漓的朝圣者可以去集市上休息和娱乐。教堂前面的街上临时成为一个大市场，可以买到食物、饮料和各种宗教用品。教堂为单塔建筑，在1913年一场地震之后重建，是本地第三座教堂，外观典雅但窄小，不能供众多信徒同时使用，朝圣者只能轮流进入祈祷。

最佳旅行时间：无玷始胎节在12月8日。

行前计划：这一天是智利的公共假日，除了教堂前的市场，所有商业活动停止。连接瓦尔帕莱索和圣地亚哥的68号公路也禁止车辆通行。需要提前很多天预订住宿，也要对节日人流拥挤有所准备。

相关网址：www.enjoy-chile.org，www.chile.travel

旅游重点

- **瓦尔帕莱索**的街道和建筑本身亦颇可观。城市从港口开始，地势急剧升高，步行的人们经常借助户外升降电梯上下。
- 留出足够的时间参观**塞巴斯蒂安娜（La Sebastiana）**，这是智利诗人、诺贝尔奖得主巴勃鲁·聂鲁达（Pablo Neruda）的故居。也可参观**智利国会大楼**，内有对游客开放的画廊。
- 为了变换一下旅游的步调，可以游览瓦尔帕莱索的姐妹城市**维尼亚德马尔**（Vina del Mar）。两地相距仅20分钟车程，这里有高尚购物中心和休闲海滩，迥异于波希米亚风格的瓦尔帕莱索。

秘鲁

冰雪之中的朝圣路

五颜六色、鼓乐喧天的朝圣队伍在白雪覆盖的安第斯山间穿行，秘鲁的土著文化和天主教传统在这里水乳交融。

每年过了收获的季节，安第斯山区的农村就会派出代表他们的朝圣队伍。数千名朝圣者向着海拔4700米的希那喀拉（Sinakara）峡谷会聚。峡谷所在的奥桑加特山（Ausangate）临近库斯科（Cusco），古代盖丘亚（Quechua），艾玛拉（Aymara）和印加（Inca）文明的摇篮。他们要在山上举行为期3天的庆祝活动，祭祀山神科伊鲁尔瑞提（Qoyllur Rit'i），秘鲁的冰雪之星，掌管大地丰收的神。庆祝活动的地点据说是耶稣在1783年向一个当地的男孩显过圣的地方。当地建有一座天主教的礼拜堂。朝圣的人群穿着独具自己村子色彩的服装，在乐手和舞者的簇拥下攀上冰封的峡谷，支起帐篷，准备庆典。主要的庆祝活动在礼拜堂举行，纪念耶稣显圣，人群穿着当地的服装，和着安第斯笛子的嘹亮乐声翩翩起舞。这时候，一些人在等着进入礼拜堂，也有人则冒险爬上冰山，插上十字架，进行安第斯山区古老的祭祀活动。第二天晚上，经过挑选组成的一支朝圣队伍会登上山顶，这些朝圣者被称作乌库酷斯（Ukukus），意思是熊人。他们在山顶祭祀山神，从亚马孙河源头的冰川上凿下冰块。做完礼拜堂的弥撒之后，人们带着冰块动身返回，他们会把冰块融化，作为圣水在新一轮播种之前洒进大地。

著名景点

■ 除了装扮作熊的乌库酷斯外，还有身着民族服装的**舞者**，他们被称作帕布鲁查斯（pabluchas），扮演羊驼等其他雪山的守护精灵。他们在天主教的圣地上排成长长的行列翩翩起舞。

■ 最后一天的早晨，可以观赏**朝圣人群**身着五彩服饰、背着冰块下山。

■ 在库斯科可以参观**圣卡特里娜艺术博物馆**（the Monasterio y Museo de Arte de Santa Catalina），欣赏融合了土著文化和西班牙文化的当地艺术。

最佳旅行时间：节日的时间每年会有变动，但一般是在5月末或6月初。

行前计划：朝圣之旅从马瓦亚尼（Mahuayani）村开始，距离库斯科有4小时车程。从库斯科出发到朝圣地点需要一整天的时间。库斯科有旅行团，提供导游、厨师、牲畜脚力、给养和装备。白天气温仅仅达到零上，夜晚气温可降低至-5℃，需要带厚衣服。

相关网址：www.cuscoperu.com，www.thinairoutfitters.com

对页：被选中的朝圣者在夜半时分攀登奥桑加特山，从一座危险的冰山上取冰。左上：一个朝圣者背着冰块返回，冰块将被融化成为圣水。右上：节日期间，身着民族服装的舞者，扮演的是神话中的人物。

通向双子山寺的山路上，一段石阶穿过两尊二王石像中间，二王是圣地的守护神。

日本

国东半岛之旅

穿越一片陡峭的火山岩地貌，去追寻历代日本僧侣的朝觐之旅

日本人把国东半岛称为远方的岛，半岛从九州岛（Kyushu）斜刺而出，插进濑户内海（Seto），是古代双子火山（Futago）喷发形成的。半岛上地势险峻、与世隔绝，在20世纪下半叶之前，只有有限的道路可通。8—14世纪时，半岛的险绝吸引了苦行僧人的注意。他们在这里修建庙宇，而且在庙宇之间走出了一条毫不考虑山形地势的朝圣之路，道路陡直地伸向一座山顶寺庙，然后又急转直下，通向下一座圣地，盘旋周折，遍布720米的古火山。当年的道路今天已经痕迹杳然，留下的是艰辛然而值得的攀缘。沿着山脊有狭窄的小径，在惊心动魄的跌宕起伏之间，纵目四望，苍翠曲折的峡谷一直伸到内海之滨。有些地方，朝圣之路衔接了古代的公路，铺路的石板已有几个世纪的历史，被树根穿支，横七竖八。但更多的地方，只有借助导游的指引，才能辨出路径，穿越没过脚踝的野花与蕨类植物，或者被台风摧折的竹林。

著名景点

- 在双子山寺面对面目狰狞的不动明王（Fudomyoo）神像祈祷旅途平安。不动明王是当地香火旺盛的神，沿途有多座庙宇都供奉着它的神像。
- 不要错过山中一道深沟上的细石梁。胆小的人只能匍匐爬行而过。
- 在峭壁顶上的寺院住宿，与寺僧夜谈。
- 参观上坂田摩崖神像（Kumano Magaibutsu），日本最古老的佛教浮雕。

最佳旅行时间：3月、4月、10月、11月是登山的最佳季节。

行前计划：双子火山在大分县（Oita Province）。游览一周需要3—4天。没有当地向导，几乎找不到路，寸步难行。登山的时候，旅行社会安排递送行李，帮助安排传统的旅店，很多旅店不习惯接待外国游客。登山者需要对高度有耐受能力。

相关网址：www.walkjapan.com， www.jnto.go.jp， web-japan.org/nipponia

印度尼西亚

婆罗浮屠

建于8世纪的婆罗浮屠，是每年朝圣的信徒庆祝佛诞日的圣地。

印度尼西亚可能是世界最大的伊斯兰国家了，然而这里也有世界上最负盛名的佛教圣地——婆罗浮屠。寺庙在爪哇岛古老的王城日惹（Yogyakarta）郊外，石头的庙宇建筑坐落在绿油油的稻田之间，远处是一座座烟雾腾腾的活火山。寺庙建于公元800年，有世界最大的佛塔，也是南半球规模最大的石头建筑，因此而闻名于世。寺庙的建筑结构分成6层方台和3层圆台，呈金字塔形，仿照曼陀螺的样式，象征宇宙。朝圣者通过回廊拾级而上，经过3.6公里的攀登，才能到达塔顶，自下而上走过佛教世界的三个层次，从人间上达佛教的天堂，涅槃的境界。每年，数千信徒集于这座佛塔之下，庆祝佛诞日的卫塞节（Vesak）朝圣活动达到高潮。薄暮时分，身披藏红花颜色袈裟的僧侣从8公里外的孟督寺（Mendut）出发，手捧鲜花，步行走到婆罗浮屠。暮色中，他们点起蜡烛，念着经，缓缓前行。

最佳旅行时间：寺庙全年开放。请查询卫塞节的日期，通常是在5月，但有时会在6月。

行前计划：半天足以游览寺庙，但要游遍周围的所有景致，包括日惹和普兰巴南寺（Prambanan），则需要1周。从巴厘（Bali）或雅加达（Jakarta）乘飞机可到日惹。巴厘也有公路可通。从雅加达出发亦可乘火车。从寺庙古迹开车不远可达阿曼佳沃度假酒店（Amanjiwo Resort），酒店有35间豪华套房，其精美的石雕借鉴了古代佛寺的风格。

相关网址：www.borobudurpark.com， www.amanjiwo.com

著名景点

■ 通向塔顶的甬路两侧排列着1460副**浮雕**，描绘了佛祖的生平，说明虔诚的佛教徒应该克服的人的欲念。这些浮雕成为朝圣者登塔途中的精神向导。

■ 日惹以东18公里处，有普兰巴南寺，是9世纪的印度教建筑群，现在是婆罗浮屠遗址公园的一部分，有三座高塔，上有精美的石雕。

■ 普兰巴南寺遗址旁边，从5月到10月的每天夜晚，有250名演员和一支木琴乐队**露天表演**精彩的印度教史诗《罗摩衍那》（*Ramayana*）。

婆罗浮屠的顶上有72座石塔，每座内部有一尊佛像。

藏族信徒绕行卡瓦格博峰。

中国/云南

卡瓦格博峰

卡瓦格博峰又名白色雪山，为太子雪山主峰，是中国藏族佛教徒的圣地，也是绝佳的登山场所。

德钦是自云南入藏的最后一站，一派边城的景象。街道上有长毛的牦牛悠悠地踱着步，藏族的农民拥挤着，来完成绕行云南最高峰，海拔6740米的卡瓦格博峰的仪式。藏族佛教徒把这座雪山奉为佛陀意念的物化象征。有两条登山朝圣的路线可以选择。内线可以一天之内走完，在出发点有交通工具接送。这条线经过西当温泉，神瀑，和壮观的明永冰川。外线300公里，一路穿越高原草甸和森林，陡峭的碎石山路上达4000米高的关隘，跋涉艰辛但很值得。高山上的隘口苍凉雄浑，因为有了数百面经幡飘扬而显出了一些生气。雪山至今没有人成功登顶。藏族的朝圣者对登顶没有兴趣。他们相信绕行雪山可以保佑他们的来世。

最佳旅行时间：5月、6月或9月、10月。秋季晴朗干燥，最适宜登山。

行前计划：走内线可用1—5天的时间，这取决于登山的习惯和方式。另一线路则需计划12天的行程。从昆明出发，登山旅行社提供全套旅游服务，去登山出发点的路上可以参观丽江古城和香格里拉风光。

相关网址：www.khampacaravan.com， www.snowlion.com

著名景点

- 去内线出发点的路上可以观赏**茶马古道**。旧时马帮曾通过这条土路在拉萨、昆明和大吉岭（Darjeeling）之间贩运茶和丝绸。

- 可在**茶马古道驿站**建塘镇（今香格里拉县政府驻地）稍作停留，建塘海拔3300米，是多民族杂居的小城，自然景色优美，当地的习俗和方言仅见于本地。游客一边适应高山反应，一边还可以参观17世纪的松赞林寺（Sumtsenling Monastery）和附近的嘉华琳加寺（Gyalwa Ringa Temple）。

- 品尝当地的**酥油茶**，不妨当它是稀稀的奶酪汤，会更容易下咽。

印度

萨巴利玛拉

每年有数百万朝圣者穿过喀拉拉邦（Kerala）的丛林，到遥远的山顶圣地，拜谒阿亚帕神（Lord Ayyappa）。

喀拉拉邦西高止山（Western Ghats）的萨巴利玛拉有一座偏远的、丛林密布的小山，山顶上有一座阿亚帕神的寺庙。传说湿婆神（Lord Siva）与毗湿奴神（Lord Vishnu）的女性化身结合，诞生了阿亚帕神，他在印度教里被视为宗教统一的象征。每年1月，数百万朝圣者赤脚登上这座山，他们中大多数是男人，也有老年妇女。走近通向庙宇的18级神圣台阶的时候，所有人口中念诵阿亚帕神的名字，声音越来越高，充满了激情，回荡在山间。朝圣者要事先根据宗教的仪节斋戒沐浴41天才能登山，印度教徒认为，这样做的每个朝圣者都是这位神祇转世的化身。来到寺庙以后，朝圣者必须在寺外等待亲眼目睹阿亚帕神塑像的机会，有时候要等数天之久。萨巴利玛拉最盛大的节日是马卡拉尤提节（Makara Jyothi）（通常在1月14日），这一天，潘达拉姆拉嘉（Raja of Pandalam）的后人乘坐肩舆手捧珠宝来到寺庙，把珠宝交给庙里的神职人员，后者再把珠宝呈给神像，并作法事，完成当天的典礼。教徒相信，举行典礼的同时，众神也在寺庙东北方的山峰举行同样的仪式，朝拜阿亚帕神，会有万道金光喷薄而出，能看到的人便会超升极乐世界。

最佳旅行时间： 寺庙从11月中旬至次年1月中旬开放。一年中其他时间每月只有几天开放。

行前计划： 寺庙对各宗教信仰的人开放，但年龄在10—50岁的女性除外。登山的道路长4公里，从帕姆巴（Pamba）开始，此地距查拉喀亚姆（Chalakkayam）市13公里，是汽车能到达的距离萨巴利玛拉最近的地方。有的朝圣者从伊若姆利徒步走山路大约50公里抵达帕姆巴。

相关网址： www.sabarimala.org， www.ayyappa.com

著名景点

■朝圣者举行一种叫尼亚彼仁卜姆（Neyyabhishekam）的仪式，把酥油撒在阿亚帕神的塑像上面，象征个体灵魂（Jeevatma）与至尊超灵（Paramatma）的结合。

■寺庙每年推选一名住持，每天晚间关闭寺门的时候，由住持唱哈里瓦拉萨南（圣歌）（Harivarasanam），这是专门为阿亚帕神（Lord Ayyappa）谱写的安眠曲。

■参观穆斯林武士瓦乌尔斯瓦米（Vavur-swami）的圣地。阿亚帕神降服了瓦乌尔斯瓦米，后来两人成为朋友。

■在蛇神圣地，乐师和舞者跳蛇舞娱神，保护朝圣者免被蛇咬。

信徒在朝圣的路上跳着宗教性的舞蹈。

斯瓦杨布纳特佛塔

加德满都（Kathmandu）斯瓦杨布纳特黄金宝塔吸引着佛教、印度教的信徒和众多游客。

斯瓦杨布纳特黄金宝塔坐落在加德满都西陲一座孤零零的山头，2000年来，这里是信徒们朝圣、顶礼的地方，如今已经成为尼泊尔的象征。朝圣者和游人从东面攀登365级台阶，穿过一片树林，才能到达圣地。树林里住着僧侣和售卖纪念品的小贩，还有许多猿猴栖息，当地因此得名猴庙。今天，这座黄金塔是尼泊尔最古老的佛塔之一，很多人认为这里是眺望加德满都峡谷的最好的地方。公元5世纪前后，国王沃萨德瓦（Vrsadeva）修建了这座宝塔。此前可能原有一座塔。当时，整个峡谷的大部分是一片湖泊，塔的所在地是湖上的一座小岛。根据传说，湖中开出了一朵莲花，湖水干涸以后，莲梗化作了山峰，莲花化作了佛塔。塔的名字“斯瓦杨布纳特”（自生）就来源于这个传说故事。今天佛塔周围的地区挤满了各色人等，有附近耕作稻田的农民，也有远道而来的朝圣者，有摇着转经筒的黄衣僧侣，也有带着相机观赏佛塔周围建筑和雕塑的游客。斯瓦杨布纳特佛塔是印度教徒和佛教徒的圣地。雪白的印度教建筑散见于佛教建筑之间。

著名景点

■ 镶金的**中央佛塔**具有丰富的象征意义。白色半圆基座象征世界，眼睛的图案象征审视内在自我的智慧，鼻子形如问号，是尼泊尔文中的“一”，象征宇宙的同一，13层黄金塔顶象征通向彻悟的通道。

■ **哈拉提戴维寺**（Harati Devi Temple）供奉印度教司天花等疫病的女神。宝塔形的建筑反映了尼泊尔宇宙观中佛教和印度教观念的融合。

■ 登上祈祷堂（gompa）的屋顶，可以**俯瞰佛塔**四周。更远一些的地方，有**塔顶酒吧**（the rooftop Pagoda Bar），在瓦什拉（Vajra）酒店附近，是午后或黄昏小酌的好去处。

■ **尼泊尔国家博物馆**（the National Museum of Nepal）距离斯瓦杨布纳特佛塔步行仅10分钟，藏有丰富的尼泊尔宗教艺术作品，包括精美的木雕、绘画和金属器物。

最佳旅行时间：春、秋两季最适宜观光。游览斯瓦杨布纳特佛塔最好清早出发，这时塔的周围朝圣者较多，游客较少。

行前计划：可以开车或乘出租汽车到山顶西门，或沿东面的阶梯步行上山。一个小时足够参观佛塔，但至少可以逗留半天的时间，感受斯瓦杨布纳特佛塔在尼泊尔宗教文化中的地位。

相关网址：www.welcomenepal.com，www.nepal.com，www.hotel vajra.com

对页：东面台阶的最下面有一对石脚印，据说是佛祖或文殊师利菩萨（Bodhisattva Manjusri）留下的，后者是圣地的创建者。左上：石雕等宗教建筑排列在登山石阶的两侧。右上：从中央佛塔可以眺望加德满都和周围的群山。

一头皇家大公象驮着象征佛牙舍利塔的宝箧走在节日游行队列的前面。

斯里兰卡

佛牙舍利寺

这座湖畔庙宇是当地主要的朝圣之地，每年有丰富多彩的节庆活动。

据说，在公元313年，一位名叫希玛玛拉（Hemamala）的公主偷偷把佛牙舍利带回了斯里兰卡。据说，这枚佛牙舍利就是佛陀的左上犬齿的舍利，印度信徒在佛祖的葬礼上保存了这枚舍利。在斯里兰卡，这枚舍利被奉为至宝。根据民间的说法，得到这枚佛牙舍利的人，就能得到这个国家。1592年，魏玛拉德哈玛苏里亚（Wimaladharmasuriya）一世登基，把佛牙舍利迁到新都肯迪（Kandy）。起初，佛牙舍利供奉在一座木塔之中，后来木塔被现在这座建筑取代。随着历史的推移，这枚佛牙舍利被赋予了更多的意义，成为斯里兰卡独立的象征。佛牙舍利塔位于皇宫内，每天有宗教仪式在这里举行。寺院永远开放，无论日夜，挤满了虔诚的信徒，他们焚香燃灯，敬献食物等祭品，争相目睹盛放着世界著名的佛牙舍利的宝箧。每年全城庆祝佛牙节（Perahera Festival）。节庆活动持续10天之久，人们游行、跳舞，鼓乐齐鸣，还有100头大象，身披丝绸，点缀着彩灯——一派欢腾喜庆的场面，同时也表达着当地人虔敬的信仰。

最佳旅行时间：肯迪海拔500米，属于凉爽的高山气候。比起斯里兰卡的海滨地区，这里常年温和舒适。佛牙节每年7月或8月举行。具体的日期会因月亮的盈亏而调整。

行前计划：可以安排两到三天的时间游览斯里兰卡的所有寺庙、宫殿和博物馆。如果想要攀登附近的亚当峰（Adam's Peak），有一些探险旅行社可以提供导游。

相关网址：www.daladamaligawa.org， www.srilandaecotourism.com

著名景点

- **佛牙舍利**盛在镶嵌珠宝的黄金宝箧里面，供奉在寺内的御座上，有两颗巨大的象牙拱卫。
- 僧伽罗（Sinhalese）国王的旧宫如今被派作别的用途。国王的宫殿现在是**考古博物馆**，今天的**肯迪国家博物馆**曾经是王后的宫殿。
- 寺庙旁边有佛牙博物馆（Sri Dalada Museum），里面陈列了历史上一些显赫的人物献给佛牙舍利的**历史文献、艺术品和其他祭礼**。博物馆里还有其他文物，如国王的礼服、古代壁画、银质的宝盒和佛祖的塑像。

伊玛目侯赛因陵

神圣殉道者的陵园，什叶派教徒的朝圣地。

每天，成千上万名朝圣者穿过伊拉克卡尔巴拉（Karbala）的狭窄街巷、棕榈成荫的广场和宏大的拱门，来到伊玛目侯赛因的陵园。这是什叶派伊斯兰教徒的圣地。陵园里有黄金圆顶和两座尖塔，下面是侯赛因伊本阿里（Husayn ibn ‘Ali）的坟墓。他是先知穆罕默德的第二个孙子、第三位什叶派伊玛目，在公元680年的卡尔巴拉战争中被阿拉伯人杀害。此后，吊唁侯赛因陵墓的习俗便开始了，很快，陵墓的上面建造起清真寺。在后来的历史上，陵墓多次因火灾、劫掠和宗教冲突而遭到破坏。今天的建筑始建于11世纪，其后不断增建。伊玛目侯赛因始终是用苦难换来自由和救赎的象征。他的坟前，人们仍然在用自我鞭笞，甚至模拟伊玛目殉难的大屠杀等方法纪念他。陵园被什叶派教徒认为是通向天国乐园的大门。朝圣的游行人声鼎沸，着黑衣的信徒拍手，号哭，顿足捶胸，一路朝着陵园走去。

最佳旅行时间：有的时间格外拥挤，每年的宗教节日期间，如阿舒拉节（Ashura）和阿尔班节（Arba’in），会有数百万朝圣者挤满陵园和周围的街巷。伊斯兰历的穆哈兰月10日这天是阿舒拉节，纪念伊玛目侯赛因和他的72个门徒殉难。40天后是阿尔班节。

行前计划：从巴格达出发，一天时间可以游览卡尔巴拉和伊玛目陵园。伊拉克的安全局势仍然令人担忧。希望去卡尔巴拉的游客通过有关旅游或外事机构了解当地局势。必须找到有经验的当地导游。

相关网址：www.al-islam.org，www.atlastours.net

著名景点

■ 黄金圆顶的下面是**伊玛目侯赛因的陵墓**，陵墓是早期伊斯兰风格的建筑。华丽的金银建筑，金属墙壁上刻有精美的几何图案。

■ 卡尔巴拉中心广场的另一边有**阿巴斯（Abbas）陵**。阿巴斯是伊玛目侯赛因异母的兄弟，也在卡尔巴拉战役中罹难。

■ 卡尔巴拉以南48公里，是**纳杰夫（Najaf）**。对于什叶派教徒来说，这是仅次于麦加和麦地那（Medina）的圣地。此地有**侯赛因伊本阿里陵**，陵园重建于16世纪，以金砖修砌，内有穆罕默德表兄和女婿的陵墓。什叶派认为他是第一位真正的伊玛目。他死后，围绕继承人的问题爆发了暴力冲突，逊尼派和什叶派的分裂即从此始。

什叶派妇女拜谒伊玛目侯赛因陵。

以色列

西墙

犹太教最重要的圣地之一，数百年来，西墙（又名哭墙）一直感召着犹太民众，在它巨大的岩石下面祈祷。

西墙曾是第二神殿的一部分，公元前515年，建于第一神殿旧址，是所罗门王希望安放约柜的地方。犹太人至今痛惜于第二神殿的毁坏，西墙因此得名哭墙。把手按在墙上，似乎可以感到粗砾的岩石在颤抖。那可能是几百年来犹太人的祈祷，或是塞进哭墙缝隙的各色祈祷文。这些纸卷被岁月剥落，碎纸散落在四周，新的祈祷词又不断地填塞进去。暴露的墙体长57米，位于一座大方台的尽头。墙高19米，由上百吨的石灰岩堆砌而成，却不使用任何水泥砂浆黏结，堪称建筑的杰作。公元前19世纪前后，希律王（King Herod）扩建了第二神殿，但是在公元20年，神殿毁于罗马人之手，仅有西墙幸存。今天，西墙脚下时刻挤满了信众。男人在一边祈祷，妇女在另一边，每个人都希望亲手触摸墙体的岩石。犹太人和穆斯林都希望占有西墙，西墙因此成为许多仇恨和冲突的焦点，所以有武装的警卫在周围巡逻。有的人在墙下祈祷数小时之久，有人只祈祷几分钟。有人微笑着离开，有人哭泣不止。但是，似乎所有人都为终于来到了西墙下而心怀慰藉。

著名景点

■ 禁食节（Tisha B'Av）期间（7月或8月）成千上万的犹太人云集西墙，纪念第一、第二圣殿遭劫。

■ 参观西墙隧道。隧道建于1967—1988年，在里面可以看到部分沉入地下的墙体，也有罗马和中世纪时期留下来的地下室。需要事前预约导游。

■ 参观附近的犹太区，这里呈现了2000年前第二圣殿时期的历史风貌，也可以看到希律王的宫殿和四座谢法底派犹太教堂（Sephardic synagogues），均为后代重建。谢法底派的主祭祀过去就是在其中最宏大的一座教堂里面任命的。

最佳旅行时间：随时开放参观，但最好的时间是白天。以色列的武装警卫在周围巡逻，也会搜查游客。星期六不允许携带电子设备。全年气候宜人。

行前计划：根据自己的心情决定逗留的时间长短，可以带上纸和笔，留下感谢的言辞或者祈祷文。有时候旧的留言剥落破损，墙缝里会留下空隙。个子高的人比较容易找到缝隙，多数留言都塞在中部或者下面。须尊重正在祈祷的人，人们一般会互相避让，但也有人一动不动，不能推搡别人。犹太人的节日期间，会有成千上万人前来。男人必须戴犹太人的圆顶小帽或其他帽子，女性必须穿长裙。根据犹太习俗，必须倒退着离开西墙。

相关网址：www.thekotel.org，www.goisrael.com

对页：墙缝里塞满了留言纸条，有的是亲笔书写，也有的是通过传真或电子邮件发送过来的。上图：成千上万正统犹太人在住棚节（Sukkot）期间聚集在墙下领受祭祀赐福，纪念以色列人离开埃及之后在沙漠中流浪的生活。

圣墓教堂

全世界最庄严神圣的基督教圣地，位于耶路撒冷老城，教堂历经三次破坏和几个世纪之久的派别冲突却有幸保存至今。

虔诚的基督徒在教堂入口的内侧触摸、亲吻一座古老的、玫瑰色的石板。石板被称作圣墓石。他们和一些历史学家都相信，耶稣死后就是在这里成殓，准备安葬的。各派别的牧师于不同时间在教堂的中心大厅举行宗教活动，他们有的属于天主教、东正教，也有的是美国使徒教派。大批游客在教堂的圆形大殿里徜徉，参观教堂的墓地、拜占庭式的石刻壁画等艺术作品。多数人来到教堂是为了登上教堂里希腊东正教区的阶梯，瞻仰受难石（又名髑髅地）。根据《圣经·新约》，耶稣就死在这里。公元326年，罗马的第一位基督教皇帝君士坦丁大帝下令修建了这座教堂，供奉受难石。教堂在614年和1808年曾遭遇火灾，1009年又被哈里发破坏，但都幸存了下来。十字军的重建和修复工作使教堂得以保存并扩大。今天的建筑主要是1810年重建的结果。每天，基督徒跪在受难石圣坛下。圣坛上堆满了五光十色的雕像。信徒们在这里祈祷，努力接近基督留下最后遗言的那个地方。数步之外，亚当礼拜堂供奉着这块石头的另一部分，有人相信，石头在耶稣死后分裂为两块，上面还有类似血迹的斑块。福音书的作者关于耶稣之死言之凿凿，但人们不确定教堂附近的山洞是否就是他的坟墓，虽然山洞距髑髅地很近。

最佳旅行时间：教堂4—9月早5点到晚9点开放，10月至次年3月早4点到晚7点开放。

行前计划：需要安排足够的时间游览。即使用一整天的时间也有可能不够。教堂永远挤满了人。复活节弥撒是全年朝圣活动的高潮，当日活动包括耶路撒冷全城神职人员的大游行。

相关网址：www.goisrael.com，www.bibleplaces.com

著名景点

■ 参加**教堂活动**。教堂是希腊东正教在耶路撒冷的主堂，但教堂也有不同的分区属于其他派别。最大的派别是希腊东正教，举行的宗教活动也最多，其次为美国使徒教派和罗马天主教派，此外还有较小的派别如科普特教派、埃塞俄比亚教派和叙利亚东正教派。

■ 苦路（the Way of Suffering）上14幅**耶稣受难像**中有5幅在教堂内。可以索取信息介绍，了解其他9幅的情况。多数耶稣受难像在耶路撒冷老城内，但描绘耶稣被钉上十字架的那幅在城外。

■ 在入口处上部的窗户下面，留意寻找**腐烂的梯子**。梯子作为宗教派别不和的见证，至少从19世纪开始就被放置于此，因为不同的派别关于怎样处理这架梯子不能达成一致意见。

几个世纪以来，东正教的基督徒聚集在教堂里参加东正教复活节的圣火奇迹仪式。

朝圣者围着天房绕行7周，而且希望能亲吻到它。由于人数太多，很多人无法走近，退而求其次，以手指向天房也是可以的。

沙特阿拉伯

麦加朝觐月

在麦加朝觐期间，所有穆斯林无论肤色、民族或社会阶级，一律平等，在唯一神的信仰中，实现了人类的大同。

麦加（Mecca）是一座历史、宗教名城，全世界的穆斯林每天五次朝着麦加的方向跪拜、祈祷，每年有数百万人来到这里参加一年一度的朝觐。然而，麦加早在公元570年穆罕默德诞生之前，就已经是一座圣城了。亚当和亚伯拉罕（即易卜拉欣）这两个信奉亚伯拉罕的宗教传统里重要的人物都与麦加有联系。易卜拉欣一生对安拉的信仰不断受到考验，朝觐期间的很多宗教仪式，比如宰杀绵羊，就是为了纪念他的事迹。所有有能力有条件的穆斯林，一生都应该参加一次朝觐，朝觐被视为伊斯兰教的第五大支柱。大礼拜寺（Masjid al Haram）里面的天房（Kaaba）是朝觐活动的中心。如今这座古老的花岗岩天房里面已经是空的，但过去的几个世纪中，它的里面曾经供奉过许多宗教器物，天房的墙壁里面还有一块据说是陨石的黑色石头。天房的外面蒙着绣金的黑布，朝圣者以绕行天房7周作为朝觐的开始和结束。除了宗教上的意义外，商业活动也是麦加朝圣的核心内容，城市之所以得到发展，贸易起着重要的作用。古代的麦加因为有天然水井，成为从尼罗河谷到地中海商路的一个中转站。2007年，约有400万人来到麦加。为了满足旅游接待的需要，麦加已经成为一座快速发展的现代化城市。

著名景点

■ 渗渗井（Zamzam Well）的圣水不仅可以解渴，而且据说可以充饥、治病。据说水井是亚伯拉罕和他的妾哈格（Hagar）所生的男婴伊斯米尔（Ismail）发现，后被其母看到的。朝觐结束后，数百万的信徒会用10升的大桶把圣水带回家。

■ 圣城东北的光明山（Jabal al Nur）有一座洞穴，穆斯林相信，穆罕默德就是在这里接受了大天使哲布勒伊来（Gabriel）传授他的第一段《古兰经》经文。

■ 古老的商业传统在麦加蓬勃发展，圣城以它的购物中心和各种巴扎（bazaar）而闻名。主广场周围的街道排满了店铺。黄金首饰是理想的购物选择。

最佳旅行时间： 朝觐是穆斯林必须参加的活动，但穆斯林也可以在其他时间前往麦加，比如umrah（小朝觐）期间，或者是探亲访友。非穆斯林不得进入麦加。

行前计划： 完成朝觐或小朝觐的所有仪节，至少需要三天，最多可以逗留的时间为一个月。安排旅行必须通过沙特政府批准的旅行社，散客旅游是不允许的。为了充分体验朝觐之旅，需要数月心灵的准备。45岁以下的女性需有男性陪同。

相关网址： www.saudiembassy.net， www.hajinformation.com， www.hajjguide.org

十大朝圣之旅

穿越遐荒、名邑大都，为了和平，追寻朝圣者的足迹。

❶ 为了工作与自由大游行，美国华盛顿

1963年，美国人为了工作与自由向着华盛顿进军，从照片上可以看到国家广场上的人山人海，和洋溢着的节日气氛。超过25万人在华盛顿纪念碑和林肯纪念堂之间的广场集结，他们中有人来自遥远的南部诸州。作为大游行的回报，他们亲耳聆听了马丁·路德·金（Rev. Dr. Martin Luther King, Jr）的演说《我有一个梦想》，这是有史以来最激动人心的讲演。

行前计划：国家广场和纪念公园一天24小时开放。从上午9点半到晚上11点半，有公园管理员可以解答游客的问题。www.crmvet.org，www.africanamericans.com

❷ 摩门教徒的拓荒之旅，美国

1846年，7万多摩门教徒（Mormons）为了寻找自己的乐土、与世无争地遵照他们的教义生活，从伊利诺伊州（Illinois）的纳府（Nauvoo）出发，凭借大篷车和手推车，走到了犹他州（Utah）的盐湖城（Salt Lake City），旅途艰难坎坷，行程2092公里。幸运的人在1847年走到了犹他州。

行前计划：摩门旅途穿越艾奥瓦（Iowa）、伊利诺伊、内布拉斯加（Nebraska）、犹他和怀俄明（Wyoming）。怀俄明州仍然保存了旅途未经破坏的几段。www.nps.gov/mopi

❸ 菩提伽耶，印度比哈省加耶区

菩提加耶是印度的佛教中心。据说释迦牟尼就是在这里的一棵菩提树下打坐七七四十九天，参悟正果的。今天，当地的一棵菩提树（当年那棵树繁育的后代）和近旁金字塔形的摩诃菩提寺（Mahabodhi Temple）是佛教最重要的圣地之一。

行前计划：10月到次年4月期间前往。附近的巴特那（Patna）也与佛祖有关，其博物馆收藏着佛祖的骨灰。www.buddhanet.net

❹ 食盐大游行，印度

1930年，圣雄甘地（Mahatma Gandhi）率领78名追随者，从甘地隐居所（Sabarmati Ashram）出发，步行前往海滨的丹地（Dandi），以非暴力的方式抗议英国的盐税。400公里的食盐大游行从3月12日起至4月5日止，在其影响下印度掀起了大范围反抗英国统治的运动。

行前计划：当年的甘地隐居处建有甘地的博物馆，陈列其生平事迹。两地的开放时间都是每天早8点半到下午6点。www.saltmarch.org.in

❺ 圣保罗之路，土耳其

圣保罗之路崎岖坎坷，全长500公里，基本上是循着圣保罗传播基督教的足迹，从帕尔格（Perge）或阿斯班多（Aspendos）出发（两地均临近安塔利亚，Antalya），抵达彼西底亚（Pisidia）的安提奥克（Antioch），临近亚尔瓦奇（Yalvac），沿途风光奇美，有香气馥郁的松林，也有清澈见底的湖泊。

行前计划：沿途有红白两色的灯光标志路径。www.stpaultrail.com

❻ 圣徒之路，波兰克拉科夫

欧洲没有一个地方像瓦维尔山（Wawel Hill）这样体现了宗教和皇权的结合。这座14世纪的梦幻般的大教堂有18座礼拜堂和一片吸引人的墓地，其中一座坟墓属于波兰主保圣人圣达义（St. Stanislaus）。教堂博物馆陈列了一件有500年历史的法衣，衣上绣着精美的图案，它概括了圣者的一生行迹。离开瓦维尔山，可以沿着圣徒之路参观沿途的16座美丽的教堂。

行前计划：登上教堂的席吉斯蒙塔（Sigismund Tower），可以看到著名的大钟，大钟只有在特殊的日子才会敲响，钟声可以传到80公里之外。www.wawel.krakow.pl，www.cracow.org

❼ 坎特伯雷大教堂，英国肯特郡

到坎特伯雷的朝圣，凭吊一位受人爱戴的圣徒，瞻仰宏伟的教堂，品味一部文学巨制和一段平凡人生。1170年，大主教托马斯·贝克特（Thomas Becket）在圣坛前被国王亨利二世的四名骑士刺杀。他的死几乎立刻奠定了他作为施行神迹的圣徒的地位。朝圣者来到他的圣地，有的为了医治疾病，也有的只是为了享受一段愉快时光——正如乔叟（Chaucer）的不朽著作《坎特伯雷故事集》所描写的那样。

行前计划：可以任意选择旅行路线。乔叟书中的朝圣者从伦敦南沃尔克（Southwark）当时的塔巴尔德旅馆（Tabard Inn）出发，但作者并没有透露他们的路线。教堂提供导游。www.canterbury-cathedral.org

❽ 艾林诺的十字架，英国

1290年，爱德华一世国王的王后和他们17个子女的母亲艾林诺王后（Eleanor of Castile）暴病而亡，爱德华一世悲痛欲绝，搬运妻子的尸体从林肯南下174公里来到伦敦安葬。他还下令，送葬的车队经停之处都要竖立十字架寄托哀思。伦敦市中心的查林十字街（Charing Cross）即由此得名。

行前计划：当年的12座十字架今天仅存3座，在盖丁顿（Geddington），哈尔丁斯顿（Hardingstone）和沃森克罗斯（Waltham Cross）。www.historic-uk.com/DestinationsUK/EleanorCrosses.htm

❾ 圣帕特里克的足迹，爱尔兰

重走圣帕特里克（St.Patrick）在爱尔兰走过的道路是对精神和肉体的双重锻炼。你可以在多格岛（Lough Derg）修苦行，也可以按照当地的习俗，赤脚攀登帕特里克山（Croagh Patrick）。但也有一些与帕特里克有关的古迹相对容易，比如北爱尔兰的唐帕特里克（Downpatrick），当地有他的坟墓，附近有大教堂和一座博物馆，来纪念这位圣徒。

行前计划：可以从美亚县（County Mayo）马里斯克（Murrisk）的坎贝尔酒吧起程。www.loughderg.org，www.saintpatrickscountry.com

❿ 摩法特教堂，南非北开普敦

1838年，传教士罗伯特·摩法特（Robert Moffat）修建了简陋的卡拉哈里大教堂（Cathedral of the Kalahari），度化当地人皈依基督教。他不辞辛苦，把《圣经》翻译成了塞茨瓦那（Setswana）语并印刷成书，他用过的印刷机至今仍在使用。

行前计划：教堂每天对公众开放。了解摩法特的行迹，可以阅读他的著作《传教之旅及南非景物记》或《旱地之河》。www.places.co.za

坎特伯雷大教堂公元597年由圣奥古斯丁（St. Augustine）建立，今天继续对所有的信徒开放，很多人来到教堂里托马斯·贝克特殉教的地方凭吊这位圣者。

麦地那圣寺

虽然并非强制性的，但穆斯林去麦加朝觐的途中或朝觐归来，大都喜欢在麦地那（Medina）稍作停留。

麦地那是穆罕默德埋葬之地，这位先知和他的追随者在麦加遭受攻击，遂避乱来到了麦地那。这座城市因此成为逊尼派和什叶派穆斯林心目中第二大圣地。与麦加一样，麦地那只允许穆斯林进入。每年有数百万信徒在这里的麦地那圣寺祈祷。虽然麦地那朝圣不是穆斯林朝觐的一部分，也不是必须履行的义务，但是据说在这座礼拜寺祈祷一次，抵得过在其他地方祈祷1000次。许多穆斯林家里的毯子上都有绿色穹顶的先知礼拜寺的图案，信仰伊斯兰教的人，一眼就能认出。因为麦地那的朝圣并非义务，也不拘于一定的仪式，所以现场的气氛比较轻松。朝圣者可以穿着日常的衣服，从而体现了伊斯兰文化的多样性。礼拜寺的大部分建筑建于19、20世纪。最古老的部分系穆罕默德所建，其本人的遗体埋葬在中央绿色圆顶的下面，最早的两位哈里发阿布伯克尔（Abu Bakr）和欧麦尔（Umar）也葬在旁边。祈祷和打坐冥想从日出前开始，持续一天，入夜，人们开始呼朋引伴，用餐，购物。随着朝圣者人数增多，礼拜寺进行了大规模的扩建，比起公元632年穆罕默德逝世的那个年代，已经大了很多。现在，寺内可以容纳50多万信众，也采用了一些现代科技产品，如特氟纶伞，来遮挡强烈的日晒。

最佳旅行时间：穆斯林一年中的任何时间都可以前往麦地那朝圣，麦加朝觐前后人数最多，斋月也是比较繁忙的时期。

行前计划：两到三天时间足以游览主要的景点。应避免6—9月炎热的季节。从吉达（Jeddah）乘飞机1小时内可以到达麦地那，乘汽车需要4小时。

相关网址：www.al-islam.org， www.saudiembassy.net

旅游重点

■ 礼拜寺的对面是**加纳阿尔巴奇公墓（Jannat al Baqi Cemetery）**，这里埋葬着几位早期的穆斯林领袖。

■ 礼拜寺西北3.2公里处，有**朝圣罗盘礼拜寺（Masjid al Qiblatain）**，是穆斯林世界一座独特的建筑。礼拜寺里有两座壁龛，其一指向耶路撒冷，另一座指向麦加，标志着伊斯兰教的早期穆罕默德接到神谕把朝圣地从耶路撒冷迁到麦加的转变。

■ 麦地那以北5公里处，有**哈姆扎宾阿卜度（Hamza bin'Abdul Muttalib）之墓**。哈姆扎宾阿卜度是穆罕默德的叔父，并经常给予他重要的指点和建议，625年死于伊斯兰历史上较早的一场战役伍侯德之战（the Battle of Uhud）中。

礼拜寺有10座尖塔，超过世界上任何一座礼拜寺。礼拜寺初建时并无尖塔，尖塔是历代统治者扩建时所立。

据传说，圣乔治亲自向国王拉利贝拉提出要求，要他为自己建造一座教堂。

埃塞俄比亚

拉利贝拉石头教堂

埃塞俄比亚自4世纪以来成为基督教国家，这些石窟教堂是本国最伟大的建筑瑰宝。

宏伟的拉利贝拉教堂在埃塞俄比亚高山的红色火山岩上雕凿而成，教堂的旁边是一座传统的小村庄，蜂窝一般挤满了村民的小屋。教堂所在的位置偏远闭塞，巉岩的山坡耸立于绿色与褐色错杂的丘陵的地平线上，然而这里却始终人流如织。一代一代的牧师身穿华丽的法袍，手持精美的十字架，在教堂主持仪式，成群的朝圣者来到这里顶礼膜拜。沿着朝圣者的足迹，穿过峭壁上开凿的深邃的走廊，可以来到这些中世纪建筑的里面。据传说，建造这些石窟教堂的是一位800年前的虔诚的国王，名叫拉利贝拉。他希望在群山之间建造一座新的耶路撒冷圣城。最近的研究表明，这些石窟教堂的历史还要更加古老，可以追溯到7世纪。11座主教堂中最高的一座，形如一座巨大的十字架，坐落在一个11米深的石洞里，教堂的顶部与地面齐平。走进烛光摇曳的大殿，可以看到装饰着基督教画像的石柱和石窟，并有埃塞俄比亚以及本堂主保圣人圣乔治（St. George）屠龙的画像。

最佳旅行时间：10月雨季过后是最佳游览时间，埃塞俄比亚一派苍翠，遍地开满了野花。尽量赶在重要节日期间旅行，比如1月中旬的主显节，但需要提早预订酒店和机票。

行前计划：游览主要景点需要两到三天的时间，如果希望进一步参观，充分体验当地的宗教气氛，则需要更多时间。多数教堂没有灯火，不要忘记带手电筒和足够的电池。参观所有的教堂都需要徒步攀登陡峭的山峰。如果要赶在节日期间，需注意埃塞俄比亚有自己的历法。这里使用的日期都是公历。

相关网址：www.perillos.com，www.tourismethiopia.org

著名景点

■ 参加当地**节日**活动。埃塞俄比亚圣诞节（公历1月7日）、复活节（4月或5月）和主显节（1月19日）都是非常丰富和热闹的节日。身穿洁白或彩色长袍的信徒远道而来，随着当地的传统音乐唱歌跳舞。

■ **远足**。穿上登山靴或者雇一匹骡子到附近登山。参观当地人的村庄和历史遗迹，比如**阿什丹玛丽安教堂**（the Church of Ashetun Mariam），饱览高山之间壮丽的景色。

■ 参加**教堂活动**，欣赏建筑奇观之余，可以聆听神甫念颂古老的经文，感受空气中香烟缭绕的意境。

■ **塞拉希教堂**（Selassie Crypt）是这里最神圣的一座教堂，据说约柜曾经供奉于此，只有高级牧师才能进入。

马达加斯加

安布希曼加

500多年来，这片山顶圣地始终是马达加斯加人顶礼膜拜的中心。

皇家安布希曼加山坐落在马达加斯加首都塔那那利佛（Antananarivo）12神山之一的顶上，是全国的宗教圣地，是国家的象征。皇家安布希曼加山也叫蓝山，古代的马里纳王国（Merina Kingdom）曾经在这里建国。1787年到1810年，国王安德里亚纳波伊尼美利纳（Andrianampoinimerina，国王徽号，大意为“超越今王的、敬爱的伊美利纳王子”），简称南波伊纳（Nampoina），统治这个国家。他统一了附近地区的割据势力，并废除了奴隶制度，为其子拉达马（Radama）一世统一全岛奠定了基础，成为马达加斯加历史上公认的第一位国王。古城的遗址如今林木茂盛，尚存的遗迹有王城、墓地、一脉流泉、数亩池塘、一片森林和一座广场。国王南波伊纳高而窄的木屋威严耸立，旁边有王后的夏宫，还有圣湖安帕里希（Amparihy），是王室沐浴的地方。在马达加斯加的传统里，祖先的权力大于生者。朝圣者往往赤脚走向圣地，以免玷污圣土，履行仪式之前，还要象征性地沐浴。

著名景点

■ 王城入口处有**巨大的石盘**，需要封堵城门的时候，需要40人才能移动石盘。

■ 城中到处可见泛灵论宗教祭祀所用的祭坛，马达加斯加曾经是一个相信种种禁忌，相信因果和负面力量的国家。

■ 在马达加斯加的传统里，祖先看顾着生者。可以在王宫东北角神圣的地点向国王**南波伊纳的灵魂**祈祷。进入王宫要先迈右脚，离开时要先跨出左脚。

■ 在**安巴托米安登德罗石**（Ambato-miantendro Rock）可以看到马达加斯加一种棋类游戏的棋盘刻在石头上。

最佳旅行时间： 4月、5月和9—11月是最好的时间。要避开1—3月的龙卷风。

行前计划： 安布希曼加山在首都以北19公里处。游览王城和周围景致需要一天时间。从汽车北站乘车45分钟可到。在王城正门附近可以雇到导游。从安布希曼加山步行30分钟可到索亚维南德里马尼特拉（Soavinandrimanitra）村，村外有壕沟环绕，村里有狐猴公园。

相关网址： www.air-mad.com

通向圣山有7座这样的山门，在1895年法国人占领该岛之前，外国人不得通过这些山门。

几个世纪以来，朝圣者攀上山毛榉密布的山岩，拜谒圣方济各得到圣痕的教堂。

意大利

圣痕礼拜堂

教堂建筑群坐落于托斯坎纳（Tuscany）的山岩上，险峻卓绝，是为纪念阿西西的圣方济各（St. Francis of Assisi）而建造的。

1224年，阿西西的圣方济各效法耶稣，禁食40天，潜心祈祷，终于实现了自己的宏愿。他的追随者相信，他的身上显出了圣痕，手、脚和肋部奇迹般地出现了伤痕。根据书面材料记载，他看到了六翼天使和钉上十字架的耶稣基督。神迹让他的身上突然出现了五点圣痕，而且终生没有消退。到神迹发生的地点阿维纳山（Mount La Verna）朝圣是许多天主教徒的愿望。这里的教堂是方济会八教堂之一。教堂很小，门上有13世纪的大理石浮雕，六翼天使用他们的翅膀环抱着耶稣，圣方济各跪着，双手向前伸出。据说神迹发生的地点竖立着一座木质包红色大理石的十字架。教堂的设计俭朴，但教堂里陈列着一座精美的彩釉陶俑耶稣受难像，是安德列亚·罗比亚（Andrea della Robbia，1435—1525）的作品。圣痕节（9月17日）期间，3000名信徒登上陡峭的山顶，向圣方济各顶礼膜拜，朝圣的活动已经持续了数个世代。

最佳旅行时间：一年中任何时间。气候最好的时间是4月到10月。

行前计划：可以逗留一到两天，山上有20余处古建筑可以参观。方济各修道士和修女会很愿意为游客导游。可以在阿维纳客栈过夜，这是一个宗教性的场所，房客需保持肃穆。为了更好地欣赏当地古迹，可以阅读圣伯那文图尔（St. Bonaventure）的《圣方济各生平》。

相关网址：www.santuariodellaverna.com

著名景点

■ 通向圣地的山路十分艰难，但辛苦的攀登也很值得，途中会经过很多古迹，包括一座圣方济各劝男童放生斑鸠的**塑像**。

■ 一定要参观教堂建筑群中最大的一座**教堂**和教堂**钟楼**。教堂里供奉着一块带血的布，据说是用来包扎圣方济各肋部的伤口的。圣地和**礼拜堂**一样，有客栈、一口16世纪的井和两根原木做成的大十字架。

■ 每天下午，阿维纳的**修道士**会到礼拜堂做礼拜。

■ 全年都有弥撒活动。周一到周五每天3次，星期日举行6次。

■ 在附近的**森林**漫步，森林是国家公园的一部分。峡谷中长满了茂盛的山毛榉、冷杉和白蜡树。

花岗岩的圣帕特里克像，虔诚的朝圣者跪行登山，其他的人则选择轻松地步行。

爱尔兰

帕特里克山

这一片岩石裸露的山顶与圣帕特里克颇有渊源，爱尔兰的天主教徒往往在这里用极端的行为表达他们的忏悔。

条光秃秃的石径伸向帕特里克圣山640米的山峰。圣山位于爱尔兰西海岸，早在石器时代，就是一处宗教圣地。基督教时代之前，凯尔特人把这座山峰称为柯拉坎伊戈尔（Cruachan Aigle），认为这是他们崇拜的神克罗姆达布（Crom Dubh）的居所。后来，圣帕特里克来到爱尔兰传播基督教，据说公元441年，他在大斋节期间在山上斋戒祈祷40天。根据流行的传说，圣帕特里克就是在这里摒绝了爱尔兰的蛇以及魔鬼。从那以后，这座山就成了爱尔兰最重要的天主教圣地。每到7月的最后一个星期日，虔诚的天主教徒就要斋戒，然后在破晓前登山朝圣，有的人赤脚走，有的人甚至跪着爬上山。朝圣者在中途三个地方停留，祈祷，忏悔，然后登上山顶等待日出。苦行的回报不仅是精神的洗礼，也有视觉的愉悦。从山顶眺望，可以俯瞰小城维斯特港（Westport）、克鲁湾（Clew Bay）的365座小岛和远处的大西洋。

最佳旅行时间： 4—9月是天气最好的时段。

行前计划： 登山需要2~3小时。下山需要90分钟。节日期间朝圣者和游客极多，每年7月最后的一个星期日有大约3万名朝圣者登山。这一天和7月的最后一个星期五，以及圣母升天节（8月14日），山顶有祭祀活动。帕特里克山游客中心有卫生间，餐厅和纪念品店。提前预约，也可以安排导游。这里还有更衣室和淋浴间。避免在中午时分登顶（接近山顶时道路变窄），这时人多，行进缓慢。需要携带雨衣和登山靴，如果你不打算赤脚登山的话。夏天要带防晒霜，还需带足够的水。出发前关注一下天气情况，让人知道你预计的返回时间。带一根手杖会很有用，可以在马里斯克或游客中心租或买到。开车最远只能到游客中心。

相关网址： www.croagh-patrick.com， www.fantasy-ireland.com

著名景点

- **朝圣途中第一站**是里希贝南（Leacht Benain），这是山脚下的一个石堆，因圣帕特里克的门徒圣贝尼纳斯（St. Benignus）而得名。**第二站**在山顶，有教堂和利巴法德雷格（Leaba Phadraig）。**第三站**在西向下山的途中，有三座石堆，是圣玛利亚的坟墓。
- 山顶有建于公元430年到890年的**石头小礼拜堂**，是爱尔兰最古老的石头教堂之一，1994年被考古学家发现。
- 考古学家在山顶周围发掘的时候还发现了**卡尔特人的山头堡垒**。
- 接近山顶的路上，可以看到**新石器时期的岩石艺术**。

法国

布列塔尼之旅

始于中世纪的朝圣传统，为了纪念建立布列塔尼（Brittany）的7位圣徒，今天，古老的传统改头换面，被赋予了新的艺术气息。

在中世纪的传说故事里面，前往纪念建立布列塔尼的7位圣人的教堂朝圣一次，就可以确保死后升入天堂。不能完成对7座教堂的朝圣的，则要在死后的每一年经受更漫长的跋涉。如今，600公里的朝圣路依然如旧，但是，纪念7位圣人的朝圣传统已经随着时代发生了改变，在1994年的时候，按照当地的方言被称作布列塔尼之旅，朝圣者每年朝拜一座教堂就可以了。每一段路程长短不一，圣马洛（St. Malo）是朝圣的起点，从这里到多尔德布列塔尼（Dol-de-Bretagne）的一段相对较短，有30公里，需要5天。第二年，从北部海岸多尔德布列塔尼的圣参孙（St. Samson）大教堂到布列塔尼西南的瓦尼斯（Vannes），旅程更长，有186公里，需要7天。布列塔尼之旅有1000多人步行参加，无论年龄，也不分派别，被相同的宗教精神感召，走到了一起。每天起程之前，大家做弥撒，吃早餐。一路边走边唱赞美诗和朗诵祈祷词。中午，大家夜餐恢复体力，中途也在小礼拜堂休整。根据布列塔尼的传统夜祭，每晚10点钟熄灯前还有音乐会，小提琴手奏出悠扬的副歌，琴声悠扬，徐徐飘散，继之而起的，却是四野的促织与蛙声。

最佳旅行时间：朝圣的旅行每年7月末举行，但布列塔尼各地也有短期徒步旅行在其他时间进行。

行前计划：有组织的旅行历时最多7天，时间的长短由路线而定。最晚须在6月报名，7月初需要订餐。旅行社提供运输睡袋和个人行李的服务，减轻行人的负担。雨具必不可少。要了解每年的活动安排，可以在当地的天主教堂或旅行社咨询。

相关网址：www.brittanytourism.com

著名景点

- 布列塔尼**自然风光优美**，有乱石嶙峋的海岸和林木丛生的小路，对于很多人来说，是朝圣之旅重要的一部分。

- 朝圣途中很多教堂，比如圣马洛的圣文森特大教堂（St.Vincent's Cathedral），有精美的**彩绘玻璃**，值得欣赏。

- 建立布列塔尼的主教教堂都很值得参观，它们是：圣马洛的**圣马洛教堂**、多尔德布列塔尼的**圣参孙教堂**、圣布里克（St.-Brieuc）的**圣布里克教堂**、特里格（Treguier）的**圣塔格杜瓦尔（St. Tugdual）教堂**、圣波德里昂（St.-Pol-de-Leon）的**圣波尔奥里利安（St.Pol-Aurelian）教堂**、瓦尼斯的圣帕丹（St. Patern）教堂和钦帕（Quimper）的**圣克兰丁（St. Corentin）教堂**。

- 每逢圣徒节日，布列塔尼人走上街头举行**游行**。参加游行的人们穿着绣工精美的传统服装、戴着蕾丝花边的布列塔尼帽子。大规模游行并非每年举行。

布列塔尼之旅在1994年改革之前历时逾月始能完成，今天，朝圣者可以每年走完全程的一段即可。

法国

圣米歇尔山

将近1000年来，这座小岛上的大教堂始终吸引着荒凉、波涛汹涌的海湾对岸的朝圣者。

圣米歇尔山大教堂是一座经典的中世纪哥特式建筑，坐落于法国诺曼底（Normandy）海域的一座天然花岗岩小岛上。自从10世纪以来就有朝圣者冒险登上小岛潮汐汹涌的海滩，希望大天使迈可赋予他们力量。天主教徒认为大天使圣迈可是善与恶的仲裁者，衡量灵魂的天使。在艺术作品中，他经常手持天平。中世纪的君王从沙特尔（Chartres）大教堂出发，在朝圣者的陪同下步行来到这里，寻求他的指示。朝圣之旅是一种艰苦的修行。岛上的第一座教堂建于1023—1028年。13世纪初，教堂部分毁于火灾，新建了一座三层建筑，命名为“奇迹”。此后，教堂一度严重衰败，法国大革命之后，甚至曾被用作监狱。然而，时至19世纪末，教堂又迎来了朝圣者。教堂下面，岛的四周有小村庄，为朝圣者和游客提供休息、补给，售卖纪念品。村子只有41名居民。过去，上岛的唯一途径是一座天然陆桥，涨潮时期被潮水淹没。今天，大陆和小岛之间修建了公路。不过，每年9月29日大天使节的时候，朝圣者还是选择艰难的路线，徒步3公里涉过海湾登上小岛。

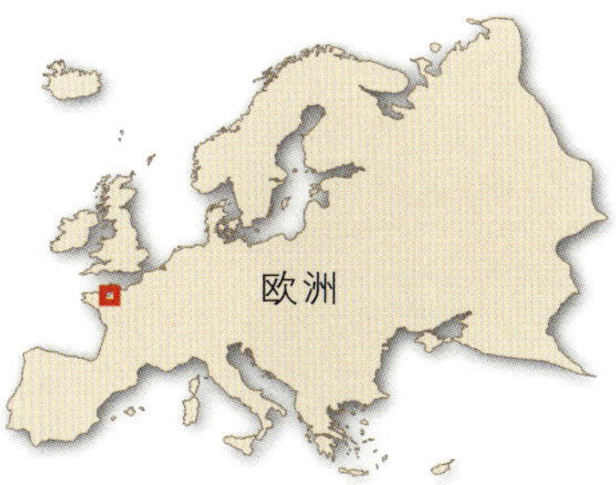

著名景点

■ 城堡的墙下有许多小旅店可以住宿。早起登上城墙，可以欣赏到清晨的美景。第一缕霞光投射下来，照亮了教堂尖顶上舒展双翼的大天使迈可的塑像。

■ 参加岛上的教堂布道。耶路撒冷修会的修道士住在教堂里面，每天除星期一之外主持教堂的布道活动。

■ 游览海湾以南的阿夫朗什（Avranches）小城。中世纪岛上的缮写室誊写的200多卷手稿收藏在小城的图书馆里面。

■ 春天的时候，可以在涨潮前两小时到达，观赏欧洲最大流速最快的海潮。

最佳旅行时间：教堂全年开放。冬天上岛可以感受岛上终古不变的宁静气氛。早春和深秋季节，在这里可以观赏海鸟迁徙。一个下午的时间有可能足以看够最美的景致，但逗留更长的时间，比如在岛上过夜，是很值得的。

行前计划：准备手电筒。教堂里面的通道灯光不好，而且天黑后在小村子狭窄的街道上也很有用。事先最好查询潮汐的涨落，确定落潮的时间再停车。需要安静休息的人可以在教堂找到简易的住所。

相关网址：www.ot-montsaintmichel.com，www.baie-mont-saint-michel.fr

对页：登上圣米歇尔岛颇有风险，潮水涨落的水位差可达15米。左上：大天使迈可以手指弹圣奥伯特的额头，要他修建圣米歇尔大教堂。右上：圣奥伯特礼拜堂在教堂围墙的外面。

卢尔德大教堂纪念伯娜戴特看见手拿念珠的圣母显灵。

法国

卢尔德

比利牛斯山上的小城常年朝圣者络绎不绝，这个宗教圣地据说有着医治疾病的神奇力量。

一位瘦小贫穷的农家女孩似乎与任何神迹无关，然而正是这位14岁的，没有什么文化的小姑娘看到了圣母玛利亚显圣，卢尔德也因此成为一处宗教中心。150年过去，成群的朝圣者仍然纷至沓来，朝拜圣母18次显灵的地方。在蜿蜒的卡英河（Gave）上，圣母的塑像高高耸立。塑像身穿白色长袍，腰束蓝色腰带，与小女孩的描述吻合。两只赤着的脚上各有一朵精致的黄玫瑰。据小女孩说，圣母玛利亚指给她一处隐藏在石窟里的山泉。今天泉水被引进一座大理石浴池，清冽的泉水有医治疾病的功效，很多信徒都会讲自己奇特的痊愈经历。据说，圣母玛利亚还要小女孩转告城里的牧师要他修建一座礼拜堂。此后，很多座教堂在此兴建。圣母堂建筑群包括三座风格独特的教堂，它们由两座弯曲的坡道相连。然而，颇有讽刺意味的是，这位小女孩后来却身患哮喘和其他疾病，35岁就去世了。1933年，教皇庇护十一世（Pope Pius XI）封她为圣徒。

最佳旅行时间：朝圣的季节从4月1日到10月底。7月、8月和9月每天有朝圣活动。早晨8点半在戴冠塑像下集合，可以跟随导游参加弥撒，重走农家女伯娜戴特（Bernadette）走过的路。在圣约瑟夫门附近的凉亭休息，可以租下MP3、耳机和地图，来一次象征性的朝圣之旅。

行前计划：为了游览尽兴，需要在卢尔德逗留两天，如果希望游览附近景致，则还需要更长的时间。从巴黎、波尔多、图卢兹、马赛和里昂都有火车直达。

相关网址：www.lourdes-france.com，www.lourdes-infotourisme.com

著名景点

■据传说，查理曼大帝曾经在公元778年占领过卢尔德的**城堡**。游览途中不妨了解城堡的历史和考古发现。

■**热尔峰**是比利牛斯山脉的起点，俯瞰卢尔德。可以乘坐有100年历史的索道列车旅行1000米穿越松林登上山顶。在山顶可以租山地自行车或徒步漫游。

■游览距离卢尔德15公里的**贝塔兰（Betharram）山洞**。洞有五层。洞里的旅行（部分需要乘船）全家人都很适宜，可以看到石灰岩沉积和喷涌的瀑布。

■参观**波城国家博物馆（National Museum of the Chateau de Pau）**。这是法皇亨利四世的出生地，距离卢尔德32公里。英语导游可以向游客展示城堡的历史与艺术品陈列。

西班牙

圣詹姆斯之路

欧洲最伟大的朝圣之旅，比利牛斯山上的圣地，充满了宗教、文化和自然的奇观。

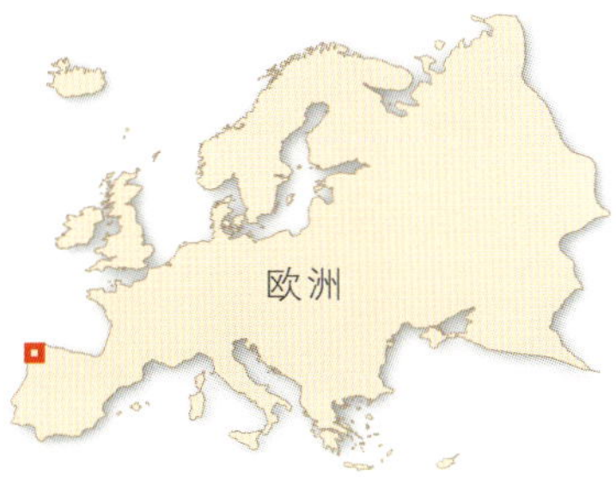

1200多年来，通向圣地亚哥—德孔波斯特拉大教堂（Santiago de Compostela Cathedral）的朝圣之旅吸引着无数虔诚的信徒。大教堂里面供奉着圣詹姆斯的遗体。从北、东、西不同方向都有路线可以到达教堂。中世纪的时候，很多北欧朝圣者从海陆前来，只在最后一段路程步行。人们佩戴扇贝的壳作为象征圣詹姆斯的徽章。从比利牛斯山口下来，朝圣者来到的第一座城市是潘普洛纳（Pamplona），城里有一座精美的哥特式大教堂，由深褐色的石头建造而成。略向西一点，经法国和阿拉贡到圣地亚哥的路线在蓬特拉雷纳（Puente La Reina）交会，通过一座11世纪建造、造型优美的桥梁。中世纪的朝圣者会在桑托多明戈德拉卡扎达（Santo Domingo de la Calzada）的教会招待所吃顿便饭，如今这里也是一座酒店。下一站就到了布尔戈斯（Burgos），这里有一座宏伟的13世纪哥特式教堂。继续西行，来到里昂（Leon）大教堂，教堂的内部宽敞明亮，有精美的彩绘玻璃。这里也有古代的文物遗存，比如彭弗拉达（Ponferrada）的圣殿骑士城堡，诉说着这个地区不平静的历史。旅行的终点是圣地亚哥孔波斯特拉， 奥布拉多奥广场（Praza do Obradoiro）可以说是一座中世纪建筑艺术的宝库，巴洛克式教堂的尖塔就耸立在广场的上空。

最佳旅行时间：最好的时间是春季、初夏（4—6月）和秋季（9—10月）。冬季比较寒冷潮湿，盛夏时节则过于炎热，不宜漫步。

行前计划：从伦塞弗列斯（Roncesvalles）到圣地亚哥—德孔波斯特拉的旅程有780公里，至少需要两周时间。西班牙北部常年大雨，需要准备防水的衣服。路上吃饭的地方很多。如果提前登记，一些青年旅馆可以免费住宿，但这些地方不接受预订，很容易住满。沿途的城市交通都很便利。

相关网址：www.caminosantiago.com， www.santiagoturismo.com

著名景点

- 天气晴朗的时候，从伦塞弗列斯的山脉分水岭一路下行进入西班牙，**山路陡峭，丛林密布**，遥望白雪皑皑的山峦，山景十分壮美。
- 一天的跋涉之后，可以在**露天咖啡馆**享用葡萄酒和西班牙小吃。
- 中世纪以来，朝圣者远远望见大教堂**宏伟的巴洛克式尖塔**，无不兴高采烈。
- 西班牙保存最好的**海岸线**在维戈（Vigo）到拉克鲁纳（La Coruna）之间。
- 潘普洛纳以**奔牛节**（San Fermin）著名，每年节日（7月7日—14日）期间天天都会举行奔牛活动。

据说大教堂是埋葬圣詹姆斯的地方，就是圣詹姆斯把基督教传给了伊比利亚的凯尔特人。

8 典礼与节日

世界各地的主要宗教都用节日来纪念他们的神。佛教、基督教、印度教、犹太教、伊斯兰教、锡克教，所有这些宗教的历法都深受宗教节日的影响，信徒的生活也围绕着宗教节日进行。本章介绍的很多节日可谓异彩纷呈、欢天喜地。也有的节日沉静、肃穆。有的节日伴随着朝圣，比如印度的昆布美拉大会（Kumbha Mela），印度教徒在这个节日的集会是世界上最大规模的宗教集会。也有的节日纪念历史上的重要日子，比如韩国首尔庆祝佛诞日。还有的节日超越了人世间的隔绝与界限。在日本的灯节上，人们点起灯笼，指引死去的亲人重回尘世与生者团聚。每一个宗教节日都是洞见人类心灵与灵魂的一扇窗，是旅行者永生难忘的经历。

喜马拉雅山上的王国不丹（Bhutan），僧侣们参加一年一度的面具舞节（teechu），纪念把佛教带到不丹的仁波切（Rinpoche），庆祝活动一直持续数天。

教堂建于1640年西班牙殖民时期，系由方济各修道士建造。

美国/新墨西哥

圣史蒂芬节

一年一度的节庆活动在一座古老的印第安小村子举行，村子的周围风光无限，游客可以窥见当地人古老而神秘的传统。

据传说，阿科马人（Acoma）在祖先的带领下来到了天空之城，这座113米高的砂岩的山顶。山顶地势平缓，他们把自己的城市取名为哈库（Haak'u），意思是准备好的地方。他们穿越今天的新墨西哥，反复地喊出城市的名字，如果听到回声，就在当地定居下来。阿科马人受到了西班牙殖民统治的压迫，但是他们保持着祖先的信仰。不过，他们也形成了自己独特的天主教传统。每年9月2日是他们的主保圣人圣史蒂芬的节日，圣史蒂芬教堂（the San Esteban del Rey Mission Church）的钟声敲响。弥撒之后，人们抬着圣人的像一路游行来到广场上。歌舞开始，人们用歌舞表现他们的自然环境、野生动物等。对于游客来说，当地人的节庆活动代表了古代信仰与天主教的奇特结合。只管融入阿科马人的生活，不必追问原因。

最佳旅行时间：9月2日，时间由宗教领袖决定。可以事先给哈库博物馆打电话决定具体的到达时间。为了更好地体验阿科马文化，可以多逗留两天。

行前计划：阿科马在阿尔伯克基（Albuquerque）西45分钟的路程。沿40号州际公路出102号出口，按哈库博物馆和天空之城文化中心的路标向前即可到达。文化中心组织印第安村落旅游。需要得到许可才能照相。但不能使用录像机和三角架。教堂内和墓地不允许照相。

相关网址：www.acomaskycity.org

旅游重点

- 教堂宏伟高大，由石头和夯土筑成。里面装饰精美，绘有鹦鹉，代表美；玉米，是当地的主食；涂粉红色，代表大地的颜色。

- 在天空之城文化中心聘请阿科马导游游览印第安村子，可以了解阿科马的历史和文化。阿科马人处在母系社会，家中最小的女儿是一家之主。

- 村子坐落在山顶，从上面眺望四周有360度一览无余的视野。然后，可以沿古代手工开凿的石阶下山。在公路修通之前的几个世纪，这是进入村子的主要途径。

- 山下的哈库博物馆有长期和临时展览，展出阿科马的历史和艺术，游客可以看到精美的陶器，上面装饰着几何图案。

加拿大

坎卢普斯帕瓦仪式

不列颠哥伦比亚坎卢普斯的舞蹈周末，是北美众多印第安部落的节日。

随着围成一圈的鼓手敲响了东道鼓，齐声歌唱，观众肃静下来，坎卢普斯帕瓦的盛大入场式即将开始。节日东道主，舒斯瓦普部落（Shuswap）1.8米高的山鹰权杖被抬进了会场。观众起立欢迎。随后入场的，是美国、加拿大两国国旗和参加节日庆典的各部族的仪仗。舞者按照舞蹈的样式和性别列队，男性在前，成一列纵队入场。他们身着五彩服装，按顺时针方向行进，模仿太阳的运行轨迹，踏着鼓点有节奏地前进。大众集结完毕，歌声和祈祷给他们以祝福，随后激烈的争夺奖金的比赛即告开始，会场成为五颜六色的海洋。男人们模仿狩猎和其他英勇的行为，身手矫健。女人们披着镶边的围巾，踏着急速的步点起舞。铃铛舞者身上缀满锡制小铃，和着鼓点跳舞。他们不仅舞姿优美，所有人的服装和头饰也同样优美。每个人的服饰都与众不同，代表了特殊的家族传统和个人经历。

著名景点

■ **参加比赛的舞蹈**包括铃铛舞、草裙舞、羽毛舞、披肩舞。部族合舞的时候，外国游客也可以参加。

■ 不列颠哥伦比亚、萨斯喀彻温省（Saskatchewan）、阿尔伯塔（Alberta）和美国北部的30多个部族，1300多名成员参见帕瓦庆典，东道主是舒斯瓦普族人。在附近的**舒斯瓦普博物馆和文化遗产公园**可以了解他们的历史和文化。

■ 节日上还有**帕瓦选美**活动，帕瓦公主的加冕仪式在星期日，商贩会在这时贩卖食品、首饰和印第安人的手工艺品。

最佳旅行时间：节日在7月末或8月初，从星期五开始，星期日结束。每天的活动之前都有入场式，分别在星期五和星期六的晚7点和星期六、星期日的中午。

行前计划：在现场可以买到周末和当天的门票。如果希望在当地过夜，需要提前订酒店，每年有1.5万位游客参加帕瓦节的活动。坎卢普斯周围有美丽的湖泊与河流，从这里出发游览周围的景致也很便利。

相关网址：www.kib.ca/powwow.htm， www.secwepemc.org， www.bcadventure.com

击鼓比赛是帕瓦节的一大特色。

光明节

岛国的印度教街头节日——声、光、色、味的盛宴。

随着点点的火光在黑暗中闪亮，嘈杂的街头安静下来。火光足有数百道，好像跳舞的萤火虫。这些火光，是泥盏的油灯发出来的，油灯一盏一盏，排满了首都西班牙港（Port-of-Spain）郊外阿兰圭兹（Aranguez）街道的两侧，照亮了查瓜纳斯（Chaguanas）的每一家窗台，摆满了圣费尔南多（San Fernando）的庭院。光明节来了。人们用油灯纪念拉克什米（Lakshmi），光明和财富的女神，纪念拉马神（Lord Rama）经过14年流亡之后的回归。特立尼达和多巴哥40%的人口是印度裔人，他们信仰印度教。他们在几家的祭台前举行一种叫做拉克什米普加（Lakshim Puja）的祭祀仪式。朋友们围坐在一起，享用印度美食。为了表达节日这天的庄重和肃穆，所有人只吃素食。一些小村子里，比如菲力锡提（Felicity）和帕特纳（Patna），人们涌上街头，观看印度歌舞表演，分享传统美食。欢声笑语打破了期待中的宁静。节日绝对禁酒，气氛既欢腾又庄重。乐手们敲响了鼓和平底锅，敲打出令人如痴如醉的节奏。烟火爆出脆响，发出绚烂的光，划破了夜空。随后，一切重归平静，只有油灯的点点火光在漆黑的夜色里闪烁。

最佳旅行时间：光明节在每年10月或11月。

行前计划：至少安排4天的行程在特立尼达，体验纳戈尔光明节或稍晚出现的撒莫兰光明节，参观印度教的标志性建筑查瓜纳斯神庙（Chaguana's Temple）。酒店很容易客满，需要提早预订。到查瓜纳斯、圣费尔南多和一些小村子需要开车。参加光明节的路上交通会很拥堵，需要有耐心。特立尼达和多巴哥禁止同性恋者入境。

相关网址：www.diwalifestival.org，www.gotrinidadandtobago.com

著名景点

■ 节日活动从持续9天的**光明狂欢节**开始。地点在查瓜纳斯附近。可以欣赏著名的印度艺术家的表演，有传统和现代相融合的舞蹈，也有欢快激越的卡玛音乐。

■ 品尝印度和特立尼达**美食**，有罗蒂（roti）——一种填咖喱的馅饼，和伽莱布加曼（gulab jaman），一种添加香味的面包圈。

■ 在滑铁卢（Waterloo）参观世界上唯一的一座**印第安加勒比博物馆**。

■ 当地可以找到各种各样的**油灯**，设计精巧，别具匠心，邻里之间还会善意地攀比，看谁家的油灯更美观新巧。

妇女们在光明节上摆放油灯。节日前的一个星期，在圣胡安（San Juan）、查瓜纳斯和圣费尔南多的大街小巷都可以买到油灯。

拉斯特法理教的鼓手穿着传统的红、绿、金色服饰，庆祝鲍勃·玛雷的生日。

牙买加

拉斯特法理节

拉斯特法理教诞生于一个充满贫穷和压迫的社会，该教有许多盛大的节日，特别是纪念伟大的传教士鲍勃·玛雷（Bob Marley）的节日。

鼓手敲击出了醉人的节奏，大众的吟唱响起，简捷的和声反复地唱着，他们唱的是末世预言式的词句，“烧毁巴比伦”，“巴比伦，你的末日到了”。也能听到迫切的呼告，“觉醒吧，锡安，觉醒吧”，或者是简单地“诵读《圣经》”。人们的身体随着鼓点摇摆。男人们甩着长长的发辫。有人高喊“点火”，装了“神圣草药”（大麻）的烟斗被点燃，庄重地在人群中传递。每个人吸一口烟，云雾一样的烟喷出，遮隐了人们的身影。这就是拉斯特法理教徒的节日。他们击鼓、吟唱、吸“神圣草药”以提升意识的境界。狂欢的场面，即使外人看来，也不能不为之所动。作为一种信仰，拉斯特法理教是现代宗教，20世纪30年代诞生于牙买加首都金斯敦（Kingston）最贫穷的贫民窟。但是，其中的很多教义却让所有人产生共鸣。你可能不相信已经逝世了的埃塞俄比亚皇帝海尔·塞拉西（Haile Selassie）就是天神下凡，但是，每个人的生活中都遇到过挫折和失败。伴随着激越的鼓点和动人的歌吟，对自由的渴望和对天涯浪子的召唤一定会感染每一个人。

最佳旅行时间：2月是“雷鬼”（Reggae）月。拉斯特法理教徒在2月6日庆祝鲍勃·玛雷的生日。其他的节日是：4月21日，集会日（Grounation Day），纪念1966年海尔·塞拉西访问牙买加；7月23日，海尔·塞拉西的生日；8月17日，牙买加出生的黑人民权领袖马科斯·加尔维（Marcus Garvey）的生日；还有11月2日庆祝海尔·塞拉西加冕。

行前计划：最传统的拉斯特法理节只能在牙买加内陆地区看到，要得到邀请才能进入。但是，遇到重大节日，海滨和城市也有公开的庆祝活动。拉斯特法理教徒把大麻视为神圣的草药，然而，严格来说，吸食大麻在牙买加是非法的。

相关网址：www.nayhbinghi.com，www.bobmarley.com

著名景点

- 牙买加北海岸有一座苍翠的圣安教区山（St Ann's Parish），山上有一个**九里村**（Nine Mile），是鲍勃·玛雷的出生地，也是安葬他的地方。小村子因此成了拉斯特法理教的圣地。如果不是为了参观九里村，很少有游客会穿越村镇来到牙买加风光美丽的内陆地区。
- 在金斯敦可以参观**鲍勃·玛雷博物馆**。博物馆由他的故居改建而成，坐落于首都希望路（Hope Road），是一座美丽的独栋小楼。馆内**陈列品**包括一把主人最喜欢的吉他。后墙上还可以看见子弹孔，是一次行刺未遂留下的。
- 博物馆一层有**希巴女王餐厅**（the Queen of Sheba Restaurant）。餐厅经营素餐，其中包括**鲍勃·玛雷生前最喜欢的几种饮食**。

墨西哥

亡灵节

持续三天的节日是音乐、舞蹈和美食的狂欢盛宴，在短暂而美好的那一个瞬间死亡变得不再可怕。

这是一个激动人心的场面：瓦哈卡（Oaxaca）的公墓里面，数千人擦磨墓碑、摆放金色和鲜红的花束。太阳从南部墨西哥的地平线上坠落，墓地上弥漫着狂欢节的气氛。家家户户来到这里野餐，小贩叫卖着蜡制的骷髅头和其他恐怖艺术品。孩子们放着爆竹。到处响着音乐。年轻人放着立体声，民谣歌手弹着吉他，老婆婆吟唱着宗教的曲子，所有人围坐在篝火旁共度狂欢之夜。墨西哥亡灵节（Dia de los Muertos）不止在瓦哈卡才有，但这里的节日场面无疑是最典型的。亡灵节主要是基于基督教的传统，但也吸取了阿兹特克（Aztec）节日的元素。古代阿兹特克节为了让死去的亲人转世复生，有用活人献祭的习俗。亡灵节也有类似万圣节的地方，孩子们扮作巫婆、吸血鬼和妖怪，这是一个“群魔乱舞”的节日。然而亡灵节一点也不恐怖，广场上有乐队游行，乐队后面还跟着盛装的舞蹈队。女人们比赛谁调制的月光仙人掌酒最甜美。所有人都唱起死神之歌。瓦哈卡亡灵节上弥漫着蓬勃的生机。

著名景点

■ 市中心有**万神公墓**，它被数千支蜡烛、鲜花和精美的鬼怪装饰品装点着。

■ 瓦哈卡南郊克索克索科特兰（Xoxocotlan）村的公墓是游客参加**传统守夜活动**最好的地方。

■ 中央广场上的大本尼托胡阿雷斯市场（Benito Juarez Market）有700多个店铺，从那儿可以买到节日所需的大多数用品：食品、鲜花、爆竹和蜡骷髅。市场的一部分专门卖手工艺品，瓦哈卡的木刻和丝绸很出名。

■ 万圣节（11月1日）这天，一座**西班牙巴洛克风格的大教堂**举行弥撒活动，这是天主教规定的节日。外面的庭院里，艺术家可以用锯末、粉笔和亮晶晶的彩色沙子创作他们精美的路边地毯。

最佳旅行时间：亡灵节庆祝活动的时间是10月31日（万灵节）、11月1日（万圣节）和11月2日。需要提前几天来到瓦哈卡以便做好安排，还可以参观城市郊外欧洲殖民者之前的古代遗址。

行前计划：从10月的最后一周开始，瓦哈卡有众多丰富的节庆活动。航班和比较好的酒店都会提前订满，所以需要尽早预订。当地海拔较高，夜晚很冷，需要准备暖和的衣服。晚间外出观看节日活动可以事先雇下一辆出租车或者安排宾馆的租车服务。当地有的旅行社提供导游，但导游往往只能陪同3个小时，不能整晚跟随。

相关网址：www.go-oaxaca.com

对页：节日期间也有肃穆沉静的时刻，图上的墨西哥人在瓦哈卡郊外的克索克索科特兰（xoxocotlán）公墓点燃蜡烛，凭吊死去的亲人。上图：穿着各色服饰的龇牙骷髅代表了墨西哥人笑对死亡的态度。

委内瑞拉

圣约翰鼓节

整个6月，卡拉卡斯（Caracas）周围的小城镇以及附近的加勒比沿海地区沉浸在节日的欢乐气氛中，纪念施洗者约翰。

夏日的夜晚闷热潮湿，年轻女郎的脖颈上已经渗出了汗珠。打击乐敲出奔放、激越的节奏，她随着鼓点，热情地旋转着。女郎的周围是拍手助兴的人群，人群中走出了一名追求者，他凑近了姑娘身边，姑娘却骄傲地扬起头，转身而去。又一名竞争者很快取代了第一位。巴尔拉文托（Barlovento）一带过去是蓄奴的种植园集中的地方，当地的节庆传统主要是天主教的，但也受到非洲宗教文化的很大影响。欢快的鼓点也来自非洲音乐。最有特色的一种大鼓叫米纳。一名鼓手坐骑在上面，敲击鼓皮，其他人则执鼓槌敲击鼓身。加勒比海地区的很多文化奉施洗者约翰为主保圣人。村民中有一家专门供奉他的圣像，周围装饰着鲜花和彩带。每年6月初，宁静的小城就会迎来欢快的节日，大街小巷到处可以听到明快的鼓点。不同的城市敲出的鼓点也不同。许多鼓手一齐敲出反复和谐的声音，往往还有人和着鼓点唱歌。节日在鼓声中开始，第二天弥撒之后，激昂、醉人的鼓点又伴随着节庆活动的始终，听得人仿佛沉浸在梦幻之中，不能自已。

著名景点

■ 6月24日举行纪念圣约翰的弥撒，之后人们抬着圣像**游行**，观看的人沿路向着圣像喷洒朗姆酒。圣约翰在当地被叫做醉酒约翰。

■ 参观**当地的制鼓作坊**。鼓匠给游客们展示制作鳄梨木鼓的工艺，讲述村子里鼓艺的历史。

■ 小城**库雷佩**盛大的节日庆典远近闻名。节日期间2万多人涌入小城，加入喧嚣的大游行行列。在宗教精神的感召和朗姆酒的刺激下，人人精神饱满，一连数天在街头纵情起舞。

最佳旅行时间：施洗约翰节从6月23日开始，6月25日结束。

行前计划：很多城市都庆祝施洗约翰节，都距离卡拉卡斯不远，乘公共汽车可以到达。主要的节庆活动在瓜雷纳斯（Guarenas）、瓜蒂雷（Guatire）、圣卢西亚（Santa Lucia）、奥库马雷（Ocumare del Tuy）、巴尔拉文托和库雷佩（Curiepe）。所有的活动都可以参与，当地人欢迎游客和他们一起跳舞。当地人热情好客，理解不了外人的拘谨和客套。你不需要会跳舞，但你一定要乐于尝试。

相关网址：www.rbv.info

库雷佩三天节庆期间，街头的舞蹈和鼓声持续不断。

科巴卡巴纳中央广场上，节日庆典开始，女人们戴着礼帽，身穿传统的长裙载歌载舞。

玻利维亚

烛光圣母

持续三天的喜庆节日用于纪念玻利维亚人心目中最受敬仰的圣母玛利亚。

白皑皑的摩尔式拱门矗立在中央广场上空，大街小巷撒满了花瓣。醉醺醺的人们穿着传统的服装，随着笛子、号角和鼓点翩翩起舞。不远的地方，提提卡喀（Titicaca）湖泛着粼粼的波光。小城科巴卡巴纳（Copacabana）坐落在湖水西南侧半岛的尖端。这里有烛光圣母大教堂。据传说，在1576年一个渔家女遭遇风暴，圣母玛利亚搭救她脱离了危险。印加艺人提多·尤潘奇（Tito Yupanqui）用大龙舌兰属仙人掌的乌木雕成了圣母的像，供在礼拜堂里。秘鲁和玻利维亚人都相信这座圣母像很灵验。人们也叫她湖畔黑圣母。西班牙人扩建了这座礼拜堂，现在的大教堂建成于1805年。每年2月有圣母节，节日持续三天，全国的朝圣者都来到这里，感谢圣母的保佑。圣母像的复制品被人抬出，装在玻璃棺中，鼓乐喧天、张灯结彩地绕城游行，而且还要上船游湖，保佑水面风平浪静。

著名景点

■ 圣像供奉在巴洛克神坛的一个灯火辉煌的壁龛里面，晚上，无数烛光点亮，景色更加美观。

■ 节日第三天，人们把公牛圈进郊外的畜栏。随着观众的欢呼，勇敢的人借着酒性跳进牛栏，设法躲避牛角的顶刺然后安全返回。

■ 一年中的每一天都有公共汽车、轿车和卡车装饰着鲜花和彩绸开到大教堂前面，接受祝福。祝福的酒洒在车上，可以保佑平安。

最佳旅行时间： 节日在2月初的几天，但大教堂每天都举行弥撒和祝福。

行前计划： 科巴卡巴纳是一座小城，几天时间足以游遍。可以用更多的时间游览的的喀喀湖和玻利维亚第一城拉巴斯（La Paz）。当地海拔3855米，太阳落山后气温骤降，需要带足御寒的衣服。科巴卡巴纳和周边地区有很多酒店。库普拉酒店（Hostal La Cupula）和洛萨里奥酒店（Rosario del Lago）都在湖畔，景致很好。

相关网址： www.itisnet.com/english/e-america/e-bolivia/e-copaca/e-copacabana.htm

秘鲁

创造奇迹的主

秘鲁首都利马（Lima），人们用一年一度的节日纪念他们的主保圣人，拥有创造奇迹能力的主耶稣。

利马的10月被称作紫色月。虔诚的信徒都穿上紫色的衣服，在天主教里，紫色代表忏悔。人们对着一幅耶稣的画像顶礼膜拜。耶稣在当地被称作“土色基督”（“土色”这个词在盖楚瓦（Quechua）语里还有“神性”的意思）。圣像原先挂在利马贫民区的一座礼拜堂的墙上。1746年利马大地震，礼拜堂的墙奇迹般地完好无损。后来，墙的周围建起了纳扎雷纳斯教堂（Las Nazarenas），画像也被供奉在了教堂里面。今天，整个南美洲的人都相信圣像有创造奇迹的力量。每年有数十万人参加纪念创造奇迹的主的大游行。游行的前一天，人们在教堂过夜，黎明时分，举行弥撒。随后，游行开始，人群穿过利马的市中心，一直来到拉梅西教堂（LaMerced）。一群经过挑选的教友身穿紫色长袍，抬着圣像。画上画着耶稣受难，耶稣的脚下是圣母玛利亚，头上有上帝和圣灵从天国俯视。游行的行列中有人唱着赞美诗，有人弹奏音乐，有人虔心忏悔，也有叫卖的小贩。队列在香火氤氲和一片祈祷声中前进，在万众瞩目下穿过大街小巷。

最佳旅行时间：节日从10月18日开始，大游行在第二天。可以尽量安排些时间，以便饱览这座历史名城的风貌。

行前计划：利马的霍尔赫查维斯机场（Jorge Chávez）有来自南北美洲和欧洲的航班。全国旅行一般乘汽车的居多，但要避免夜间乘汽车。可以雇出租车，而不要自行驾车。市中心环境较差，酒店也相对便宜。米拉弗洛斯（Miraflores）和巴兰科（Barranco）地区更好一些。利马的美食海鲜很出名。

相关网址：www.peru.info/perueng.asp

著名景点

- 品尝美味的茴芹小糖糕（Turron de Dona Pepa），这是一种传统的糖食，游行期间的主要小吃，整个10月都可以吃到这种东西。
- 波希米亚风格的巴兰科有一个坎多拉里亚（La Candelaria）俱乐部，这里的音乐和舞蹈表演展示了秘鲁传统的服装和民俗，值得观赏。
- 在拉尔科考古博物馆（Museo Arqueologico Rafael Larco Herrera），可以了解秘鲁原著民的历史。展品包括古代纺织品、历史文物、日常和宗教活动中使用的陶瓷和金制品。

利马的大街小巷变成了紫色的海洋，人群簇拥着镶在银框里面的耶稣圣像，相信它有医治疾病的能力。

一盏盏河灯随着水流漂远，指引亡灵返回彼岸世界。

日本

灯节

依佛教的传统舞蹈、放灯，召唤死者的灵魂回家。

日本到了灯节的时候，佛教徒会回到家乡祭祖，如果家中适值死了亲属，则更要郑重其事。根据佛教的信仰，灯节是死者还魂，短暂地与家人团聚的日子。所以，人们在这一天扫墓，召唤亲人的亡灵回家。为了给亡灵引路，他们在自家门口点灯，也在家祠摆放灯笼，而且祠堂是一定要打扫干净、摆好鲜花水果各样贡品，点上香烛的。灯节的传统来自佛教故事。佛陀的弟子大目犍连坚心修道、布济众僧，终于拯救自己的母亲脱离了恶鬼道地狱。目连僧救母亲脱离了苦海，欢喜地跳起了舞，据说这就是今天灯节上人们所跳之舞的起源。

最佳旅行时间：灯节一般在7月或8月，取决于所使用的历法是西历还是太阳历。各地的具体时间不一，但今天一般都在8月13—16日。

行前计划：灯节期间商业活动多数停止。尽量在灯节开始前抵达，因为火车、国内航班和旅店在灯节期间都会爆满，这是日本夏季主要的节日，节日前和节日后的周末人也很多。大城市如东京、大阪（Osaka）则显得冷清，多数日本人这时都回老家或到乡下扫墓了。

相关网址：www.jnto.go.jp

著名景点

- 参加**灯节舞蹈**的人们身着白色棉布和服，聚集在寺庙或城市广场。他们跳的舞各地有所不同，但都有围成圆圈、和着太鼓（Taiko）鼓点跳舞的程式。所有人都可以参与，只要加入跳舞的圆圈，学着别人的样子跳就可以了。
- 很多地方，灯节最后一天要**放河灯**，送亲人的亡灵返回另一个世界。河流、湖泊的水面上，成群的灯笼点着蜡烛、写着书法字迹，飘飘荡荡地流向大海。放灯之后一般有焰火表演。
- 城市里一般有盛大的狂欢节活动，包括骑马、游戏和美食。
- 节日结束的时候，京都（Kyoto）附近的山上会有火把组成的**五个巨大的日文汉字**，壮观的场面从不同角度都可以看到。

十大夜晚节日

世界各地有许多在夜间庆祝的节日。当一些人进入梦乡的时候，正是另一些人歌舞狂欢的时候。

❶ 墨西哥春节，墨西哥墨西哥城

在墨西哥城，人们用盛大的庆典迎接春天的到来。整个夜晚，大街小巷和广场上到处歌舞升平，墨西哥民间旋律和拉美流行音乐此呼彼应，杂技演员、戏剧团体和动画师们为大家奉献精彩的表演，直到黎明。

行前计划：节日活动于春分前一天下午5点开始，一般是3月20日。www.visitmexico.com

❷ “女巫之夜”，墨西哥韦拉克鲁斯

一年一度的“女巫之夜”是一场盛大的魔法展示大会。女巫、魔法师、占卜家和巫医纷纷到会，摆开摊子，招徕生意，大街小巷，热闹非凡。只要价钱合适，你也可以小施魔法、给人下咒、或者用草药治病。

行前计划：女巫大会每年3月的第一个星期五举行。夜间的庆典提前一天开始。Catemaco.info/activities/brujos/index.html

❸ 除夕夜，巴西里约热内卢

一年中的最后一个夜晚，两百多万喜庆的人涌到科巴卡巴纳（Copacabana）海滩观看焰火，跳桑巴舞。临近午夜的时候，当地人多数身着白衣，向海之女神伊曼加（Iemanja）抛洒贡物。小纸船载着香料、鲜花和大米漂漂荡荡，千万支蜡烛在海面浮动，照亮了夜空。

行前计划：海滩靠近里约热内卢市中心，乘火车或汽车很方便。www.ipanema.com

❹ 秩父夜祭，日本秩父市

数百名虔敬的信徒用绳索拉着五只花车向市政大厅行进。花车装饰着灯笼、彩带和精美的雕刻，代表城市的五个保护神。熙熙攘攘的街上到处是售卖小吃和米酒的摊位。焰火映红了漆黑的夜空。

行前计划：节日在每年12月2日到3日。从东京市中心乘火车90分钟可到秩父。www.jnto.go.jp

❺ 灯节，中国

农历正月十五日夜，中国各地从乡村到城市被灯笼点亮。灯笼千姿百态，有传统的球形红纸灯笼，也有蝴蝶、龙、各种鸟的灯笼。灯笼上写着灯谜，猜到谜底的人将会得到奖品。

行前计划：中国各地在2月里都过灯节。www.chinavoc.com

❻ 除夕，越南

越南的除夕，家家户户期待着新年的钟声，这是万象更新的时刻。人们把房子打扫得干干净净，张灯结彩。留在家里的人为祖先默默祈祷，公园里则燃放着热烈的焰火。在这一天，过去一年的所有烦恼都被忘却。

行前计划：越南除夕根据月亮的周期而定，每年时间不一。一般是1月末或2月初。正式的庆祝持续三天，实际很多活动持续得更久。www.thingsasian.com/stories-photos/1253

❼ 救赎节，巴基斯坦

伊斯兰历的八月有救赎之夜（the Night of Salvation）。这一天，信徒向安拉忏悔，求主赦免他们的罪。这天晚上，有的人去清真寺，有的人去扫墓，为死去的人祈祷。救赎之夜也是斋戒的日子。

行前计划：穆斯林世界普遍庆祝救赎节。Members.tripod.com/worldupdates/newupdates10/id69.htm

❽ 詹尼节，拉脱维亚

在拉脱维亚小城库迪加（Kuldiga），人们用街头裸奔的方式庆祝仲夏夜的来临。在其他地方，人们头戴花冠，身穿橡树叶子，点篝火，吃仲夏草药。篝火在日落时点燃，一直燃烧到黎明。人们还用特制的稻草火把来驱除邪祟。

行前计划：篝火在仲夏前一夜点燃，节日持续两天时间。www.inspirationriga.com/main.php?gid=4&sid=15&cid=163

❾ 圣胡安节，西班牙

圣胡安节期间，西班牙一派灯火辉煌，音乐声传遍了每一条街道。下午，人们准备篝火，篝火通宵不熄，迎接夏天的来临。根据当地传统，从篝火上跳三次，就可以烧去你所有的烦恼。

行前计划：西班牙的圣胡安节各地时间不同，但都在6月23日前后，持续数天。www.donquijote.org/culture/spain/fiestas/sanjuan.asp

❿ 夏至，英国格拉斯顿伯里

几千年来，格拉斯顿伯里一直被奉为神山，有关它的传说可以上溯到亚瑟王的时代。这座神秘的山峰翘出于周围平坦的原野之上，如今这里是德鲁依人的圣地，也是他们庆祝夏至日的地点。数百人在夏至日的前夜聚集在山下。孩子们抛撒花瓣，牧师洒圣水，点燃篝火为大众祝福。

行前计划：格拉斯顿伯里山由国家基金会管理，随时免费对游客开放。www.nationaltrust.org.uk，www.glastonburytor.org.uk

随着夜幕降临，里约热内卢海滩上的人们向着大海敬献鲜花，祈求大海女神伊曼加保佑一年平安。

日本

青森睡魔节

这是日本最盛大也最狂野的节日之一，睡魔节从最初的净化仪式，已经演变成了一个庆贺丰收的节日。

每年8月，大约300万人来到日本本州（Honshu）岛最北端的青森（Aomori）。大街小巷有无数盏巨大灯笼在游行，有武士造型的、恶鬼造型的和精灵造型的，令人目不暇接。日语"nebuta"一词是瞌睡的意思，这一天是日本最重要的节日之一，最初可能是一种"唤醒"农人准备秋收的仪式。日本北部夏季短暂，这一天，也是为了庆祝夏尽秋来。每天晚上，20多只大彩灯被人牵着穿街过巷，灯的里面用几百只电灯泡照得通亮。彩灯有各种人物形象，有的有8米高，15米宽，重达4吨，都是用木条和铁丝扎成的，外面糊纸，在纸上勾勒图案，再用鲜艳的色彩上色。一只只武士灯、神怪灯千姿百态，或纵或蹲，或金刚怒目，或面带狰狞。彩灯下面，20多万名舞者显得格外渺小，他们穿着醒目的传统服装，在灯下穿进穿出，随着鼓点和笛声起舞，围观的人群也不时爆发出一阵阵喝彩。

最佳旅行时间： 8月1日是睡魔节前夕，节日一直持续到8月7日。前两天主要是孩子过节，8月4日和5日是节日的高潮，有彩灯游行活动。

行前计划： 青森在陆奥湾（Mutsu），乘坐飞机、船、汽车或火车都可到达。日本航空公司有航班从东京羽田（Haneda）机场飞往青森。市中心有很多商务酒店，但便宜的酒店不多。可以考虑住在临近的弘前（Hirosaki）。节日期间一定要提早预订住宿。在当地的店铺可以租到日本民族服装，可以穿戴起来加入跳舞的行列，需要和其他舞者一起，在游行开始前30分钟做好准备。

相关网址： www.nebuta.or.jp/english

著名景点

■ 彩灯是按照历史上的名将和其他著名的人物设计的，也有的取材于歌舞伎。但彩灯的设计都是别出心裁的创作。制作彩灯的工艺非常细致，每年节日游行一结束，下一年彩灯的设计制作就开始了。

■ 节日的最后一天，游行在下午开始。入夜，最大的三只彩灯被装上船在**青森湾巡游**，同时燃放盛大的焰火。早年间，人们让蜡烛小灯随水漂走，送走疾病、晦气和所有妨碍丰收的厄运。古老的习俗演变至今就成了燃放焰火这种形式。

青森夜色笼罩的街头，巨型的彩灯引来无数人流连观赏。

星期六，装潢精美的神龛被抬往浅草寺举行净化仪式。

日本

三社祭

人们用三日的狂欢来敬东京古刹浅草寺（Senso-ji）的神祇，祈祷旧城区浅草（Asakusa）平安吉祥。

据说，大约1300年前，三个渔民捞上一尊观音菩萨的塑像。浅草寺就是为了供奉这尊塑像而建。这三个渔民也成了神，纪念他们的节日每年吸引着150万日本人和外来的游客。人们涌入浅草这个艺伎和黑帮云集的地方，尾随着镏金的神龛在街头游行。人们相信神灵就坐在神龛的里面。被选中抬神龛是一种荣誉。第一天，也就是星期五，抬神龛的人们穿着统一的袍服，把神龛抬出，一路唱着，拍着手，吹着口哨，打着鼓，在浅草的主要街道游行。美酒、音乐和人群增强了节日的气氛。花车载着乐手，花枝招展的艺伎和黑帮成员也一路游行，到处有人跳着传统的舞蹈。第二天，神龛被抬到寺庙，举行净化仪式。第三天，纪念三位渔民的大神龛被抬出来沿街游行，为民祈福。人人争着去抓抬圣龛的杠子，神像被颠得左摇右晃。大家相信，神龛越是摇晃，就会把越多的祝福抛洒出来。

最佳旅行时间： 节日从5月的第三个星期五开始，持续三天，每天的活动不同。如果不介意拥挤，可以逗留三天的时间。

行前计划： 当地的交通十分混乱，可坐火车提前到达，选择比较好的位置。浅草站在银座（Ginza）和都营浅草（Toei Asakusa）线上，距离节日游行地区不远。当地的商店里可以买到所有节日用品，比如在一家叫中谷（Nakaya）的店。星期六和星期日还可以欣赏艺伎的表演。

相关网址： www.jnto.go.jp

著名景点

- 星期五参观大游行或星期六观赏寺内的表演，感受太鼓（Taiko）的力量。表演在最后一座神龛被抬出后开始。
- 小孩子牵着神龛的模型，穿着统一服装，参加星期六的游行。
- 帮会成员（Yakuza）袒露出身上斑斓的文身（他们游行时只围一条遮羞布），摇摇晃晃立在较大的神龛上，随着隆隆的鼓声和嘹亮的笛音跳舞。游客甚至可以买到模拟文身图案的T恤衫。
- 节日的美食：现烤的脆米饼、嫩滑的章鱼丸和一种日式薄饼，都可以在大街上买到。

女性佛教徒快步穿过首尔的街道，赶去参加花灯游行。

韩国

莲花灯节

每年，韩国首都举行盛大的典礼，庆祝尼泊尔王子乔答摩·悉达多（Siddhartha Guatama）的生日，这位王子，就是后来的佛陀。

至今，东亚各国庆祝佛祖诞辰的节日共有2500多个。这些节日中最盛大的，当属首尔的莲花灯节。节日期间，人们点燃纸灯笼，挑起祝福。这是一个欢快的节日，当地称为“佛临日”，吸引了韩国和其他国家的佛教徒以及众多游客。节日活动包括庆典、游行和许多展览。游客可以参加临时的参禅培训，学习制作灯笼和传统的韩国印花。下午，孩子们穿上民族服装，表演歌舞，演奏音乐。僧侣在曹溪寺（Jogyesa）周围表演韩国佛教特有的舞蹈和器乐。黄昏时分，节日气氛达到高潮，10万余盏灯笼点亮了城市，大街小巷灯火辉煌、五光十色。参加游行的有各种各样的人，僧人、女尼［穿着传统的韩服（hanbok）］和居士，以及游客们一道走在游行的行列中。灯笼有70多种，每一种都代表一种美好的愿望。小的精巧细致，有莲花形，也有蝴蝶形，挑在手上。大的有几人抬着的大龙灯，威武雄壮，甚至还有巨大的灯笼花车，上面摆着佛像或大象的造型。游行从首尔的东大门（Dongdaemun Gate）出发，沿着街市迤逦行去，历时90分钟，走到宏大的曹溪寺。随后，人们聚集到一起载歌载舞，共庆佳节。

最佳旅行时间：佛诞日在中国农历四月初八，公历一般在5月份。

行前计划：节日历时三天，以花灯游行和普天同庆为高潮。届时会有数十万人来到首尔，所以需要提早预订酒店。节庆期间，首尔的寺院会提供免费的简单斋饭。

相关网址：www.llf.or.kr

著名景点

- 花灯游行之前，有日间的**街头节庆活动**。游客可以学习韩国折纸，制作自己的灯笼。
- 节日前的一个星期，奉恩寺（Bongeunsa）举办**灯笼艺术展**。寺院附近的市政厅广场上点亮一盏巨大的莲花灯，宣告展览的开幕。
- 节日的前夕，曹溪寺点起了巨大的灯笼，一派**嘉年华的气象**。
- 花灯游行前，举行一个**宗教仪式**，韩国各地的寺庙代表都会参加。

菲律宾

十字苦路

马尼拉（Manila）西北的圣费尔南多（San Fernando）每年举行耶稣受难表演，赎罪的人们生动地再现了耶稣受难的场景。

耶稣受难日早晨6点，圣费尔南多郊外的圣佩德罗（San Pedro Cutud）便挤满了用自虐的方式表达忏悔的信徒。他们用麻绳绑上竹枝，抽打后背。参加这种仪式的只有男性，其中甚至有10岁的男孩。他们相信这种自虐式的忏悔可以赎罪，获得神的恩典。上午，当地人开始表演“十字苦路”。这是全世界唯一把参与者真正钉上十字架的耶稣受难剧表演。从20世纪50年代开始的，耶稣受难剧的表演每年举行。但以今天的这种形式出现，则是从1962年开始。这一年，当地一位艺术家阿梯米奥·阿诺萨（Artemio Anoza）为了得到神的悦纳，自愿被钉上十字架。志愿者从耶稣被捕、接受审判、拷打和判决依次演来，之后，扮演耶稣的志愿者和其他人在自鞭的人、背十字架的人和跪行的忏悔者引导下，顶着正午的烈日，走完3.2公里的路程，来到行刑现场。每三个人为一批，被钉上十字架。受难者钉在上面的时间从几秒钟到10分钟不等。被放下来以后，由担架抬走。钉十字架的表演代表了一种信仰，悔罪的人相信他们的祈祷会得到上帝的回应。

最佳旅行时间：复活节每年的时间不固定，但一般在3月或4月。节前或节后可以花几天时间游览周围地区。

行前计划：乘车旅行应在耶稣受难日之前，当天汽车站关闭。胜利客运公司（Victory Liner）的汽车从奎松（Quezon City）的库堡（Cubao）发车，每小时一班。在帕库汗（Pakuhan）旅行社下车，然后乘小公共汽车到圣费尔南多，只需5分钟。圣费尔南多市内住宿并不是最好，多数游客喜欢住在附近的克拉克（Clark），距离圣费尔南多15—20分钟的路程，那里住宿可以有更多的选择。当地炎热，需要做好长期忍受38℃高温的准备，带足水，戴上帽子，准备好防晒霜。

相关网址：www.cityofsanfernando.gov.ph

著名景点

- 复活节的一周中，可以看到保存完好的圣费尔南多宗教仪式。其中有旋律忧伤的圣歌清唱、耶稣受难像下的庄严静坐、游行和众多信仰治病的仪式。
- 耶稣受难日夜间的游行，有张灯结彩的花车，车上有基督教圣徒的像，穿黑色的袍子，表示哀悼。
- 复活节的星期日，当地用盛大的耶稣与圣母团聚表演庆祝耶稣复活，随后在大都市教堂（Metropolitan Cathedral）举行弥撒。

忏悔者头蒙黑布，模仿耶稣走向受难地，用这种方式赎罪。

大甲媽祖聯
大鎮瀾宮
天上聖母
聖母

中国/台湾

妈祖节

中国南部沿海各省普遍祭祀海神妈祖。在妈祖诞辰祭上，人们唱歌、敲锣、燃放爆竹，举行种种喜庆仪式，样式丰富多彩。

渔民和水手把妈祖奉为他们的保护神。妈祖女神起源于一个传说中的人物——林默娘。据说，一次台风袭来，林默娘被打昏过去，进入了深沉的梦境。在梦里，林默娘伸出自己的手，拯救了她的兄弟，让他们没有被海水吞没。这个故事流传开来，渔民们开始向妈祖祈祷，而且在妈祖的生日这天举行虔诚的祭祀，祭祀活动包括给他们的渔船装饰彩旗和彩带，参加或观看妈祖庙的典礼。福建湄州岛是妈祖诞生的地方，这里的妈祖节也是最盛大的，每年吸引了10万多名朝圣者来参加。祭祀活动以湄州妈祖庙为中心，当地人相信，林默娘就是在这里乘着彩云飞升的。寺庙的山坡上，有一座高15米的妈祖像，在俯视下方。几乎所有的妈祖节都展示了民间艺术、手工艺品和民间歌舞。妈祖庙是各种祭祀的中心，但街巷间也有很多节日活动。这些活动的最大特点是鼓乐喧腾，人们燃放爆竹，舞龙灯，敲锣打鼓，此外还放风筝，展示书法、手工艺作品，还可以品尝当地美食。

著名景点

■ 节日的核心内容是妈祖像大游行。神像被抬到妈祖庙，人们用震耳欲聋的鞭炮声迎神。

■ 节日期间有丰富的民间艺术、歌舞和游行，是了解中国南方海洋文化的绝好机会。

■ 在台湾地区，妈祖香火盛于其他诸神（全岛有大约1000座妈祖庙）。北港朝天宫的妈祖节是最盛大的。另一主要妈祖庙在台中的大甲，也有热烈的庆典活动。

■ 在香港地区，最盛大的妈祖祭典在新界西贡区的大庙湾。当地可以看到华丽的彩船、舞龙灯，鼓乐喧天，震耳欲聋。天后（广东方言对妈祖的称呼）宫俯瞰海滩。乘船从港口出发到新界，游客可以饱览岸上的景致。

最佳旅行时间：妈祖诞辰祭在农历三月二十三日前后（公历4月中旬到5月中旬之间）。2009年的妈祖祭是在4月18日，2010年的妈祖祭在5月6日。规模稍小的节日还有妈祖祭日，在农历九月初九（公历8月或9月初）。

行前计划：多数祭祀活动只有一天，但湄州妈祖节和台湾的一些祭祀活动有时持续一周之久。湄州岛在福建海岸中部，泉州和莆田之间。两地均有定期渡船可以上岛。

相关网址：www.chinahighlights.com/travelguide/festivials/mazu-festival.htm

对面：台湾大甲，妈祖圣像被抬出宫。妈祖像被放在镀金的轿子上，在台湾西海岸游行8天。左上：一个参加庆典的青年打扮成武士模样。右上：香港的渔船插着彩旗，聚集在一起准备庆典开始。

印度教信徒后背钩满了柠檬，前往吉隆坡附近的巴图洞朝拜慕卢干王。

马来西亚

大宝森节

独特的印度教节日，朝圣者用别出心裁的身体穿刺庆祝慕卢干王的生日。

胆小的人不适宜过大宝森节（Thaipusam）。马来西亚一些邦的泰米尔（Tamil）族人用这种节日来庆祝印度教的神慕卢干王［Lord Murugan，又名萨布拉马尼安（Subramaniam）］诞辰和善对恶的胜利。在这一天，女神帕瓦蒂（Pavarti）授予其子一支无坚不摧的长矛，助他打败了邪恶的魔鬼。从1月底（泰米尔印度教历十月的满月这天）开始，仅吉隆坡（Kuala Lumpur）一地便汇集了上百万名朝圣者，包括还愿和赎罪的信徒。女人和孩子托着作为贡品的牛奶、椰子、鲜花和孔雀翎子；男人则用钩子把水果钩在双肩的肉里。更有甚者，用铁钩把精美的钢制框架钩在自己的身上，刺穿皮肤、脸颊或者舌头。信徒被穿刺之后感到神的力量充满了自己的身体，经常可以完成不可思议的行为。带着这样的穿刺物，他们进入了一种梦幻的状态，一路载歌载舞，从市中心的斯里摩诃马里安曼兴都庙（Sri Mahamariamman）出发，走到巴图洞（Batu Caves），行程13公里，用时8小时。最后，他们登上位于岩洞顶上寺庙的272级台阶，实践自己的誓言，祈求神的保佑。

著名景点

■ 大宝森节前夕，吉隆坡的斯里摩诃马里安曼兴都庙举行**浴神仪式**。慕卢干王的神像用各色贡品和鲜花装点，然后抬上一辆两头牛拉的银车，引导从斯里摩诃马里安曼兴都庙到巴图洞的大游行。

■ 在槟城，大宝森节后的晚上，神像用银车从大瀑布连夜送回乔治敦。自从1857年以来，大宝森节就以**牛车送神**作为结束。信徒们簇拥着牛车，手捧着贡品，音乐悠扬地响起，大人把小孩抱起来，接受祝福，并在圣像前把椰子砸碎。

最佳旅行时间：1月底或2月初。

行前计划：槟城（Pinang）也庆祝大宝森节，近50万朝圣者从乔治敦（George Town）的寺庙出发，步行到大瀑布（Waterfall）的山顶寺院。从吉隆坡出发，乘国内航班或坐半天长途汽车，可以到乔治敦。两地均有酒店住宿，从便宜的旅馆到豪华酒店，都可供选择。但大宝森节期间需要提早预订。吉隆坡的金三角商业中心或者乔治敦的旧商业中心，是最繁华热闹的地段。

相关网址：www.tourism.gov.my，www.tourismpenang.gov.my，www.kualalumpur.gov.my

印度尼西亚

建寺周年庆

巴厘岛上的寺庙建筑群百沙基神庙（Pura Besakih）一年中节庆不断，是印度教狂欢的圣地。

巴厘岛（Bali）每天有十几个节日活动，是名副其实的节日之岛。其中，最普遍的一个节日叫欧达朗（odalan），是一座庙宇的周年庆典。欧达朗节每210天过一次，相当于巴厘印度教乌库历（wuku）的半年。在欧达朗节上，人们举行庄重的祭祀，祈祷，参加五彩缤纷的大游行，品尝丰盛美食，欣赏音乐和舞蹈，往往狂欢到子夜不止。在一些偏远乡村，欧达朗节一般持续一天；在一些大的寺庙，比如巴厘的祖庙百沙基神庙，节庆活动则往往持续数天。寺庙坐落在980米的中央高地，阿贡火山（Mount Agung）脚下。阿贡火山被奉为巴厘岛上众神居住的神山。在印度教输入巴厘岛之前的远古时代，信仰万物有灵的古人曾在山上举行祭祀。百沙基包括22座主要的寺庙建筑，最古老的可以追溯到14世纪，可以说是巴厘岛宗教文化的发祥之地。每座庙宇都有自己的节日，所以，在百沙基几乎每周都有节日。节日的大游行样式不尽相同，但参加人数都有数百人，人们都穿着民族服装，游行伴随着嘎麦兰乐舞（Gamelan）。每个欧达朗节上，都有民族乐舞的露天表演。

最佳旅行时间：巴厘岛属于热带气候，气温高，湿度大，午后经常有雨。百沙基较为凉爽，但也只在旱季（6–9月）比较多见晴天。

行前计划：参观寺庙，参加欧达朗节，一天足矣。但可以安排一周的时间尽兴地游览高地风光。如果错过了欧达朗节，还可以参观主要的寺庙，比如峭壁上的乌卢瓦图神庙（Pura Uluwatu）、岛寺塔那（Pura Tanah Lot），或者火山湖畔的乌兰达奴（Pura Ulun Danu Batur）。参加欧达朗节要尊重当地衣着风俗，须穿着纱龙布裙（sarongs），不能穿短裤，也不得妨碍任何庆典活动的正常进行。

相关网址：www.bali.com

著名景点

■ 百沙基的宗教中心佩纳塔兰阿贡神庙（Pura Penataran Agung）是印度教神明湿婆神（Siva）的庙。寺庙建筑面积庞大，占据了6层土台，由石阶相连。最下一层有亭子，节日期间举行乐舞表演。第二层进行日常的祭祀活动，僧侣在这里准备圣水，还有一座大殿，供奉传说中的三莲圣座。

■ 巴图玛德格庙（Puru Batu Madeg）（立石寺）供奉毗湿奴（Vishnu）。寺内有一块巨大的圣石，是现存最古老的百沙基寺庙建筑。每一座寺庙都代表一个方位和一种颜色，立石寺代表北方和黑色。

妇女身穿五颜六色的服装，头顶花果供品，参加百沙基的欧达朗节。

策秋舞蹈，表现二世佛战胜邪恶。

不丹

策秋节

这是一个神圣舞蹈节日，纪念不丹的二世佛莲花生大师（Guru Rinpoche），向信众赐福。

戴面具的舞者，锦缎的长裙，骷髅穿成花环，孔雀翎毛华光闪烁，金炉宝鼎香烟缭绕——一年一度的策秋节让巴罗寺（Paro）和这个小小山国里的众多寺庙焕发了蓬勃的生气。村民千里迢迢赶到这里，很多人甚至步行数天。所有人都穿着最漂亮的衣服和鞋。如果衣冠不整，门口的警卫就会用荨麻刺人的腿。庭院里满是人，一大家族的成员坐在一起野餐。小僧人咯咯地笑，显贵们也笑逐颜开，小丑冲着漂亮姑娘狎弄戏谑。也有严肃的时刻，比如排队领受祝福和圣水；也有滑稽的时刻，比如观看小丑表演；也有紧张的时刻，比如直面戴着死神或恶魔面具的舞者。四周鼓声、铙钹、海螺壳，还有人腿骨做成的号角，众乐齐奏，伴着僧侣瓮声瓮气的诵经之声。

著名景点

■ 节日的核心活动是莲花生大师八化身舞。僧俗舞者身穿绚丽的服装起舞，这种礼俗1000多年来延续未变。

■ 最后一天上午，在主要寺院，比如巴罗或通萨（Trongsa），可以观看展开**巨幅刺绣大师唐卡**的仪式。信众对唐卡跪拜，献上供品，他们认为，看到唐卡即可净化灵魂。

■ 尽量观察当地**民风**。当地有各色的人物：哺育婴儿的母亲、吹泡泡糖的僧人、嚼槟榔的老人。小丑的表演提醒观众不忘安全性行为，人群哄笑之余也受了教育：这是娱乐、教育和宗教相结合的盛会。

■ **男女长袍**大多是自家缝制的，绣着精美的图案，反映了不丹的手工艺水平。不丹人认为劳动即修行。

最佳旅行时间：春季或秋季。全国各地庆典的时间不同，安排行程的时候要查询具体日期。

行前计划：策秋节最长可以持续5天。至少可以参加一天的节庆活动，最后一天上午还可以观看刺绣唐卡。到不丹旅游只能通过注册的旅行社安排行程。不丹政府规定的每日旅游资费包括食宿、导游、国内交通和所有的门票。逗留时间越长，人数越多，越有可能享受打折。

相关网址：www.tourism.gov.bt，www.bluepoppybhutan.com

印度

洒红节

在部瑞德瓦（Brindavan）和北方邦（Uttar Pradesh）的其他地方，沉醉的春风里透出了犷野撩人的气息。

北方邦是奎师那（Krishna）神童年生活的地方。据说，他因为自己的皮肤黝黑，而他所爱的拉达（Radha）却肌肤白皙，所以心生妒恨，就用红色的粉末抹了她一脸，让两个人的肤色相配。在洒红节上，每一个男子好像都被奎师那附了体，每一个女人都成了拉达。在鼓乐声中，人们一边高喊着“霍利（Holi）”互相抛洒鲜艳的彩粉和彩色喷剂，一边跳着再现这一对神仙眷侣爱情的舞蹈。男人身穿白色衣服，以便凸显洒在身上的颜色；女人们则穿着五彩缤纷的衣服，展现青春的美丽。外来的游客也极有可能在双方激烈交火中被伤到，弄得一身五颜六色！各家各户都为这一天做准备，在银质的盘子里调制颜料，准备糖食点心。前一天晚上，人们庆祝善对恶的胜利，象征性地焚烧魔女霍利嘉（Holika）。熊熊的火焰里，干枯的树枝噼啪作响，春天来了，驱逐了寒冷的冬季，贫瘠的季节已经过去，丰饶的季节已经来临。正式的节日开始，人们用红色的彩粉涂抹拉达和奎师那塑像的脸。此外，便没有其他祭祀的仪式了，但是人们的心里都有一个奎师那神，让每一个人放下矜持，纵意狂欢。

最佳旅行时间：洒红节在每年3月，具体的旅行计划要根据满月的日期而定。根据印度教的历法，节日的时间是颇同月（Phalgun）里上弦月的第12天。可以提前一周来到这里，充分体验节前的气氛，游览奎师那童年游玩过的小村子。

行前计划：从德里乘坐火车到马图拉（Mathura），然后乘出租车到部瑞德瓦。洒红节期间，有数百游客来到部瑞德瓦，有必要通过旅行社预订房间。城里有不错的住宿条件，但最好选择拉达拉曼（Radha Raman）寺附近的旅店。

相关网址：www.holifestival.org

著名景点

■ 男人从南德嘉翁（Nandgaon）村来到拉达的巴萨那（Barsana）村，邀请村里的女子参加洒红节狂欢，用这样的习俗象征奎师那幽会拉达。巴萨那村距离马图拉40公里。男人们会试图在村子里悬挂代表自己村子的旗帜，如果被女人们逮住，就要罚他穿女人的衣服为她们唱歌跳舞。

■ 洒红节前一天的夜晚，发伦（Phalen）村点起大堆篝火，庆祝善战胜恶。当地的祭司从火上走过去却毫发无伤。

■ 参观部瑞德瓦有500年历史的拉达拉曼寺。供奉奎师那的寺庙有很多座，这是最具有历史感的一处。

洒红节期间的北方邦，人群抛洒的五彩颜料在空中弥漫成了彩色的烟雾。

印度

水瓶节

印度的水瓶节号称地球上最大规模的人类集会，每三年在四座城市之一举行一次。

印度教的水瓶节得名于传说中一只盛着长生不老药水的瓶子，阿拉哈巴德（Allahabad）、哈利德瓦尔（Haridwar）、乌将（Ujjain）和纳西克（Nasik）四座城市轮流举行。据传说，魔鬼要抢走水瓶，众神与魔鬼争夺的时候，长生不老药水洒落在了这四个地方。全世界有数千万人参加水瓶节，他们中有圣者、教士、贤人、信徒、媒体工作者和政客等。印度各地的人们也纷纷前来。有的人把自己菲薄的财产顶在头上，也有的看准了节日的商机，从中赚钱，他们是占星家、看手相的人、耍蛇的、理发师（下水前要剃头）和卖食品的小贩。入夜，人们举火为炊，空中轻烟缭绕；人群的嘈杂声经久不绝。印度教的那嘉萨毒（Naga Sadhus）教派成员留着长发辫，赤身裸体涂抹烟灰。大家跟着这些人走进印度教圣河的水，听他们讲宗教的故事。乌将举行节日的时候总是与宇宙天体的某种特殊排列时间重合，人们相信这让希布拉河（Shipra）的水具有医治疾病的神奇功效。占星家指定了5个最适宜沐浴的日子，最后一个是满月的时候。在这几天，信徒一定要用圣水沐浴，洗去他们的罪孽，让自己更加接近救赎。

著名景点

- 很多人聚成一群交谈、做祷告；但也有人在一边独自祈祷，这往往持续几个小时，甚至数天之久。
- 节日期间可以看到各种奇特的表达信仰的方式。据说有的萨毒教徒27年不间断地举着一只手，也有的立誓保持沉默，还有人睡觉时把自己埋在沙子里，甚至还有人多年来坚持用一只脚站立。
- 印度的表演团体身着盛装，在临时舞台上表演宗教舞蹈和经典戏剧。
- 沐浴后，女人们把纱丽铺开晾干，五颜六色，十分好看。

最佳旅行时间： 最近一届水瓶节将在喜马拉雅山脚下的哈利德瓦尔举行，时间是2010年3—4月。再下一届是2013年1—2月，在阿拉哈巴德。节日持续大约41天。

行前计划： 每个城市的气候不同，一年中节日的时间不同，气候也有变化。如果在1月初，夜晚十分寒冷。虽然有卫生间，但是朝圣者众多，不够用，要有准备。参加节日的活动要走很多的路，而且没有可以坐的地方。需要休息，只能席地而坐。如果看到萨毒派和其他修行人吸大麻，不必惊讶。节日期间有上千万人，如果结伴旅行，最好制订旅行计划且严格遵照执行。如果有手机，会方便一些，即便如此，人山人海的城市仍然让人难以应付。

相关网址： www.kumbhamela.net， www.spirit-of-india.com

对页：恒河（Ganges）边，两位圣者打着遮阳伞。左上：信徒坐在点燃的牛粪圈里面。右上：乌将的希布拉河是胡那阿卡拉（juna akhara）教派新成员接受洗礼的场所，加入教派者必须经过象征性的死亡，然后从河水中复活。

以色列

普林节大游行

普林节是犹太教里最欢快的一个节日，特别是在以色列，盛大的节日气氛介于万圣节和狂欢节之间（Mardi Gras）。

伴随着震耳的鼓声和嘹亮的音乐，数万狂欢的人群走上霍隆（Holon）的街头。巨型的花车、起舞的人群、杂技演员、行进中的乐队，以及打扮得花枝招展的人们，构成了一幅五彩斑斓的画面。这就是犹太教里最盛大的普林节，纪念犹太人2500年前在古波斯惨遭灭顶之灾而最终得到救赎的节日。这一天，犹太人吃特别的食品，讲述他们的历史。按照传统，他们在这一天还要纵情狂欢、上演滑稽喜剧、穿上奇装异服，甚至酗酒。不仅男人和女人参加狂欢，就连不同年龄的孩子们也穿上鲜艳的服装参加街头的游行。节日的狂欢在希伯来语里叫阿德罗雅达（Adloyada），意思是“直到我们不省人事”。这个词当然是指节日上饮酒的习俗：你要一直喝到不能分辨善恶忠奸。而最盛大的阿德罗雅达就在霍隆。

著名景点

- 每年的霍隆节有不同主题，可能是童话、动画人物、民族服装或者世界和平。
- 在寺庙里可以听到用希伯来语朗诵《圣经·以斯帖记》。经文是以长卷的形式保存的，讲述了以斯帖王后和她的叔父摩地恺（Mordecai）破坏哈曼（Haman）灭绝犹太人计划的故事。每当提到哈曼的名字，人群中便爆发出喊声和鼓噪。
- 品尝普林节小吃哈曼耳朵。这是一种类似糖三角的点心。

最佳旅行时间： 普林节在犹太历阿达尔月（Adar）14日，通常在公历3月。节日前后的数天，一般有游行等节庆活动。

行前计划： 霍隆的大游行中午开始，之前也有其他露天活动。活动持续整个下午，直至入夜。从特拉维夫（Tel Aviv）到霍隆很方便。由于人多拥挤，最好在上午10点、11点的时候去，可以参加游行前的各种活动，占到一个方便观看游行的位置。游行一般走索科洛夫（Sokolov）街和魏茨曼（Weizman）街，一直走到市政厅，但具体路线每年不同。

相关网址： www.wordtravels.com/travelguide/countries/Israel， inisrael.com

女孩子盛装游行，一片亮黄色的海洋。

舞蹈中的每一个舞步象征着走向无私大爱的一步。

土耳其

回旋舞节

节日的历史已有800年，兄弟会的成员忘情地旋转，在翩翩的舞步里实现了与神的结合。

土耳其中部的科尼亚（Konya）省，当地人以节日的形式纪念梅弗拉那·卢米（Mevlana Rumi）之死，节日上的回旋舞远近闻名。13世纪的时候，伊斯兰神秘主义者梅弗拉那·卢米创立了梅弗拉那苏非教派，卢米的儿子成立了回旋舞兄弟会。卢米在高兴的时候，就会情不自禁地旋转，回旋舞的动作由此而来。回旋舞典礼上，兄弟会成员身穿白衣入场（白衣象征包裹自我的外衣），外面披着黑色斗篷，戴圆锥形帽子（象征尘世的坟墓和墓碑）。兄弟会的长老向梅弗拉那祈祷，朗诵《古兰经》。鼓声响起，笛子吹出呜咽的旋律。舞者绕场三周，脱下斗篷，寓意抖落尘世的羁绊，随后，把手抱在胸前，头侧向一边，依次旋转登场。随着旋转越来越快，他们张开双臂，右手掌心向上，承接祝福，左手掌心向下，把祝福传向大地。舞蹈动作重复四遍，礼成，典礼以朗诵《古兰经》结束。

最佳旅行时间：节日在每年12月中旬，持续一周，12月17日结束。

行前计划：科尼亚在安卡拉（Ankara）以南240公里处。节日期间，机票和住宿都很紧张，至少要提前一年预订。有的公司在回旋舞典礼期间组团旅游。典礼在梅弗拉那文化中心举行，但其他的地方也可以欣赏到回旋舞。典礼中不可拍照。

相关网址：www.argeus.com.tr， www.helloturkey.net/konya.html

著名景点

- 典礼上的音乐悠扬呜咽，即使听不懂唱词的人，也会被感动。
- 曼妙、优雅的舞姿如星光攒聚，令观者沉醉。
- 梅弗拉那教派的修道院里有梅弗拉那·慕泽西（Mevlana Muzesi），里面有一座博物馆和陵园，陵园里有卢米、其父、其子，以及其他宗教领袖的陵墓。
- 科尼亚东南48公里的加陶岗（Catalhoyuk）是全世界已知最早的新石器时代人类定居点，形成于公元前7500年。

INRI

德国

耶稣受难剧

阿尔卑斯山上的奥柏阿梅尔高（Oberammergau）小镇一派田园风光，再现耶稣受难的戏剧每10年在此上演一次，小镇的名字，已经和耶稣受难剧连在了一起。

小镇街道的房屋色彩鲜明，仿佛童话世界。房子的外面画着壁画，大多是宗教主题的内容。小镇既以搬演宗教剧而闻名，到处看到宗教壁画，也就不足为奇了。耶稣受难剧的传统起源于1633年。当时，镇上瘟疫流行，万户萧条。幸存的人对上帝起誓，如果逃过瘟疫，他们今后就定期搬演戏剧，再现主耶稣基督受难、死亡和复活的场景。1634年，他们实践誓言，在埋葬瘟疫时期死者的墓地演出了耶稣受难剧。进入了现代，小镇在每一个十年的最后一年定期搬演耶稣受难剧，当地的演员、音乐家、美术设计师和技术人员都参与演出活动。只有导游是专业人士。在2000年，小镇近一半的居民，2000多人，参加了演出。剧本做了仔细的修订，重新谱写了音乐，制作了新的布景、道具。1999年，剧院已经做过彻底的重建，重新开幕，古老的誓言得以延续。最重要的一点革新是调整了演出的时间，耶稣被钉上十字架的表演被安排在了晚上，以便发挥新的舞台灯光效果。演剧活动持续5个月，每天上演，每场爆满，剧中有很多《旧约》人物场景的精彩呈现。耶稣受难的故事，是基督教的根基，每一次搬演都打动着在场的每一个观众的心。

著名景点

- **演出场面**宏大但又平易近人，让你暂时忘记了尘世。演员们即使遇到意外情况，也绝不出戏。2000年演出的时候，驮着耶稣进入耶路撒冷的驴子临时产仔，小驴子也成了表演的一部分。
- 新的剧本包括了更多**耶稣的教义**，如登山宝训，《新约》的经文和耶稣的形象都被诠释得栩栩如生。
- 奥柏阿梅尔高的**木刻**很出名，镇上到处可见木刻作坊。刻画细致入微的手工木刻人像是一定要看的工艺品。
- 游览附近的**林德霍夫城堡**（Linderhof Castle），特别是里面的镜厅。王宫小而精美，建成于1878年，是国王路德威格二世（Ludwig Ⅱ）最喜爱的宫殿。

最佳旅行时间：下一次演剧活动在2010年，从5月到10月每天都有演出。

行前计划：订票需提前两年。演出前后，可以安排若干天的时间，饱览阿尔卑斯山区的美景。在附近的嘉米什－帕登基恩（Garmisch-Partenkirchen）可以租到登山设备。

相关网址：www.oberammergau.de

对页：演出露天进行，背景是蓝天、远山，完美衬托着耶稣接受审判和耶稣之死的场景。左上：彩绘的房屋突出体现了小镇与宗教的渊源。右上：近年来，表演往往创意新颖、独具匠心。

希腊

东正教复活节

复活节星期六的午夜刚过，一道光的长龙沿着雅典利卡维多斯（Lykavittos）山麓迤逦而来，那是千万只蜡烛的光芒。

数千信众擎着这些蜡烛。他们先来到山顶的小礼拜堂聆听圣言，圣言宣布“基督复活”，众人回答：“诚哉，基督复活了。”礼拜堂的圣火把一支支小蜡烛点燃，烛光闪闪，被信众各自带回家去。第二天清早，各家的窗台上都用蜡烛的烟涂上了一个十字形。在希腊，复活节是最盛大的东正教节日，人们举行庄重的布道、祭祀和游行，各种宗教仪俗自从拜占庭帝国时代起相沿不辍，直到今天。希腊人在复活节前斋戒一周，到了耶稣受难日，大家在本地教堂参加礼拜，看耶稣圣像被从十字架上扶下来，裹以亚麻布，置于鲜花覆盖的棺椁之内，然后抬出游行。复活节的星期六全天用于祈祷，直到午夜，点燃蜡烛，燃放焰火。随后，各家安静地用晚餐，斋戒结束。星期日，全家人聚到一起家宴，首先会上红皮的煮鸡蛋（基督教以前即已形成的传统），并饮头一年酿造的希腊葡萄酒。然后是烤全羊大餐，继之以音乐和舞蹈。

最佳旅行时间： 希腊复活节每年时间不定，一般在4月或5月初。

行前计划： 至少安排5天时间。提早预订机票和住宿。复活节期间的机票很贵，很多居住海外的希腊人会在这时回国，住在城市的人也返回各自的家乡。雅典的酒店很多，有便宜的旅馆也有豪华酒店。白天一般比较暖和，18—25℃，夜间微冷。时有大雨，需带雨具。

相关网址： www.gnto.gr

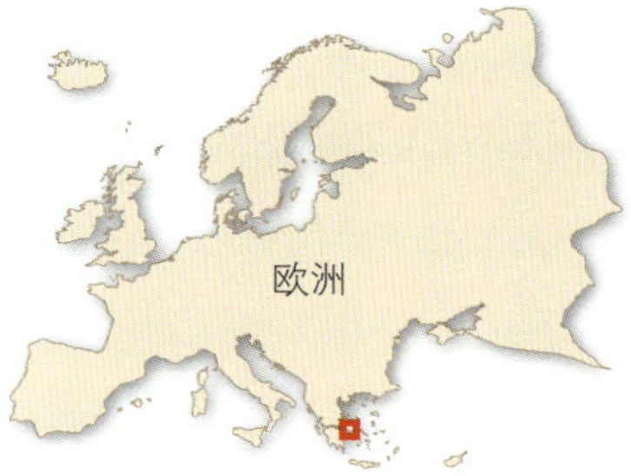

著名景点

■ 利卡维多斯山海拔277米，是雅典最高峰，站在山上可以俯瞰古卫城耸立于一片现代建筑之上。山名的意思是“光之路”，说明举着蜡烛游行的传统起源于基督教之前的古老年代。

■ 希腊的每个城市和乡村都以类似的方式过复活节，只是规模略小。其中科尔福（Corfu）复活节的独特之处，是有本城主保圣人斯庇利东（Spyridon）的干尸大游行。据说斯庇利东有使人起死回生的能力。

■ 在克里特岛（Crete），村民们点起篝火，焚烧犹大的像。岛上的焰火是全国最盛大的。

雅典的阿基奥斯（Agios Giorgios），信徒在复活节的星期六点燃蜡烛。

萨戈里夜间庆典活动围绕海中圣母像进行。

意大利

海中圣母

利古里亚（Ligurian）沿海渔村的居民崇拜着圣母玛利亚——他们在大海上的保护神。

热那亚（Genoa）以东地区的人们有一种独特的方式崇拜圣母玛利亚。每年8月，他们在萨戈里（Zoagli）举行庄重的弥撒，随后点起火把，向海边进发。到了海边，潜水员潜到9米的水下，下面是一尊青铜的海中圣母像。同时，海面上也泛起了小灯笼。地峡里的西斯特里勒旺底（Sestri Levante）村，是传说中美人鱼的故乡，这里的人们则举行盛大的弥撒和纪念卡莫尔（Carmel）山圣母的宴会。随后，教堂里面的满身珠光宝气、用葡萄点缀着的黄金圣母像由身穿质朴的褐色袍服的男子抬着，开始游行。人们感谢圣母对他们的祈祷做出回应，用珠宝、结婚戒指和各种个人物品表达谢意。夜色渐浓，辉煌的焰火映照在海面上，一片灿烂的光芒。

最佳旅行时间： 这些节日活动在7月、8月举行，一般不作为旅游项目，而是针对本地教民的。海中圣母节8月6日晚开始；深渊里的基督节在7月的最后一个星期六；卡莫尔山圣母节在7月16日。

行前计划： 需安排一天的时间。午餐要在本地餐馆预订位置，当地人全家外出用餐庆祝节日的很多。利古里亚的很多城市坐落在陡峭的山上，最好把车停在距离主路近的地方，然后步行到海边观看节日活动。比萨－拉斯佩齐亚（La Spezia）－热那亚铁路经过这些城市，相对于繁忙的公路交通，不失为一个良好的选择。

相关网址： www.promoliguria.it， www.tangoitalia.com/turismo/liguria/sestrilevante.html

著名景点

■ 整个夏天，沿海地区类似的庆典此起彼伏，多数是纪念圣母玛利亚的，但也有耶稣的节日。卡摩戈里（Camogli）有一个节日在午夜举行，人们向水下的深渊基督像敬献花环。深渊的基督是潜水员的主保圣人。此前有**火把乘船游行**。

■ 潜水者都喜欢给海中圣母像拍照。游人可以参加当地有名的**水下摄影培训课程**。

■ 拉帕罗（Rapallo）有**焰火比赛**。传统的爆竹响声很大，且放出浓烟。

十大丰收节日

这些节日中，有的热烈奔放，有的平静含蓄，但所有这些节日都来源于喜庆丰收的习俗。

❶ 感恩节，美国马萨诸塞州普利茅斯种植园

美国的感恩节是每年11月的第四个星期四，起源于1621年秋。当时，新大陆的移民为了庆祝小麦丰收，粮食储备充盈，连续三天摆宴庆贺。宴会上，主人和印第安人的马萨索伊特（Massasoit）、万帕诺亚格（Wampanoag）部落分享鹌鹑、火鸡和鱼。1863年，林肯总统宣布感恩节为全国性节日。

行前计划： 普利茅斯种植园恢复了17世纪英国移民定居点的风貌。感恩节期间有特殊的节日食品供应，比如印第安布丁和烤火鸡。www.plimoth.org

❷ 葡萄酒节，阿根廷门多萨

2月的最后一个星期天，门多萨大主教用新采的葡萄和圣水敬献上帝，阿根廷门多萨地区持续1个月的庆典由此开始。大街小巷游行的花车鱼贯而过，花车上的美女引来众人夹道观看。节日的最后，在大剧院举行隆重的文艺表演，随后，在绚烂焰火的背景下，推选出晚会的丰收女神。

行前计划： 门多萨夏季（北半球的冬季）炎热，但夜晚凉爽，需要带保暖的衣物。www.greatwinecapitals.com/mendoza/index.html

❸ 水稻节，印度尼西亚巴厘岛

在巴厘岛，人们崇拜水稻女神迪维斯里（Dewi Sri），因为稻米是当地的主食。到了收获的季节，每个村子彩旗飘扬，在水田上游最神圣的地点，用竹子搭建简易的庙宇，祭祀水稻女神。粮仓里还摆放着稻穗扎成的偶人，作为献给水稻女神的供品。

行前计划： 巴厘岛气候条件适宜种稻，水稻一年几熟，水稻节一般在4月或秋季。Bali.sawadee.com

❹ 尖竹汶水果节，泰国尖竹汶

尖竹汶以宝石和当地特产的水果闻名于世。水果也像宝石一样美丽。夏季水果丰收的时候，当地举行一年一度的水果节，各色鲜果如榴莲、红毛丹、龙眼和山竹果宝塔一样地摆放成堆。水果节上有产量竞赛和艺术展示，开幕式上的游行花车也是数千枚热带果蔬做成的。

行前计划： 水果节的时间视丰收的时间而定。可向泰国旅游局查询具体日期。www.thailandgrandfestival.com

❺ 住棚节，以色列耶路撒冷

住棚节是一个庆祝丰收的节日，同时也纪念以色列人在沙漠中流浪、居无定所的日子。各家都会搭建临时的露天帐篷。他们会在帐篷里吃饭，有时候还连续7天在里面过夜。每天，人们向四方摇动柳树、爱神木、棕榈树和香木制成的仪杖，感谢大地的馈赠。

行前计划： 节日在9月或10月，赎罪日（Yom Kippur）之后。期间可以和耶路撒冷的朝圣者一起庆祝节日。各家各户的阳台和屋顶上可以见到大大小小的帐篷。www.virtualjerusalem.com/jewish_holidays/sukkot/index.htm

❻ 主显节，希腊

主显节是纪念东方三贤觐见圣子耶稣的节日。这一天，游行的队伍从教堂出发来到大海边，由一位神甫为一枚黄金十字架祝福，然后，十字架被抛进大海。这时，男人们争相跳进大海，谁抢到十字架，谁就会得到神的祝福，在新的一年大吉大利。

行前计划： 1月6日希腊各地均有主显节的庆典，以比雷埃夫斯（Piraeus）（雅典附近）的最为有名。

❼ 橄榄节，意大利玛吉奥尼

玛吉奥尼月中为期两天的节日纪念圣克雷蒙（St. Clement），同时也庆祝橄榄丰收，届时，所有参与加工制造橄榄油的人都会参加庆祝的活动。一位神甫在专门的弥撒中祝福新酿的橄榄油，然后，全城在一座12世纪的城堡里举行丰盛的中世纪风格的宴会。

行前计划： 参加马耳他骑士城堡（Castle of the Knights of Malta）宴会需要提早定位。www.inumbria.it/articoloeng-37471.html

❽ 丰收节，英国

丰收节标志着收获的季节到来。粮食开始充足，白昼开始变短。早期英国，人们用新麦烤成面包，献上教堂的祭坛，丰盛的餐桌上也会摆放玉米偶人作为装饰。

行前计划： 几天的丰收节是一个很普遍的凯尔特节日。伊斯特本（Eastbourne）每年在沿海一带举行庆典。www.lammasfest.org

❾ 马德拉鲜花节，葡萄牙马德拉

丰沙尔（Funchal）4月的鲜花节，空气中弥漫着花香，标志着春天的到来。岛上的孩子们用鲜花堆出一面希望墙，街道两侧也铺满了鲜花的地毯。

行前计划： 马德拉一年四季水温适宜，可以带上泳衣。www.madeiratourism.org

❿ 丰年祭奠，斯威士兰

12月末，男人们到海边取水，准备丰年祭奠。人们用刺槐圣树的树枝编成凉亭，献给国王。只有国王品尝了新采的水果之后，丰收的节日才正式开始。

行前计划： 游客可以参加庆典，但须经允许才能拍照。

耶路撒冷的市场上，正统的犹太人为住棚节选购香橼果。香橼、爱神木、棕榈和柳树是每日祈祷、祭祀、游行必备的。

十大斋前节

斋前节原本是一种庄重的宗教仪俗，现在已经演变为大斋前的狂欢。

❶ 新奥尔良狂欢节，美国

尽管拿破仑把路易斯安那卖给了美国人，法国的风俗却延续了下来，最有特色的就是新奥尔良狂欢节（法语Mardi Gras，意为丰盛的星期二）。可以说，狂欢节给这座城市定下了基调。狂欢节以主显节（1月6日）假面舞会为开端，越来越喜庆热烈，一直持续到四旬斋（Lent），以连续5天的联欢告终。

行前计划： 私人俱乐部会组织花车游行，游客也可以乘坐花车参加游行。“拿破仑大军”允许外地人加入。www.napoleonparade.com

❷ 特立尼达和多巴哥狂欢节

特立尼达和多巴哥狂欢节保存了狂欢节的本义，不是大型的商业炒作，而是大众的狂欢：有随性的盛装表演、大游行、舞蹈和美食。狂欢节是18世纪晚期法国人兴起的传统，最初是岛上贵族举办的假面舞会，很快，便发展为盛大的街头狂欢。在以后的岁月中，世界各地不同信仰的移民不断给狂欢节注入新的元素，今天的狂欢节，已经演变为多元文化的盛会。

行前计划： 狂欢节的一周有两个全岛范围内的歌舞比赛，相当于“美国偶像”，已经连续举办了40年。www.gotrinidadandtobago.com

❸ 马提尼克狂欢节，法国

马提尼克（Martinique）大斋前的狂欢节是一个“群魔乱舞”的节日。一连5天，人们举办各种聚会和游行，男人穿着女人的衣服假扮婚礼。丰盛星期二是红魔的节日，法兰西堡（Fort-de-France）的大街小巷，人们都穿上了红黑两色的鬼怪服装，参加游行。狂欢节在灰星期三达到高潮，这天举行狂欢节之王的象征性葬礼，抬出国王的肖像。国王之死标志着一年幸福时光的终结。

行前计划： 狂欢节的准备活动从1月初开始，周末有各种联欢活动；四旬节期间也有小型狂欢节。www.martinique.org

❹ 厄瓜多尔花果节

安贝托（Ambato）花果节是一个庆祝丰收的节日。在白雪皑皑的安第斯山下，当地人穿上节日盛装，参加花车游行、赏焰火、品尝水蜜桃酒。四旬节前的星期六，安贝托雪白的大教堂里还会举行弥撒。

行前计划： 安贝托在基多以南约2小时的路程。www.ecuador.com

❺ 里约热内卢狂欢节，巴西

世界最有名的狂欢节，持续4天，在丰盛星期二结束。狂欢节上的亮点之一，就是热烈的桑巴舞大游行，在巨大的桑巴舞剧场（Sambodromo Stadium）举行。

行前计划： 观看桑巴舞剧场的表演需要尽早买票，否则门票会很快售罄。www.rio-carnival.net

❻ 帕特雷（Patras）狂欢节，希腊

帕特雷狂欢节的灵感来自古代希腊的酒神文化，是一个神话与现实交会的盛会。圣安东尼节（1月17日）是狂欢节的正式开始，一直延续到3月初，以盛大的游行和风筝比赛结束。

行前计划： 从帕特雷出发，可以方便地到达希腊的古迹奥林匹亚和德尔菲（Delphi）。www.iexplore.com/dmap/Greece/Event/9044

❼ 威尼斯狂欢节，意大利

威尼斯狂欢节吸引着世界各地的人们。狂欢节起源于13世纪，在文艺复兴时期达到了高峰。狂欢节虽然根源于天主教，却始终是一个世俗的盛会，威尼斯人戴着假面具，无论怎样的狂想和欲望，都可以趁此机会去体验，去实现。

行前计划： 狂欢节的那一周十分寒冷，有时甚至下雪。除了戴上面具，还要带好御寒的衣物。www.carnivalofvenice.com

❽ 狂欢节，德国

德国南部各地都举行为期6天的狂欢节。这是一个欢快的节日。每个村子，每个城区，都有自己独特的节日服装，有蜘蛛、女巫、动物和小丑，丰富多彩，超乎想象。节日的高潮在星期三前的星期一，这一天会举行疯狂的傻瓜大会和整夜的狂欢节舞会。

行前计划： 可以住在湖畔城市腓特列斯哈芬（Friedrichshafen），租车观看狂欢节游行。www.friedrichshafen.ws

❾ 科隆狂欢节，德国

狂欢节11月11日开始，持续整个冬天，直到四旬节前夕结束。仅科隆一地，就有500多种活动，包括游行、舞会、音乐会和传统文艺表演。

行前计划： 四旬节前的玫瑰星期一有盛大的游行。城市的狂欢节博物馆详细展示了狂欢节的历史。www.koelnerkarneval.de

❿ 西切斯狂欢节，西班牙

每年有一周的时间，阳光明媚的西切斯从安静的海滨小城一变成为狂欢节的天堂。节日的庆典在丰盛星期四开始，届时，会在海滨举行仪式，召唤卡内斯托尔蒂斯（Carnestoltes）国王起死回生。狂欢节以老城区数千人大游行告终。

行前计划： 狂欢节的高潮是星期日和星期二的游行。民族舞蹈和传统的狂欢节庙会值得体验。www.sitgestour.com

里约热内卢狂欢节期间，桑巴舞学校的学员站在华丽的花车上。大家彼此竞争，希望被评为最具创意的花车。

复活节的星期六，游行的人们把表现耶稣行迹的木雕送回教堂。

意大利

特拉帕尼的耶稣受难日

在基督教一年中最庄重的日子，西西里岛上的这个小城用持续一整天的仪式纪念耶稣基督的受难。

耶稣受难日下午2点，市中心炼狱教堂（the Church of Purgatory）的大门敞开，一群人抬着木雕的苦路14处群像，踏着葬礼进行曲的旋律，走了出来。特拉帕尼的“神秘大游行”拉开了序幕，在随后的24小时，这些人要抬着木雕走遍特拉帕尼的大街小巷。一共20组雕像，每组有10人或12人抬，这些人都是来自本城某一行业工会的成员。每一组有一名队长，挥动着响板走在队列前面。这一行人的前面，是戴风帽的人组成的方阵，在哀悼中缓缓地行进，后面，则跟着乐队，演奏着葬礼的哀乐。本城的大游行已经持续了400年，不过今天大家抬着的雕塑是18世纪、19世纪制作的。雕像的头部、手和脚为木制，面部表情栩栩如生，很多人物流露出痛苦的表情。雕像放置在木制的托盘上，上下点缀着银饰和鲜花。特拉帕尼的街道挤满了围观的民众，游行经过的街道两侧，人们还纷纷从露台上抛撒花瓣。第二天，雕塑被送回教堂，复活节欢乐的庆典随即开始。

最佳旅行时间：复活节的周末。春季可能是去西西里岛最好的时节，气候温和，野花绽放，杏花吐蕊，一派欣欣向荣的景象。

行前计划：乘飞机到帕勒莫（Palermo），然后从机场租车或乘机场巴士进城。从帕勒莫到特拉帕尼也有公共汽车和火车。公共汽车发车频繁，可能更加方便。特拉帕尼的汽车站和火车站紧靠市中心。市中心面积不大，可以步行游览。本市还有一个小型机场，供国内航班使用。港口有渡船可到附近岛屿。复活节在西西里岛是旅游旺季，因此需要提早预订车船票和酒店。

相关网址：www.processionedeimisteri.it， www.sicilynet.it

著名景点

■ 在背街的小餐馆用餐，可以体验这里的终极快餐。参与游行的工会成员进来歇脚的时候，饭菜几乎是随着客人端上桌，仅用15分钟，人们便扛着木雕，继续出发参加游行了。

■ 夜间的游行颇具诡异气氛，葬礼的音乐哀转久绝，甚至会在事后几天里形诸梦寐。

■ 天气好的时候，站在山顶的中世纪村子埃里斯（Erice），可以遥望80公里之外的突尼斯（Tunisia）和埃特那（Etna）山。从特拉帕尼有缆车上埃里斯，上面有古老的城墙和迷宫般的街巷。

法国

吉卜赛朝圣

卡玛戈（Camargue）的海滨小城圣玛利德拉梅尔（Saintes-Maries-de-la-Mer）是数千吉卜赛人一年一度的朝圣地。

全欧洲甚至全世界的吉卜赛朝圣者来到这里，纪念玛利亚·雅各布（Mary Jacobe），圣母玛利亚的异母妹，耶稣的姨妈和玛利亚·萨勒莫（Mary Salome），耶稣门徒大雅各和约翰的母亲。同时朝圣者也祭祀他们的主保圣人萨拉（Sara）。萨拉是埃及人，也可能是吉卜赛人。据说她就在这里和两位玛利亚以及抹大拉的玛利亚，并另外三个人下的船。因为追随耶稣，他们受到牵连，所以逃难至此。根据传说，他们的小船没有帆也没有舵，可是天意让他们在一片安全的海滩上了岸。弃船以后，前两位玛利亚和萨拉留在岸边，抹大拉的玛利亚则进入一个山洞祈祷。本地的罗马式教堂德拉梅尔圣母院（Notre-Dame-de-la-Mer）仍然供奉着萨拉的遗物。这里已经成为香火旺盛的朝圣地，很多人受洗或结婚也来这座教堂。朝圣者抬着萨拉的塑像和棕色小船来到海边，船上放着玛利亚·亚各布和玛利亚·萨勒莫的塑像，象征她们奇迹般地来到这片海滩。后面跟着的，是骑白马擎着旗帜的卡玛戈骑士和穿着普罗旺斯裙子的妇女。空中回荡着教堂的钟声和音乐，众人齐声高喊："萨拉万岁！圣玛利亚万岁！"

最佳旅行时间：朝圣从5月24日持续到5月26日。但很多人逗留更长的时间。10月中旬，本地还有一个丰富多彩、更具本地特色的节日。教堂的布道、走向海边的游行和民族服装是节日的主要特色。金色的沙滩绵延30公里，是休闲漫步的好地方。

行前计划：到圣玛利德拉梅尔可以自驾车或乘火车从亚维农（Avignon）到阿尔雷斯（Arles），然后转乘45分钟公共汽车。沿途可以欣赏稻田和苇草苫盖的农舍。在阿尔雷斯旅游中心可以查询时刻表，每日只有三班汽车发车。

相关网址：www.saintesmaries.com

著名景点

■ 5月下旬大约10天，吉普赛人的**机动车和马拉大篷车**齐聚这座小城，来参加他们一年一度的朝圣活动。

■ 朝圣期间，他们纪念当地的一位诗人和养牛人福尔科（Folco, Marquis de Baroncelli-Javon，1869－1943）。他推动朝圣日成为法定的节日，并为吉普赛人的权利奔走过。朝圣者会到他的坟前去祭扫，跳民族舞蹈纪念他，并在街道上举行**奔牛**活动。

■ 参观**农场**。这里的牛仔蓄养黑牛和卡玛戈白马。农场上很多房屋还保持着传统的白墙茅檐样式。

卡玛戈骑士是吉普赛大游行的一部分，他们抬着圣萨拉的像来到海边，再把它抬回教堂。

节日期间身穿民族服装的少女抬着鲜花供品送给圣母。

西班牙

玉柱节

纪念萨拉戈萨（Zaragoza）主保圣人的节日和西班牙人日夜狂欢的热情实现了完美结合。

据相信的人说，公元40年的时候，传福音的圣詹姆斯在阿拉贡（Aragon）的伊布罗（Ebro）河畔祈祷，圣母玛利亚出现在了他的面前。玛利亚授予他一尊自己的塑像，还有一根碧玉雕琢的柱子，要他在柱子的周围建造起一座教堂。其后数百年，圣玛利亚的信徒在玉柱广场上修建了一座无比华丽的大教堂，这根玉柱已经用大理石包围起来。大批信众来到教堂，亲吻圣柱，然后大家点名找出所有名叫琵拉（西班牙语“柱子”的意思）的女人。每年10月的玉柱节是各种庆典的高潮，这一天萨拉戈萨纪念本城的主保圣人。参加的人们向圣母献上大量的鲜花和水果，抬着折纸模型的巨人、大头怪绕城游行。作为一个西班牙的节日，大街小巷的所有人都载歌载舞，当然也少不了斗牛和戏剧。夜晚，人们来到酒吧街伊图波（El Tubo），继续一整夜的狂欢。

最佳旅行时间：节日持续9天，从10月12日之前的那个星期六开始。玉柱广场上有歌舞、马戏和各种喜庆的活动。

行前计划：乘飞机、火车或汽车均可到达萨拉戈萨。城市有多条公交线路，但租车或许是更方便的方式。老城的中心区在伊布罗河以南，玉柱广场、大教堂、城市的教堂、历史性建筑、宾馆、餐厅大多在这里。节日期间游客人数可达数千人，需要尽早预订住宿。

相关网址：www.fiestasdelpilar.com

著名景点

- 音乐是节日的重要组成部分。**众多乐团**纷纷献艺，表演的节目有民间音乐，也有流行音乐、雷鬼音乐、探戈舞曲和爵士乐。
- 如果不会跳探戈，可以尝试阿拉贡传统舞蹈尤塔（Jota）。玉柱广场上每天都有**民间乐舞**表演。
- 每天晚上有**焰火**。最后一晚的焰火表演在河畔的帕格德马萨那斯（Parque de Macanaz）上演，格外精彩。
- 每天晚上，帕格皮利莫（Parque Primo de Rivera）的**音乐、灯光和水上表演**热闹非凡。
- 节日期间，帕格德阿特拉西奥尼斯（Parque de Atracciones）日夜有**啤酒**，供游人畅饮。

西班牙

塞维利亚圣周

西班牙天主教徒有通过游行的方式庆祝圣周的习俗，而南部城市塞维利亚的庆典更盛于全国各处。

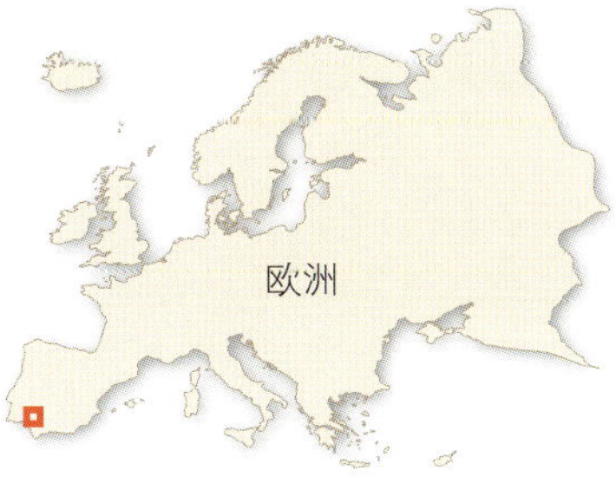

每年春季圣周的8天里，古城的街道便因为宗教庆典而变得欢天喜地、热闹非凡。从棕枝全日（Palm Sunday）到复活节的星期天，全城5万余名天主教兄弟会的成员组成59支游行队伍，从各自的教区出发，走向本市的大教堂。多数兄弟会还会抬出两台华丽的花车。一辆花车再现耶稣的受难和复活，另一辆则载着圣母玛利亚像。圣像头戴金冠，身穿刺绣的天鹅绒锦袍，花车的外部框架也饰以精美的银饰，重达两吨。游行历时8个小时。如果站得近一些，可以听见里面推动花车的人沉重的喘气。花车的后面，是忏悔者组成的队列，他们身穿长袍，头戴蒙面尖帽（只有上帝知道他们的身份），扛着大十字架、旗子和蜡烛。街道两侧的露台上，有歌手动情地唱着弗拉门戈的哀曲。盛典在耶稣受难日凌晨达到高潮。这时，会有华丽的花车从狭窄的鹅卵石街巷间驶过。两天后，塞维利亚庆祝耶稣复活，城市再次成为欢乐的海洋。

最佳旅行时间：如果不能逗留整个一周，直到复活节，至少要赶上耶稣受难日凌晨的仪式。每年具体的时间不固定，但都是在3月到4月之间。

行前计划：圣周期间的游行吸引观众多达百万，酒店提前很早便会订满。为了有比较舒适的住宿条件，需要尽早预订。本地的报纸详细预告每天参加游行的兄弟会和他们离开自己的教堂的时间。每天同时可能有多达十个兄弟会的游行，需要带好城市的地图和一双适合走路的鞋。为了尽可能多地领略城市的风光，可以尽量穿小巷，这样也不至于遇到游行队伍挡住道路。

相关网址：www.guiasemanasanta.com， www.sevillaonline.es

著名景点

- 如果提前几天来到城市，可以参观各地的**教堂**，看兄弟会为游行做准备。
- 虽然圣周的游行是一种庄重的宗教仪式，但塞维利亚人喜欢娱乐的天性在宗教活动中也不能掩盖。游行队伍经过的路上，**酒吧**的生意都格外好。一定要安排一些时间坐下来喝一杯，体验别样的情调。
- 品尝当地的复活节美食炸牛奶鸡蛋包（Torrijas）。只是一种法式吐司面包，用鸡蛋、葡萄酒和蜂蜜浸泡。

耶稣复活兄弟会的忏悔者在白色圣母玛利亚教堂（Church of Santa Maria la Blanca）准备参加复活节星期日的游行。

THERON W DRISCOLL
HOWARD F BENNETT
FRANK McMANUS
RAYMOND JOSEPH CAMPBELL

9 寄托哀思

要理解一个民族的信仰和价值观，就看他们怎样纪念死者。每一个社会都有自己凭吊死者的圣地，这些地方，有的深沉静穆，有的欢快热烈——但每一个地方，都有自己的故事。在埃及的帝王谷，我们可以看到考古学家复原的3000年前法老的生活。在中国，我们可以凭吊宁静肃穆的帝王陵。在法国巴黎，拉雪兹公墓（Pere Lachaise Cemetery）为我们讲述着苦恋情侣希罗伊斯（Heloise）和阿比拉尔（Abelard）的爱情悲剧。而战争公墓，如美国纪念阵亡将士的阿灵顿（Arlington）国家公墓，则诉说着战争与英雄的故事。在更晚近一些的时代，日本广岛（Hiroshima）原子弹爆炸地点的和平公园（Peace Park）或耶路撒冷的大屠杀纪念馆（Yad Vashem Holocaust Memorial），让我们追忆那些被独裁和暴政夺去的生命。然而，长歌可以当哭，也有的纪念地张扬着对生的赞颂，比如有彩绘墓碑的罗马尼亚快乐公墓。

阿灵顿国家公墓建于南北战争时期，是美国两处由军方管理的战争公墓之一。人们在这里凭吊在历次战争中捐躯的将士，每周的祭扫活动有上百次之多。

加拿大

兰斯阿穆丘

偏远的小村庄兰斯阿穆丘吸引着众多游客来到这里，寻求宁静、回归自然、参观神秘的远古陵墓。

大约7500年前，在今天加拿大的东北部，一位少年夭折了。我们不知道名字，也不知道性别。但我们知道，当地为这位少年精心安排了葬礼。少年的尸体被面朝下安放在一个深坑里，上面覆盖着树皮，头朝向西方。族中的长老在尸体的背上洒了一些茶黄，又在坟墓里安放了一些石质工具和武器。他们随后点起火，举行了火葬。最后，墓穴用石头填平。这样隆重的葬礼可能需要一周的时间准备，也说明这位少年是族中重要的人物。今天，这座直径8米的石堆是北美已知最古老的墓葬遗址。少年生活的年代是滨海古印第安人时期，所属的部落被称作“描红族人”（Red Paint People），生活在靠近北极圈的大西洋沿岸。墓葬遗址位于拉布拉多（Labrador）南端的兰斯阿穆小渔村，1974年被发掘，后来又被恢复到原始的形状。“兰斯阿穆”在法语里是“爱的海湾”的意思。小村只有8名居民。可是，每年夏天，却有1万余名游客带着好奇心来这里观光。

最佳旅行时间： 夏季从6月到9月是天气最好的时节，可以骑自行车、远足、参观灯塔。推荐开车走510号海滨公路，沿途风光美不胜收。

行前计划： 参观墓葬遗址、博物馆和灯塔需要大约一天时间。如果还想参观16世纪巴斯克人的捕鲸基地红湾国家历史遗址，则需要计划两天的时间。可乘飞机到魁北克的卢德布兰克萨布伦机场（Lourdes-de-Blanc-Sablon），然后租车向东行驶30分钟，即可到兰斯阿穆。少数幸运的游客可以在只有三间客房的灯塔湾快捷旅馆过夜，从这里到墓葬遗址步行只要20分钟的时间。这也是兰斯阿穆唯一的旅店，所以最好事先预订房间。

相关网址： www.destinationlabrador.com，www.pointamourlighthouse.ca，www.labradorstraitsmuseum.ca

著名景点

■ 6月中旬到9月中旬期间，可以参观33米高的**阿穆灯塔**。灯塔建于1857年，是加拿大的第二高灯塔，大西洋沿岸最高的灯塔。

■ 带上望远镜，可以看到**座头鲸和终年不化的冰山**。喜欢远足的人可以去斯布纳湾（Spooner Cove），贝特里（Battery）和瀑布溪（Overfall Brooks）。这些地方的困难程度从轻松到中等难度不等。

■ 参观**拉布拉多海峡博物馆**。这里展示了150年前人们的生活，和妇女对拉布拉多发展做出的贡献，还有考古发掘中出土文物和滨海古印第安时期展品的仿制品。

阿穆灯塔仍然在使用，顶上安装了自动塔灯。灯塔同时还是一座博物馆。游客可以攀登128级台阶，欣赏美丽海景。

约翰·肯尼迪总统墓前恒久不熄的火焰。

美国/弗吉尼亚

阿灵顿国家公墓

大约30万名阵亡将士及其家属长眠于此，公墓上到处可见象征这个国家的标志。

公墓入口处的半圆形围墙上面是美利坚合众国国徽，入口两侧各有花岗岩石柱一根。两扇铁艺大门上面镌刻着六颗金星和军徽。车从大门驶入，在周遭庄严肃穆的氛围里，进入了一片简洁的白色十字架的海洋。十字架的前面，是一片白色大理石石棺，两侧有树木排列成行。这是无名烈士墓，纪念在历次战争中阵亡的无名英雄。墓地全天24小时有陆军警卫值守。阿灵顿公馆下面的坡地上，是约翰·肯尼迪总统之墓，墓前的火恒久不熄。走在这些墓碑中间，美国的历史从身边掠过，有“二战”时期留下的硫黄岛战役纪念碑（Iwo Jima Memorial），有367位获得荣誉勋章的英雄，也有在太空探索中牺牲的宇航员。那么多人献出了自己的生命，关于他们，我们大多数人却一无所知。

著名景点

■ **美国女性服役人员纪念堂**有一座弧形大门、玻璃顶，前面是一片澄澈的湖水。这里纪念的是所有为保卫美国而服过役的女性，包括护士，是唯一一座女性服役人员的纪念堂。

■ 两座造型简洁的**纪念标**彼此相距数米之遥，纪念着14位分别在1986年和2003年挑战者号和哥伦比亚号航天飞机爆炸中牺牲的**宇航员**（13名美国人，1名以色列人）。

■ 19世纪建造的阿灵顿公馆最初是乔治·华盛顿纪念堂，一度也是罗伯特·李（Robert E. Lee）的住宅。1864年公馆附近的土地被辟为公墓，1883年，国会从罗伯特·李的儿子手中买下了公馆。

最佳旅行时间：公墓全年365天，每天早上8点开放。4月到9月晚7点关门，其他月份下午5点关门。

行前计划：墓地占地面积253公顷，可以安排2—4小时参观。入口处有游客中心和书店。公墓不提供轮椅或婴儿推车。一般情况下汽车不得进入。从公墓大道出来，有充足的停车位。从华盛顿主要景点均有旅游大巴开往阿灵顿，全年发车，车上有导游讲解。乘坐地铁蓝线亦可到达。如遇葬礼，请尊重死者及家属。

相关网址：www.arlingtoncemetery.org，www.nps.gov/arho，www.washington.org

美国/纽约

零点

经过几年的争论，原世贸中心的废墟上建起了这座纪念博物馆。

今天的“零点”就像是一个普普通通的建筑工地，然而这里却是纽约最神圣的地方，世界贸易中心的旧址。2001年9月11日，2980人在世贸中心遇难。那是美国本土第一次遭遇外来袭击。那一天对于很多人来说，世界彻底地改变了。恐怖主义集团基地组织（Al Qaeda）策划了这次自杀性袭击，他们劫持的两架客机撞毁了纽约最高的世贸中心双塔楼。撞击引发了猛烈的大火，大楼的钢结构被烧化，致使大楼倒塌。现在，城市最高的541米的自由之塔（Freedom Tower）、三座办公大楼和一座世贸中心国家“9·11”纪念博物馆仿照原世贸双塔楼的样子拔地而起。新建筑群包括博物馆大楼、两座层级瀑布的水池和一片300株橡树的城市森林。到2008年，美国50个州、世界其他30个国家和众多组织与个人募集了建造纪念建筑群所需的三亿五千万美元中的三亿二千五百万美元。新建筑群兴建的过程中，世贸大楼旧址对面的世贸参观中心（Tribute WTC Visitor Center）组织了各种观光、陈列等活动，在所有希望了解“9·11”事件的人与亲历“9·11”事件的人们之间架起了一座桥梁，是“9·11”死难者家属联合会发起的活动。

著名景点

■ 由“9·11”幸存者引导的**步行参观**让人重温当时的情景，体验事后的种种悲怆。

■ 大楼旧址周围有**步道**，给游客在这片地区一个整体观感。

■ **世贸参观中心**的5个画廊以图片、电影、艺术品和录音的形式展示了世贸中心“9·11”事件前、事件中和事件后的历史。

■弗里茨·科尼格（Fritz Koenig）的雕塑**“环球”**作为世界和平的象征，原来安放在双塔楼之间，在“9·11”事件中被损坏，如今成为恐怖袭击的见证和对死难者的追忆。雕塑为青铜质地，直径4.6米，重2041公斤，当时被高空坠落物撞击严重损坏，后移至世贸中心以南几个街区远的贝特里公园（Battery Park），“9·11”事件一周年的时候，永恒之火在此处点燃。

最佳旅行时间：世贸中心旧址和世贸参观中心在自由大街（Liberty Street）120号全年开放。参观中心周一和周三至周六早10点到晚6点，周二中午到下午6点，周日中午到下午5点开放。在参观中心和周围地区可以安排至少2小时的时间。

行前计划：游客中心从星期日到星期五有导游引导参观，时间是上午11点，下午1点和3点；星期六的时间是上午11点、12点和下午3点。

相关网址：www.tributewtc.org

对页：弗里茨·科尼格的“环球”在“9·11”事件中被严重损坏，现在安置于贝特里公园（Battersea Park）。左上：纪念博物馆工程于2006年开工。右上：“9·11”事件两天后，工人在废墟中发现了这截十字形钢梁。后来钢梁被安装了基座，作为纪念碑树立起来。

美国/俄亥俄

蛇山

俄亥俄州（Ohio）连绵起伏的原野上，有一条神秘且神奇的“大蛇”依着山势蜿蜒盘旋。

一道蜿蜒曲折的蛇形沿着林木苍翠的山脊绵延长达402米。高山脚下，是俄亥俄州茂盛的牧场。这是目前发现的最大的一座象形山丘。今天，山的周围修建了盘盘曲曲的步道，在点缀着乔木的草原上穿行。步道从“大蛇”紧紧盘着的尾部开始，沿着蜿蜒的“蛇身”一直向前，长达418米，直到“蛇头”前面的椭圆形山岗。是什么样的一个古代文明堆筑了蛇山，又是出于什么目的？至今仍然是个谜。蛇头正对着夏至日太阳落山的方位，盘曲的蛇身则标志出二分、二至日太阳和月亮的运行轨迹。蛇山的建造一定得到了技术高超的天文学家的指导，其建造时间可能在公元1000年或更早。精确的天文学知识和古代蛇图腾神话相结合，似乎说明这个神秘工程的目的是为了维持日与夜、夏季与冬季、天国与地狱之间微妙的平衡。

最佳旅行时间：暮春和初秋时节天气最好，蛇山博物馆只在周末开放。夏季比较炎热潮湿，可以在早晨凉爽的时候上山。从辛辛那提（Cincinnati）或哥伦布（Columbus）出发，用一天的时间即可游览蛇山并参观博物馆。

行前计划：蛇山在亚当郡（Adams County），辛辛那提以东129公里处，哥伦布以南161公里处。纪念公园在73号公路贝恩桥（Bainbridge）以南约32公里处。蛇山全年开放，每周开放的时间是周三到周日，每天开放时间会有变动。11月到次年3月关闭。

相关网址：www.ohiohistory.org， www.adamscountytravel.org

著名景点

- **博物馆**展示了当地独特的地质条件、蛇山的天文方位和建造蛇山的古代文明。
- 从蛇尾盘成的圆环到蛇头的连线指向正北。
- 登上观光塔可以欣赏蛇山全景，感受几百年前生活在这里的古代文明的创造力。

蛇山的起源仍是一个谜。

碑体的黑色花岗石来自印度，选材时特意选取了石材表面反光的特点。

美国/华盛顿

越战退伍军人纪念碑

一场充满争议的战争，一座起初充满争议的纪念碑，如今，却已经深深植根在美国人的情感记忆中。

从一片薄薄的、刻着寥寥几行名字的黑色花岗石碑开始向前走，附近宪法大道（Constitusion Avenue）的喧嚣渐渐远去，游人走进了一片肃穆的宁静。墙体逐渐升高，一片片刻在石头上的名字映入眼帘，这座纪念碑成了对历史抹不去的记忆。纪念碑由两座相交的三角形墙垛组成，每个三角形长75米，埋入地下。那是一场政治性的战争，可是纪念碑不做任何政治性的表态，它只是纪念着所有在那场战争中服役、牺牲了的将士。一切以简约为原则，墙上的58 256个名字按照牺牲或失踪的时间顺序排列，这是唯一的一点区别，所有的名字同等大小，不列军阶、军衔。有的游客用铅笔拓印上面的名字；有人献上鲜花、纪念品和信件；也有人只是站在那里，注视着光可鉴人的花岗石碑上刻着的名字。看着那些名字，也就是在看自己映在石碑上的身影。墙按照年代顺序，从1959年到1975年，逐渐升高，顶端高达3米。继续向前走，墙的高度又降低，人从历史走回了现实。从一开始，纪念碑便成为政治和情感上争议的焦点。设计者耶鲁大学的学生林璎（Maya Lin）和她的设计方案引发了多方反对，但是最终，评委会还是在1400多个设计方案中选中了她的。今天，每年有数百万人来参观这座越战纪念碑。

著名景点

■纪念碑1982年完工，随后增建："三老兵"塑像、越战女兵纪念碑和纪念雕塑是对每一个在越战中服役人员的纪念。

■纪念碑按时间顺序和字母顺序排列人名，但由于数量巨大，要找到某一个名字几乎不可能。所以纪念碑墙的尽头有人名目录。墙上带加号的名字表示其人在战争中失踪。

■每年11月11日老兵纪念日，这里会举行缅怀的仪式，仪式包括敬献花环、音乐和演讲等内容。

最佳旅行时间：纪念碑每天24小时对外开放。秋季景色很美，但春季周围樱花盛开，是最理想的季节。可以花上30~45分钟浏览那些人名，也可看看纪念碑旁边的雕塑。

行前计划：纪念碑位于亨利贝肯街（Henry Bacon Drive）和宪法大道交会处。最近的地铁站是雾底站（Foggy Bottom）。每天早上9点半到晚11点半有管理员值班，解答人们的问题。

相关网址：www.nps.gov/vive，www.viewthewall.com，www.thewall-usa.com

十大战争纪念碑

❶ 国家战争纪念碑，加拿大渥太华

渥太华（Ottawa）联邦广场（Confederation Square）中央，22尊代表各兵种的士兵铜像仿佛正在行进中穿过一座高大的花岗岩拱门。塑像于1939年揭幕，顶端有代表和平与自由的铜像各一尊，是为了纪念数千应征参加第一次世界大战英勇牺牲的加拿大人。今天这座纪念碑纪念着所有为国献身的英雄。

行前计划：联邦广场在渥太华市中心。每年11月11日的荣军纪念日（Remembrance Day），广场上会举行全国哀悼典礼。www.vac-acc.gc.ca

❷ 朝鲜战争退伍军人纪念像，美国华盛顿

华盛顿的国家广场（National Mall）上矗立着19座朝鲜战争士兵塑像。这些塑像有的从树丛间露出身形，有的从杜松灌木丛里穿过，有的则正在跨越花岗岩的障碍物。塑像由反光的不锈钢铸成，阳光下熠熠生辉、栩栩如生，黑暗中则森然矗立、魅影重重。群像是为纪念1950年到1953年期间参加朝鲜战争死去的美国军人而建的。

行前计划：纪念像位于法国大道（French Drive），雾底（Foggy Bottom）地铁站附近。www.nps.gov/kwvm

❸ 自由纪念碑，美国堪萨斯州堪萨斯城

四座代表勇气、光荣、爱国和牺牲的石像环立于纪念碑的顶端。浮雕的长卷描绘出从战争到和平的艰辛之路。自由纪念碑系第一次世界大战之后修建，2002年整修之后重新开放。2006年，国家第一次世界大战博物馆也在此地开放。

行前计划：纪念碑位于潘谷公园（PennValley Park）的凯斯勒路（Kessler Road），星期二到星期日早10点到晚5点开放。www.libertymemorialmuseum.org

❹ 小巨角古战场国家纪念碑，美国蒙大拿州乌鸦郡

1876年6月，印第安酋长“坐牛”领导的拉科他、切延、阿拉帕荷诸部太阳之舞部落联盟击败乔治·卡斯特中校（Lt. Col. George A. Custer）率领的第七骑兵团。1879年，美国国防部长宣布这片战场为国家公墓。直到1991年，国会才批准在此建立纪念碑。今天，古战场纪念碑是对死者的纪念，也是对印第安人为保卫他们的文化遗产所做的卓绝斗争的见证。

行前计划：战场纪念地除元旦、感恩节和圣诞节外每天都开放。夏季，游客中心会举办有关那场战役的讲座。www.nps.gov/libi

❺ 美军战舰亚利桑那号纪念馆，美国夏威夷火奴鲁鲁

1941年12月7日，日军在珍珠港击沉了美国海军战舰亚利桑那号。美国终于参战。这艘沉船成了1177名海军将士的长眠之地，他们的遗骨仍然封存在船舱里。

行前计划：纪念馆不预售门票，所有门票按先到先得的顺序发放。等待时间会比较长。同时也可参观珍珠港纪念馆（the Pearl Harbor Memorial Museum）。www.pearlharbormemorial.com

❻ 奥新军团纪念地，土耳其

1915年第一次世界大战期间，协约国与奥斯曼帝国开战，争夺对加里波利半岛（Gallipoli Peninsula）的控制。战事不利，双方死伤惨重，其中包括8709名澳大利亚士兵和2721名新西兰士兵。纪念地有展板提供对历史的详细讲解，有徒步参观和战场游览活动。每年4月25日有纪念活动。

行前计划：多数游客在卡纳卡莱（Canakkale）下榻。从这里到半岛乘渡船30分钟。www.anzacsite.gov.au， www.anzac.govt.nz

❼ 华沙起义纪念碑，波兰华沙

1944年，华沙爆发了反抗纳粹统治的起义，数千波兰人丧生，华沙古城遭到重创。华沙起义纪念碑就是对起义英雄的纪念。群像中的一组塑像表现了起义者的战斗，另一组“逃亡”表现了受伤的士兵在地下管道中藏身的情景。

行前计划：纪念碑在华沙的克拉辛斯基广场（Krasinski Square）。www.1944.pl

❽ 诺曼底美军纪念公墓，法国

法国奥马哈海滩（Omaha Beach）上长眠着“二战”时期阵亡的数千名美军将士。他们中有很多是在诺曼底登陆作战中牺牲的（1944年6月6日）。失踪战士纪念墙上，还刻着1557名士兵的名字。一座命名为“美国青年精神”的铜像矗立在墓地的中央。

行前计划：公墓位于克莱维尔苏末（Colleville-sur-Mer），巴约（Bayeux）附近。www.abmc.gov

❾ 梯耶瓦纪念碑，法国

梯耶瓦纪念碑纪念“一战”索姆河（Somme）战场上牺牲的英国和南非籍士兵。这是世界上规模最大的英军战争纪念地，一共列出72 085名失踪士兵的名字。

行前计划：梯耶瓦游客中心在亚棉（Amiens）附近，除圣诞节和元旦外每天都开放。www.thiepval.org.uk

❿ 赛诺塔夫，英国伦敦

赛诺塔夫（空墓）由爱德文·卢延斯（Sir Edwin Lutyens）设计，1919年在伦敦市中心的怀特霍尔（Whatehall）落成，纪念“一战”中阵亡的将士。每年的战争纪念日（Remembrance Sunday），英王和政府官员会来这里敬献花圈。退伍和现役的军人举行游行，向1914年以来所有英国和英联邦国家在战斗中牺牲的军人致敬。

行前计划：距离最近的地铁站是查林十字站（Charing Cross）和威斯敏斯特站（Westminster）。纪念活动在11月第二个星期日的上午11点开始，是距离休战日（Armistice Day）最近的一个纪念日。www.roll-of-honour.com

美国海军亚利桑那号战列舰纪念馆，用以纪念1941年12月7日日军袭击珍珠港事件中被击沉的战舰。

1903年，幸存者和其他的苏族印第安人为1890年大屠杀死难者立了这座用英文和拉科他文镌刻的纪念碑。

美国/南达科他

受伤的膝

辽阔的大平原上，微风吹拂着野草，仿佛是在纪念着拉科他族的印第安人和那个发生在凄凉冬日早晨的悲剧。

孤零零的小山头上，矗立着朴素的石碑。石碑的四面，刻着印第安人的名字。名单的最上面，可以看到酋长“大脚”、“高飞雄鹰”、“荫熊”和“长牛”的名字。这一带的地名叫做“受伤的膝”。1890年12月29日，一群拉科他族印第安人就是在这里惨遭屠戮。当时，这一族约有300人，被第七骑兵团追击，离开他们在恶地（Badlands）的家园，穿越寒冷的旷野，来到松岗保留地（Pine Ridge Reservation）。在这里，他们希望可以继续与世无争地生活，传承祖先的香火。可是，美军包围了他们，命令他们缴械。拉科他人拒绝交出武器，争执不下之际，一支枪走火，美军展开了大肆的屠杀。今天，在那场被称为印第安战争最后一役的现场，一小片墓地纪念着那些几乎被赶尽杀绝的印第安人。辽阔的原野，四顾苍茫，蔓草连天，风中似乎仍然回响着那个死难的民族无尽的呜咽与叹息。

最佳旅行时间：受伤的膝博物馆从5月末到10月初每天开放。

行前计划：夏季炎热干燥，气温经常超过38℃。但是天气变化也非常剧烈，气温会急剧下降，有时会突发雷阵雨。需要多穿几件衣服，穿耐磨的旅行鞋。去松岗保留地的时候应该自带水。博物馆在拉皮特市（Rapid City）以东89公里的沃尔（Wall）市，提供游客自助地图，指引去大屠杀现场的方向。如果早上早些出发，可以用一天时间从容地参观博物馆，在沃尔市吃午饭，然后参观受伤的膝纪念地。

相关网址：www.woundedkneemuseum.org

著名景点

■博物馆展出了大屠杀的**原始照片**和**大屠杀现场的模型**，还有目击者报告和当时报纸的报道。游客还可以听到大屠杀幸存者，拉科他族战士杜威比尔德的录音。

■山上仍然陈列着4尊**哈契开斯炮**，美军曾用大炮对着印第安人的营地狂轰滥炸。

■**沃尔药店**的宣传板色彩鲜明，而且店里提供免费冰水，自从1936年以来，一直吸引着大批游客。当地的购物中心令人眼花缭乱，沃尔市800名居民中有三分之一在这里工作，每年有200万游客到这里来。

新奥尔良公墓

新奥尔良独特的地貌产生了当地富有创意的墓葬文化。

新奥尔良人把他们的城市叫做死亡之城。市内众多墓地里到处可见高耸的坟墓和精美的地下墓葬，数千死者安息的地方，给人一种诡异的感觉。有的坟墓建造得就像一幢房屋，甚至还有铁栅栏围墙。很多坟墓上面都有精美的铁艺、十字架和雕塑作为装饰。每逢节日，各家各户在坟前点起蜡烛，纪念死去的祖先。其他地方，坟墓一般都在地下，上有墓碑。但是新奥尔良的地下水层很浅，棺材埋在地下不安全。所以，自从1789年的圣路易斯1号公墓建造以来，地上墓葬的格局基本成了当地的定制。有的时候，一家人可以共用一块墓地。新奥尔良属于亚热带气候，坟墓中的温度好像火化炉一样热，尸体腐烂的速度很快。大约一年的时间，便只剩下了骨骼。这时，公墓的工作人员把骸骨撮进墓穴下面的一个洞里，这块墓地就空出来可以供下一个死者使用了。每一个死者的姓名和下葬时间都刻在铭牌或墓碑上。

最佳旅行时间：从10月到次年4月中旬是新奥尔良最好的季节。其他时间过于炎热潮湿。参观每个墓地的时间一般是1小时。

行前计划：为了充分了解墓地的历史传说，最好聘请导游。跟团旅游的另一个好处是安全。墓地小路狭窄，又有高高的坟茔，很容易成为小偷的藏身地。当地的非营利性机构"公墓保护组织"提供的导游服务很受好评。

相关网址：www.saveourcemeteries.org

（Marie Laveau）据说就埋在圣路易斯1号公墓。她的崇拜者在她的疑冢前敬献鲜花，刻画X符号。据说现在仍然有人在这里举行秘密的仪式。

■**拉法伊特1号公墓**（Lafayette Cemetery No.1）是游客参观最多的公墓，很多电影，如《双重灾害》（*Double Jeopardy*）、《采访吸血鬼》（*Interview with the Vampire*）都以这个公墓为外景。当地小说家安妮·莱斯（Anne Rice）的小说《吸血鬼编年史》（*The Vampire Chronicles*）中也描写了这座公墓。

■**圣洛克公墓**（St. Roch Semetery）是本市最奇怪的一座公墓。墓地小礼拜堂里陈列着众多献给圣洛克的祭品，据说都是曾经被他治好了病的人献上的。18世纪有一次黄热病大流行，据说圣洛克挽救了很多人的生命。

地上殓葬的习俗形成之前，因为地下水位太高，很多棺木会在一场暴雨后浮出地表。

秘鲁

西潘王陵

新大陆上的埃及国王谷。

考古学界以外的人听到西潘这个名字可能会无动于衷。但是这个位于秘鲁北部沙漠地带的土土的小村子其实是一个很不寻常的地方。这里有古代的珍宝，还有古代的宗教仪式，学者至今不能完全理解它们的意义。公元200年到600年是西潘的繁荣时期，它是莫切（Moche）文明的文化中心和宗教中心。世俗的统治者和宗教领袖都葬在这里，旁边还建有土坯砖修建的金字塔。莫切陵墓与很多南美洲土著文明遗址不同，这里的金银宝藏大部分已经遗失，被人遗忘长达1400多年，直到1987年，第一座贵族陵墓才被人发现。墓主人很快就被命名为西潘之王。随后的几年，考古学家又陆续发现了10座陵墓，墓主人有高级祭司，有西潘的老王，有萨满巫师的助手，还有一位大将军。所有对游客开放的陵墓中，西潘之王的陵墓是最诱人的，陈列了众多黄金饰品的复制品和陶罐。陶罐是用来存放供死者在阴间食用的食品的。墓葬中还有黏土制成的砖块，上面有特殊的花纹。学者认为，这有可能是西潘贵族献给死者的纪念品。

最佳旅行时间：北部的沙漠地带夏季（12月至次年2月）温度经常会达到32℃。其他季节气候比较温和，晴朗天气居多，基本无雨。

行前计划：到西潘旅游最好在契克雷尤（Chiclayo）住宿。这里在西潘东南35公里，其他古代遗址，比如有26座金字塔的土城土库美（Tucume），也在附近。参观西潘的几座主要帝王陵只需一两个小时，但要游览秘鲁北部所有古代遗址则需要几天的时间。

相关网址：www.peru.info， www.go2peru.com

著名景点

- **西潘考古现场最显著的是两座巨大的黏土金字塔。**游客可以登上其中较大的一座，俯瞰整座遗址。学者认为，较小的那座可能是王宫，而较大的这座则是宗教建筑。

- **西潘王陵博物馆**在契克雷尤市北郊，藏品有很多出土手工艺品的原件，其中以**莫切陶器**为多，很多陶瓷制品绘有日常生活的场景。

- 契克雷尤市中心有一座**萨满市场**，萨满巫术所需的一切物品在这里应有尽有，包括蛇皮、巨嘴鸟的喙、人偶、十字架、助情的药物和致幻草药。

西潘之王的随葬之物包括众多黄金饰品，两侧各有一人殉葬。

儿童和平纪念碑寄托着原子弹爆炸后罹患白血病的小女孩的希望。

日本

和平纪念公园

广岛在1946年被命名为和平纪念城市，它让人重温灾难的历史，赋予未来以希望。

1945年8月6日，世界第一颗原子弹把广岛变成了一片焦土。满目疮痍的城市里只有工业促进会大楼仍然耸立着。这座大楼后来改名为原子弹大楼，昔日的荣光如今只剩下一座残破的外壳，见证着广岛悲惨的历史和今天重燃的希望。原子弹大楼坐落于元安川一侧，正对和平纪念公园。两地之间有桥相连，通向儿童和平纪念碑。纪念碑的顶上，一个小女孩的雕像把一只鹤举向天空。纪念碑基座的两侧，分别是一个男孩和一个女孩的铜像。下面的石碑上刻着：这是我们的呼唤，我们的祈祷，愿世界重建和平。纪念碑的周围是一只只五彩的纸鹤，代表着一位年轻的白血病患者的愿望。她相信，只要折出一千只纸鹤，自己恢复健康的愿望就能实现。宽阔的石甬路两侧是修剪整齐的灌木。公园里所有人只轻声低语。混凝土纪念碑上燃烧着熊熊火焰，火焰经久不熄，直到世界上最后一枚核弹被销毁。人们在一行祭文前面鞠躬行礼，祭文写着：愿所有死者安息，我们永不重复罪恶。在这座废墟上建造起来的美丽公园，既是对死者的缅怀，也是对生者的启迪。

最佳旅行时间：春季（4月初）和秋季（10月前后）天气最好。8月6日的战争纪念日是众人凭吊死者的一天，公园里会人满为患。

行前计划：可以安排一两天的时间。公园的咨询中心提供地图和旅游手册。

相关网址：www.pcf.city.hiroshima.jp，www.city.hiroshima.jp

著名景点

- 和当地人一起在**纪念碑**前为世界和平祈祷，看小孩和家人一起跪在碑前致哀。
- 参观**和平纪念博物馆**。模型、图片和烧焦的遗物展现了历史。
- 透过纪念碑下的空间，选取和平圣火和原子弹大楼成一线的角度，拍摄一张照片，用胶片记录感受。
- 敲响**和平大钟**。注意看钟上的地图。设计者意在表现天下大同，所以地图上没有划出国界。
- 在**儿童和平纪念碑**前亲手折纸鹤。患病的小女孩生前只折了644只纸鹤。她的同学和全世界热爱和平的人却延续了这个传统。

十大神圣园林

寂静的园林最适宜退思冥想，让人暂时逃离现代生活的喧嚣和困扰。

❶ 圣墓山修道院，美国华盛顿

政治已经越来越世俗化，在华盛顿市内，却还可以找到一片宁静的修道院园林，足以令人摆脱俗务。游人在玫瑰廊柱之间徜徉，欣赏15座纪念耶稣和圣母玛利亚的小礼拜堂；也可以一路上行，穿过花林树丛，去参观卢德石窟雕塑的等比例复制品。

行前计划：园林每日早10点到晚5点开放。修道院的地下墓穴气氛诡谲，是游客不应错过的参观项目。www.myfranciscan.org

❷ 日本茶园，美国圣弗朗西斯科（旧金山）

茶园为日本来萩原真（Makoto Hagiwara）先生所造，在1895到1925年间也是他本人心爱的居所。小园在金门公园（Golden Gate Park）内，草木芳菲，一派葱茏，经历了历史上的战争、偏见、主人的流寓，才走到今天的和平。来萩逝世后，他的家人继续守护着茶园。“二战”期间，美国政府拘禁日裔美国人，小园一度荒废。

行前计划：茶园的茶舍每日开放，可以享受片刻小饮。www.jgarden.org

❸ 神圣寺园，美国夏威夷考艾岛

沿着一条笔直的小路，游客可以走到一座印度教寺庙的跟前，庙里供奉着一尊有200年历史，高1.8米的湿婆神铜像。寺庙坐落于一座死火山的脚下，周围是185公顷的园地，园中广植花木。僧侣们管理着园中的阿育吠陀草以及其他各种奇花异卉，还有一片金刚菩提子林（rudraksha，梵语，意思是“神的眼泪”，指这种树所结的籽）。菩提子可以用来制作念珠。

行前计划：每天上午9点到11点，僧侣为游客免费导游，但欢迎游客的布施。衣着须得体，不能穿T恤衫、短袖、短裙或者背心。www.himalayanacademy.com

❹ 植物园，墨西哥瓦哈卡

瓦哈卡的特色植物园在圣多明戈文化中心，高耸的围墙把它挡在了后面。植物园里有1300多种当地特有的植物，包括多种仙人掌和龙舌兰。园内有知识丰富的导游，可以为游客介绍各种植物的药用价值。

行前计划：英语导游在每周的星期二、星期四、星期六，需要尽早到达登记。www.oaxacainfo.com/oaxaca/story-plants.htm

❺ 隆安寺铺砂庭园，日本京都

这是一座令人百思不解的石头园。石园建于15世纪晚期，院内碎石铺地，十分平整，15块大石不规则地摆放，无论从什么角度去看，都只能看到14块石头。根据传说，只有彻悟大道的人才能看到第15块石头。

行前计划：石园位于京都西北。www.ryoanji.jp

❻ 大仙院，日本京都

大仙院是日本枯山水园林艺术的典范，园内有禅宗寺院大德寺（Daitokuji）。小园的东北角设置了树木岩石微缩景观，以碎石表现瀑布，上有小石桥，涧水盘旋“流”入碎石耙梳形成的“海”，两堆碎石的圆锥形点景从“海”中隆起。

行前计划：尽早前往参观，避免人多拥挤破坏了园林宁静的气氛。小园3月到11月早9点到晚5点开放，12月到2月早9点到下午4点半开放。www.jgarden.org

❼ 宫廷园林，伊朗帕萨尔加德

帕萨尔加德园林，如今只剩下了阴森森的墙垣轮廓。公元前6世纪，帕萨尔加德是阿契美尼德王朝（Achaemenid Empire）的中心。居鲁士大帝（Cyrus the Great）建造了这座园林，成为经典波斯园林的范本。今天仍然可以辨认出园内石头的引水渠呈四象限格局分部。当年，小园里种满了茂盛的石榴和玫瑰；如今，游人只能想象当年的那一派繁荣了。

行前计划：帕萨尔加德考古现场在波斯波利斯（Persepolis）东北，希拉斯（Shiraz）附近。前往伊朗之前，请向本国政府查询旅游建议。www.gardenvisit.com/garden/pasargadae

❽ 加罕拉马园，伊朗希拉斯

13世纪的加罕拉马园今年得到重建，它是波斯围墙园林艺术的杰出代表。园林中心有石亭一座，喷泉一孔，四条宽阔的甬路从中央向四面辐射而出。每到黄昏，人们总是喜欢来小园散步，这里有许多长椅，夹道的橘树、玫瑰和柏树散发出沁人的幽香。

行前计划：小园多数时候对游人开放，从希拉斯市中心附近的哈菲斯（Hafez）墓步行只需两分钟即到。www.gardenvisit.com/garden/jahan_nama_garden，www.shirazcity.org

❾ 客西马尼园，以色列耶路撒冷

园中有8株参天的橄榄树，树干纠结盘曲，仿佛是耶稣在这些树下忍受的苦痛。客西马尼的地名来自希伯来语，意思是榨油作坊。耶稣曾在这里承受了一个晚上的痛苦，被犹大出卖，然后被捕。专家一致认为，这些树都有1000~2000年的树龄。

行前计划：纪念耶稣被出卖的濯足节（Maundy Thursday）这天，园中的圣坛前会举行露天的祭祀。www.christusrex.org

❿ 赫内拉里斐，西班牙格拉纳达

构思新巧的庭院、甬路和一座座喷泉当年曾是格拉纳达早期统治者建造的伊斯兰园林。他们最初来自干旱的地区，所以特别珍视水，园中到处有水——曲水苑（Patio de la Acequia）有喷泉，台阶扶手也有小瀑布飞流而下。

行前计划：参观赫内拉里斐可以顺道游览附近的阿尔罕布拉（Alhambra）。两地除12月25日和1月1日之外每天对游客开放。www.alhambra.org

赫内拉里斐是在苏丹穆罕默德三世（Sultan Muhammad Ⅲ）执政时期（1302—1309）建造的，是世界现存最古老的摩尔园林之一，也是伊斯兰园林艺术的杰出代表。

大仙陵古坟在现代都市的背景下仍然保持了古代神秘庄严的气质。该陵墓可能建于公元5世纪。

日本

大仙陵古坟

出了日本，没有多少人知道大仙陵古坟。它是世界最大的陵墓之一，因其神圣的地位，所以始终没有被发掘。

巨大的封土上面覆盖着葱翠的草木，土堆被精心地修筑成钥匙孔的形状，周围环以池水，水面开阔，波澜不兴。丘池的外围，城市的高楼大厦鳞次栉比，这和封土陵墓的神圣气质显得那么不协调。然而，大仙陵古坟还是很容易被发现的。陵墓长486米，高35米，长度超过了吉萨（Giza）大金字塔的两倍。虽然规模宏大，这座疑为仁德天皇（Emperor Nintoku）陵寝的墓葬却不对游客开放。全日本有一万多座这样的大型封土墓葬，有的建成于公元3世纪。各地墓葬的形状不同，有的像钥匙孔，有的前方后圆，有的前后皆方，还有罕见的八面形陵墓。这些都是日本贵族的陵墓。考古学家认为，钥匙孔形的陵墓属于天皇。古代天皇都是在巨石墓穴中下葬的。陵墓的四周和入口处排列着人、兽、器物陶俑。没有人知道这些陶俑具体是做什么用的。一种猜测认为它们是用来殉葬的，替代了活人殉葬。但这种说法不太被人们认同。

最佳旅行时间：春季（3—5月）或秋季（9—11月）

行前计划：可以住在大阪（Osaka）或奈良（Nara），然后用一两天的时间参观奈良和大阪的陵墓。大阪一带这样的陵墓很多。有的陵墓附近有博物馆，一般会展出随葬物品，提供详细的介绍。有的陵墓则不对游客开放，需要特别许可才能参观。有的还没有被发掘。在日本任何一个旅行信息中心都可以了解详细的信息。从大阪市中心乘火车阪和线（JR Hanwa line）20分钟到百舌站，然后步行5分钟即可到大仙陵古坟。

相关网址： www.t-net.ne.jp/~keally/kofun.html， www.jnto.go.jp

著名景点

■沿着大仙陵古坟的外围散步半小时，体会陵墓的**巨大规模**。陵墓周围有三座池塘。由于皇家的禁令，考古学家从来没有对陵墓进行过发掘，游人也不得进入陵区。

■在成田机场（Narita）附近的**芝山古坟博物馆（Shibayama Kofun Museum）**可以看到众多精美的随葬物品。可以乘坐2号站的机场巴士。

■在近铁飞鸟（Kintetsu Asuka）火车站可以租到自行车，骑车游览**飞鸟驿历史国家政府公园（Asuka Historical National Government Park）**里面的寺庙、陵墓和博物馆。

■在宫崎县（Miyazaki prefecture）的斋藤（Saito）可以观看秋季**古坟祭（Kofun Matsuri）**的活动。当地人举火庆祝，并有环绕陵墓的火把大游行。

印度尼西亚

塔纳托拿加悬棺园

塔纳托拿加人有隆重的丧葬仪式，他们为死者举行两次葬礼。

阴冷潮湿的祠堂、腐烂的棺木、宰杀动物祭祀，这些葬礼习俗可能让很多人觉得难以接受。不过，塔纳托拿加人的殡葬场面的确是一种奇异的景观。苏拉威西（Sulawesi）中部是一带连绵的山峦和峡谷，碧绿的水田上水牛悠闲地散步。这里还有当地人神圣的葬地，吸引着游客来看他们神奇的峭壁悬棺。塔纳托拿加人相信，悬崖峭壁才是死者安息的死后家园，死去的亲人会在那里继续生活。若干年来，已经有十几口棺材在悬崖上安葬。当地人把这里当做他们的家祠。其中最著名的一处就在兰梯堡（Rantepao）和马卡莱（Makale）之间18公里长的公路边上。在雷莫（Lemo），皇家陵墓都被安置在30米高的悬崖上面。在凯特凯苏（Kete Kesu）附近，棺木悬空吊挂在峭壁的外面。龙达（Londa）有两座山洞的入口处已经放满了棺木和烟草、酒之类的祭品。很多坟墓的前面可以看到死者的木雕像。塔纳托拿加各处还有造型别致的传统建筑和米仓，这些很值得观赏。

最佳旅行时间：可以选择丧葬节期间（7—9月）前往旅游，当地人通常举行盛大的二次葬礼，同时也是大规模的聚会。

行前计划：到塔纳托拿加只能坐汽车。从马卡莱和兰梯堡可以到达各处景点。马卡萨（Makassar）有豪华空调汽车从达亚（Daya）车站日夜发车。将来可能恢复到兰梯堡机场的航班。在兰梯堡可以找到价格合适的旅馆。游客只有得到邀请才能参加当地人的节日或葬礼，当地的导游可以帮助引荐。如果没有导游，也可以到现场等待，直到有人来邀请你参加。参加葬礼一定要带些祭品，比如咖啡、香烟或棕榈酒。祭礼的馈赠是塔纳托拿加仪式上的重要内容。

相关网址：www.my-indonesia.info

著名景点

■ 在上午8点到9点之间来雷莫，这时候最适宜欣赏坟前的**木雕**。

■ 观看**传统的节日或葬礼**。葬礼可以持续数天，包括抬棺游行、斗牛和宰杀动物祭祀等内容，有时会宰杀24头水牛用于祭祀。举行完所有的仪式之后才把棺木下葬。

■ 一些坟墓门前挂着**帽子、荷包**一类的私人物品。当地人相信死者在另一个世界仍然要使用这些东西。

■ 距离兰梯堡21公里的坎比拉（Kambira）是**安葬夭折婴儿**的地方。婴儿如果在长牙之前死亡，家人就会在树干上挖洞，把婴儿安葬在树洞里面。天长日久，树干愈合，就会把婴儿的遗体包裹进去。

雷莫的坟前摆满了木雕，这里的木雕十分出名。木雕几乎有真人大小，穿着类似死者生前的衣服。

中国

清东陵

青山脚下，巍峨的灵塔南向而立，守卫着富丽堂皇的帝王陵。

1644年清军入关，占领北京之后，先把明朝最后一位皇帝安葬在明陵，然后才开始在京师以东125公里处兴建清代的皇陵。后世也有几位皇帝葬在北京西南的第二处陵区，但清东陵是中国至今保存最完好、规模最大的帝王陵墓建筑群，前后共有5位皇帝、15位皇后、136位妃嫔、3位皇子和1位公主安葬在这里。农业活动已经渐渐侵入了高墙维护的陵园，高耸的灵塔（Soul Tower）周围如今已是禾黍遍地、草木芳菲。灵塔的前面，是几进的宫殿建筑群，供祭祀大典之前做准备之用。这些殿宇有的气派堪比故宫，只是规模略小，宫墙外也有玉石桥、金水河。如今河水已经被引出做灌溉之用了。当地的农民用改装的拖拉机接送游人，挣一些额外的收入。但多数陵园是可以步行参观的。游人不妨沿着陵园的神道一直走进去，一路可以看到或坐或立的石像生，它们在守卫着帝后的陵墓。

著名景点

- 参观清朝第四位皇帝的地宫。通向地宫的入口有多层石门和穹殿，殿内用藏文和梵文镌刻了长达3万字的佛经。
- 慈禧太后陵的正殿较其他帝后陵显得简朴一些，内有上等乌木雕刻的镏金人物像。
- 乾隆皇帝的55位妃嫔合葬于一座陵园之内。这些陵墓已经草木渐芜，呈现出一派凄凉的景象。
- 在灵塔顶上可以俯瞰四周辽阔的景色。
- 走到位置较偏远的妃嫔的陵墓，游人渐渐稀少，只剩下鸟鸣和远处传来的拖拉机声。

最佳旅行时间：暮春或初秋是最好的季节，可以避开湿热的夏季和寒冷干燥的冬天。“五一”和“十一”是全国性的节假日，是游人最多的时候。

行前计划：从北京出发游览清东陵可以当天往返，不过当地农民也提供简单的住宿。到处有小贩售卖冷饮，但饭馆非常简单，质量不高。可以自带食物。4月17日到10月15日之间有官方组织的廉价班车旅游，打折门票也包含在内。旅游班车星期六、星期日和公共假期早上6点半到8点半从宣武门地铁站西北发车，单程用时3小时，停留3小时供游人参观，然后返回。

相关网址：www.travelchinaguide.com

对页：将军石像守卫着陵前的神路。左上：陵园入口处的大理石牌坊。右上：清东陵陈列的其中一顶皇冠，上有精美的金龙。

印度

泰姬陵

圣洁美丽的泰姬陵是一段爱情的见证，看到它的人无不动容。

泰姬陵坐落于印度北部阿格拉（Agra）的亚穆那河（Yamuna River）之畔。莫卧尔（Mogul）皇帝沙杰汗（Shah Jahan）的爱妻穆塔兹·马哈尔（Mumtaz Mahal）死于难产，泰姬陵成了沙杰汗对妻子爱情的纪念碑。这座穆斯林式的陵墓建筑动用了两万劳工，历时20年，终于在1654年完工。游客通过深红色砂岩的门楼走过呈弧形的甬道，泰姬陵赫然在目，那超凡脱俗的美丽，在远远的前方熠熠生辉。陵园的前方是一片静静的池塘，陵墓建筑庄严的身影倒映在池水里面。池塘边上，郁郁苍苍的柏树排列在一条小路两边。走近泰姬陵，可以看到精美的雕花窗棂、光洁如玉的大理石门面，墙上还有珠宝镶嵌的《古兰经》片段。花园象征着穆斯林的天国。泰姬陵的花园分4个部分，每个部分又分成4块。4是伊斯兰文化中神圣的数字。泰姬陵的内部，地板上绘着宗教几何图形，墙上和天花板上也缀满了精美的装饰；内室光线柔和，有更多精美的陈设。

著名景点

- **满月**的时候，一直等到泰姬陵闭门，这时可以看到泰姬陵的大理石外表发出洁白的光辉，整座建筑好像漂浮在月光之中。
- 每年历时10天的**泰吉马哈沙穆（Taj Mahotsav）**节在泰姬陵前举行。节日一般在2月，届时有身披珠宝的大象和骆驼的游行，还有古典、民族舞蹈表演。当地特色的手工艺品和美食都值得体验。
- 不要错过泰姬陵正门地下的**穆塔兹·马哈尔和沙杰汗的坟墓**。
- 泰姬陵两侧各有一座红色砂岩的**清真寺**，寺前亦各有波光如镜的池塘。

最佳旅行时间：去印度最好的季节是从10月到次年3月之间，可以避开一年中大雨滂沱而又炎热的季节。泰姬陵在星期五不对非穆斯林人开放。

行前计划：从德里到阿格拉之间有泰姬陵快车专线。豪华空调列车每天早晨从德里发车，晚上回到德里。从德里以及印度其他一些城市也有长途汽车到阿格拉。阿格拉有一个机场，来自德里、斋浦尔（Jaipur）和久德浦（Jodhpur）航班在这里起降。

相关网址：www.asi.nic.in，www.incredibleindia.org

一位少年骑骆驼涉过泰姬陵前浅濑的亚穆那河。

陀思妥耶夫斯基（卒于1881年）墓是提柯文公墓里游人拜谒凭吊最多的坟墓。

俄罗斯

圣彼得堡名人墓园

俄罗斯历史上的很多伟人都安葬在宁静的圣彼得堡名人墓园。

车水马龙的涅夫斯基（Nevsky Prospekt）大道穿过圣彼得堡（St. Petersburg）市中心。大道的一端通向静谧的名人墓园。墓园又名亚历山大涅夫斯基修道院，建筑群包括5座教堂，系彼得大帝于1710年兴建，以13世纪的圣者、俄罗斯国王亚历山大涅夫斯基的名字命名。游客通过乳白色的拱门，可以进入修道院的两个陵园。陵园周围松柏苍翠，俄罗斯历史上的很多伟人都安葬在这里。右边的提柯文公墓（Tikhvin Cemetery）有一些非常著名的装饰精美的坟墓，很多堪称艺术杰作。最右边是柴可夫斯基（Tchaikovsky）之墓。青铜的墓碑上雕绘着双翼天使，顶端是这位作曲家的半身像。沿着松柏翠盖荫蔽下的砖石小路向前，走到墓园的后墙下，这里是陀思妥耶夫斯基（Dostoyevsky）的墓，周围是一圈精小的铸铁栅栏。高耸的纪念碑上树立着十字架，并有作家蓄须的半身像。除了艺术家、音乐家、科学家和指挥家，俄罗斯皇室成员也葬在这里，包括纳塔利亚·亚力克西瓦娜（Natalya Alexeevna），沙皇亚力西斯一世（Alexis I）之女、彼得大帝的姐姐。

最佳旅行时间：修道院每天11点到晚7点开放，星期二和星期六除外。夏季游人众多。从6月中旬到7月1日是著名的白夜最长的时候，天色一直亮一整夜。

行前计划：修道院在市中心一带，很容易找到。距离最近的地铁站是布岁什恰德·亚力桑德拉·涅夫斯克沃（Ploshchad Alexandra Nevskovo）站。可以从亚历山大涅夫斯基广场进入，在正门买票，也可索取修道院的地图。

相关网址：www.saint-petersburg.com，www.russia-travel.com

著名景点

■ 走在圣彼得堡的主要街道**涅夫斯基大道**上，到处有餐馆、商店、书报亭、博物馆。巴洛克风格的冬宫和隐士馆（Hermitage）也在这条大道上。涅夫斯基大道上教堂林立，因此被法国文豪大仲马称为“宗教宽容街”。

■ 本市的一位著名建筑师安葬在**拉扎勒斯公墓（Lazarus Cemetery）**，在修道院的对面。卡罗·罗西（Carlo Rossi）的墓只有一块朴实无华的灰色花岗岩墓石。他是国会大厦和亚历山德罗夫斯基剧院（Alexandrovsky Theater）的设计者。意大利建筑师奇阿科莫·瓜伦奇（Giacomo Quarenghi）曾经设计了几座豪华皇宫，他的墓碑也同样朴素简单。

■ **隐士馆**在涅夫斯基大道另一端，有房间数千间，是世界顶级的艺术博物馆。博物馆建于1764年，包括多栋建筑，收藏了300多万件艺术品。

■隐士馆的对面是**亚历山大公园**（Alexander Garden），就在海军大楼（the Admiralty）的对面。这里有灯光音乐喷泉。圣彼得堡有200多座**公园**和700多个**绿意葱茏的广场**。

“战斗到死”表现了苏军的决心。远处山顶上是“祖国母亲”的雕塑。

俄罗斯

玛玛耶夫山纪念公园

陈列馆和社会主义写实风格的雕像纪念着斯大林格勒战役中的苏联英雄。

1942—1943年，德军进攻斯大林格勒遭到失败。玛玛耶夫山就是那场战役中战斗最惨烈的战场之一。1967年，一片大规模的纪念馆和雕像建筑群在这里揭幕，纪念苏军在斯大林格勒战役中的胜利。英雄广场上有一片波平如镜的池水，周围是6组高6米的成对雕塑，象征着同志友情和爱国主义等军人的价值观。象征残垣断壁的一带墙垣上刻着浮雕，再现了战斗中的场景。勇气宫里，43块玄武岩石碑上刻着7200名将士的名字，代表着所有在保卫斯大林格勒的战斗中牺牲的英雄。从勇气宫出来，沿着甬路来到伤心广场。广场上塑像是一位母亲把阵亡的儿子抱在怀里。不远处的山丘上，矗立着伏尔加格勒（Volgograd）标志性的纪念碑。200级花岗岩石阶代表着斯大林格勒战役中的200天。石阶通向山顶。山顶上耸立着高82米的祖国母亲雕像。雕像高举着胜利的巨剑，回头凝望着脚下烈士公墓上3.4505万位苏军将士的坟墓。

最佳旅行时间：纪念建筑群每日开放，举行特殊活动的日子里，比如胜利日（5月9日）或斯大林格勒战役胜利纪念日（2月2日），这里会聚集很多的人。

行前计划：伏尔加格勒在莫斯科东南900公里。参观整片建筑群需要2—3小时。夜晚在广场上漫步，可以欣赏彩灯照亮的纪念碑。

相关网址：www.mamayevhill.volgadmin.ru，www.volgograd.russiantravelguides.com

著名景点

■ **勇气宫前卫兵换岗**每小时一次。宫殿中央一只混凝土浇铸的大手擎着永恒不熄的**圣火**，背景音乐播放着罗伯特·舒曼的《梦幻曲》。

■ **英雄广场**的群像塑造了战役中真正的英雄：士兵和医护人员。这些雕像中有一名士兵搀扶着负伤的战友，一名护士帮助伤兵离开战场，一名年轻的士兵和一位老兵正在把法西斯的标志扔进伏尔加河。

■伏尔加格勒的**国家全景博物馆**（State Panoramic Museum）位于伏尔加河畔。馆内陈列着俄罗斯最大的史诗长卷《法西斯军队在斯大林格勒的败亡》，此外，还展出了大量“二战”实物。

土耳其

人头山

土耳其东部偏远的山上，巨大的石人头像守卫着一位古代国王的陵墓。

金牛山脉（Tauraus Mountains）东部，凛冽的风吹打着人头山2150米的山巅。人们蜷缩在毯子下面，等待黎明。终于，天边透出一抹粉红，那抹红在东方的地平线上迅速散开。大地亮起来了，到处可以看到贫瘠的山丘，一望无际。橘红色的太阳在人群的欢呼声中升起，温暖的光照亮了一群巨大的石人头像。这些石像每个都有一人高，排列在50米高的陵墓底下。这就是安提欧克斯一世（Antiochus I）之墓。安提欧克斯一世是公元前1世纪小国科马吉尼王国（Commagene）的国王。坟前的5个人头像来自附近的石雕坐像。根据铭文，大家可以知道这些是希腊神阿波罗、堤喀、宙斯、赫拉克勒斯还有国王本人的坐像。陵墓北侧，一条甬路通向西侧的梯台。清晨时分，这边仍旧黑暗寒冷。这里也有同样的石像，但今天只有头部尚存，望着西方。安提欧克斯建造了这片众神圣地，作为自己“神灵眷顾的灵魂恒久安息之地”。考古学家推测，陵墓下面应该有国王的墓室，不过至今还没有发现。

著名景点

■ 层层山峦起伏，古代遗留下来的栈道在山间纵横交错，直接天际。群山的**景色**在日出和日落的时候尤其美妙。

■ **石人头像**高1.8米，戴波斯头饰。**宙斯**留着胡须，戴小王冠，上面缀着星辰。**安提欧克斯**被塑造成青年的形象。

■ 一座石碑上刻有浮雕的狮子。狮子身披星辰，金光缭绕，被认为是**世界最古老的星相图**，上面体现了公元前62年7月7日国王驾崩当天木星、水星和火星的位置。国王相信自己死后将跻身众神的行列。

最佳旅行时间：5月到10月初。冬季大雪可能封闭上山的路。

行前计划：人头山在阿迪亚曼（Adiyaman）以东85公里处，距离喀塔（Kahta）村50公里。村里有营地。在阿迪亚曼、桑利乌尔法（Sanliurfa）和马拉蒂亚（Malatya）可以报名参加登山旅游。从山顶停车场继续走30分钟可登顶。最少需要安排3个小时。有的旅游线路还包括其他的科马吉尼文明遗址。

相关网址：www.adiyamanli.org， www.nemruttours.com， www.turkeytravelplanner.com

下午的阳光照耀着西侧山坡上阿波罗、安提欧克斯和宙斯的石像。

大屠杀纪念园

以色列国家大屠杀纪念园用每一个死难者的名字和经历记录了犹太人遭受的历史浩劫。

以色列的大屠杀纪念园位于耶路撒冷的纪念山（Mount of Remembrance）上，包括多座博物馆、纪念碑和档案馆，是以色列为犹太人大屠杀的牺牲者和英雄建造的纪念性建筑群。纪念园始建于1953年，当时是为了感谢非犹太裔人在大屠杀中冒着生命危险对犹太人的帮助。从那以后，人们在纪念园的范围内不断种植树木，形成了今天草木苍翠的景观。纪念馆里安葬着幸存者收集到的死者的骨灰。造型简洁而现代的大屠杀历史博物馆通过犹太人的亲身感受讲述了大屠杀的历史。大屏幕上还放映着幸存者口述死难的亲人和犹太人作为一个民族遭受的悲惨命运的录像。空旷的大厅里回响着死者和他们家乡的名字。沉痛感从四面袭来，参观者在历史的回忆中渐渐不能自已，也就在这个时候，参观走到了尽头，人们来到了露台上，从那里可以眺望耶路撒冷静静的、阳光明媚的山峦。在那里，参观者充满了悲恸的心看到了希望：记住历史，或许那样恐怖的灾难将不再重演。这就是大屠杀纪念园要告诉人们的，是以色列献给世界的礼物。

最佳旅行时间：纪念园除星期六和犹太节日之外每天开放。星期日到星期四开放时间是上午9点到下午5点。星期四，大屠杀历史博物馆一直开放到晚8点。星期五和节日的前一天，开放时间是上午9点到下午2点。

行前计划：纪念园的入口在赫茨尔山（Mount Herzl）附近。从耶路撒冷市中心和其他几个地方有公共汽车到赫茨尔山站，开放时间内从赫茨尔山站有免费的班车送游客到现场。当地有停车场。入园免费，除非组团参观，否则不必预约。组团参观可以在网上预约。入口处的游客中心提供信息服务、地图和录音导游。每天11点有英语导游。通过网上登记可以预约私人导游。

相关网址：www.yadvashem.org

著名景点

- 大屠杀历史博物馆里的**人名馆**展示了600张图片和200多万件亲历者证词中的一些样本。创办者希望通过这种方式记住在犹太人大屠杀中死难的600万人中的每一个名字和他们的故事。
- **儿童纪念馆**为地下建筑，纪念着死难的150万犹太儿童。馆内的无数面镜子反射着蜡烛的光芒，营造出漫天繁星的效果。背景声音在历数着死者的名字、年龄和国籍。
- **“背井离乡”**纪念碑由一架当时的牛车和生锈的铁轨组成。当时德国纳粹就是用这样的牛车把犹太人送到死亡集中营的。
- 在**“家园山谷”**，大屠杀期间被摧毁的5000多个犹太人聚居地的地名刻在107面石墙上。

对页：“科尔恰克和贫民窟的孩子”是为纪念波兰犹太人孤儿院院长雅努斯·科尔恰克（Janusz Korczak）而建。1942年他自愿陪同孤儿院的孩子们进了特雷布林卡集中营（Treblinka）。上图：南多·格里德（Nandor Glid）的集中营和死亡营遇难者纪念雕塑。

波兰

贝尔塞克纪念地

纳粹臭名昭著的死亡集中营旧址，隐蔽在丛林中60年终于被重新发现。

“大地啊，不要掩盖我的血，不要阻挡我的哀求！”曾经的纳粹死亡营，如今的纪念地，在入口出的墙上，写着这样一行引自《旧约·约伯记》的文字。文字由锈蚀的铁铸成，红的铁锈滴滴沥沥仿佛血泪在流淌。1942年2月到12月期间，纳粹分子在这里屠杀了50万人。死难者大多是今天波兰东南部和乌克兰的犹太人。他们把尸体填进万人坑，企图销毁所有大屠杀的证据。几十年间，集中营的旧址被人遗忘，直到2004年，美国犹太人委员会（American Jewish Committee）和波兰政府才联合建立了这一片广阔凄凉的纪念地。整片地区铺满了工业炉灰，在乱坟堆上制造出一片荒原的景象。一道窄窄的小路劈开荒原，两边锈迹斑驳的铁条从中向着远处延伸，延伸，仿佛是一条不归路。路的尽头是一面纪念墙，墙上刻着几百个名字。纪念地的边缘之外是一条甬路，路边铁的字母拼出了在这里被害的犹太人的家乡。这些铁的文字也已经锈蚀，也仿佛在滴着血。

著名景点

■沿着甬路的**地名**用波兰文和意第绪语写成。意第绪语过去是当地犹太人使用的语言。

■ **博物馆**详细展示了集中营的历史及其在纳粹对犹太人的大屠杀中发挥的作用。学者认为，至少43.45万名犹太人和无数非犹太裔的波兰人和吉卜赛人在这里遇害。

■ 小火车把犹太人送进集中营，又把尸体从毒气室运走，送到万人坑进行填埋。1943年，纳粹销毁集中营，他们又把尸体挖了出来，和铁轨堆在一起焚烧。纪念地入口处有一座**铁轨纪念碑**，纪念罪恶的小火车和焚尸场。

最佳旅行时间：纪念地全年白天开放，免费参观。因为是露天纪念地，冬天来会很冷。可向当地的博物馆咨询导游的事宜。

行前计划：贝尔塞克在波兰东南部偏远地区，靠近乌克兰边境。如果从华沙或克拉科夫（Krakow）出发很难当天往返。但是美丽的文艺复兴城市扎莫希奇（Zamosc）距离纪念地只有50公里，当地有不错的宾馆，可以供游客住宿。在扎莫希奇可以看到以前的犹太教堂，仅隔几步之遥就是集市广场，广场周围拱廊回护，造型典雅。

相关网址：www.deathcamps.org， www.visit.pl

贝尔塞克纪念地凄凉孤寂，再现着当年集中营的血腥历史。

白骨宫殿里用人骨拼成的施瓦辛格家族族徽。

捷克

塞德莱茨人骨教堂

当地的一位木雕艺人用他的手艺制作了人骨艺术品。

破旧的台阶经过两只人骨做成的巨大的酒杯，向下伸进塞德莱茨万圣教堂（the Church of All Saints）的内殿。教堂里面是一片触目惊心的场景——满屋子都是人骨制成的装饰物和雕塑。所有这些恐怖的艺术作品一共用了4万多副骨架，都是附近一座公墓提供的。中世纪的时候，一位西妥修道士在这里撒下了耶稣被钉上十字架的髑髅地（Golgotha）的土壤，于是这里成为一片很受欢迎的墓地。16世纪，黑死病肆虐欧洲，千万人丧生，墓地里的旧坟不得不被挖出来，腾出地方掩埋新的死者。移出来的尸骨都存放在了教堂的地下室。后来，教堂成为施瓦辛格家族的产业。19世纪，这家人雇请了一位木雕艺人弗兰提塞克·兰特（Frantisek Rint）来整理杂乱无章的成堆白骨。兰特用经过漂白的人头骨拼成花环，又用长骨十字交叉的造型装饰天花板，墙壁和柱子也都用人骨装饰，每个墙角摆放一个钟形的骨堆。兰特希望人们知道这座白骨宫殿的创造者是谁，于是在入口处附近墙上的一截指骨上留下了自己的签名。

最佳旅行时间： 白骨宫殿每日开放，12月24、25日除外。全年开放的时间有变化。可以花30分钟到一个小时参观，如果参观整座教堂，可以安排更多的时间。

行前计划： 塞德莱茨在库特那赫拉（Kutna Hora）郊外。向西71公里是布拉格。从布拉格乘火车可以到库特那赫拉。从库特那赫拉-塞德莱茨火车站步行10分钟即到白骨宫殿。

相关网址： www.kostnice.cz，www.prague.cz

著名景点

- 各种人骨的雕塑造型精巧，别出心裁。**人骨大吊灯**据说使用了人体所有部位的骨骼。
- 万圣教堂又名人骨教堂，教堂**公墓**和**上礼拜堂**值得参观。
- 当地有一座**银矿和中世纪矿业博物馆**，有导游带领游客参观矿山和精美的中世纪建筑，包括五间正殿的**圣芭芭拉教堂**（Church of St. Barbara）。

锡雷特的犹太墓碑石刻是东欧最精美的石刻艺术。

罗马尼亚

锡雷特犹太公墓

罗马尼亚东北部偏远宁静的小城，犹太人的碑林。

直立的狮子、鹰头狮身兽、鸽子、葡萄藤、鲜花、把钱币投进慈善箱的手，这些只是罗马尼亚与乌克兰接壤处边境小城锡雷特里犹太人墓碑上丰富浮雕图案的一部分而已。锡雷特已经没有犹太人居住了。但是犹太人把墓地叫做“生者之宅”。锡雷特有三座犹太人墓地，一座建于18世纪晚期或略早，一座建于19世纪，一座建于20世纪。墓地上成片的石碑营造出诡异的气氛。这些石碑上千姿百态的图案是东欧犹太人符号艺术的经典范例，或指明死者的姓名、家族、个性特征等。精美的希伯来文墓志铭周围也有犹太符号的花边。浮雕的风格各异，有的简洁质朴，有的是洛可可风格。很多艺术家的作品都可以在这里找到。

最佳旅行时间：锡雷特在罗马尼亚算是比较冷的地方。4月到9月是最好的季节。暮春和夏季，有时坟上会野草丛生。

行前计划：在罗马尼亚东北边陲，开车是最好的旅行方式。从锡雷特驾车30分钟可到拉道替（Radauti），那里有小旅馆，也有一座美丽的犹太人墓地。锡雷特的老公墓在市中心附近一带高墙的后面。两座较晚期的坟墓在街对面，走进一条小巷即到。可以联系拉道替的犹太人聚居区［电话+40（0）230 561333］，安排参观锡雷特的犹太教堂。男性进入公墓和教堂的时候要戴帽子。

相关网址：www.radautz-jewishheritage.org， www.romanianmonasteries.org/bucovina

著名景点

■常见的符号包括**合十祈祷的双手**，说明墓主人是犹太教第一位拉比亚龙（Aaron）的后裔；**水瓶**，说明死者有利未部族的血统。**狮子**的形象可能代表人名雷末（Lev）或雷布（Leib），也可能指犹大之狮（Lion of Judah）。

■有的墓碑上有非常精美的**拧花烛台**，说明是女性的坟墓。犹太人的传统里面总是女性来点安息日的蜡烛。

■**锡雷特的犹太教堂**如今已经废弃不用，里面有精美的内部装饰，包括巨幅黄道十二宫图和动物的图形，表现了《犹太法典》中的教诲：“要依天父的意愿行事，强如豹，捷如鹰，迅如鹿，勇如狮。”

罗马尼亚

欢乐公墓

马拉穆雷斯（Maramures）地区一片田园风光，这里的公墓也与众不同，当地人用幽默欢快的方式纪念死者。

罗马尼亚北部的乡间，有一座名叫萨潘塔（Sapanta）的村庄。村子里有一片特别的公墓，墓地上色彩鲜艳的木头十字架风格明快活泼，一点不像一般的墓地上苍苔遍地、碑志庄严的样子。公墓里有800多个木雕像，雕像色彩艳丽，造型简洁可爱，反映了死者生前的生活场景。这是欧洲最不发达的一个地区，人们从事的一般都是一些古老的职业，墓碑画像上可以看到牧羊人牧羊、农夫料理农田，还有面包师、铁匠、纺织工人。所有肖像画都表现出对生活的热爱。也有不那么愉快的场景：酗酒、车祸。一个死于车祸的小女孩，坟前的墓碑上就画着那场车祸的情景。多数十字架上绘有一对鸽子，还有一段墓志铭。墓志铭也多是用打油诗的形式写的，多数都写得诙谐幽默。多数墓志铭是用第一人称写的，好像是死者自己在说话。这里的十字架多数出自当地木雕艺人斯坦·伊奥安·帕特拉斯（Stan Ioan Patras）之手。帕特拉斯死于1977年。他的坟墓在教堂正门前。他的徒弟们还在继续雕刻十字架，每年都会做出大约10个新的十字架。

最佳旅行时间： 4月到10月。7、8月很热，但并不像罗马尼亚南部那么炎热。东正教复活节一般在西欧国家的复活节之后，是来这里旅游观光的好时机。夏天当地有很多本地的节庆活动。

行前计划： 萨潘特拉在锡赫图马尔马提耶（Sighetu Marmatiei）西北15公里处，每天有几班汽车。村民提供农家住宿。游客可以直接和农户联系或者通过罗马尼亚的一个农村旅行社安特来克（Antrec）预订住宿。游遍马拉穆雷斯地区，至少要5天时间。

相关网址： www.romaniatourism.com， www.antrec.ro

著名景点

- 几幅墓碑画像特别出众，有**牧羊人**带着狗和羊群在百花盛开的果园里，有**富足的农民**和他的马，还有一幅理发师肖像。

- **斯坦·伊奥安·帕特拉斯**生前制作了自己的十字架，在上面刻上“欢乐公墓建造者”几个字。外地也有人希望葬在这里，但这块墓地只供本村村民使用。

- 帕特拉斯的徒弟们仍然在师傅的小作坊工作。作坊就在公墓的后面，同时这里也是一座**博物馆**，陈列着帕特拉斯的艺术作品。

- 萨潘塔东面的**巴萨那**（Barsana）和**艾伊德**（Ieud）有教堂，值得参观。

公墓上遍地是橡木彩绘的十字架。

卡赞拉科一座公主墓中的马队壁画。

保加利亚

色雷斯古墓

保加利亚乡村的地下埋藏着一个装饰精美的墓葬群。

保加利亚乡间牧草丰美的大地下面，长眠着色雷斯的贵族和统治者。他们的墓室里面填满了无价的珍宝，让人想象那个财富如山的古代文明。考古学家对50多座坟墓进行了发掘，出土的文物包括精美的浮雕长卷、生动的壁画、殓葬所用的面具、珠宝、饮器，和其他众多礼器。这些物品很多都是金银等贵金属制成的。其中一些墓葬已经对游客开放，有的墓葬位于色雷斯国王谷，在保加利亚中部。在卡赞拉科（Kazanlak）的一座13世纪的蜂窝式墓葬是保加利亚保存最完好的希腊化时代艺术的典范，其精美的装饰无与伦比。卡赞拉科西北，奥斯特卢萨（Ostrusha）墓是古代墓葬群的一部分，沿着锡普卡关（Shipka Pass）路分布。奥斯特卢萨墓有一座花岗岩墓室，形制仿佛希腊神庙。斯维什塔利（Sveshtari）的墓葬有独特的建筑风格和精美的石雕，比如主墓室墙上的女像柱。在普罗夫第夫（Plovdiv）附近的斯塔罗塞尔（Starosel），考古学家则发掘出土了精美的金质花环和一些兵器，包括青铜盾和青铜剑，反映了古代色雷斯丰富的墓葬文化。

最佳旅行时间：4月到9月。7月和8月相对更热、更干燥，游人更多。

行前计划：除了租车之外，最好的旅行方式是跟随导游。可以在当地的旅行社或博物馆，比如伊斯克拉历史博物馆（Iskra Historial Museum）咨询。卡赞拉科墓中艺术品的原件旁边摆放了复制品供游人参观，以便保护文物。通过伊斯克拉历史博物馆预约，可以安排私人导游，或者和考古学家一起参观锡普卡附近的墓葬。

相关网址：www.bulgariatravel.org， www.kazanlaktour.com

著名景点

- 卡赞拉科墓中**精美的壁画**表现了一位伟大的色雷斯国王的一生和临死的场景。
- 每座墓葬的设计都在**建筑细节**上独具匠心，有的墓室采用了方形而非圆形的墓室设计。
- 当地的**博物馆**，包括国家考古博物馆（National Archaeolgocial Museum）和国家历史博物馆（National Museum of History）收藏了很多出土的珍贵文物，有的还不对游客开放。

德国

柏林犹太人大屠杀纪念地

2711座灰色的石碑纪念着600万惨遭杀害的欧洲犹太人。

柏林犹太人大屠杀纪念地没有入口，没有出口，任何时间都不关闭。游人从任何一个方向进入，立刻就会被一片混凝土的方碑包围。纪念地的地势如波浪般起伏，游客在方碑丛中择路前行，看到高度不同的纪念碑。这些碑表面光洁，呈灰色，坐落于不平整的坡地上，与地面成一定角度。所有的碑形状大小都是独一无二的，有的高度只有2厘米，有的却高达4.8米。纪念碑呈网格状分部，总占地面积达到1.9万平方米，人走在里面会感到一种磅礴的气势，仿佛在迷宫里一样。这块纪念地又名欧洲遇害犹太人纪念地，建于冷战时期东西德的交界处，2005年5月正式落成，距离第二次世界大战结束正好60年。纪念地是对那场可怕的大屠杀的生动记忆。石碑没有任何装饰，也不刻人名或任何文字（另有一座地下信息中心记录着所有知道姓名的死难者的名字）。设计者美国建筑师彼得·艾森曼（Perter Eisenman）希望这块纪念地不要成为一片神圣的墓地，而是人们可以日常参观、流连的场所。孩子们在石碑之间奔跑嬉戏，但也有人在静静的追思中慢步其间。

著名景点

- 地下展厅的一间展室陈列了全欧洲大屠杀遇难者中数千人的**个人生活**。他们的姓名等个人信息用投影的方式投射在每一面墙壁上，扬声器里播放着他们的个人生平介绍。
- 信息中心的大厅里有奥斯维辛集中营幸存者**普利莫·列维（Primo Levi）**留下的一句话："我们的千言万语，只有一句话：这件事发生过，它就有可能再发生。"
- 柏林的犹太人聚居区有一座**新建的犹太教堂**，现在是一座展示犹太人历史的博物馆，同时也举行宗教活动。

最佳旅行时间：春季和秋季是柏林最美的季节。可以安排1小时参观纪念碑林，1小时参观地下信息中心。

行前计划：纪念地位于克拉－柏林人街（Cora-Berliner-Strasse），布兰登伯格门（Brandenberg Gate）附近。碑林随时开放参观。信息中心除星期一外每日开放，4月到9月每天早10点到晚8点，10月到次年3月每天早10点到晚7点。乘坐地铁U2线在伯茨丹莫广场（Potsdamer Platz）或莫兰街（Mohrenstrasse）下车可到。

相关网址：www.holocaust-mahnmal.de

纪念碑不规则的倾斜，给置身其中的人一种迷失方向的感觉。

马耳他地窟

地下墓室，千年的秘密，新石器时代的神庙。

包拉（Paola）的地下墓穴中有一座占卜室，石灰岩的表面上印着血红色茶黄的螺旋状纹路。这座地中海畔的地下墓葬仿佛蜂窝般由一间一间的墓室组成，每一间墓室都有神秘的图案。其中最重要的这一间，被认为是一座地下神殿。墓葬最早在1844年被发现，其后很快被封闭遗忘，直到1902年一些建筑工人给房屋打地基的时候才再一次被偶然发现。起初他们还以为是一座天然的洞窟。通过发掘，人们发现了一大片地下墓室、阶梯和走廊纵横交错，延伸到地下10米。这些墓葬共分三层，每层为一个时期，时间跨度在公元前3600年到前2500年之间。考古学家发掘出土了大约7000具尸体，多数在上层墓室中（公元前3600—前3300）。还有护身符、陶器等随葬物品。墓葬的很多格局类似马耳他巨石神庙的内部结构，这些相似之处包括巨石三牌坊、楣石拱门和梁托天花板。这些特征让人们相信，这座地下墓穴也兼有神庙的功能，可能是举行生殖崇拜仪式的场所。

著名景点

■这是世界已知的唯一一座远古地下神殿，神殿的工艺令人惊讶。当时的人完全依靠打火石和动物的角在岩石上凿出了这座洞窟。

■瓦雷塔（Valletta）的**国家考古博物馆**陈列有一件“睡美人”雕塑，雕塑高12厘米，由黏土制成，表面圆润光滑，是从一座地下墓葬的内室出土的。其他出土文物如小塑像、项链和陶器也在博物馆展出。

■附近的**塔克锡安新石器时代神殿**（Tarxien Neolithic Temples）建筑特色和这里的地下墓葬有相似之处，神庙建于公元前3800年到前2500年之间，与这些墓葬基本同时。

最佳旅行时间：每天从早上9点开始，整点开放进入参观，一些主要节假日除外。最后一场参观为下午4点。参观时间约一小时，包括出土文物展示、播放介绍性的纪录片和导游引导下45分钟的实地参观。

行前计划：需要预约。可以在现场或国家考古博物馆买票，但最好是在网上预订。每组参观仅限10人，通常提前几周时间就会被预订出去。临时现场购票仅限参加中午的参观，先到先得，售完为止，价格是预订价格的两倍。

相关网址：www.heritagemalta.org，www.heritagemaltashop.com

软质石灰岩上凿出的墓穴仿佛巨大的蜂窝。

文艺复兴时期的圣米歇尔教堂 是马洛·科杜希（Mauro Codussi）的杰作，是圣米歇尔小岛的一颗明珠。

意大利

圣米歇尔

威尼斯蔚蓝天空下的海岛公墓上长眠着世界各地的名人和不知名的当地居民。

小船在风平浪静的圣米歇尔岛靠岸，距离迷人的威尼斯城中心不过几分钟的路程。岛上一带米黄色砖墙的后面，是一片公墓，公墓里面已经挤得很满，零星点缀着瘦劲的柏树和简朴的小园。从威尼斯到水上计程车停靠点向前，就看见圣米歇尔教堂那洁白的伊斯特里亚大理石门面，这是威尼斯文艺复兴时期的第一座建筑。教堂建于1469年，内部用绿松石和品蓝色马赛克装饰。一条走廊通向公墓。公墓里面分新教、天主教、东正教和犹太教等区域，区域之间用墙隔开。其中新教区中央甬路的左侧，安葬着美国诗人艾兹拉·庞德（Ezra Pound），长方形的坟墓像是一片花圃。在东正教区，作曲家伊戈尔·斯特拉文斯基（Igor Stravinsky）及其妻子的亲属为他们挑选了简朴的白色墓碑。演出经理人赛尔盖·迪亚吉列夫（Sergei Diaghilev）的坟墓则建造成双层带白色柱子的式样，周围装饰着芭蕾舞鞋。意大利雕塑家安东尼奥·达·左托（Antonio dal Zotto）的坟墓本身就是一件艺术品，墓穴的周围有12根细柱成半圆形排列。诺贝尔奖得主、前美国桂冠诗人约瑟夫·布罗德斯基（Joseph Brodsky）于1996年逝世，他的墓碑只是一块简单的装点着鲜花的白石。漫步在公墓宁静的小路上，游人还会发现专为儿童、修女和威尼斯小艇的桨手而设的葬区。

最佳旅行时间：全年皆宜，但盛夏时节是最炎热、游人最多的时候。

行前计划：水上计程车比较昂贵，水上巴士（vaporetto）价格相对合理。可以从丰达蒙蒂诺夫码头（Fondamente Nuove）乘41路或42路到西米蒂罗（Cimitero），只要几分钟。公墓开放的时间是星期二到星期日早上9点到下午1点，下午3点半到晚7点半；星期一开放的时间是下午3点半到7点半。

相关网址：www.veneto.to，www.italiantourism.com

著名景点

- 公墓已经很拥挤但仍然在使用。多数人死后葬在这里12年后便会从公墓迁出另行改葬。**葬礼所用的小艇**使用黑色帷幔并点缀鲜花。
- 教堂大门的上面有**圣迈克的塑像**。圣迈克是小岛的守护神，雕像一手持天平，一手屠龙。
- 游览圣米歇尔之后可以继续乘水上计程车到**穆雷诺**（Murano）。这座岛自从1291年以来一直是意大利玻璃工业的中心。游客可以参观玻璃博物馆（Museo Vetrario）和一座保留下来的玻璃工厂。

法国

皮埃尔·拉雪兹公墓

城市公墓坐落于巴黎东郊的山间，这是很多世界名人长眠的地方。

公墓由拿破仑于1804年正式命名，这个名字来源于路易十四的告解神父皮埃尔·弗朗所亚·德·拉·雪兹（Pere Francois de la Chaise）。拉雪兹公墓是巴黎三座公墓中最大的一座，这里有坟墓30万座，还有一座骨灰堂，安放火化者的骨灰。众多世界名人长眠于此，他们中有音乐家、画家、文豪、科学家、军事家、英雄人物，还有政界、商界的精英。中世纪的一对爱侣希罗伊斯（Heloise）和阿贝拉（Abelard）就葬在这儿，他们的遗体是在19世纪初迁葬于此的，坟墓上面有四面立柱的天棚。另一对情人，演员伊夫·蒙当（Yves Montand）和西蒙·希涅莱（Simone Signoret）合葬于一座墓碑之下。肖邦的墓前永远摆放着花环。一位备受爱戴的法国作家的墓前也陈列着鲜花，黑色大理石墓碑上只简单地刻着：高烈特（Colette）。公墓里面，有煊赫一时的奥斯曼和普莱耶王朝留下的石刻纪念碑，也有早已被岁月磨去了名字的无名墓石。选一个秋风飒飒的午后，漫步在拉雪兹公墓，人仿佛走在欧洲200年的历史中，和那些有名或无名的古人邂逅。满地黄叶堆积，那沙沙的轻响间或被铁锹插入坚实地面的铿锵声打破：那是掘墓人在继续着他们的工作。

著名景点

- 墓地中古代和现代的雕刻墓碑值得观赏，其中包括危地马拉作家、诺贝尔文学奖获得者米格尔·安奎尔·阿斯图里阿斯（Miguel Anguel Asturias）的墓碑。
- 最著名、被游人刻画最严重的一座墓是歌唱家、词作曲家吉姆·莫里森（Jim Morrison）的墓。公墓经常要派人看守，因为偶尔会有游客企图污损他的墓碑甚至敲下一小块留作纪念。
- 希罗伊德和阿贝拉墓的附近有一条犹太公墓大道。
- 公墓体现了文化、语言和宗教的高度多样性，包括了来自各行各业、世界各地的人。

最佳旅行时间： 拉雪兹公墓是巴黎最大的公园，每日开放参观，但开放的时间略有变化。公墓占地48公顷，参观大概需要2小时。

行前计划： 公墓的杏树门（the Porte des Amandiers）正对皮埃尔·拉雪兹地铁站，门前有公墓的平面图。地铁2号线的菲利普·奥古斯特站（Philippe Auguste）和3号线的甘比塔站（Gambetta）也在附近。游客中心提供详细的地图，公墓里面名人的墓地都做了编号。

相关网址： www.pere-lachaise.com，www.paris-tourisme.com

对页：公墓以路易十四的告解神甫得名，但这里并非一座基督教的公墓。除了基督教徒，犹太人、穆斯林和佛教信徒都安葬在这里。左上：浪漫主义画家西奥多·杰里考特（Theodore Gericault）手持画笔和调色板的塑像。右上：歌唱家艾迪斯·皮亚夫（Edith Piaf）简朴的大理石坟墓周围装点着天竺葵和花环。

12世纪的圣奥诺雷教堂曾经是重要的基督教圣地，很多早期基督教时代的殉教者葬在这里。

法国

阿利斯康

古代墓园的甬道两侧，排列着罗马人和早期基督徒的坟墓。

罗马时代，法国南部阿尔勒（Arles）的石棺工匠需求十分巨大。这座西欧最大的公墓里有数千座坟墓，每一座都需要石匠的工作。公墓位于城外，因为3世纪一位受人敬仰的基督教殉教者圣基尼西亚斯（St. Genesius of Arles）葬在这里，所以成为最受欢迎和青睐的墓地。来自希腊和罗马加拉拉崖（Carrara Cliffs）的大理石材沿着奥雷利亚大道（Via Aurelia）源源不断地运来。当时的法律规定坟墓只能建在城外，奥雷利亚大道通向城门的路段两侧排满了石棺。这是富人最中意的墓地，欧洲各地的显贵大族都千里迢迢来这里安葬。有的地方甚至石棺累累相叠。阿利斯康墓地最后达到了数百公顷之广。今天，古墓地留下来的，只有一条林荫大道，两侧成排的石棺还让人感受着古代阿利斯康的幽静。大道上树影斑驳、光线迷离，成为包括凡·高和高更在内的众多艺术家青睐的地方。

最佳旅行时间：阿尔勒从5月到9月是温暖干燥的季节。9月中旬的历史遗产日，很多古代遗址都会对游客开放。稻米节（Les Premices du Riz）也在9月。

行前计划：阿利斯康在阿尔勒市中心以南，步行仅10分钟。小城极宜漫步。一个星期的时间可以尽情地游览当地的罗马及中世纪古迹，参观卡玛戈（Camargue）地区。公墓的石子路崎岖不平，需要穿合适的鞋。

相关网址：www.tourisme.ville-arles.fr

著名景点

- **古代阿尔勒博物馆**有石棺展，展品之丰富仅次于罗马的博物馆，体现了石棺艺术从古代宗教向基督教转变的过程。
- 阿利斯康林荫大道的尽头有罗马式的**圣奥诺雷教堂**（Church of St. Honorat）的废墟。教堂所在的地方历代都有教堂兴建，包括6世纪的圣西塞尔修道院（Monastery of St. Cesaire）。
- 从阿利斯康大门向老**城墙**的方向走，感受古代公墓占地之辽阔。

爱尔兰

纽格兰奇古墓

巨大的古代墓葬充满了神秘，仿佛是一个超凡入圣、无与伦比的奇迹。

纽格兰奇古墓有5300年的历史，是世界上最古老的人类建筑之一。巨大的陵丘呈卵圆形，高12米，直径76米，看去好像是一架飞碟被埋在了蔓草萋萋的土丘下面。事实上，土丘的里面是一座石洞，有类似墓穴的石室。考古学家认为，纽格兰奇是基督教之前古爱尔兰国王的陵墓。土丘的周围用石块砌成一圈，石块上有神秘的螺旋纹。符号究竟有无神秘含义，说法不一，有人推测可能是生命、死亡、永恒或太阳的象征。纽格兰奇也是宗教活动的场所。每年最盛大的宗教活动在冬至这一天。12月21日的凌晨，一道阳光从陵丘的洞口射入，如探照灯光一样通过石室，照彻19米长的隧道。奇异的景观只持续17分钟，只有少数幸运的人才能看这令人竦栗的奇观。晨曦照亮了黑暗，在那一刻，人们仿佛和5000年前静待日出的古人产生了默契，共同见证这个大地复苏的时刻。但并非只有在冬至这天才可以参观，而且也只有少数人才有这样的荣幸，冬至进入石室的机会是通过抽签分配的。平时，游客可以通过灯光效果感受冬至日出的场面。不管何时，进入纽格兰奇岑寂的石洞，都可以感受到这座古代建筑的神秘力量。

最佳旅行时间：纽格兰奇全年开放，12月24、27日除外。旺季进入参观区的人数被限制在700人。门票售完即止，所以需要尽早到，特别是夏天。

行前计划：参观古墓先从游客中心开始，这里陈列有石室的模型。参观陵丘和展品陈列各需一小时。如果还想要游览附近的诺斯（Knowth）墓，则还需要一小时。只有在导游带领下才能进入纽格兰奇。参观从博因河谷（the Bru na Boinne）开始，在米斯郡（County Meath）的多纳尔（Donore），从这里，有班车把游客分批带到陵墓区。要体验冬至日出的景观，可以参加摇奖，每年会摇出100名幸运游客，这些人被分成5组，分别在12月19日到23日的凌晨进入石室。

相关网址：www.newgrange.com， www.heritageireland.ie

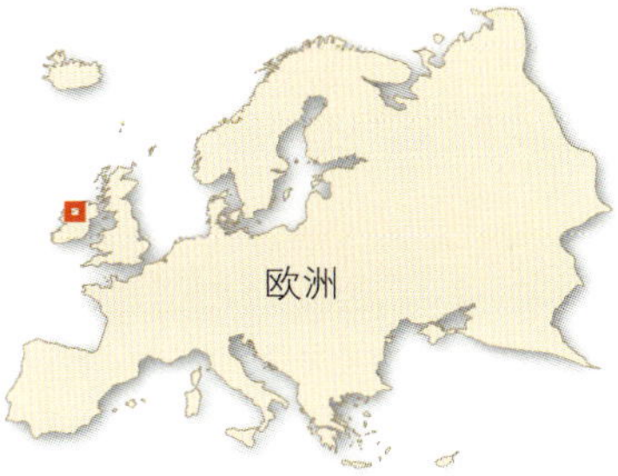

著名景点

■陵墓的外围砌着97块**石头**，石块上刻有神秘的螺旋状纹样。学者认为这些石块是从一处更早的墓葬建筑挪用过来的。不要错过观赏入口处的巨石，第52号石（入口的反面、陵墓的西北面）和第67号石。

■进入石室的时候注意入口上方的**天窗**，这是冬至早晨阳光射入的窗口。**石室内的顶部**由参差嶙峋的石块堆垒而成，5300多年来基本完好无损，滴水不漏。

■在米斯，还有37座**卫星冢**，共同构成了博因河谷墓葬群，附近的两座墓丘诺斯和道斯（Dowth）和纽格兰奇一样古老。

陵墓的造型富有现代感，但这却是公元前3200年的建筑。

埃及

国王谷

葬于国王谷的法老希望给自己找到秘密的墓地，然而今天，国王谷却是世界最著名的陵墓群之一。

古埃及新王国时代（约公元前1539—前1078）的法老鉴于早期的金字塔陵墓招致盗贼，决定给自己的陵墓选择秘密的地址，在沙漠之陲，层层砂石覆盖之下。这些秘密陵寝中，规模最大的就是国王谷。一座金字塔形的山峰巍然耸立，每当日出，就被映照得金光灿烂。国王谷就在山脚下，许多曾经不可一世的帝王就葬在这条山谷下金碧辉煌的墓室里，他们中有拉美西斯二世（Ramses the Great Ⅱ）和图德摩西二世（Tutmosis Ⅱ）。随葬的物品包括所有人死后需要的东西，有食物、衣服、家具，还有神秘的小型塑像。古代埃及人相信，这些小雕像随着死者下葬以后会活起来，代替死者在阴间为死神奥西里斯（Osiris）服务。虽然计划周密，多数帝王陵墓还是在下葬不久后便遭到了盗掘。直到1922年英国考古学家霍华德·卡特（Howard Carter）发现夭折的国王图坦卡蒙（Tutankhamun）之墓，现代世界才认识到国王谷的艺术价值与神秘力量。今天，这里每年仍然有新的发现出土，国王谷仍是一个活跃的考古现场和研究古代埃及的重要地点。

著名景点

■图坦卡蒙墓里保存着国王的石雕外棺和木乃伊。从2007年起，法老的木乃伊被安放在外室恒温的玻璃罩内展出。

■拉美西斯三世墓的墓道和宫殿壁画，画着《死亡之书》和《亡灵经》里面的场景。内容有法老的军械库、尼罗河上的船和双目失明的乐师。

■塞提一世（Seti Ⅰ）的墓的位置最偏僻，装饰也最奇特。有的墙壁涂成黄色，模拟莎草纸的颜色。天花板漆以夜空的深蓝，缀着黄色的星星。墓室内还有741尊神像，椭圆形棺室形如一轴长卷，印着《来世之书》的经文。在图坦卡蒙墓发现之前，塞提的墓是整个帝王谷里最长、最深、出土文物最丰富的墓葬。里面的壁画仿佛刚画上去的一样鲜艳。

最佳旅行时间：避免在夏季（6—9月）参观国王谷，这期间白天的气温往往高达38℃。冬季夜间寒冷，但白天比较温暖。

行前计划：有16座陵墓对游客开放，但不总是全部同时开放。国王谷在尼罗河西岸，卢克索（Luxor）对面，经常有渡船往来交通。西岸的渡口可以雇到出租车和驴子，也有导游。也可在卢克索联系导游。在卢克索还可以租到自行车，带着自行车乘渡船过河。进入国王谷的门票允许参观三座游客自选的陵墓。参观图坦卡蒙墓需要另外买票。多数有组织的旅游一天内可以参观国王谷和尼罗河西岸的其他古迹。但两天时间更从容一些。可以另外安排一天时间参观尼罗河东岸卢克索和卡纳克（Karnak）的神庙。

相关网址：www.thebanmappingproject.com，www.valleyofthekings.org，www.egypt.travel

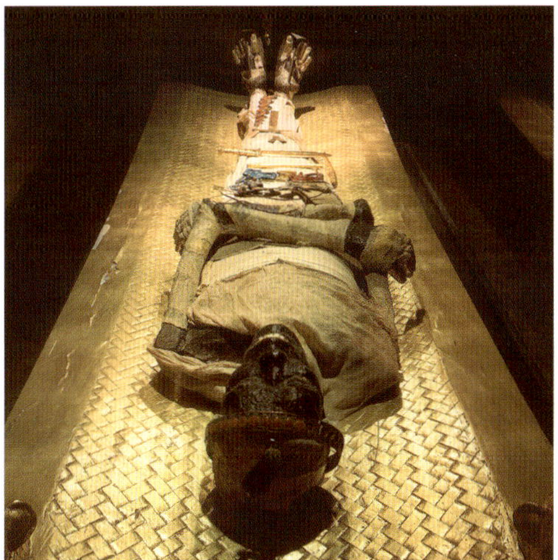

对页：尼罗河西岸一带山丘的后面，国王谷的一条狭长谷地里面安葬着60多位王室成员。左上：霍朗赫布（Horemheb）国王墓里的壁画，画的是哈特尔女神（Hathor）。右上：图坦卡蒙生前没有什么影响，死后却因为陵墓保存完好无损而成为最著名的埃及法老。

10 心在林泉

世间一切胜境，唯有心灵最难求。日常的俗务纷扰，让人不得自省。这是自古以来就存在的问题，所以很多高士与贤圣才告别红尘，归隐清虚，静心冥想，养气修神，聆听神明和来自内心的声音。世界上每一个宗教团体，都欢迎追求真理，或是追求清净的人。那些远隔尘嚣的清净地是充满神奇力量的地方，有的甚至超越常人的想象。佛教不仅在亚洲有自己的灵修圣地，甚至在澳大利亚的红土地和北风凛冽的新斯科舍省（Nova Scotia）也有道场。在意大利、法国的山巅，或海外仙岛爱奥纳（Iona）和加尔迪（Caldey）的水滨，也到处有基督教引人的圣地。也有的宗教场所避免任何一种教派独尊，比如英国的范霍恩公社（Findhorn Community），就是一座所有新时代宗教信仰和谐共存的精神乐园。

印度毗湿奴神的雕像丰腴妩媚。雕像塑造了毗湿奴神祝福印度圣城瑞什凯诗（Rishikesh）的情景。瑞什凯诗是静修的圣城，人们可以在恒河（Ganges River）畔打坐冥想，也有瑜伽课程可以参加。

麋鹿在干布寺附近、碧蓝的海水之畔静静地吃草。

加拿大

干布寺

新斯科舍省（Nova Scotia）的凯波布兰顿（Cape Breton Island），佛教徒在碧水平原之间过着清心修行的生活。

圣劳伦斯湾（the Gulf of St. Lawrence）辽阔蔚蓝的海面上，有一片碧草如茵的高地，草原上有一座洁白的农舍。在这里，身穿紫褐色僧衣的僧侣和尼姑一起退思冥想、讲经论道，过着一种西化的藏传佛教生活。在干布寺的日子，是在繁多的佛事活动、宗教仪式和打坐静思中度过的。从夜间到次日正午，所有的人一律缄默无声，宁静的气氛偶尔被钟磬云板之音和西藏颂钵悠悠扬扬、不绝如缕的低吟打破。多数佛事在祠堂内举行。大殿供奉着身披藏红色袈裟的佛祖的金身塑像。僧尼们早晚在这里打坐诵经，下午则用来完成寺院的日常工作。

最佳旅行时间：夏季有旅游活动，全年随时可以参加为期6个月以上的修行。

行前计划：6月15日到9月15日期间，周一到周五下午1点半开始，寺院对游客开放。7、8月，俗家弟子可以参加7~14天的闭关。寺院全年提供个人退思、静修、研习佛法的机会。干布寺在布莱森特湾村（Pleasant Bay）附近。从哈利法克斯国际机场（Halifax International Airport）沿着凯博特大道（Cabot Trail）开车6.5小时可到。可以带上佛家的衣服或其他得体的衣物、室内穿用的拖鞋。当地一年中多数时间寒冷、多风、潮湿，需要有所准备。夏天有时很热，可以带游泳衣和凉爽的衣服。

相关网址：www.gampoabbey.org，novascotia.com

著名景点

■**悟道塔**（the Stupa of Enlightenment）供奉着智慧持明主邱阳·创巴仁波切（Vidyadhara Chogyam Trungpa Rinpoche）的遗体。正是他在1984年创立了干布寺。塔顶立有冈波巴大师（Gampopa）的铜像。冈波巴是12世纪噶举派（Kagyu）藏传佛教的创始人，寺院即是以他的名字命名。**塔上刻着59句佛教关于智、善与爱的箴言。**

■草原上**野花**盛开，各种**野生动物**在这里生息繁衍。狐狸在草间纵跳，麋鹿在海边吃草。远处的海面上，偶尔会看到鲸鱼游过。辽阔的天空，有雄鹰翱翔。

■游客可以参加**观赏鲸鱼**的活动，或在布莱森特湾租小船出海，从海上眺望寺庙和布莱顿角的海岸线，风景十分迷人。

美国/西弗吉尼亚

西弗吉尼亚修行协会

西弗吉尼亚宁静的林间，佛教徒以目前已知最古老的方式参禅打坐。

僧人和女尼身披金红色的袈裟静静地坐着，一动不动好像禅堂前方莲台上佛祖的金身塑像。墙壁和高高的穹顶散发出天然木料的暖意。佛像两侧的窗户外面，可以看到修行协会森林隐修所的原野。隐修所的成员修炼的是上座部佛教的内观智慧禅，宴坐与经行参互。很多人都喜欢在晴朗天气到日影斑驳的林间打坐。那盈耳的鸟鸣和林间的清风使人更易于达到一种心意澄明的境界。小径在阴翳的林间曲曲折折，路的两侧草木茂盛。赭色的斋房精舍各自孤零零地矗立。多数隐修地都有自己独特的地方，每天打坐的时间在6—8小时。白天很快过去，暮色中，信徒们开始准备晚间的静修，油灯跳动的微光暖暖地照亮了精舍。

最佳旅行时间：隐修中心和禅寺全年开放，短期的参禅和隐修活动对世俗游客开放。已经长期修行佛教的人可以参加长达数周甚至一年的闭关修行。

行前计划：对公共开放的隐修有不同主题，时间从2天到9天不等。隐修地所在的森林占地17公顷，在西弗吉尼亚的高视（High View）附近。从达勒斯国际机场（Dulles International Airport）出发有1小时路程，距离华盛顿两小时。要带上舒适简单的衣物、手电筒和闹钟。不可携带世俗的读物、乐器或广播。参加隐修的人依例自愿布施。禅寺完全依赖布施为继，所以不妨慷慨一些。

相关网址：www.bhavanasociety.org， www.wvtourism.com

著名景点

- 参加隐修的人们往往帮助做清洁或准备斋饭之类的工作，从劳动中体会经书上没有的**佛教真谛**。
- 早餐和午餐是全素斋，人们在斋堂用餐，个个缄默无声，用斋的同时也是一种**正念修行**。晚餐被瑜伽代替，鼓励修行人清心寡欲。
- 中央禅堂外的**莲花池**有**佛像**一尊，是静心冥想的理想场所。
- 或与僧人或独自一人在**美丽的林间**散步，不时可以瞥见野鹿出没。

修行协会遵循佛祖原始教义参禅打坐，他们相信遵循佛的中道可以实现内心的平静，得到智慧。

人们来到哈槟享受乡间的宁静、温泉疗养和天人合一的精神体验。

美国/加利福尼亚

哈槟温泉

当地的密瓦克人最早发现了北加州幽谷温泉的治病功效。

1972年“心灵意识”教堂（the Heart Consciousness Church）收购了哈槟这个地方，把这个60年代的嬉皮士公社改造成了一处非营利性的隐修、疗养中心，突出当代新生活思潮的主题，比如整体疗法、宇宙精神等。哈槟温泉圣地是各种思潮杂糅的地方，来这里的人有早年的嬉皮士、密宗修行人、预修佛教的人、裸体主义者、德鲁伊修士等各种五花八门的修行者。温泉池有7道泉源注入，人们可以解衣沐浴，是隐修圣地最受欢迎的活动。但其他的活动还有很多，比如石疗、水疗、瑜伽、坐禅、舞蹈、影片放映、萨满巫术、诵经、印第安桑拿、古代苏菲教派研习，还有清晨的静坐。隐修圣地面积达到647公顷，周围的橡树林有景色优美的山路通到幽深静谧的山中。

最佳旅行时间：5月到10月是最好的季节，白昼长，气候温暖。多数游客住两个晚上，周末房间不易订到。很多人也愿意住一周，所有人都可以报名参加长期隐修活动。有时游客会正好赶上当地的活动，比如5月的清湖钓鲶鱼比赛。

行前计划：哈槟在加州的湖郡（Lake County）。住宿有游客宿舍、汽车旅馆、农舍、哈槟别墅（山脚下的私人住宅），还有溪边营地，可以自己扎营。游客可以在石岸餐厅（Stonefront Restaurant）或者附近的快餐店用餐。哈槟集市上也可以买到各种绿色食品。游客可以使用这里的厨房。

相关网址：www.harbin.org，www.lakecounty.com

著名景点

■ 哈槟有**5处天然温泉**，包括一个大型戏水池，有泳道，恒温35℃的温泉池，还有一座室内池，水温保持在45℃上下。这里还有一座冷水池。山道尽处有“秘密”瀑布。

■ 疗养地定期举办各类**讲座**，包括按摩教程、密宗讲座，也有关于爱情、婚恋和良性问题的讲座。

■ “森桑”是指一系列**讲座和电影**活动，由世界各地的新思潮修行的专家和大师主讲。“森桑”一词来自梵语，意思是“相聚在真理中”。

■ 清湖（Clear Lake）是加州境内**最大的淡水湖**。很多水上运动可以在这里进行，包括划船、游泳、皮划艇、钓鱼、滑翔伞和摩托艇冲浪。

日本

别府温泉

日本最南端岛上的古代火山温泉是现代人放松身心的圣地。

火山温泉和沸腾的地狱池（jigoku）上升起云雾般的蒸汽。沸泉只能观赏，是不能用来洗浴的。空气中弥漫着硫黄的气味，使人联想起造就了这里3800处温泉的火山喷发活动。这些温泉际山面海，是公元867年九州岛（Kyushu）鹤见火山（Tsurumi）喷发形成的。火山矿物给这些温泉池染上了绚丽的色彩，池水的温度可达50℃—98.94℃。来别府沐浴温泉的传统始于17世纪的江户时代，日本人相信温泉富含的火山矿物有治疗疾患的奇效。人们浸泡在温泉池里，放松身心。春季，满山樱花开放，点缀着山川。山间的露天浴场泉色乳白，游人可以在相对宽松的池水里静静享受。

著名景点

- 享受**深埋**在黑色火山热砂里的感觉。温泉沐浴也是不容错过的旅游项目。
- 体验**泥浴**，有助于身体吸收天然火山矿物质。
- **蒸汽浴**由温泉在地板以下加热，地板上铺草药和香料，供人躺在上面。
- 地狱泉池**色彩绚丽**，有的呈钴蓝色，有的呈血红色。

最佳旅行时间：3月到5月（春季）和9月到11月（秋季）是最好的季节。地狱温泉每天上午8点到下午5点开放。

行前计划：乘汽车、火车或飞机均可抵达别府。附近也有国内机场。很多酒店有水疗设施。参观地狱温泉一天即可，但可以多安排几天的时间体验各种温泉疗养。所有的温泉池里，人们都是裸身沐浴，如果不习惯，可以去私密温泉或家庭温泉疗养地。购买龟井（Kamenoi）通票，可以在当日乘坐所有的公交线路，通票还包括温泉门票。游客咨询中心上午9点到下午5点开放。

相关网址：www.japan-guide.com

人们身穿和服埋在湿热的火山沙下，头上遮阳伞遮阳，沙浴用时15分钟。

日本

高野山

来日本的真言宗山寺，体验一宵古卷青灯的禅意。

公元816年，日本天皇敕准弘法大师（Kobo Daishi）在900米高的高野山兴建佛寺。第一座寺庙于3年后竣工。弘法大师在这里创立了佛教真言宗。真言宗重仪典，重象征，讲求佛祖的微言大义。弘法大师不仅是德高望重的高僧，而且多才多艺，在工程学方面造诣颇深，他还发明了日文的注音字母。公元835年，大师圆寂，葬于高野。此后的显贵望族、各方善信纷纷在附近营造陵园，高野山上很快变成了一大片墓地。到1600年，山上的寺庙建筑超过千座，今天尚存的，只有120座了。其中60座仍然在受香火。弘法大师陵园是山上最神圣的地方，通向陵园的甬路两侧有寺庙和祠堂，周围种着修剪得整整齐齐的松树。游人需沿着甬路上山，穿过一大片坟墓。周围万籁俱寂，只有香客杖头铃铛叮当作响。正殿内点着千万支蜡烛，融融的烛光映照着僧人橙色的袈裟和洁白的袜子。寺内还点着两盏灯笼，据说灯笼自从第一批香客前来朝拜便点在那里，至今已经过了1000年。

最佳旅行时间：避免在4月底、5月初的“黄金周”上山。此外，8月的盂兰盆会（Obon Festival）和新年也是繁忙的时节。夏季炎热潮湿。春秋季上山最佳。

行前计划：可以至少留宿一晚。过午到达，次日午饭后离开，一天时间可以参观主要的祠堂、博物馆和几座庙宇。可以从大阪（Osaka）乘火车到高野山。乘索道车上山需要5分钟。如果步行登山则需50分钟。接受香客住宿的寺庙游人很多，最好提早预订。这些寺庙白天闭门，4点之前不接待参观，但是如果轻敲山门、低声问询，寺僧一般会允许游人寄存行李。

相关网址：www.jnto.go.jp，www.japaneseguesthouses.com/db/mount_koya

著名景点

■ 游客可以参加寺庙的早课，观看**真言宗法事**，本寺住持会持宝剑做舞火的表演。经堂藻绘缤纷，香烟缭绕。僧众诵经的声音营造出一种法相庄严的气氛。

■ 寺庙周围**肃穆优雅的环境**极宜静坐。有的寺院举行**禅宗打坐法会**，可以参加。

■ 僧人用传承了1100年的秘方烹制一种细嫩的芝麻豆腐，口味精美。**精进料理**（Shojin ryori）是随同佛教一起从中国传入的，考究的烹饪之道已经成为中日佛教传统的一个组成部分。

■ 徘徊在**2000多座殿堂、浮屠**之间，头顶是千年古松、藤萝倒垂，使人体验到山顶禅寺的清静与肃穆。

对页：金刚峰寺（Kongobu-ji）是日本真言宗的中心，有全国最大的一座假山园林。左上：大塔（The Daito Pagoda）代表着高野山和日本的地理中心。右上：英灵殿（Eiroidon Tomplc）园林里红叶缤纷。

日本

永平寺

山中宝刹永平寺，对佛教禅宗起到过重要的影响。

悠扬浑厚的钟声在永平寺的廊间回荡。黑衣的僧侣在锃亮的木地板上碎步徐趋，赶往参禅的经堂。山泉在内院与寺中园林之间蜿蜒流淌。寺里的70余座殿宇建筑排列成一个佛形，讲经的正殿为佛头，心脏的位置立有佛像一尊。伴随着木鼓轻敲，僧众诵经之声在寺内外回荡。永平寺标志着古代日本高超的建筑成就，四围古柏环绕，郁郁苍苍，建筑立意追求天人合一。寺的始建者是禅宗大师道元（Eihei Dogen），1244年，他把曹洞禅（Soto Zen）从中国传入日本。永平寺是普通僧人进修的禅寺。150多名僧侣住在寺里，每日洒扫、参禅、做佛事法会，功课完满，即可升为主祭。男性的俗家弟子可以在寺里参加闭关修持，每日用简单的斋饭，和寺僧一起打坐，完成每日功课和日常的劳动。

著名景点

- 游客可以参加2天1夜、或4天3夜的打禅。
- 观看**撞钟仪式**。寺内大钟每天撞击4次，宣布参禅的功课开始，每一记钟声之间，有一名新任主祭跪地祈祷。
- 寺院接待室内的**嵌板顶棚**有20世纪30年代多位艺术家画的花鸟鱼虫和山水图案。
- 寺内的**半勺桥**（half-dipperbridge）是道元禅师留下的古迹。大师临溪取水，总是把半勺水倒回溪流。

最佳旅行时间：4月到9月气候温暖，是最好的季节。寺院上午5点到下午5点开放参观。每月有若干天的时间允许俗家弟子（仅限男性）入寺修持。

行前计划：参观寺院需要1—2个小时，体验曹洞禅的日常生活需要1—4天。可乘火车从京都到福井市，然后换乘火车或汽车到永平寺。入寺收少许门票钱，如果希望在寺内留宿，需要至少提前一月预订。要参加三日修炼者，需要通晓禅宗，服从寺内严格的日常作息。

相关网址：www.sotozen-net.or.jp/kokusai/list/eiheiji.htm， www.japan-guide.com

永平寺古柏荫翳。在日本的传统中，禅林圣地往往种植巨柏。

大雄宝殿内供奉着金身的三世佛像：东方药师佛（左）、此土释迦佛（中，左右有尊者侍立）、西方阿弥陀佛（右）。

中国

宝莲禅寺

宝莲禅寺在香港最大的外岛，地势高峻，南天佛国，凛然圣地。

夕阳在大屿山缓缓西沉，林木苍翠的山麓上，宝莲禅寺的金顶流光溢彩。大约100年前，三位禅宗大师在这片宁静的山间建造了一片佛门净地。此后，宝莲禅寺规模不断扩大，成为亚洲最宏大的佛寺之一。山顶一尊佛像，高34米，是世界最高的露天坐佛像。佛像高坐莲台，俯瞰着脚下的塔林和寺院，全身焕发着沉静、慈悲、温柔与刚毅。香客们还不及佛像的手指大，他们沿着268级台阶登上佛像基座，把供品摆放在佛像的脚前。基座是一座三层圆形的陈列室，游人从莲花的一个花瓣进入，可以看到描绘佛祖生平的绘画。一口大钟上面刻有佛教的符号和经文，钟每天敲108响，去除凡人的108种苦恼。在禅寺主建筑群，游人依次来到韦驮殿、飞檐回廊和大雄宝殿。大雄宝殿是禅寺正殿，供奉过去、现在、未来三世佛。透过氤氲的香霭，游人偶尔也能瞥见僧尼虔心礼拜的身影。

著名景点

■ 在好天气的时候，从东涌乘轨道车25分钟，是欣赏香港景色最好的机会。

■ **大佛像**又名天坛大佛。坐像的基座形制仿北京天坛的三层寰丘。天坛是中国历代帝王郊天祈年的祭坛。

■ **心经简林**（the Wisdom Path）的38棵石柱刻着“古心经”，是儒、释、道三教经常引用的经文。最后一根石柱空白，象征四大皆空。景色优美的山道穿过树林，和大屿山的溪流一道蜿蜒曲折。游客亦可在小园漫步，在茶园小憩。

最佳旅行时间：冬季往往天气晴朗。

行前计划：可以逗留一日，或在附近的旅馆过夜，这样可以在934米高的大屿山上看日出。乘火车到大屿山的东涌，然后根据标志指示乘坐缆车。乘轨道车或汽车到昂坪，此地到禅寺只有数步之遥。如果喜欢，可以步行下山。但是，天气变化的时候，山道就像山顶一样，可能变得崎岖难行。宝莲禅寺香火旺盛，如果追求清静，只好去这里较小的殿宇参观，或在薄暮时分入寺。昂坪有饭馆，也可在寺内预订素斋。大佛像下出售饭票，进入陈列馆的门票包含在内。

相关网址：www.plm.org.hk/blcs/en， www.np360.com.hk

中国

普陀山

长江三角洲上遍地佛寺的小岛，自10世纪以来，便是有名的佛教圣地。

金身的观音造像高33米，一手持轮舵，俯瞰着港口平静的海面，指引着满载香客的船只驶向这座小岛。公元916年，一位日本僧人乘船在普陀附近的海上遭遇风浪。他向观音菩萨祈祷。不久，风定浪息，僧人转危为安。为了感恩，僧人把自己携带的一尊观音像供奉在一个渔民的家中，这里便成了后来的不肯去观音院。小岛仅有12.5平方公里，却遍布着大大小小300多座寺院，隐在一片法国梧桐的林间。岛上的普陀山是中国第四大佛教名山。大香炉袅袅的香烟伴着诵经的声音，与晨钟暮鼓，一起飘过树梢，在空中回荡。虔诚的香客与身披橘色袈裟的僧侣和黑色袍服的女尼，三步一叩首地走在林间宁静的山路上。

著名景点

- 在岛中央普济寺参加僧人**早课**。山门仅开侧门供人出入。相传有一位皇帝到此，因为被误认为农夫，不得从正门进入。皇帝因此下诏，正门从此永久关闭。
- 游**梵音洞**。僧人说在洞内修行时曾见到观音法相。过去有人为了追求涅槃，曾在洞前跳海，葬身波涛。
- 乘小船可到佛顶山，拜慧济寺。寺内有**历代砖雕**观音造像。游毕可沿1060级石阶下山。

最佳旅行时间：4月到6月，9月到11月；这期间气候较为凉爽。普陀香火最旺盛的几个日子是2月19日观音菩萨的诞辰、6月19日观音悟道日和9月19日菩萨的涅槃日。游普陀可需3—4天；游珞珈山诸寺另需1天。

行前计划：从宁波或上海有渡船可到普陀。各寺院之间有小公共汽车，但往往不能在寺院附近停靠。游览偏远的地段最好步行。入寺参观需购门票。住宿一般容易找到，但节日期间需要预订。

相关网址：www.tour-beijing.com，www.chinadirect-travel.co.uk

紫竹林是岛上佛教徒研习佛法的地方。

僧侣的精舍十分简单，四面都能眺望当地的风光。

澳大利亚

菩提树森林寺院

新南威尔士连绵起伏的大地上，菩提树森林寺院向所有的佛教徒敞开着大门。

木凉台的一角竖立着高大的旗杆，温暖湿润的风吹拂着条纹的旗帜。条纹是佛光的颜色。寺院建在新南威尔士北部风景秀丽的地带，占地38公顷，是2005年由潘尼亚法罗·希拉（Venerable Pannyavaro Thera）创建的。寺院为小乘佛教禅寺，但兼容诸家，各派僧尼以及俗家弟子都在这里修行。寺庙建筑由波纹铁皮构成，局部或全体涂蓝色，仿绿松石的颜色。佛教中绿松石象征着精神的无限上升。寺中央有一座释迦牟尼像，静坐于菩提树下，周围展现的是红色大地、林荫大道的画面。

最佳旅行时间：随时皆可，当地四季如春。

行前计划：距离菩提树森林寺院最近的城市是里斯摩尔（Lismore）。寺院依靠布施，特别是闭关修行所缴纳的善款。闭关时间长短不一，从数天到数月皆可。（慷慨布施是实践佛法的第一步。）一道林木茂盛的峡谷是俗家弟子修行的场所。修瑜伽的人可以在这里静坐。僧侣会向修行人提供指导。大家住在小精舍，每间屋有供经行的场地。

相关网址：www.visitlismore.com.au，www.buddhanet.org

著名景点

■**闭关修行**有周末的短期闭关，也有10天或更长的。新建的经堂里举办“内观智慧禅”和“慈悲观”法门的培训。新宿舍提供住宿。

■寺院致力于当地的植树造林，已经在山谷和溪边种植了1500多株热带雨林树木。

■**船港保护区（Boatharbour Reserve）**在里斯摩尔以东。当地原有的7.5万公顷亚热带雨林随着1843年欧洲人的到来遭到严重砍伐，保护区内是仅存的部分。

不丹

虎穴寺

建造在世界最偏远地区的寺庙，纪念着佛教传入这个喜马拉雅山中的小王国。

虎穴寺高峙于不丹帕罗宗（Paro Valley）800米的危岩上，超绝尘世，上接长空，凡人似乎绝难攀登。据传说，8世纪的时候，印度高僧莲花生大师（Guru Rinpoche）就是骑着一头母老虎，飞到了这里。大师在洞中经过了长期的面壁打坐，屏退了魔鬼，度化帕罗谷众生皈依了佛门。虎穴寺就是为了纪念他而修建的。寺庙因此成为不丹的佛教圣地，许多高僧和修炼瑜伽的人据说都在这里证悟了大道。今天，朝圣的香客沿着历代大师的足迹，来攀登虎穴寺。他们穿越松林和杜鹃花丛，经过一片片飘扬的经幡、一只只转经筒，还有一座座售卖铃铎供物的临时小店。山上遍地是寺庙。大树上地衣斑驳、森萝倒悬。步道的两侧到处可见神秘的洞穴和巨石。山道在一片经幡丛中下行，直插桥边，桥头有一挂瀑布，高60米，飞流而下，泻入神潭。过桥再攀登一段山路，主刹彩绘鲜明的院墙便赫然呈现在眼前了。这里有莲花生大师打坐的洞窟，每年只开放一次。空气中弥漫着熏香和牛油灯的气味。僧人诵经的声音悠悠地回荡着。很多僧侣就在这样的绝顶孤寺长年修道，有时可达7年之久。

著名景点

■ 登山途中，**高山大壑**雄浑壮丽，林中万籁无声，只有涧水潺潺，马铃叮咚，打破岑寂。

■ 客栈更远处，有**洞中寺**，曾经有一位老方丈即出生在此。如今这里堆满了供品，飘满了经幡。路边显要的地方摆列着宝塔形的陶土小罐，里面盛放的是骨灰。

■ 导游会指给你看一块灵岩上**莲花生大师的脚印**。寺内还有许愿石，据说人如果闭上眼睛把拇指伸进石上小洞，愿望就会实现。

■ **不丹胜利城堡的废墟**在虎穴寺以北。堡垒建于1649年，是抵御入侵者的要塞。天气晴朗的时候，可以看到珠穆拉里女神峰（Mount Jumolhari）。

■ 下山时在客栈可以享用**篝火和热腾腾的饭食**，但需要上山时预订。

最佳旅行时间：春季和秋季，如不怕冷，冬季也是上山的好时机。

行前计划：到帕罗宗最好的途径是乘飞机。不丹不接受自助游，所以需要预订旅行社，导游会安排一切。有各种住宿可供选择，有舒适的宾馆，也有山中宿营。上山需要一天，可以步行或骑马。登山不可太快，特别是如果刚到达不久，以免发生高原反应。天气时常有变，需有准备。登上山顶大约需要两个半小时。寺内不得拍照。请尊重当地的禁忌，每入寺庙可做少许布施。

相关网址：www.bluepoppybhutan.com

对页：寺庙建筑危然耸峙，下临无地，是虔诚香客眼前的灯塔。左上：附近的经幡随风飘扬，散发着灵性的气场。右上：一位僧侣走在峡谷之巅寺院的山路上。

十大山寺

宗教圣地，常在名山之巅，清静之地，远离尘世，与神灵接近。

❶ 禅宗山寺，美国

禅宗山寺坐落于纽约卡茨基尔山区（the Catskill Mountains）森林保护区，高四层，由蓝砂岩和橡木建筑而成，是禅宗山水派的寺院。寺院提供周末或更长时间住寺修行的机会，供人在宁静的氛围中修炼。

行前计划：在特定的星期天，山寺还接受旅游参观。从纽约市出发，开车需2.5小时，乘公共汽车需3小时。www.mro.org

❷ 扎什伦布寺，中国西藏

扎什伦布寺由一世达赖喇嘛根敦珠巴（Gendun Drup）始建于1447年。扎什伦布的意思是“吉祥须弥山”。几百年来，这里一直是班禅喇嘛的驻锡之地。寺里的喇嘛欢迎游客参观。26米高的弥勒佛金身塑像遍体装点钻石、珍珠、琥珀、珊瑚等珠宝，颇为壮观。

行前计划：扎什伦布寺在日喀则城西，每日开放参观，步行或乘坐三轮车可到。www.travelchinaguide.com

❸ 拉达克寺，印度

拉达克佛寺保留了丰富的宗教传统和文物。寺院高峙于嵯峨嶙峋的山头和巉岩的峭壁。每座寺院各有特色：西米斯寺是最大的一座，每年夏季有丰富多彩的节日；锡克斯（Thiksey）则以收藏的艺术作品闻名。

行前计划：各寺院开放时间和门票价格不同。www.lehladakhindia.com

❹ 柯邦寺，尼泊尔

加德满都郊外成片的稻田，柯邦山就耸立于田野的上空。山上有来自周边喜马拉雅山国的孩子们，他们最小的才7岁，都来到这里，在菩提树下研习佛法。西方人也来到这里，向寺里的360位僧侣学习精神修养之道。

行前计划：柯邦寺距离加德满都15公里，提供10日或更长的住寺进修。www.kopan-monastery.com

❺ 西奈亚修道院，罗马尼亚

1690年，国王米哈伊·坎塔苏兹诺（Prince Mihai Cantacuzino）朝拜西奈山（Mount Sinai）归来，兴建了这座东正教礼拜寺。据说建寺所用的砖石有的就来自圣地。今天，一些年事已高的修士住在这里。礼拜寺所在的地方景色宜人，有一座19世纪的教堂，与皇室关系密切。

行前计划：西奈亚在普拉霍瓦郡（Prahova County），距布加勒斯特（Bucharest）120公里。www.welcometoromania.ro

❻ 莱拉修道院，保加利亚

10世纪，隐士莱拉的约翰（John of Rila）在里尔斯卡河谷（the valley of the Rilska River）修建了这座雄伟的东正教莱拉修道院（Orthodox Rila Monastery）。寺内典雅的建筑和精美的壁画闻名于世。隐士的遗骨仍然保存在寺内，陈列在他的追随者修建的教堂里面。

行前计划：礼拜寺博物馆有雕刻精美的拉斐尔十字。www.bulgarianmonastery.com

❼ 米提奥拉修道院，希腊

公元935年，一些僧侣为了躲避土耳其军队的入侵来到了这一片绝壁危岩之间。随后的几百年中，共有24座修道院相继建立。建筑所需的石块都是僧侣们肩扛或绞索牵引搬运上山的。今天的游客可以步行或乘坐缆车上山，参观现存的6座希腊东正教修道院。大米提奥龙修道院（Great Meteoron Monastery）是其中最大、保存最完整的一座。

行前计划：选择春季或秋季参观，避免炎热的夏季。距离最近的一座城市是西萨罗尼奇（Thessaloniki），从雅典乘火车可到。5座修道院对游人开放，但只有3座仍在使用。www.greecetravel.com，www.gnto.gr

❽ 安戴克斯修道院，德国

本笃派安戴克斯修道院坐落于巴伐利亚（Bavaria）阿默湖（Lake Ammersee）畔的圣山上。寺里的修道士自从中世纪开始就有酿造啤酒的传统。今天，啤酒酿造是这里的一大产业，有一座酒吧和一个餐馆，专门销售巴伐利亚特色啤酒。

行前计划：游客可以参加由导游带领的礼拜寺、酿酒厂、教堂参观。教堂欢迎公众参加宗教活动。餐馆从早上10点到晚上11点营业。www.andechs.de

❾ 大圣伯纳德教会客栈，瑞士

将近1000年来，瑞士、意大利交界处大圣伯纳德道（Great St. Bernard Pass）的教会客栈一直是修道士的住所。历史上大圣伯纳德道一度是纵贯欧洲数百公里范围内唯一一条道路。这里的奥古斯丁教派修士为旅途上的人们提供各种方便，因此出了名。在他们的救助工作中，圣伯纳德狗起到了很大的作用。

行前计划：客栈位于马提尼（Martigny）城上方。今天仍然是宗教人士聚集的场所，也提供住宿。www.myswitzerland.com

❿ 圣胡安–德拉佩纳修道院，西班牙

圣胡安–德拉佩纳修道院是中世纪的艺术瑰宝，雕刻在俯临韦斯卡省（Huesca province） 比利牛斯山（Pyrenees）的崖壁上。中世纪的摩尔人从非洲出发向北入侵的时候，据说圣杯就是被转移到这里保存的。今天，这里是本笃教会的修道院，圣经故事的浮雕吸引着众多游客。

行前计划：修道院在亚卡（Jaca）附近，长年对游客开放。www.monasteriosanjuan.com

米提奥拉的意思是半悬空。圣三一修道院可谓名副其实。139级石阶依山开凿，通向修道院。

尼泊尔

博拿佛塔

藏传佛教的中心地之一，塔名取自梵语“菩提”，意谓通向觉悟之途。

薄暮之中的加德满都（Kathmandu），博拿小镇的藏民轻轻地步出了家门。人群在静穆中会聚、挤挤挨挨，沿着土巷，涌向经幡飘扬的佛塔。五颜六色的人流里面，有拄杖蹒跚的老人，有背负婴儿的妇女，有少年，也有男人。所有人围着圆形的塔身绕行七遭，念诵着经文，转动着转经筒，或是匍匐在卵石铺成的路面上。佛塔之上，佛陀的眼睛俯视着四方众生；佛塔之下，红衣的僧侣怀抱钵盂，手捻佛珠，打坐冥想。天气晴朗的日子，可以遥望天边喜马拉雅山脉的群峰，那是传说中神灵的栖止之所。博拿佛塔是尼泊尔最宏大的佛塔建筑，它形如曼陀罗，以体现佛教的宇宙观，象征宇宙的五大元素：土、水、火、气和虚空。塔的历史，可以上溯到14世纪；对众多信徒而言，塔的真正起源还在更古老的岁月。但不管怎样，佛教徒始终对着博拿佛塔顶礼膜拜。众多寺庙与佛祠散布于附近的道路，山路蜿蜒，通向山顶的柯邦寺，在那里，你会找到通往自身涅槃的道路。

最佳旅行时间：除夏天雨季之外的任何时间。抵达宜早，返回宜迟，这样可以避开一天中涌向博拿佛塔的大批游客。

行前计划：博拿位于加德满都东郊。最好的交通方式是乘出租车。祈祷中如欲拍照，需要慎重。藏族人的小店售卖各色当地手工艺品和宗教艺术品，值得浏览。一天的时间足供参观，如果追求心灵的非凡体验，则需要更长的时间。当地有各种住宿和交通的方式可以选择，但最好避免乘坐公共汽车。时局动荡期间，行前须了解安全形势。

相关网址：www.go2kathmandu.com，www.travel-himalayas.com

著名景点

■ 在黎明或黄昏时到寺参观，可以**观看当地人的祈祷仪式**，游客也欢迎参加。坐在屋顶咖啡屋的平台上，可以欣赏壮丽的佛塔和寺庙金色的屋顶。

■ 7、8月雨季之后，僧侣将举行**雨季闭关**，讲经、坐禅、虔心祈祷。

■ 参加**藏历新年的庆典**。藏历新年通常在2月的满月前后。僧侣们在这一天举行特殊的仪式，吹响长长的铜号角，抛洒烤青稞。全尼泊尔和周边国家的佛教徒都来参加庆祝的活动，很多人穿着传统的服饰，衣服上缀满了整块的绿松石和珊瑚。

一位僧人在佛塔最上面象征大地的一层平台上伫立。塔的圆形基座象征水。

萨图行者在树木荫翳的小院静坐念经。

印度

瑞诗凯什

印度教圣城，碧山环抱，古刹掩映，香客云集。

恒河畔的瑞诗凯什是圣者云集之城，通向喜马拉雅山的门户，新时代精神运动的天堂，世界瑜伽之都。对于印度教徒来说，瑞诗凯什是通往查尔丹（Char Dham）四大圣城亚穆诺特里（Yamunotri）、甘噶特里（Gangotri）、克达纳斯（Kedarnath）和巴德里纳斯（Badrinath）朝圣之旅的起点。走在瑞诗凯什窄窄的街道上，你能看到五光十色的人群：编着头发、彩绘其面的萨图行者，穿牛仔裤的嬉皮士，传统印度教徒，身披藏红色长袍、学做祈祷的小孩，还有来自世界各地的游客。猴子和奶牛（印度教神圣的动物）在城里自由自在地游荡。城中的寺庙和神像并非专为某一神而设，在这里，瑜伽、阿育吠陀医学、宗教隐修和歌舞学习班同样出名。城东的恒河畔是静坐冥想的好地方。这些地方只有步行才能走到。瑞诗凯什差不多就是一座供人步行的城市，但机动三轮也是常见的代步工具。晚间，多数寺院举行恒河灯礼。僧侣们点燃巨蜡，敲响寺钟供奉恒河女神。

著名景点

■ 瑞诗凯什在国际上出名始于1967年甲壳虫乐队在这里会见马哈瑞什·马赫什瑜伽大师（Maharishi Mahesh Yogi）。今天他的故居仍然供人参观，参观活动被称为“甲壳虫隐修之旅”。

■ 从吊桥拉克什满·朱拉（Lakshman Jhula）上可以眺望全城的景色，两座最著名的多层寺庙建筑斯瓦格尼瓦斯（Swarg Niwas）和斯里特拉衍巴克什瓦尔（Shri Trayanbakshwar）在城市外围。

■ 很多小贩售卖菩提子饰品和项链。根据传说，菩提树结的籽是湿婆神的眼泪，佩戴身上能医百病、致吉祥。

最佳旅行时间：4月到10月是天气很好的时节。每年2月或3月，瑞诗凯什还有国际瑜伽节，届时有瑜伽课程。

行前计划：最近的机场在德哈拉顿（Dehradun）的乔里格兰德（Jolly Grand），从德里乘飞机可到。从机场乘出租汽车到瑞诗凯什。从德里也有火车和长途汽车直接到瑞诗凯什。当地有各种价位的旅馆，但需要预订。一周的时间一般足够游览整座城市和附近的寺庙。下恒河的时候需要格外小心，河水表面虽然平静但暗流湍急。瑞诗凯什小偷甚多，经常扮作萨图行者的样子对游客行窃。如遇乞讨，可以施舍食物，而不要给钱。城里禁酒。多数餐馆提供素餐，不加大蒜。也有其他类型的饮食可以选择。

相关网址：www.rishikesh.org， www.himalayantouch.com

布拉曼蒂廊的圣本尼迪克特塑像，上有铭文："以主之名来的，必得福报。"

意大利

蒙特卡西诺修道院

本笃派修士在这座可爱的修道院延续着1500年来的劳作与修行生活。

蒙特卡西诺修道院坐落在520米的山顶，俯瞰着卡西诺城和周围的原野。修道院建筑群于公元529年由努尔西亚的圣本尼迪克特（St.Benedict of Nursia）创建。也正是圣本尼迪克特在这里创立了本笃教派。"二战"期间，修道院遭到轰炸，战后依照科西莫·范扎哥（Cosimo Fanzago）17世纪的巴洛克设计重建。寺中的修士仍然忠实地依照创建者留下的戒律过着宁静的生活，每天早起，一天中7次集中做祷告，其他的时间全都用来辛勤劳作。圣本尼迪克特认为"安逸可以败坏灵魂"。修道士们管理图书馆和档案馆，制作圣像，发表文章，也组织音乐会等活动。他们欢迎游客参观，也欢迎上山隐修的人士，实践着耶稣的话："我是异乡孤客，你接纳了我。"

著名景点

■ **教堂内部**有绚丽多彩的马赛克壁画、工艺精美的大理石地面，还有一架5000支音管的巴洛克式大风琴。

■ 修道院的大量艺术珍宝在"二战"中被破坏，但是地下室保存了下来，里面有德国贝隆本笃画派的**马赛克画和20世纪早期油画作品**。

■ 博物馆陈列了**中世纪宗教艺术作品**、手稿和刺绣。

■ 从布拉曼蒂廊（Bramante Cloister）向西，可以望见开阔的**波兰战争公墓**。1944年的蒙特卡西诺战役为盟军进入罗马铺平了道路。1000多名波兰籍士兵在战斗中牺牲，葬在这座公墓。山谷中还有卡西诺战争公墓也可供游人凭吊。

最佳旅行时间：修道院全年开放参观，但每天上午12点半到下午3点半之间关闭。宗教节日期间，游客只能进入教堂。冬季博物馆只在星期日和节日开放。3月21日是圣本尼迪克特的祭日，此前一周来修道院可以观看中世纪流行的风格。

行前计划：参观至少用两小时。入寺须衣着得体（不能穿短裤、无袖衫等）。教堂内外均须保持肃静。修道院内禁止饮食。只在停车场边上有供游客使用的卫生间。

相关网址：www.montecassino.it

法国

泰泽

在这里，宽容、信任、简朴是最高原则，不同的宗教传统在勃艮第的小村里和谐共处。

著名的泰泽吟诵和着简单的旋律，营造出庄严和谐的宗教氛围。数百人来到和谐教堂（Church of Reconciliation）共同进行着这种简洁的宗教仪式，作为他们为期一周的隐修的一部分内容。他们多数是青年，来自不同国家。每天早、中、晚的祈祷就成了大家交流的好时机。这种四海一家的宗教形式，是瑞士籍牧师罗杰（Brother Roger，其父是新教牧师）一生努力换来的结果。1940年，他是第一个来到泰泽这座山顶小村的人。这里已经出离了纳粹德国的控制范围，此后的两年，他不断帮助犹太人逃亡到瑞士。消除差别成了他的奋斗目标。1944年，他在泰泽创立了这个融合不同教派的宗教团体，罗马天主教徒和新教徒在这里聚集一堂。罗杰一直主管这个宗教团体直到2005年他90岁高龄的时候被一名患严重精神分裂的女青年刺伤身亡。他创立的宗教团体继续带给人人性与心灵的新鲜体验，使每位参加隐修的人可以带着这份新鲜回到他们的日常生活中去。

最佳旅行时间：任何人任何时间都可参加集体祈祷的活动。隐修的时间是从星期日到下一个星期日。15—29岁的青年一年中随时可以参加，30岁以上的人只能在3—10月之间参加。参加隐修需要预约。

行前计划：开车延A6公路，或乘火车从巴黎到马贡-罗什（Macon Loche），然后乘公共汽车。可以自带帐篷或预订隐修宿舍。人少的时候有时可以在教团的宾馆订到房间。勃艮第地区是世界著名的美食、美酒之乡，但是隐修地只有简单的膳食。僧侣会希望参加隐修的人帮助做清洁的工作，包括打扫卫生间。每天只有一两个小时可以洗热水澡，错过时间只能洗冷水澡。

相关网址：www.taize.fr

著名景点

- 可以和教团的成员谈话，或参加**讨论小组**的活动，大家彼此交流。一般来说，参加讨论的人们能使用一种通用语言交流。

- 有很多机会可以在南勃艮第风景如画的**乡间漫步**。晚上，人们带着吉他和别的乐器聚在一起，大家唱歌、弹奏流行的曲子和各自祖国的民间音乐。

- 如果有时间，又能解决交通的问题，可以在隐修结束之后**游览勃艮第地区**。当地值得游览的地方包括克鲁尼（Cluny）、历史名城图尔努斯（Tournus），当然还有马贡地区的葡萄园。

穿白色袍子的泰泽修士在烛光荧荧的和谐教堂里做晚祈祷。

英国

凡得霍恩

这是一个20多年前成立的宗教团体，他们开创了全新的生活方式，人人亲如一家，与自然和谐共处。

苏格兰东北部有一个幽静的凡得霍恩角，海角的附近有一个小村落，有一群人在小村外面结成了他们自己的乡间小社会。村子曾经是一座渔港，周围风景如画。然而比风景更吸引全世界游客纷至沓来的，是这个小社区所代表的精神。凡得霍恩区信奉这样的生活理念：反身而诚，聆听内心的声音，尊重万物彼此间的因缘，呵护地球，与人分享。今天的凡得霍恩包括若干个地方，有克鲁尼公园酒店改建的大学，还有一座生态村，生态村里有一座威士忌酒桶造型的房子。凡得霍恩社区成立于20世纪60年代。艾琳·凯蒂和彼得·凯蒂夫妇还有他们的朋友和同事多罗西·麦克林经营着克鲁尼酒店和附近的另一家酒店，后来三个人失了业，除了自己房车边上的一小片地，再没有了其他生活的来源。他们开始在沙地上种瓜果蔬菜。第一茬没有成熟。艾琳有非主流宗教信仰，她开始对着植物精灵祈祷。不久他们种出了18公斤重的白菜。这个故事真实与否，不得而知。但是，今天的小园土壤肥沃高产，生活在这里的人们亲如一家，凡得霍恩已经成为倡导健康生活和进步理念的中心。这里还是世界上碳排放最少的人类定居地之一。

最佳旅行时间：这里常年有“体验周”活动（参加“体验周”之后，才能参加其他的讲座和体验活动）。4月到11月对游客开放参观。

行前计划：来凡得霍恩的时间取决于来的动机。一天的时间可以参观生态村。如果希望体验社区精神，可以参加“体验周”或在埃雷岛（the Isle of Erraid）尝试社区生活。伊欧纳（Iona）的特拉布罕（Traigh Bhan）每年7月到9月有为期数周的避暑旅游项目。

相关网址：www.findhorn.org

著名景点

■ **生态村**以“活的机器”而著名。这是一个根据温室原理建造的植物过滤系统，社区产生的废水经过净化，可以达到欧洲游泳用水安全标准。

■ **埃雷岛和特拉布罕**都属于凡得霍恩社区。后者是伊欧纳岛上的度假别墅。游客可以在这两个地方体验凡得霍恩式的生活，而且环境更安静，别有风味。

■ 有关**地球问题**的会议定期举行，本地和世界各地有想法、有实践的人们都在会上讲话。凡得霍恩还开办有关健康生活和环保设计的讲座。

当地居民用本地产的木材自己动手建造了简洁、环保的房子。

废置已久的教堂在20世纪得到重建，今天定期举行礼拜，对公众开放。

英国

伊欧纳岛

希布利第斯群岛（Hebrides）中的一个小岛，荒凉偏远、风声呼啸，但这里却是虔诚的基督徒心中神圣的地方。

这是一片到处是沼泽、荆榛遍地、怪石嶙峋的土地，没有什么吸引人的地方。然而，在公元563年，一位爱尔兰国王舍身成为修士，正是在这里建立了苏格兰的第一个基督教教会。克伦巴来到伊欧纳的时候只有12人相随。他在岛上劝化皮克特人和苏格兰人皈依基督，把基督教向南最远传播到了英格兰的诺森伯兰（Northumberland）。小岛的声誉日盛，北部欧洲新归化基督教不久，信徒们不远千里来到这里朝拜。从9世纪到11世纪，有6位苏格兰国王安葬在修道院的墓地，墓地的周围，精美的石刻十字架越立越多，俨然一片碑林。然而，小岛的名气和财富也引来了不爱好和平的造访者。公元794年，维京人第一次劫掠伊欧纳岛，抢走了岛上的圣物和珍宝。这样的劫掠持续了半个世纪。岛上的僧侣只有放弃修道院。直到1203年本笃派的修女恢复了礼拜寺的旧观。修道院的繁荣持续到文艺复兴时期（1560年），这时，岛上的凯尔特式十字架除了三座之外，都被推倒砸毁。女修道院又化为废墟，而圣玛利教堂（St. Mary's Abbey）却保存了下来，成为希布利第斯群岛上中世纪教堂建筑的典型代表。伊欧纳小岛再一次荒废，直到1938年神甫乔治·麦克里奥德（Reverend George Macleod）创建了多教派共处的伊欧纳宗教团体。今天，伊欧纳岛和临近的穆尔岛（Mull）上有三处居民中心，基督教各派的信徒在这里和谐相处，共同劳作。

最佳旅行时间：4月到10月气候温和，是游览的最好时间。

行前计划：从穆尔岛到伊欧纳的渡船需要10分钟。从本岛的奥班（Oban）、阿德纳姆坎（Ardnamurchan）和罗莎兰（Lochaline）出发，有凯尔麦克（CalMac）渡船到穆尔岛。伊欧纳岛上只有当地居民可以开车。游客可以在港口租自行车。岛上有阿吉尔酒店（Argyll Hotel），建于1868年。酒店有岛上最好的餐厅，菜品选用的大都是有机作物原料。另外有圣克伦巴酒店（St. Columba Hotel），可以饱览穆尔岛美景。注册客轮M.V.沃兰特号（M.V. Volante）下午2点离港，游览沿海景致，全程90分钟。

相关网址：www.historic-scotland.gov.uk，www.visitscotland.com，www.calmac.co.uk

著名景点

- 重建的修道院保持了宁静的风格，还有精美的中世纪和宗教内容的石刻艺术。
- 伊欧纳岛是感受历史的好地方。葬在这里的国王中有一位皮克特苏格兰王麦克白（Macbeth），就是莎士比亚名剧中反派英雄的原型。
- 小岛周围的白沙海滩景色奇美又人迹罕至，最适宜捡拾贝壳、发现珍宝。游人可以找到被海水打磨圆滑的碧绿的伊欧纳大理石。
- 伊欧纳沿海有观光旅游活动，游人有机会观赏到海豹、海豚、海鹦，以及其他海鸟，甚至可以看到小须鲸和姥鲨。

公元635年的林迪斯法恩修道院是盎格鲁–撒克逊基督教的中心，但今天岛上能看到的遗址是11世纪诺曼人的建筑。

英国

林迪斯法恩圣岛

英格兰北部海岸线之外的一座潮起潮落的小岛。这里曾是早期基督教活动的前哨。岛上的宁静让很多人感到灵魂的超脱。

林迪斯法恩岛又叫圣岛。伴随着潮起潮落，岛上的景致也气象万千。落潮以后，可以看到一条现代建造的长堤，从诺森伯兰横跨北海，直通岛上。涨潮的时候，堤道淹没在波涛之中，只留下孤零零的海岛。从英格兰本土远望，可以看到小岛上两个标志性建筑：小山顶上的古堡和城堡修道院里残破的拱桥。登上小岛，游人走在荒凉的古道上，基督教历史上两位杰出人物曾经在这里留下足迹。一位是爱尔兰籍的修道士圣爱丹（St.Aidan）。他于公元635年从苏格兰的伊欧纳岛来到这里，矢志要让仍然信奉异教的英格兰人皈依基督。从那时起，林迪斯法恩小岛被赋予了宗教的意义。11世纪的时候得名“圣岛”。爱丹和他的12个同伴在岛上建造了木屋修道院，如今已经不存在了。人们仍然可以看到古建筑的废墟，是一座建于公元664年的教堂。这时，以圣卡斯波特（St.Cuthbert）为首的岛上的修道士已经开始听命于英国本土的教权。793年，维京人劫掠英伦，岛上平静的宗教生活被打破。875年，修道士永远地离开了这座小岛。只是在11世纪的时候，才又有一群教士来到这里，一直到1537年英王亨利八世遣散英国修道院组织为止。

最佳旅行时间： 暮春是最好的季节，是英格兰边境一带草木欣欣向荣的时候。

行前计划： 要事先了解涨落潮的时间表，特别是如果计划开车的话。可以计划两天的行程，一天游览海岛，一天游览诺森布里安（Northumbrian）蛮荒然而美丽的海岸风光。在这里游人可以体会到当年修士们面对的艰辛。岛上圣卡斯波特中心有一座小屋。游人可以在里面体验“个人隐修”。中心也组织集体隐修。

相关网址： www.holy-island.info，www.lindisfarne.org.uk

著名景点

- 《林迪斯法恩福音书》是英国保存最完好的古籍手稿，是岛上的修道士在公元715年为纪念圣卡斯波特编写制作的。福音书的原件藏于大英博物馆，林迪斯法恩收藏了副本。
- 在英国教会的圣母玛利亚教堂（Church of St. Mary the Virgin）度过岛上宁静的一天，该教堂是很多基督教朝圣者向往的地方。
- 林迪斯法恩岛出产**加烈葡萄酒**和**蜂蜜酒**。在村里的酿酒厂可以买到。
- **林迪斯法恩城堡**建于1515年，所用石料来自古修道院。1901年，城堡的新主人聘请爱德华・拉特炎斯（Sir Edward Lutyens）以欧洲民间工艺风格改造城堡，又请了日尔特鲁德・杰凯尔（Gertrude Jekyll）建造园林。

英国

凯尔特岛

6世纪的修道士最先来到了威尔士凯尔特岛。壮美的风光和古老的宗教传统让小岛远近闻名。

船行4.8公里，渡过凯尔特海（CaldeySound），终于在岛上修道院湾（Priory Bay）靠岸了。匆忙下船，修道院负责接待客人的修士身穿白袍，已经静候多时了。由他带领着上到山顶圣菲洛米纳度假公寓（St. Philomena's Retreat House）。那就是今后几天我们的家。短暂的海上旅程带我们离开了平常的生活，出离了尘世。位于威尔士南部海外的这座小岛属特拉皮斯修道士所有，也就是从前的西妥教派。他们并不像很多人想的那样，持禁语戒，但他们的确会避免少讲无用的话。凯尔特岛长仅2.4公里，仿佛一个独立的小世界。小船载着最后一批乘客离开以后，小岛更显得超然世外。岛上能欣赏到一切自然美景：海岸峭壁、荆榛丛生的荒原、沙滩，和丰富的野生动物如海豹、鸬鹚和海鹦。上岛的游客总是有情趣的人，闲话少讲的禁戒也不在圣菲洛米纳公寓生效。除了修道院的礼拜游客自愿参加外，岛上的度假生活再没有什么特定的安排。尽管如此，很多人还是把这里当做静心涤虑、反思生活的好地方。

最佳旅行时间：从复活节到10月底。星期日、耶稣受难日和有的星期六没有渡船可以上岛。修道院的礼拜活动从凌晨3点半的守夜开始，晚7点35分以晚祷结束。

行前计划：天气好的时候，第一班渡船一般上午10点半从腾比（Tenby）出发。最后一班渡船黄昏前离开凯尔特岛。要了解每日更新的信息可以致电+44（0）1834 844453。圣菲洛米纳的住宿费用包含一日三餐，但客人要自己整理床铺，饭后帮忙洗碗。如要想预订可以给修道院负责接待的修士去信，随信寄写好回信地址、贴好邮票的信封一个。复活节期间很容易满员，需要尽早预订。费用不定，量力捐助。

相关网址：www.caldey-island.co.uk

著名景点

■ **修道院**隔着一道山谷与公寓遥望，是20世纪早期民间艺术的风格。古代岛上的居民留下了**凯尔特岩石**（上面刻有古凯尔特文和拉丁文）。其他古迹还有12世纪的**圣伊尔蒂教堂**（St. Illtyd's Church）、**老修道院**（the Old Priory）和一座峭壁**灯塔**。

■ **和岛上修士攀谈**，他们很多人也做有意思的世俗的工作。游人请教的时候，他们很乐意谈话，给人建议。

■ 各地的特拉皮斯修道士都制作商品出售。在当地风格特异的邮局就可以买到**修道院自制的浴液、香波等盥洗用品**。

■ **修道院湾的沙滩**夏季是游泳的好地方。喜欢攀岩的游客，可以请人指引去凯尔特的**海岸岩洞**。

西妥修道士1929年来到凯尔特，但是他们延续的教会生活是6世纪凯尔特僧侣兴起的。

爱尔兰

斯凯利格·麦克岛

公元6世纪来岛上结庐的修士们相信，遗世独立才能被神接纳。如今，这个海外的荒岛仍然像灯塔一样感召着远近的朝圣者。

孤零零的一座修道院坐落在斯凯利格·麦克岛的山顶。这是距离爱尔兰西南海岸13公里的一座圆锥形岩石小岛。修道院就在小岛的山上，上山只有一条640级石阶的山路，陡峭难行。公元6世纪到12世纪，一个早期爱尔兰基督教派的修士团体在岛上定居，后来他们放弃了这座18公顷的小岛，迁往爱尔兰本岛的巴林斯凯利格修道院，小岛遂被荒废。岛上居住过的修士可能从来没有超过12人，他们却在一座185米高的山顶一块能避风雨的地面上用卵石建造了6座小石屋。石屋的附近有一小块墓地，坟前立着岩石经粗略打磨、略呈十字架形的墓碑。另有一座小小的礼拜堂，内有高大的爱尔兰十字架和两个做礼拜的场地，其中之一是圣麦克教堂。岛上的生活与世隔绝，岛上的人必须想办法自己解决生活的所有问题。他们发明了一套复杂的蓄水系统，把山石岩间的雨水接入大缸里面。跨过一道绿草如茵的峡谷（基督的马鞍），有一座南峰，高218米，南峰陡峭的山坡上有一处古代隐士小屋的遗址。小屋仅能容一人居住，但是9世纪维京人肆虐的时候，也是岛民藏身的场所。

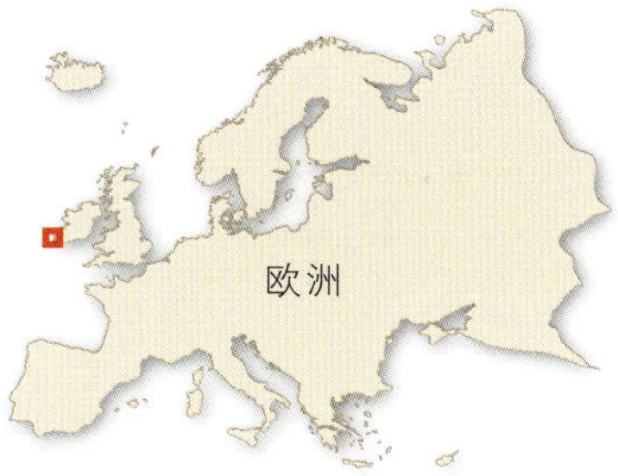

著名景点

■ 岛上的**古代岩石建筑**值得参观，其中包括古人过夜的小石屋，全部用天然石块垒成，没有使用任何泥灰砂浆黏结。

■ 斯凯利格·麦克岛和临近的小斯凯利格岛是**观鸟**胜地，可以欣赏到三趾鸥，北塘鹅，海鸠，海雀和大西洋海鹦。

■ 瓦伦西亚岛的**斯凯利格体验中心**每年4月到11月开放。游客可以在这里了解两座斯凯利格岛的历史、野生动植物、海下生物和岛上灯塔的情况。斯凯利格这个名字来自爱尔兰语“sceilig”，意思是岩石。

最佳旅行时间：只在4月到9月期间天气允许的时候有渡船上岛。要看岛上的海鹦需要赶在6月之前，这些鸟在6月初迁徙离开小岛。

行前计划：可计划8小时的旅行，包括乘船的时间，在岛上的时间大约有3小时。渡船上午10点到11点从瓦伦西亚岛（Valentia Island）出发，根据天气和海浪的情况，一般用时50分钟。需要多穿些衣服，也需自带午餐和水，因为岛上没有餐厅。斯凯利格海岛游让游客可以欣赏周围的小岛和海洋生物，人们坐在船上就可以看到海豚和灰海豹。在斯凯利格体验旅游中心可以买到包含参观展览和乘船出海的联票。

相关网址：www.skelligexperience.com

对页：画面背景中的小斯凯利格岛有世界第二大北塘鹅群。小岛不对游人开放。左上：数千只大西洋海鹦在斯凯利格·麦克岛上筑巢。右上：小石屋和岛上的简朴的坟墓。

日出时从古城锡瓦眺望清真寺和整片绿洲的美景。

埃及

锡瓦绿洲

沙漠中的绿洲，甘泉滋润的土地，历史与传奇相遇的地方，让人放松身心，体验柏柏尔人和平宁静的生活。

越过利比亚边境的大沙海（the Great Sand Sea），连接利比亚海岸和尼罗河谷的古商路向下直插入海平面以下20米的锡瓦绿洲。古代埃及人把这个地方叫做棕榈之国（Sekht–am）。今天除了棕榈和泉水灌溉的田野，就是满目黄沙和巉岩的山头。200多眼泉流汇成清澈的湖水，使这片沙漠绿洲自从公元前1万年便生生不息，从未间断。在古商路上，这也是一个重要的驿站，因此才有了要塞萨利迦里（Shali Ghali）的兴建。今天还能看到古堡废墟高耸于锡瓦城的上空。不远的山上是阿曼神庙（the Temple of Amun）的残垣断壁。据说，古代的法老甚至希腊的英雄都来这里求神问卜。亚历山大大帝拜谒神庙之后，遂自称阿曼宙斯之子，给自己统治埃及和其他被征服的地方赋予了神权的合理性。

最佳旅行时间：3月到5月，9月到11月气候最佳。

行前计划：锡瓦在开罗以西560公里，乘长途汽车需要10小时。从亚历山大开车要7小时。可以安排4~5天的行程，游览所有的景点，体验锡瓦的生活。衣着要保守，注意尊重当地习俗。即使游泳的时候也不可穿过于暴露的泳衣，很多人甚至全身穿着衣服游泳。在城里可以坐驴车或租自行车。住宿有小旅店和豪华宾馆可以选择。沙漠旅游可以在漫天星光下宿营。

相关网址：www.somewheredifferent.com，www.touregypt.net

著名景点

- 发纳斯（Fatnas）的**天然泉池**深700米，在橄榄湖畔。后者是当地第二大咸水湖。希瓦以东30公里有安库雷夏特泉（Ain Qurayshat）和阿布舒拉夫泉（Abu Shuruf），也清冽宜人。
- 沙丘日落，夜幕降临，满天**繁星**渐次闪现在沙漠的天空，这是难忘的美景。
- 在噶贝尔达库尔（Gebel Dakrur）体验**温热泥浴**被埋到脖子的感觉。据说，泥浴可以缓解肌肉关节酸痛。也可在夜晚享受附近的温泉。
- 死山（Gebel al Mawta）**石刻坟墓**在城市以北，有壁画，墓中还有古人的骸骨遗存。附近还有乌姆比达寺（the Temple of Umm Bida）遗址和罗马墓葬埃尔扎图姆（Al Zeitum）。

埃塞俄比亚

戴布里锡安修道院

小岛上的修道院保存了早期基督教历史的一个瞬间，每一位游客都会在那里得到属于自己的体验。

兹韦湖（Lake Ziway）畔水湾的浅濑处。驴子和奶牛在泥泞的滩涂地上散步，孩子们有说有笑，尽情嬉戏。湖边有一块金合欢盛开的高地，向前突出，插入湖水。高地的上面，孤零零地坐落着吐罗古多岛（Tullo Gudo）戴布里锡安教堂。教堂经过重建，但是无论功能和风格都没有什么改变。教堂始建于公元800年。异教的女王茱迪斯（Queen Judith）威胁要从基督教的埃塞俄比亚首都阿克萨穆（Aksum）抢走约柜。教堂就是为了暂时保护约柜而修建的。据说，摩西十诫就保存在约柜里面。围绕神圣的约柜，有很多传奇故事。其中一个说，40年来500多位修士就住在岛上，保护着约柜直到可以把它平安送回阿克萨穆。今天，教堂里仍然保存着很多古代手稿和羊皮卷圣经。保护这些圣物的只有三位穿黑衣的修士。教堂里面灯火通明，墙上有彩绘的塑像，神圣的约柜前面垂着帐幔。时间仿佛为岛上的居民定格，不过，好奇大胆的游客会得到热情的欢迎。

最佳旅行时间：9月到次年4月之间，避开雨季。

行前计划：到埃塞俄比亚需要签证。兹韦湖在亚的斯亚贝巴（Addis Ababa）西南193公里，然后可以找船上吐罗古多岛。上岛没有摆渡的服务，坐小木船要4小时，机动船用1小时。游览小岛和戴布里锡安教堂可用一整天时间。岛上没有旅馆。上岛的游客一般不多，务必要尊重岛民和教堂的修士。不要忘记穿保守一些的衣服。进入教堂可能需要脱鞋。在兹韦湖边，可以住在贝克勒莫拉酒店（Bekele Mola Hotel）的小木屋（可以洗热水澡），或者住在卡西酒店（Kasi Hotel）（只有冷水）。

相关网址：www.ethiopianquadrants.com， www.timelessethiopia.com

著名景点

■ 兹韦湖沿岸**鸟类**众多。可以看到非洲沙锥鸟、黑翅长脚鹬和反嘴鹬。

■ 品尝**埃塞俄比亚传统美食**。有一种大饼，上面放肉和蔬菜。人们围着同一只盘子进餐。吃东西只能使用右手，且不要碰到嘴。只能从盘子对着自己的一边取食。

■ 当地的咖啡很浓很甜。饮咖啡要注意**咖啡礼节**。出于礼貌，接到主人敬的咖啡要连饮三杯。最后的一杯是祝福杯。

教堂里的修士保护着珍贵的羊皮古书。

词汇表

安纳萨吉人（Anasazi people） 史前美洲印第安人一支，活跃于今天亚利桑那、新墨西哥、科罗拉多和犹他州交界一带，现代贝勃罗人的祖先。

圣公会（Anglican Church） 基督教新教教派。世界各地的圣公会组织与英国国教均有历史渊源，或使用相同的祈祷书。另见英国国教圣公会（Episcopal Church）。

约柜（Ark） 犹太教堂中存放犹太教经卷的柜子。

约柜（Ark of the Covenant） 圣经时代存放圣典（包括《十诫》）的柜子，供奉于古代耶路撒冷第一神殿中的至圣所；又指圣地，象征上帝在尘世的驻跸之地。

东欧犹太人（Ashkenazic Jews） 犹太人之一支，祖先及其传统发源于中世纪德国及东欧的犹太人聚居区。另见西班牙犹太人（Sephardic Jews）。

圣母升天（Assumption of the Virgin Mary） 圣母玛利亚死后升入天堂。根据天主教的教义，圣母玛利亚死后灵肉合一，蒙召升天。天主教徒于8月15日庆祝圣母升天节。

艾马拉人（Aymara） 南美安第斯山脉及高原地区印第安人之一支，活动范围包括玻利维亚、秘鲁、智利和阿根廷。可能是玻利维亚蒂瓦纳库文明（约公元前1500—1200）的创造者。先后臣属于印加帝国和西班牙人。

阿兹特克人（Aztec） 墨西哥土著居民，14—16世纪在古代中美洲（包括今中美洲部分地区）建立了庞大的帝国。1519—1521年为西班牙探险家荷南·科尔蒂斯征服。

巴力（Baal） 古代中东地区司生育、天空和风暴的神，也是包括提尔和迦太基在内多座城市的守护神。《圣经》中通常以地域性的邪教神祇形象出现。

巴哈伊教（Bahaism） 19世纪米尔扎·霍辛·阿里努里（阿拉伯语“上帝之光”）创立于波斯的宗教，宣扬人类的精神大同。

浸礼会（Baptist Church） 基督教新教教派，其信徒强调成年人而不是婴儿的洗礼（以圣水浸洗的仪式，象征作为基督徒获得新生）。

大教堂（Basilica） 古罗马时期的大型公共建筑，后指罗马天主教和希腊东正教传统中的大教堂。

钟楼（Belfry） 高塔上悬挂大钟的地方，又称钟塔。

本笃会（Benedictine Orders） 基督教修士和修女组织，信奉意大利努尔西亚的本笃（约480—约547）撰写的《圣本笃教义》。本笃教义成为西欧修道会的基本规范：每日例行祈祷、诵经，从事体力劳作。

主教（Biship） 一些基督教教派中的神职人员，级别在牧师之上。在罗马天主教、东正教和圣公会，主教有权任命下级神职人员，主教管区下辖多个教会。

《圣经》（Bible） 犹太教与基督教经典的合集，包括《旧约》和《新约》。

菩提（Bod(d)hi） 佛教中所谓证悟现实真谛的大觉之人。

菩萨［Bod(d)hisattva］ 大觉的状态。大乘佛教中已经实现了涅槃，但选择转世，普度众生脱离苦难的人。

本教（Bon） 中国古代西藏的本土宗教，可能对藏传佛教的演变产生过影响。教义包含萨满、神王和诸天众神崇拜的内容。后期受佛教影响，旨在通过实现本觉的彻悟状态而终止苦难。有十分之一的西藏人仍然信奉本教。

《亡灵书》（*Book of the Dead*） 古代埃及的葬仪经典，包含咒语、圣歌和超度死者的方法等内容。经文通常写在墓室的墙壁或莎草纸上。

布理多尼人（Bretons） 法国西北部布列塔尼地区的凯尔特族原住居民。

佛陀（Buddha） 释迦牟尼（约公元前563-约前483），古代印度精神领袖，佛教创始人。佛教的有些流派中，佛陀也指大觉之人。佛之造像亦称为佛陀。

佛教（Buddhism） 源于佛陀教义的宗教与哲学传统，强调心意。佛教徒通过静坐实现洗心涤虑，相信净心是死后超生，进入更高等级的轮回途径。亚洲各国盛行的佛教流派是大乘佛教和小乘佛教。

哈里发（Caliph） 接替先知穆罕默德统治伊斯兰国家的宗教与世俗领袖。

册封（Canonization） 罗马天主教中追封死者为圣徒的行为。受封成为圣徒的人的名字被载入历代圣徒之列。

钟琴（Carillon） 由最多至47只铜钟组成的乐器，通常置于教堂或市政大楼的钟楼内，人在主楼通过键盘和脚踏板演奏，也有电子钟琴。

洁净派教徒（Cathars 或 Albigensians） 11—13世纪法国南部的基督教宗派，对教会的腐败予以猛烈抨击，因此在阿尔比十字军东征期间（1209—1229）被视为异端，遭到罗马天主教会的迫害。洁净派教徒持续抗争直到1255年。

大教堂（Cathedral） 基督教中的主教座堂。

凯尔特人（Celts） 罗马时代之前的欧洲古代民族，说凯尔特语。

高坛（Chancel） 基督教新教徒指圣坛周围供神职人员或唱诗班使用的区域。罗马天主教徒和东正教徒谓之圣堂（sanctuary）。

切鲁西部落（Cherusci） 公元前1世纪到公元1世纪期间居住于北莱茵地区的日耳曼人部落。

全能者基督（Christ Pantocrator） 以万物主宰形象出现的耶稣圣像，在东正教圣像艺术中较常见。“全能者”一词译自希伯来语 El Shaddai，为早期基督徒对耶稣的称谓。

基督教（Christianity） 基于耶稣基督一生行迹与教义形成的宗教，以《圣经·新约》为经典。基督徒奉耶稣基督为上帝之子。

西妥教派（Cistercian Order） 罗马天主教的一个修士与修女教派，1098年建立于法国第戎附近的西妥修道院。该教派实践对本笃会《圣本笃教义》的不折不扣的回归。12世纪，西妥教派成为罗马天主教会势力强大的支派。

克路尼教派（Cluniac Order） 中世纪罗马天主教本笃派僧侣建立的教派，地点在法国东部克路尼修道院，910年由亚奎丹威廉公爵和修道士班诺发起成立。

抄本（codex） 古代或中世纪经过装订的手稿，取代了羊皮卷。

晚祈祷（compline） 教堂日常法事的最后一项，在一天结束的时候进行。

儒家思想（Confucianism） 古代中国基于思想家孔子（公元前551—前479）思想形成的政治、伦理和宗教思想体系。

公理会（Congregational Church） 基督教新教教派，主张个人信仰自由，实行各教会自制，16世纪起源于欧洲，美国建国思想家中有多位公理会信徒。美国著名大学如哈佛、耶鲁和阿姆赫斯特均由公理会教徒创建。

科普特教会（Coptic Church） 埃及的古代基督教教会，使用由古埃及语演化来的科普特语。

耶稣圣体节（Corpus Christi） 基督教履行圣餐礼的节日，纪念以面包作为耶稣圣体的传统。一般在三一节后的星期四，有时在星期天。

十字军东征（Crusades） 泛指1095—1291年间西方基督教徒对中东穆斯林人的数次战争。针对西班牙和葡萄牙的穆斯林人、巴尔干地区的异教徒，以及基督教的异端分子如法国南部洁净派教徒和波希米亚胡斯信徒的宗教战争也被称作十字军东征。

地穴（Crypt） 指教堂地下室，用作小教堂或墓室。

执事（Deacon） 罗马天主教、东正教和圣公会里主教和神甫以下第三级神职人员。在一些新教教派中，执事属于被推选或委任参加教会活动的平信徒（非神职人员）。

达罗毗荼人（Dravidian） 印度南部的原住居民，使用的语言为达罗毗荼语。

复活节（Easter） 基督教的重要节日，纪念耶稣基督被钉死在十字架上之后的第三天复活。

泛基督教（Ecumenical） 用来指旨在促进各基督教教派团结的运动或这样的团体。

觉悟（Enlightenment） 印度宗教中，指对现实和经验本质的体认。又译“启蒙”，特指18世纪崇尚理性与科学的思潮。

美国圣公会（Episcopal Church） 圣公会在美国的组织。苏格兰圣公会（Scottish Episcopal Church）是圣公会在苏格兰的组织。

圣餐（Eucharist） 基督教仪式之一，又名 Holy Communion 纪念耶稣被钉上十字架前和门徒的最后一次晚餐。又指圣餐礼上领得的面包和葡萄酒。

方济各会（Franciscan Orders） 罗马天主教的一支，信奉13世纪阿西西的圣方济的教义。

壁画（fresco） 在新抹的墙壁或天花板上绘制的图画，通常使用水彩。

宝顶（gopuram） 印度寺院入口处起装饰作用的塔，常见于南部印度。又名方尖庙。

福音书（Gospels） 《新约》中记载耶稣生平与教义的四卷经文，分为《马太福音》、《马可福音》、《路迦福音》和《约翰福音》。亦泛指有关基督的文字，如《犹大福音》。

希腊东正教（Greek Orthodox Church） 希腊的东正教组织，属于东正教的一部分。另见俄罗斯东正教。

印度教（Hinduism） 古代印度的宗教传统，没有明确的创立者或先师，通常被称为“永恒的宗教”。印度教的有些内容可以追溯到公元前6000年。

圣餐（Holy Communion） 基督教仪式，又名 Eucharist，纪念耶稣基督在被钉上十字架之前与门徒的最后的晚餐，以祝福、分享面包和葡萄酒为仪式的主要内容。耶稣在分发面包和酒的时候曾说：“这是我的身体，这是我的血。你们也应当如此行，为的是纪念我。”

圣障（iconostasis） 东正教教堂里分隔中殿和圣堂的屏帷。

伊玛目（Imam） 清真寺内率领教徒行礼拜的人。在什叶派伊斯兰教中，伊玛目也是宗教领袖，被认为是受真主委派的。

印加人（Inca） 秘鲁境内的原住居民，15世纪时建立了印加帝国。

宗教裁判所（Inquisition） 罗马天主教会建立的用于铲除和镇压异端的审判机构。

伊斯兰教（Islam） 基于6世纪先知穆罕默德的教义形成的宗教。“伊斯兰”的意思是“顺从”，主张顺从安拉的意志。

耆那教（Jainism） 发源于古代印度的宗教，其根源至少可追溯到公元前6世纪的上师筏陀摩那，或称摩诃毗罗（意为“大英雄”）。其信徒力行非暴力、不杀生的原则。

耶稣会士（Jesuit） 罗马天主教耶稣会的成员，以文化教育方面所做的努力著称。

犹太教（Judaism） 犹太人的宗教，根源至少可上溯至公元前2000年左右。犹太徒信奉唯一上帝、万物的创造者，相信上帝曾向亚伯拉罕、摩西和各位先知显露真容。其宗教行为遵循《旧约》律法和犹太法典，以及祭司传统制度。

《古兰经》（*Koran* 或 *Qur'an*） 伊斯兰教的经典。穆斯林相信《古兰经》是大天使哲布勒伊来所授予先知穆罕默德的。

古实（Kush） 尼罗河谷（今苏丹北部）地带的古代文明，公元前3000年达到全盛时期。

最后的审判（Last Judgment） 基督教信仰中，耶稣基督在世界末日来临之际根据每个人在尘世所为对其做出的审判，基督教艺术中的常见主题。

礼拜仪式（liturgy） 公共祈祷仪式，如弥撒。

路德宗（Lutheranism） 基督教新教的一个分支，源于德国宗教改革家马丁·路德（1483—1546）的教义。另见新教。

摩诃婆罗多（Mahabharata） 印度梵文史诗，创作时期大约为公元前300年到公元400年，全文近100 000联，是世界最长的诗篇。其中的《博伽梵歌》（神之歌）是印度教最神圣的经典。

大乘佛教（Mahayana Buddhism） 佛教两大流派之一，盛行于日本、中国、西藏、越南和韩国。其信徒以修成菩萨为最高目标。另见菩提。

曼陀罗（Mandala） 宇宙的象征，用于指导信徒的修行和集中意念，尤见于印度教和佛教。

咒文（mantra 或 mantram） 被赋予了宗教含义的词语或语句，修行中用于集中意念，尤见于印度教、佛教、耆那教和锡克教。

弥撒（Mass） 圣餐仪式，主要见于罗马天主教。拉丁弥撒指20世纪60年代宗教仪式现代化之前的传统弥撒形式。大弥撒指传统拉丁弥撒，同时焚香并伴有音乐，由神父、执事或副执事主持。诵经弥撒则有神父单独主持，不焚香，不奏乐。安魂弥撒为葬礼弥撒。

玛雅（Maya） 古中美洲的土著文明，极盛于公元250年到900年左右；又，印第安宗教中神的创造力，或指个人与天地万物分离的“错觉”，使其不得洞见万物一体之本相。

圣环（medicine wheels 或 sacred hoops） 印第安人在地上摆放的一组石块。

古中美洲（Mesoamerica） 历史上的中美洲地区（包括今墨西哥、危地马拉、洪都拉斯、尼加拉瓜和哥斯达黎加），约公元前12 000—公元1521年间为美洲各原住民族居住地。又指该地区和该历史时期的文化。

卫理公会（Methodism） 基督教新教的一支，其体系与实践方式始于英国传教士约翰·卫斯理（1703—1791）。

米哈拉布（mihrab） 清真寺墙壁上的壁龛，朝向伊斯兰教圣城麦加的方向，穆斯林做礼拜必须面对的方向。

拜楼（minaret） 清真寺特有的建筑样式，形如尖而修长的高塔，通常为独立建筑，召唤穆斯林礼拜用。

讲台（minbar） 清真寺的宣教台，伊玛目（率领信众做礼拜的人）在讲台上宣讲。

圣体匣（monstrance） 罗马天主教和圣公会传统中盛放并向信众展示圣饼的盒子。

宣礼员（muezzin） 在拜楼上召唤穆斯林完成每日五次礼拜的人员。

印第安宗教（Native American religions） 印第安各民族的宗教仪式与习俗，多以自然崇拜为其核心。

涅槃（nirvana） 佛教和耆那教中实现了觉悟，脱离了苦难和轮回的境界，梵语本意指“吹灭”。

圆窗（oculus） 一种建筑结构：穹顶顶部圆形或椭圆形的小窗。

东正教（Orthodox Church） 基督教仅次于罗马天主教的第二大教派。1054年，由于信仰和仪礼的分歧从罗马天主教会分出。包括俄罗斯东正教、希腊东正教等。

犹太正教（Orthodox Judaism） 犹太教的一个分支，遵奉通过犹太律法建立、经犹太法典阐释的摩西律法。

教主（Patriarch） 东正教的主教。

五旬节（Pentecost） 又名圣灵降临节，基督教节日，纪念耶稣死后50日圣灵降临。事见《圣经》《新约·使徒行传》，日期相当于犹太人的丰收节。

教皇（Pope） 罗马的主教，罗马天主教会的宗教领袖，被奉为圣彼得之继任者。

转经筒（prayer wheel） 藏传佛教中刻有祈祷文和咒文的圆筒，转动经筒（例如在风中）相当于念诵经文。

神父（priest） 有权主持宗教仪式的人，罗马天主教、东正教和圣公会中低于主教，高于执事的二级神职人员。东正教称“司祭”，新教称“牧师”。

先知穆罕默德（Prophet Muhammad） 伊斯兰教的创始人，生卒年约为570—632年。被穆斯林奉为安拉的使者与先知。

新教（Protestantism） 广义上指任何罗马天主教和东正教之外的基督教宗派，包括圣公会、加尔文宗、路德宗、卫理公会和浸信会等。

布道坛（pulpit） 教堂或大教堂里小型、高出地面的讲坛，通常环以繁复的雕刻纹饰，与立柱相对，供基督教礼拜中布道时使用。

诗篇（psalter） 包含《圣经》中《诗篇》以及其他经文的书籍，中世纪有很多彩绘饰本的诗篇。

贝勃罗人（Pueblo people） 居住于今美国西南部的印第安人。

盖丘亚人（Quechua people） 南美洲安第斯

高原的印第安人，为印加人所征服。当地的语言称为盖丘亚语。

《罗摩衍那》（*Ramayana*） 古代印度的梵文史诗，创作年代约在公元前200年到公元200年之间，叙述印度王子罗摩的故事，奉为圣经。罗摩被认为是毗湿奴之化身。

拉斯特法里运动（Rastafari） 主要盛行于牙买加等国黑人群体中的宗教、政治性运动。其追随者崇拜埃塞俄比亚国王海尔·塞拉西一世（1892—1975），奉他为上帝转世。信众倾向于使用“拉斯特法里”这个词，而不是“拉斯特法里主义”（Rastafarism）。

宗教改革（Reformation） 16世纪欧洲宗教围绕改革罗马天主教而兴起的剧烈变革。基督教新教由此诞生。

圣体（Relics） 圣者的遗体或遗物。盛放圣体的器物称作圣体匣。

临济宗（Rinzai school） 佛教禅宗之一支，强调由猛醒而顿悟。9世纪创立于中国，12世纪确立于日本。

罗马天主教（Roman Catholic Church） 世界最大的基督教教派，信众尊梵蒂冈教皇为人间最高宗教领袖。

俄罗斯东正教（Russian Orthodox Church） 俄罗斯的东正教。

圣者（Saint） 行迹堪为表率、往往可以创造奇迹的人，通常死后成圣，可能是《圣经》人物、历史人物或神话传说中的人物。一些基督徒相信向圣者祈祷可以应验。除基督教之外，印度教等宗教也有圣者崇拜。

圣堂（sanctuary） 罗马天主教和东正教教堂里神坛周围的区域，另见高坛（chancel）。

西班牙系犹太人（Sephardic Jews） 祖先文化起源于伊比利亚半岛（今西班牙和葡萄牙）和北非的犹太人。另见中东欧犹太人（Ashkenazic Jews）。

什叶派穆斯林（Shiite Islam） 伊斯兰教的一个少数派别，其信徒相信先知穆罕默德的女婿阿里是其合法继承人，拒绝承认最初四位哈里发的权威。什叶派形成了自己独特的宗教传统，伊玛目为其领袖。全世界穆斯林约15%为什叶派。另见逊尼派穆斯林（Sunni Islam）。

真言宗（Shingon Buddhism） 日本佛教之一支，9世纪由弘法大师自中国传入，强调通过手势、真言和静坐彻悟佛陀教义本旨。

神道教（Shinto 或 Shintoism） 日本的本土宗教，以敬神（kami）为其指归。

圣地（shrine） 献祭致礼的场所，或葬有圣体匣、筑有陵墓的地方。

锡克教（Sikhism） 基于南卡大师（1469—1539）及其9位传人的教义形成的宗教。锡克教徒通过向善的生活方式和默念上帝之名，希望实现救赎，其经典称为《圣典》。

浮屠（stupa） 佛教国家供奉佛陀或圣者舍利的塔。浮屠既是曼陀罗，亦是舍利祠。信徒依照特定的仪式绕塔而行。

逊尼派穆斯林（Sunni Islam） 伊斯兰教的主要流派，其信徒承认最初四位哈里发（先知穆罕默德的继任者）的权威。全世界约85%的穆斯林为逊尼派。另见什叶派穆斯林（Shiite Islam）。

宗教会议（synod） 教会召开的决定教义或宗教政策的会议。

符类福音（Synoptic Gospels） 《圣经·新约》四福音书中的前三卷，即《马太福音》、《马可福音》和《路迦福音》。三者均记载了耶稣的一生行迹与教义，且在内容与结构上彼此相类。第四卷福音书，《约翰福音》，记载耶稣生平则略有差异，开篇即称耶稣为至上主基督，并包含有关不同主题的个人思考文字。

犹太法典（Talmud） 犹太教口头文化与法典的文字记录，构成了对《律法》的补充，分为《密西拿》（约公元200年）和《吉玛拉》（约公元500年），包含了有关犹太人生活和信仰诸多方面的评论、解释和争论。

道教（Taoism 或 Daoism） 古代中国的哲学宗教传统，以公元前6世纪哲学家老子所著的《道德经》为主要经典。

十诫（Ten Commandments） 《圣经·旧约》《出埃及记》和《申命记》中所载的宗教戒律，为犹太人和基督徒所共同遵奉。

天台宗（Tendai Buddhism） 大乘佛教的支派，8世纪自中国传入时，使佛教发生了适应神道教与日本文化的改变。

小乘佛教（Theravada Buddhism） 盛行于柬埔寨、泰国、斯里兰卡和缅甸的佛教派别，以修成罗汉、永入涅槃为最高境界。

藏传佛教（Tibetan Buddhism） 盛行于西藏和喜马拉雅山脉各地的佛教派别，大乘佛教的一支。

托尔特克人（Toltec） 10—12世纪中墨西哥印第安人，被阿兹特克人奉为祖先。

律法（Torah） 希伯来《圣经》的前五卷，包括《创世记》、《出埃及记》、《利未记》、《民数记》和《申命记》，犹太人奉为上帝的真言，亦称《摩西五书》。

变容（transfiguration） 《符类福音》（《马太福音》、《马可福音》和《路迦福音》）中描述的耶稣容貌的改变。耶稣登上高山之后，面容射出光辉，和先知摩西、以利亚对话，被上帝称为“儿子”。

特拉普派（Trappist） 西妥修道会的一支，正式名称为西妥会苦修派，常用名来自法国诺曼底的拉特拉普修道院。1664年在该修道院成立。修道士称特拉普修道士，修女称特拉普斯丁修女，持缄口戒。

三一节（Trinity Sunday） 基于基督教圣父、圣子、圣灵三位一体神学观念的节日，西方基督教会在五旬节后第一个星期日庆祝三一节，东方教会则在五旬节的星期日。

普世主义（universalism） 万物皆与上帝有缘的宗教观念；有时指认为各宗教皆有同等价值的看法。基督教神学里，普世主义认为众生都将通过耶稣基督的一生行迹获得救赎，重归上帝。

晚祷（vespers） 基督教教会晚间的祈祷仪式，制定的七次祈祷中的第六次。

守夜（vigils） 夜间的祈祷活动，尤见于古代基督教传统，今天通常在拂晓举行，次序在早祷之前。

圣母玛利亚（Virgin Mary） 耶稣基督的母亲，多数基督徒相信玛利亚怀育耶稣时为童贞女之身。

瑜伽修行者（Yogi） 印度宗教中静坐、遵循宗教戒律的人。

禅宗（Zen Buddhism） 大乘佛教之一支，创立于中国，盛行于日本，强调不忘当下，即兴而为。

拜火教（Zoroastrianism） 公元前6世纪伊朗先知琐罗亚斯德创立之宗教，核心教义为崇拜唯一神阿胡拉·马兹达（智慧神）。或为最早之一神教，可能对后来犹太教、基督教和伊斯兰教产生了影响。今天伊朗和印度仍有拜火教，全世界有信徒约20万人，印度称为帕西人。

按宗教划分的景点一览表

儒教

印度教

致谢

作者

Jill Anderson
Lisa Armstrong
Steven Baker
Eleanor Berman
Monica Bhide
Hannah Bowen
Mary Frances Budzik
Kim Burstein
Riazat Butt
Karryn Cartelle
Marolyn Charpentier
Kathy Chin Leong
Helen Douglas-Cooper
Denise Dube
William Dupont
Polly Evans
Kay Fernandez
Mary Frances Budzik
Paul Franklin
Ellen Galford
Robin Gauldie
Dan Gilpin
Margie Goldsmith
Ruth Ellen Gruber
Lisa Halvorsen
Solange Hando
John Haywood
Randy B. Hecht
Tom Jackson
Laura Kearney
Andrew Kerr-Jarrett
Judy Kirkwood
Tom Le Bas
Susan McKee
Anne McKenna
Antony Mason
Nancy Mikula
Peter Neville-Hadley
Theresa Pasqual
Bethanne Patrick
Zoe Ross
Richard Rubin
Sathya Saran
Amy Smith
Peter Sommers
David St Vincent
Linda Tagliaferro
Alex Talavera (translated by Randy B. Hecht)
Pat Tanumipaja
Jenny Waddell
Joby Williams
Joe Yogerst

图片来源

Abbreviations:
GI (Getty Images); LPI (Lonely Planet Images); RH (Robert Harding).

1 Left to right: Anwar Hussein/EMPICS Entertainment/PA Photos; Andre Jenny/Alamy; Jon Arnold Images/Photolibrary Group; Mike Norton/Shutterstock; joSon/GI; Jon Arnold Images/Photolibrary Group. 2-3 Hoberman Collection/Corbis. 4 Chung Sung-Jun/GI. 5 David Carriere/Photolibrary Group (1); Nevada Wier/Corbis (2); Schmid Reinhard/4Corners (3); Steve Vidler/Photolibrary Group (4); Francesco Venturi/Corbis (5); Michael Freeman/Corbis (6); Zainal Abd Halim/Corbis (7); Nevada Wier/Corbis (8); Rob Bourdreau/GI (9); © Paul Beinssen/LPI (10). 6 Ahmad Al-Rubaye/GI. 8-9 Index Stock Imagery/Photolibrary Group. 10 WorldFoto/Alamy. 11 Bill Ross/Corbis. 12 Tim Harris/GI. 13 George H. H. Huey/Corbis, L; Buddy Mays/Corbis,R. 14 David Muench/Corbis. 15 Chris Rodenberg Photography/Shutterstock. 16 Alaska Stock Images/Photolibrary Group. 17 Tim Heacox/GI. 19 Gallo Images/Corbis. 20 Larry Neubauer/Corbis. 21 Carolyn Brown/GI. 22 F1 Online/Alamy. 23 Joe Blit/Shutterstock. 25 Al Rod/Corbis. 26 Sam Stearman. 27 Lowell Georgia/Corbis. 28 The Travel Library/Rex Features. 29 Australian Only/Paul Nevin/Photolibrary Group. 30 Kazuyoshi Nomachi/Corbis. 31 Kazuyoshi Nomachi/Corbis, L; Edward North/Alamy, R. 32 John Carnemolla/Australian Picture/Corbis. 33 Larry Williams/zefa/Corbis. 34 Tomas del Amo / Alamy. 35 © David Wall/LPI, L; © Michael Gebicki/LPI, R. 36 Fred Bruemmer / Still Pictures. 37 Jon Arnold Images / Alamy. 38 Vanni Archive/Corbis. 39 Reza Webistan/Corbis. 41 Hiroshi Ichikawa/Shutterstock. 42 Fridmar Damm/zefa/Corbis. 43 imagebroker/Alamy. 44-45 Nevada Wier/Corbis. 46 © Jim Wark/LPI. 47 Yann Arthus Bertrand/Corbis. 48 Gordon Galbraith/Shutterstock. 49 Pacific Stock/Photolibrary Group. 50 JTB Photo/Photolibrary Group. 51 Colman Lerner Gerado/Shutterstock, L; World Pictures/Alamy,R. 52 Michael Zysman/Shutterstock. 53 N.J.Saunders/Werner Forman Archive. 55 Anders Blomqvist/Photolibrary Group. 56 Jarno Gonzalez Zarraonandia/Shutterstock. 57 JTB Photo/Photolibrary Group. 58 Yann Arthus-Bertrand/Corbis. 59 Douglas Peebles/Corbis. 60 F1 Online/Photolibrary Group. 61 Jose Alberto Tejo/Shutterstock. 62 Colin Brynn/RH. 63 Vladimir Sidoropolev. 64 Index Stock Imagery/Photolibrary Group. 65 Charles Bowman/RH. 66 Jon Arnold Images/Photolibrary Group. 67 Lindsay Hebberd/Corbis, L; Mauritius/Die Bildagentur/Photolibrary Group, R. 68 Photononstop/Photolibrary Group. 69 Ken Gillham/RH. 70 © Patrick Syder/LPI. 71 Hans Georg Roth/Corbis. 72 Taxi/Vincenzo Lombardo/GI. 73 Sergio Pitamitz/Corbis. 74 Laura Frenkel/Shutterstock. 75 Fridmar Damm/zefa/Corbis. 76 Patrick Dieudonne/RH. 77 Skyscan/Corbis. 79 JTB Photo/Photolibrary Group. 80 Adam Woolfitt/RH. 81 Jane O'Callaghan/RH. 82 Michael Freeman/Corbis. 83 McPhoto/Still Pictures. 84-85 SIME/Schmid Reinhard/4Corners. 86 Philip Scalia/Alamy. 87 JTB Photo/Photolibrary Group. 89 © The Board of Trinity College, Dublin, Ireland/The Bridgeman Art Library. 90 Panorama Media (Beijing)/Photolibrary Group. 91 Dinodia/Art Directors. 92 Rob Howard/Corbis. 93 Craig Lovell/Corbis, L; Steve Allen Travel Photograph/Alamy, R. 94 Pep Roi/Alamy. 95 AP Photo/PA Photos. 96 SIME/Grafenhain Gunter/4Corners. 97 Kim Berstein. 99 Suzanne Held/akg-images, London. 100 E Simanor/Robert Harding/Corbis. 101 Alvaro Barrientos/AP/PA Photos. 102 Photographer's Choice/Sylvain Grandadam/GI. 103 Sandro Vannini/Corbis. 104 AMR NABIL/AP/PA Photos. 105 Andrew Holt/Alamy. 106 Israel Images/Alamy. 107 © Peter Ptschelinzew/LPI. 109 De Agostini/GI. 110 Yann Arthus Bertrand/Corbis. 111 akg-images, London. 112-113 Steve Vidler/Imagestate/Photolibrary Group. 114 Vladimir Korostyshevskiy/Shutterstock. 115 Anthony Cassidy/Photographer's Choice/GI. 116 Steve Vidler/Imagestate/Photolibrary Group. 117 Weibiao Hu/Panorama Stock/Photolibrary Group. 118 Radius Images/Photolibrary Group. 119 Photoshot, L; Christian Kober/RH, R. 120 Mustafiz Mamun/Majority World/Still Pictures. 121 © Chris Mellor/LPI. 122 JTB Photo/Photolibrary Group. 123 Hemis/Photolibrary Group. 124 © Richard I'Anson/LPI. 125 Luca Tettoni/Corbis, L; Lindsay Hebberd/Corbis, R. 127 Christophe Boisvieux/Corbis. 128 JTB Photo/Photolibrary Group. 129 AP Photo/Burhan Ozbilici/PA Photos. 130 Gianni Dagli Orti/The Art Archive. 131 Joseph Calev/Shutterstock. 132 Ruth Ellen Gruber. 133 Arcangel Images/Marco Scataglini/Photolibrary Group. 134 Travel Library/RH. 135 Richard Wadey/Alamy, L; Sandro Vannini/Corbis, R. 136 De Richemond/Andia/Still Pictures. 137 AA World Travel Library/TopFoto. 138-139 Francesco Venturi/Corbis. 140 Bob Krist/Corbis. 141 Ethel Davies/RH. 143 Andre Jenny/ Alamy. 144 Catherine Karnow/Corbis. 145 Philippe Eranian/Corbis. 146 Peter Adams/Jon Arnold Images/Photolibrary Group. 147 Peter Adams/Jon Arnold Images/Photolibrary Group. 148 Tibor Bognar/Art Directors. 149 Christophe Boisvieux/Corbis. 150 JTB Photo/Photolibrary Group. 151 Lonely Planet Images /Martin Moos, L; Helene Rogers/Art Directors, R. 152 Axiom Photographic Agency/Mark Thomas/GI. 153 National Geographic/Paul Chesley/GI. 154 Wolfgang Kaehler/Corbis. 155 F1 Online/URF/Photolibrary Group. 156 K M Chaudhry/AP/PA Photos. 157 Michele Falzone/Alamy, L; Ed Kashi/Corbis, R. 158 © Ryan Fox/LPI. 159 Ellen Rooney/RH. 160 Andrew McConnell / Alamy. 161 Authors Image/RH. 162 SIME/Da Ros Luca/4Corners. 163 Index Stock Imagery Michele Burgess/Photolibrary Group. 164 F1 Online/Colorvision/Photolibrary Group. 165 Jose Fuste Raga/Corbis. 166 Rex Allen / Alamy. 167 Photoshot. 168 Nathan Benn/Corbis. 169 © Richard Nebesky/LPI, L/R. 170 Melvyn Longhurst/Alamy. 171 © age fotostock/SuperStock. 173 Richard Ashworth/Robert Harding World Imagery/Corbis. 174 Thomas David Pinzer / Alamy. 175 Photoshot. 176 Jozsef Toth/Rex Features. 177 Guenter Rossenbach/zefa/Corbis. 179 Bernard O'Kane/Alamy. 180 Photoshot. 181 JTB Photo/Photolibrary Group. 182 CuboImages/RH. 183 Jon Arnold Images/Photolibrary Group. 185 Scrovegni Chapel Padua/Alfredo Dagli Orti/The Art Archive. 186 Photoshot. 187 Fred de Noyelle /Godong/Corbis, L; SIME/Baviera Guido/4Corners, R. 188 Photoshot. 189 SIME/Ripani Massimo/4Corners. 191 Sonia Halliday Photographs. 192 Craig Thomas/Index Stock Imagery/Photolibrary Group. 193 Photoshot. 194 Travel Library/RH. 195 SIME/Giovanni Simeone/4Corners. 196 Michael Nicholson/Corbis. 197 Photoshot, L; Liquid Light/Alamy, R. 198 Gavin Hellier/JAI/Corbis. 199 LEPETIT Christophe/ Hemis/Photolibrary Group. 200-201 Michael Freeman/Corbis. 202 Franklin Viola/Photolibrary Group. 203 William S Kuta/Alamy. 204 Robert Harding/Photolibrary Group. 205 Robert Harding/Photolibrary group, L; Mireille Vautier, R. 206 Reuters/Corbis. 207 Tony Morrison/South American Pictures. 208 Everett Kennedy Brown/epa/Corbis. 209 Chris Rennie/ArkReligion.com. 210 © Krzysztof Dydynski/LPI. 211 Robert Preston/Alamy, L; Photoshot, R. 212 Indiapicture/Anand/Alamy. 213 Jeremy Bright/RH. 214 Bruno Morandi/Reportage/GI. 215 Bruno Norandi/Reportage/GI. 216 Christopher Rennie/RH. 217 Geoffrey Morgan/Alamy. 218 Michael Good/ArkReligion.com. 219 Robert Harding. 220 Gary Cook/RH. 221 Photoshot. 222 Cologne Cathedral, Germany/The Bridgeman Art Library. 223 Robert Harding/Yadid Levy/Photolibrary Group, L; Heiko Specht/VISUM/Still Pictures, R. 225 Daryl Benson/Photographer's Choice/GI. 226 Gianni Dagli Orti/The Art Archive. 227 San Francesco, Assisi, Italy, Giraudon/The Bridgeman Art Library. 228 Paul Raftery/Photolibrary Group. 229 Christophe Boisvieux/Corbis. 230 Reuters/Corbis. 232 Photoshot. 233 Tibor Bognar/ArkReligion.com. 234-235 Zainal Abd Halim/Reuters/Corbis. 236 Jonathan Blair/Corbis. 237 David Alan Harvey/National Geographic Image Collection. 238 Ricardo Siqueira/BrazilPhotos/Alamy. 239 Eliseo Fernandez/Reuters/Corbis. 240 Kazuyoshi Nomachi/Corbis. 241 Ira Block/National Geographic/GI, L; Kazuyoshi Nomachi/Corbis, R. 242 DAJ/GI. 243 JTB Photo/Photolibrary Group. 244 Travel Ink/GI. 245 Chinju/digipix/Alamy. 246 Pep Roig/Alamy. 247 Oriental Touch/RH, L; Hugh Sitton/GI, R. 248 SIME/Johanna Huber/4Corners. 249 Faleh Kheiber/Reuters/Corbis. 250 Arcangel Images/Tal Paz-Fridman/Photolibrary Group. 251 Gali Tibbon/AFP/GI. 252 Gali Tibbon/AFP/GI. 253 Das Fotoarchiv./Still Pictures. 255 Axiom Photographic Agency/Mark Thomas/GI. 256 Behrouz Mehri/AFP/GI. 257 Photoshot. 258 Ariadne Van Zandbergen/Alamy. 259 SIME/Johanna Huber/4Corners. 260 Gary Cook/RH. 261 Betermin/Andia/Still Pictures. 262 SIME/Giovanni Simeone/4Corners. 263 Anthony Pilling/Alamy, L; Funkytravel London/Paul Williams/Alamy,R. 264 Pascal Deloche/Godong/Corbis. 265 R H Productions/RH. 266-267 Nevada Wier/Corbis. 268 José Patricio/Acoma Pueblo. 269 © Emily Riddell/LPI. 270 AP Photo/Ramakanta Dey/PA Photos. 271 AP Photo/Colin Reid/PA Photos. 272 Jose Luis Jeronimo/AFP/GI. 273 Jose Luis Jeronimo/AFP/GI. 274 Jorge Silva/Reuters/Corbis. 275 Tony Morrison/South American Pictures. 276 Walter Hupiú/epa/Corbis. 277 John Lander/Alamy. 279 AP Photo/Silvia Izquierdo/PA Photos. 280 JTB Photo/Photolibrary Group. 281 Kazuhiro Nogi/AFP/GI. 282 Kim Kyung-Hoon/Reuters/Corbis. 283 Jay Directo/AFP/GI. 284 AP Photo/Wally Santana/PA Photos. 285 Ian Trower/Alamy, L; Pat Behnke/Alamy, R. 286 Ahmad Yusni/epa/Corbis. 287 Patrick Ward/Corbis. 288 Blaine Harrington III/Alamy. 289 The Image Bank/Philip Kramer/GI. 290 Superstock. 291 Raj Patidar/Reuters/Corbis,L; Radhika Chalasani/Corbis, R. 292 Jayanta Shaw/Reuters/Corbis. 293 Dinodia/Art Directors. 294 AP Photo/Ariel Schalit/PA Photos. 295 Anwar Hussein/EMPICS Entertainment/PA Photos. 296 Kevin Galvin/Alamy. 297 Susan Frost/Alamy, L; Michael Dalder/Reuters/Corbis, R. 298 Picture Contact/Alamy. 299 Apneaworld. 301 E Simanor/RH. 302 Photoshot. 303 Arturo Mari/Osservatore Romano/AFP/GI. 305 Vanderlei Almeida/AFP/GI. 306 Marco Di Lauro/GI. 307 SIME/Da Ros Luca/4Corners. 308 Photo by Haga Library/JTB Photo/Photolibrary Group. 309 Marco Di Lauro/GI. 310-311 Rob Boudreau/GI. 312 All Canada Photos/Alamy. 313 Larry Downing/Reuters/Corbis. 314 © Lee Foster/LPI. 315 Photoshot,R; Nigel Hudson Photography/Alamy, R. 316 Richard A. Cooke/Corbis. 317 David Muench/Corbis. 319 eStock/Pictures Colour Library. 320 Layne Kennedy/Corbis. 321 David Seawell/Corbis. 322 Odyssey/RH. 323 Martin Barlow/ArkReligion.com. 325 SIME/Ripani Massimo/4Corners. 326 JTB Photo/Photolibrary Group. 327 R H Productions/RH. 328 Tobor Bognar/ArkReligion.com. 329 Liu Xiaoyang/China Images/Alamy,L; James Nesterwitz, R. 330 Bob Krist/Corbis. 331 Colin Gibson/Ark Religion.com. 332 Dean Conger/Corbis. 333 Peter Adams/GI. 334 Boris Saktsier (b.1942). Korczak and the Ghetto's Children,1978. Cast bronze. Collection of the Yad Vashem Art Museum, Jerusalem. Gift of Mila Brenner and Ya'acov Meridor/Dave G. Houser/Corbis. 335 Nandor Glid (1924-1997). Memorial to the Victims of the Concentration and Extermination Camps, 1979. Cast bronze. Collection of the Yad Vashem Art Museum, Jerusalem. Gift of the artist. 336 Nordicphotos/Alamy. 337 Photoshot. 338 Momatiuk-Eastcott/Corbis. 339 Radim Beznoska/isifa/GI. 340 Ruth Ellen Gruber. 341 Steven Weinberg/National Geographic Image Collection 342 Alfredo Dagli Orti/The Art Archive. 343 Michel Setboun/Corbis. 344 Werner Forman Archive. 345 Peter Barritt/Alamy. 346 Araldo de Luca/Corbis. 347 Travel Library/RH. 348 Photoshot. 349 Clement Guillaume/The Bridgeman Art Library, L; Alan Copson/JAI/Corbis, R. 350 Jon Hicks/Corbis. 351 The Irish Image Collection/Corbis. 352 Ellen Rooney/RH. 353 Gianni Dagli Orti/The Art Archive, L; Pharaonic Village Cairo/Gianni Dagli Orti/The Art Archive, R. 354-355 © Paul Beinssen/LPI. 356 Courtesy of gampoabbey.org. 357 2007 L.E.Halfpenny/Bhavana Society. 358 Harbin Hot Spring/Ann Prehn. 359 Koichi Kamoshida/GI. 360 Jon Arnold Images/Demetrio Carrasco/Photolibrary Group. 361 Tibor Bognar/ArkReligion.com, L; Jochen Schlenker/RH, R. 362 Photo by Haga Library/JTB Photo/ / Photolibrary Group. 363 © Holger Leue/LPI. 364 Dennis Cox/Alamy. 365 Shona and William Townend. 366 © Wes Walker/LPI. 367 Angelo Cavalli/RH, L; © Lindsay Brown/LPI, R. 369 Tibor Bognar/ArkReligion.com. 370 Don Smith/RH. 371 Christophe Boisvieux/Corbis. 372 Jon Arnold Images/Alamy. 373 PCL/Alamy, L; Olaf Meinhardt/transit/Still Pictures, R. 374 Wolfgang Kaehler/Corbis. 375 Buddy Mays/Corbis. 376 Vittoriano Rastelli/Corbis. 377 Christophe Boisvieux/Corbis. 378 Henri Gaud/CIRIC/ArkReligion.com. 379 Photononstop/Photolibrary Group, L; Photoshot, R. 380 Gideon Mendel/Corbis. 381 Geoff Renner/RH. 382 Peter Terry/ArkReligion. 383 Manor Photography/Alamy. 384 David Lomax/RH. 385 Biosphoto/Menghini Julien/Still Pictures, L; Patrick. Dieudonne/RH, R. 386 James McClean/Alamy. 387 Sean Sprague/Still Pictures.

Front Cover
Background Image: Paul Thompson Images/Alamy
Picture strip, left to right: Anwar Hussein/PA Photos; Andre Jenny/Alamy; Jon Arnold Images/Photolibrary Group; Mike Norton/Shutterstock; joSon/GI; Jon Arnold Images/Photolibrary Group.

Back Cover
Background Image: Paul Thompson Images/Alamy
Picture strip, left to right: Atlantide Phototravel/Massimo Borchi/Corbis; Das Fotoarchive/Still Pictures; Martin Harvey/Corbis; Daryl Benson/GI; Kim Kyung-Hoon/Corbis; salamanderman/Shutterstock.

Spine: Hiroshi Ichikawa/Shutterstock

美国国家地理学会邀请读者一起做一次跨越时空的心灵、文化之旅。我们将探访这世界上的众多神圣的地方，感受它们震撼心灵的力量，寄托凭吊的幽思。这是一些有魔力的地方，它们或古老，或现代，有的名闻遐迩，有的鲜为人知，它们是人类跨越千年上下求索、追寻各自精神家园的纪念碑。

人类的信仰类型丰富多彩，在这些神圣的地方我们将打开视野，让精神高飞。让我们在戴尔菲的阿波罗神庙前聆听古代希腊的精魂，到冈比亚河谷寻访一个岩石筑就的失落的文明，深入哥伦比亚山的腹地去一座盐筑的大教堂里探险，瞻仰伊斯坦布尔壮丽的蓝色清真寺，拜访纽约州摩门教信仰的摇篮，周游世界欣赏艺术杰作，参加古老的宗教仪式，从亘古长存的大地汲取力量，在圣者的诞生地感受活生生的传奇。

无论你怀抱着宗教的信仰，抑或是带着文化探异的好奇，这本书都将带给你名副其实的发现。书中有生动活泼的讲解、彩色图片和地图、旅行中的重点推荐以及相关景点介绍，每一章还有同类旅游目的地一览，简明扼要地介绍某种类型的特色景点。书中提供了详实的信息，有独特的视角，也有实用的旅行建议，帮助读者把文字化为行动。一百多年来，无论是经验丰富的旅行者，还是足不出户、神游万里的读者，美国国家地理学会始终是他们最好的向导、旅行的首选。

封面（左到右）：旋转舞，土耳其科尼亚（295页）；圣保罗主教堂，佛蒙特州威尔斯（142—143页）；圣彼得大教堂内部，梵蒂冈（183页）；魔鬼塔，怀俄明州（11页）；耶稣基督像，巴西里约热内卢（78页）；复活节岛雕塑（60—61页）。

封底（左到右）：亚穆纳河的朝圣者，印度马图拉（91页）；麦加的朝圣者，沙特阿拉伯（253页）；猴面包树，马达加斯加穆龙达瓦（18—19页）；金岩（吉谛瑜佛塔），缅甸（224—245页）；莲花灯节，韩国（282页）；新犹太教教堂，德国柏林（343页）

书脊：富士山，日本（40—41页）

本书1—5章由韩鸽翻译，6—10章由黄少杰翻译。

中华人民共和国国家版权局著作权合同登记章图字：01-2010-643号

策　　划：刘　权　丁海秀

责任编辑：安颖侠

图书在版编目（CIP）数据

一生的圣地之旅：全球最静谧、最震撼的500处朝圣地/美国国家地理学会著；韩鸽，黄少杰译. —北京：旅游教育出版社，2011.3

ISBN 978-7-5637-2074-3

I.①一… Ⅱ.①美… ②韩… ③黄… Ⅲ.①旅游指南—世界 Ⅳ.①K919

中国版本图书馆CIP数据核字（2010）第228376号

一生的圣地之旅：全球最静谧、最震撼的500处朝圣地

（美）美国国家地理学会　著

韩　鸽　黄少杰　译

策划引进：北京时尚博闻图书有限公司
网　　址：www.book.trends.com.cn
出版单位：旅游教育出版社
地　　址：北京市朝阳区定福庄南里1号
邮　　编：100024
发行电话：（010）65778403　65728372　65767462（传真）
本社网址：www.tepcb.com
E－mail：tepfx@163.com
印刷单位：北京世艺印刷有限公司
经销单位：新华书店
开　　本：787×960　1/16
印　　张：24.75
字　　数：470千字
版　　次：2011年3月第1版
印　　次：2011年3月第1次印刷
定　　价：168.00元

（图书如有装订差错请与发行部联系）

审图号：GS(2008)1426号

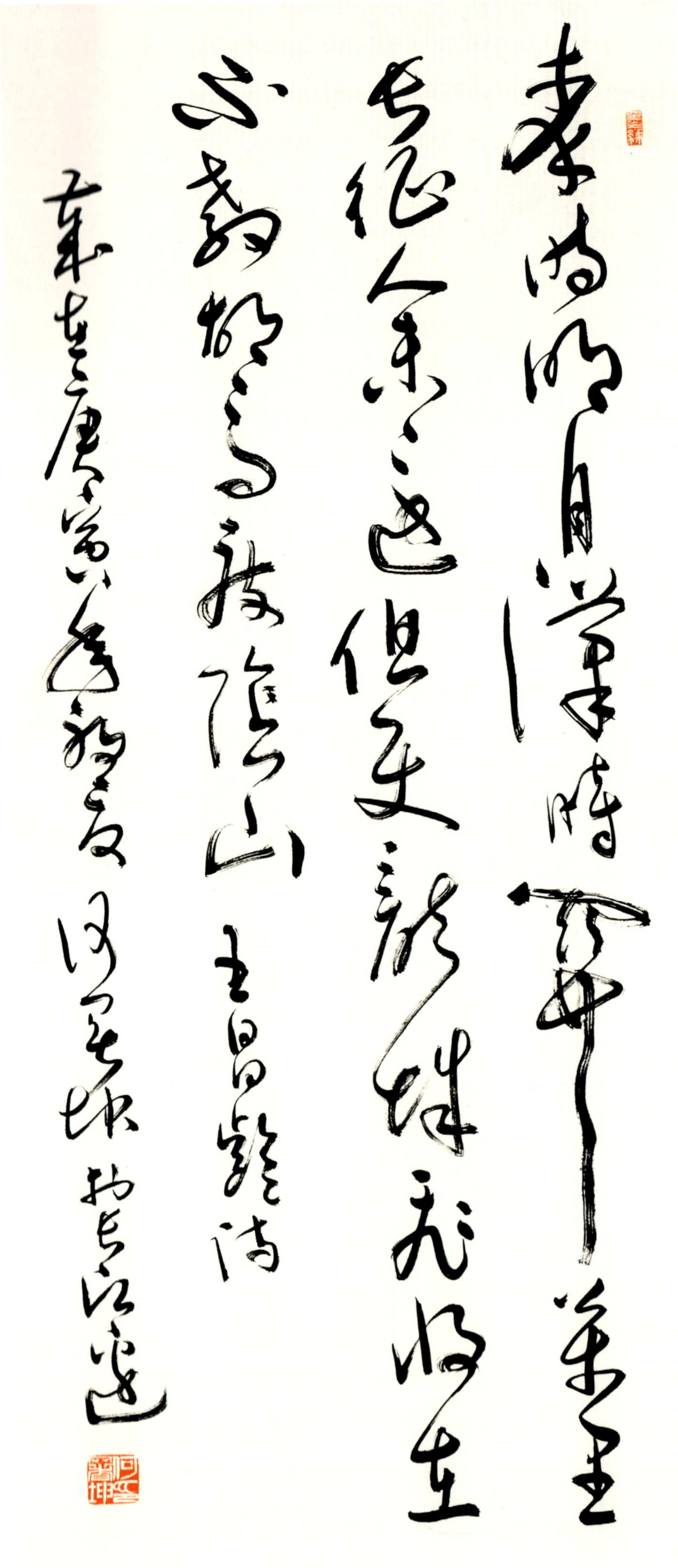

何署坤　王昌龄诗　　草书　　条幅　　180×97cm　　纸本
2010年
释文：秦时明月汉时关，万里长征人未还。
但使龙城飞将在，不教胡马度阴山。
王昌龄诗，岁在庚寅年初夏，何署坤书于长江边。
钤印：墨缘（白）　何署坤印（白）